Henning Hahn
Politischer Kosmopolitismus

Ideen & Argumente

Herausgegeben von
Wilfried Hinsch und Thomas Schmidt

Unter Mitarbeit von
Daniel Eggers

Henning Hahn

Politischer Kosmopolitismus

Praktikabilität, Verantwortung, Menschenrechte

DE GRUYTER

Gedruckt mit Fördermitteln der Fritz Thyssen Stiftung

Habilitationsschrift – eingereicht an der Universität Kassel
(Abschluss des Verfahrens am 17. Juni 2015)

ISBN 978-3-11-053849-6
e-ISBN 978-3-11-053895-3
e-ISBN (EPUB) 978-3-11-053853-3
ISSN 1862-1147

Library of Congress Cataloging-in-Publication Data
A CIP catalog record for this book has been applied for at the Library of Congress.

Bibliografische Information der Deutschen Nationalbibliothek
Die Deutsche Nationalbibliothek verzeichnet diese Publikation in der Deutschen Nationalbibliografie; detaillierte bibliografische Daten sind im Internet über http://dnb.dnb.de abrufbar.

Umschlagsgestaltung: Martin Zech, Bremen
Umschlagskonzept: +malsy, Willich
Druck und Bindung: Hubert & Co. GmbH & Co. KG, Göttingen
♾ Gedruckt auf säurefreiem Papier
Printed in Germany

www.degruyter.com

Vorwort

Die vorliegende Arbeit zieht eine Zwischensumme aus meinen Arbeiten zur globalen Gerechtigkeit. Meine Sichtweise dazu hat sich schrittweise verändert. In *Moralische Selbstachtung* (2008) begann ich mit einer moralischen Begründung für eine kosmopolitische Rechtsordnung. Die Einrichtung einer subsidiär-föderalen Weltrepublik schien mir darin begründet zu sein, dass das Bewusstsein, universelle Grundrechte geltend machen zu können, eine wesentliche Grundlage für ein Leben in Würde und Selbstachtung darstellt. Nach wie vor vertrete ich die Auffassung, dass eine Person zu sein eine moralische Selbstkonstitution voraussetzt, die wiederum von rechtlichen Anerkennungsstrukturen abhängt.

Inzwischen bin ich aber der Ansicht, dass moralische Begründungen dieser Art zur Festigung des eigenen normativen Standortes zwar notwendig, im transkulturellen Diskurs aber allzu oft fehlplaziert sind. Wo moralische Grundannahmen nicht bereits geteilt werden, lassen sie sich auch nicht andemonstrieren. Und Tatsache ist, dass auf der Welt sehr unterschiedliche Vorstellungen davon kursieren, wo sich der Spaten unserer moralischen Begründungen zurück biegt. Daher meine ich, dass die Herausforderung für eine globale Gerechtigkeitstheorie nicht allein darin bestehen kann, die eigene Perspektive auf Gerechtigkeit zu begründen. Vielmehr liegt das Ziel dieser Arbeit darin, eine vor dem Hintergrund divergierender Moralvorstellungen anschlussfähige Sichtweise darzulegen, eine Sicht, die auf einer möglichst breiten Begründungsbasis aufruht.

Hinzu kommt der Anspruch, etwas aus philosophischer Perspektive zu globaler Gerechtigkeit sagen zu können, das nicht utopisch bleibt, sondern politische Anschlussfähigkeit beanspruchen kann. Dieses Anliegen führt mich dazu, globale Gerechtigkeit stärker von der Idee politischer Versöhnung und Verantwortung aus in den Blick zu nehmen. Angesichts einer von erheblichen Ungerechtigkeiten und Uneinigkeiten gezeichneten Welt erscheint es mir sinnvoller, über Mechanismen der Übergangsgerechtigkeit statt über eine ideale Grundstruktur nachzudenken. In der Literatur zu *Transitional Justice* werden die besonderen Schwierigkeiten diskutiert, die mit dem Übergang von einer ungerechten in eine zunächst einmal minimal legitime und dann zunehmend gerechtere Gesellschaftsordnung verbunden sind. Mit dem bestehenden Unrechtsregime muss einerseits nach Maßgabe ausgleichender Gerechtigkeit verfahren und strafrechtlich abgerechnet werden. Um das gesellschaftliche Vertrauen in die notwendige gemeinsame Kooperation wiederherzustellen, gilt es aber auch, einen restaurativen Versöhnungsprozess zwischen den Opfern und Tätern bzw. zwischen verfeindeten Gruppen in Gang zu setzen, einen Prozess, der öffentliche Foren der Verzeihung, der Annäherung und der Übereinstimmung erforderlich macht. Es

DOI 10.1515/9783110538953-202

ist ein, wie ich finde, erhellender Gedanke, die Politische Philosophie selbst als solch ein Forum der Versöhnung zu begreifen.

Zusammengefasst hat die Übertragung der Idee politischer Versöhnung auf die Theorie globaler Gerechtigkeit das gesamte Projekt verändert. Es geht mir nun vor allem darum, ein global geteiltes Gerechtigkeitsnarrativ freizulegen. Damit sind die wesentlichen Herausforderungen benannt, an denen sich die vorliegende Schrift abarbeitet. Ich vertrete einen Ansatz, den ich als ‚politischen Kosmopolitismus' bezeichne. Methodisch entwickle ich ihn teils in Abgrenzung zu, teils in Weiterführung von zentralen Autoren und Debatten der Gegenwart. Im Ergebnis argumentiere ich für einen Menschenrechtsansatz globaler Gerechtigkeit. Mit der realistischen Utopie eines globalen Menschenrechtsregimes wird der Boden für die immanente Kritik globaler Ungerechtigkeiten bereitet, eine Kritik, die an vorhandene Rechtfertigungspraktiken anschließt und sie in politische Verantwortlichkeiten übersetzt.

Die vorlegende Schrift wurde im Februar 2015 als Habilitationsschrift an der Universität Kassel angenommen. Ihre Fertigstellung steht auf den Schultern einer Reihe von Personen und Institutionen, denen gegenüber ich zu großem Dank verpflichtet bin. Für wertvolle Kommentare und Korrekturen zu ersten Entwürfen danke ich Tom Andreassen, Philippe Brunozzi, Anna Goppel, Matthias Katzer, Claus Langbehn, Christian Neuhäuser, Shmuel Nili, Daniel Putnam, Jens Schnitker, Asmus Trautsch und meinen Kolleginnen und Kollegen am Forschungsschwerpunkt Ethik der Globalisierung in Kassel und der Global Justice Research Group am MacMillan Center der Yale University. Aus den Gutachten von Walter Pfannkuche, Thomas Pogge und Stefan Gosepath habe ich wichtige Anregungen zur finalen Überarbeitung erhalten. Außerdem hatte ich Gelegenheit, Teile der Arbeit anlässlich diverser Kolloquien, Workshops und Konferenzen zu diskutieren. Dafür danke ich u. a. Sarhan Dhouib, Bernd Ladwig, Georg Lohmann, Peter Nitschke, Peter Schaber und Fatih Triki. Ein besonderes Dankeschön gilt der Fritz Thyssen Stiftung für Wissenschaftsförderung und der Deutschen Forschungsgemeinschaft, welche meine Forschung großzügig unterstützt haben. Schlussendlich möchte ich mich bei meiner Familie und namentlich bei meiner Frau Katja bedanken, für die das akademische Nomadenleben nicht nur Annehmlichkeiten mitgebracht hat und die mir doch die Kraft und das Selbstvertrauen gibt, diesen Weg zu gehen.

Berlin im Juli 2015 Henning Hahn

Inhaltsverzeichnis

Einleitung: Was wollen wir von einer Theorie globaler Gerechtigkeit?

a) *Moralische Akzeptabilität und politische Praktikabilität*: In einem klassisch gewordenen Dialog über Gerechtigkeit wird nach der idealen Verfassung einer vollkommen gerechten Gesellschaft gefragt. Für die Gesprächspartner bleibt abschließend die Frage zu klären, wie dieses Ideal am besten umzusetzen sei. Denn auch wenn die Ausführungen des Philosophen bei den Umherstehenden auf große Zustimmung stoßen, sind sich doch alle einig, dass es noch einer plausiblen Erklärung bedürfe, wie der Status Quo in das Ideal überführt werden könnte. Es ließe sich nämlich voraussehen, so der Protagonist, dass die durchgesprochenen Pläne auf Widerstände stoßen würden, teils weil auch noch andere wohlbegründete Verfassungsentwürfe kursieren, teils weil ausgerechnet die mächtigsten Akteuren, auf die es bei den Reformen ja ankäme, kein Interesse an gerechteren Verhältnissen haben. Um sein Ideal zu realisieren, schlägt der Philosoph deshalb weitgehende Umerziehungsmaßnahmen vor. Da aber die bereits erwachsenen Bürger nicht so einfach ihre lieb gewonnenen Einstellungen verändern werden, müssten die Gründer des gerechten Staates daher zunächst einmal „alle, welche über zehn Jahre alt sind, hinausschicken auf das Land, und nur die jüngeren Kinder zu sich nehmen, um sie, abgesehen von den jetzt geltenden Sitten, die ja auch die Eltern haben, nach ihren eigenen Gebräuchen und Gesetzen zu erziehen, welche so sind, wie wir [...] ausgeführt haben."[1]

Der dies sagt, ist natürlich Sokrates, der Autor des Buches ist Platon und sein Titel lautet *Der Staat*. Und das Problem, auf das ich damit aufmerksam machen möchte, lautet, dass sich ein überzeugendes Gerechtigkeitsideal nicht immer in eine überzeugende transitorische Theorie übersetzen lässt, das ist eine Theorie darüber, wie wir von der Welt, wie sie ist, zu einer Welt, wie sie idealer Weise sein sollte, gelangen. Platon jedenfalls sieht keinen anderen Weg, die von ihm entworfene Verfassung zu realisieren, als den, ein totalitäres Übergangsregime einzusetzen, die berüchtigte Diktatur der Philosophen, mitsamt Umerziehungslagern und Deportationen.[2]

---

1 Platon, *Politeia*, zitiert nach der Schleiermacher-Übersetzung, Buch VII , 541a.

2 Auf die totalitären Tendenzen von Platons *Politeia* und insbesondere seiner Idee einer Philosophenherrschaft hat maßgeblich (wenn auch nicht unwidersprochen) Karl Popper hingewiesen. In: *The Open Society and Its Enemies. Volume 1: The Spell of Plato*, 1962.

DOI 10.1515/9783110538953-001

Ich meine, dass sich ein solches Ideal von selbst disqualifiziert, weil wir überhaupt nur dann von einer überzeugenden Gerechtigkeitstheorie sprechen sollten, wenn sie sich in moralisch akzeptabler Weise realisieren lässt. Das erste Kriterium für ein ‚gutes' Gerechtigkeitsideal lautet somit, dass es mit einer überzeugenden transitorischen Theorie im Zusammenhang stehen muss. Die Überzeugungskraft einer transitorischen Theorie hängt wiederum von zwei Kriterien ab, nämlich einerseits vom *Kriterium moralischer Akzeptabilität* und andererseits vom *Kriterium politischer Praktikabilität.*

Das Kriterium moralischer Akzeptabilität besagt, dass massive Ungerechtigkeiten auf dem komplexen und notwendig ungewissen Weg zu einer gerechten Gesellschaft kaum zu rechtfertigen sind. Thomas Nagel hat in unserem Zusammenhang gemutmaßt, „dass der wahrscheinlichste Weg zu irgendeiner Version globaler Gerechtigkeit über die Erzeugung offenkundig ungerechter und illegitimer globaler Machtstrukturen führt, die mit den Interessen der gegenwärtig mächtigsten Nationalstaaten verträglich sind." (Nagel 2010, 144) Sollte es den mächtigsten Ländern noch stärker als bisher gelingen, die globalen Märkte und Institutionen zu ihren Gunsten zu kontrollieren, würden sie damit eine ungerechte Grundstruktur schaffen, gegenüber der sich soziale und politische Gerechtigkeitsansprüche erheben und durchsetzen ließen. Luis Cabrera hat in Bezug auf dieses Gedankenspiel die Frage aufgeworfen, ob es dann nicht eine indirekte Pflicht der Gerechtigkeit wäre, zunächst eine ungerechte globale Infrastruktur einzurichten und zu unterstützen.[3] Die intendierte Absurdität dieses Vorschlags hängt mit dem implizit vorausgesetzten Kriterium moralischer Akzeptabilität zusammen. Moralisch klar unzulässige Handlungen wie die Einrichtung einer Übergangsdiktatur lassen sich nicht einfach zugunsten moralisch wünschenswerter Ziele legitimieren, jedenfalls dann nicht, wenn der Eintritt der gewünschten Ziele nicht mit Sicherheit vorhergesagt werden kann. Augenscheinlich verstößt Platon in der *Politeia* gegen das Kriterium moralischer Akzeptabilität.

Zweitens verlangt das *Kriterium politischer Praktikabilität* von einer Gerechtigkeitstheorie, dass sie uns dabei hilft, zielführende Reformschritte zu bestimmen und politische Verantwortlichkeiten festzulegen.[4] Auf die Umsetzung seiner Ideen angesprochen, lässt Platon Sokrates entgegnen, dass die ausgearbeiteten Grundsätze eines gerechten Staates „nicht bloß fromme Wünsche sind, sondern

---

3 Unveröffentlichter Vortrag, gehalten anlässlich der *Third Biennial International Global Ethics Association Conference* in Bristol, 2010.

4 Laura Valentini unterscheidet in ähnlicher Weise zwischen „feasibility constraints" und „moral constraints", insofern praktikable Routen zur Gerechtigkeit immer auch „morally accessible" sein müssen (Valentini 2012, 661).

Schweres zwar, aber doch irgendwie möglich [...], wenn wahrhafte Philosophen [...] zur Obergewalt im Staat gelangt sind", da Philosophen bekanntlich „das Richtige, und die von diesem ausgehenden Vorzüge allein hochachten, für das Allergrößte und Notwendigste aber das Gerechte, und diesem dienend und es befördern zur Einrichtung ihres Staates schreiten." (540d-e)

Nach Platon haben Philosophen ein privilegiertes Wissen über das Gerechte und Gute und sind gegenüber den Verlockungen der Macht in besonderer Weise gefeit. Das sind zunächst einmal überaus zweifelhafte Annahmen. Mein grundsätzlicher Kritikpunkt lautet aber, dass Platons Gerechtigkeitsideal unhaltbar ist, weil es sich als politisch unpraktikabel erweist. Denn selbst wenn Philosophinnen in besonderer Weise für eine uneigennützige und weise Regierung geeignet wären (ein *big if*), bliebe es doch mehr als unwahrscheinlich, dass sie (mit moralisch akzeptablen Mitteln) an die Macht kommen werden. Wenn das Gerechtigkeitsideal der *Politeia* aber nur unter Voraussetzungen realisiert werden kann, die aus dem Spektrum des politisch Möglichen herausfallen, dann ist dieses Ideal eine Utopie im schlechten Sinne, eine Idee, die sich von der Politik abgewendet hat.

b) Gerechtigkeit auf zweitbester Fahrt: Zusammengenommen legt Platon in der *Politeia* zwar ein theoretisch realisierbares und wohlbegründetes Gerechtigkeitsideal vor, aber eben eines, das vor den Kriterien moralischer Akzeptabilität und politischer Praktikabilität nicht bestehen kann. So gesehen handelt es sich um eine ‚schlechte' Gerechtigkeitstheorie, eine Theorie, die sich nicht in eine überzeugende transitorische Theorie und konkrete politische Verantwortlichkeiten zurückübersetzen lässt. Tatsächlich gehört Platon aber zu den wenigen abendländischen Philosophen, die mit einigem Recht aus der Sicht eines Verfassungsgründers argumentieren dürfen. Unter Dionysos II hatte er wohl einigen Einfluss auf die Staatsverfassung von Syrakus. Damit zählt er neben Cicero, Marc Aurel und Rousseau zu den ganz wenigen abendländischen Philosophen von Rang, denen wir eine eingeschränkt solonische Perspektive zugestehen können.[5] Heute gilt aber, dass philosophische Planspiele über die beste Verfassung allenfalls in den politischen Diskurs eingehen, nicht aber auf eine direkte politische Umsetzung hoffen können.

5 Aristoteles' Einfluss auf die Erziehung Alexanders war wohl marginal und Kants, Voltaires oder Hegels Bemühungen, bei aufgeklärten Monarchen Gehör zu finden, hatten mäßigen Erfolg. Eine Ausnahme bilden die *Federalist Papers*, über die nicht nur Lockes und Montesquieus Philosophie, sondern vor allem die Ideen der Gründungsväter selbst Eingang in die Amerikanische Verfassung gefunden haben (zusammengestellt in: Zehnpfennig 2007).

Mit Recht ließe sich nun einwenden, dass wir nichtsdestotrotz auf das Ideal einer vollkommen gerechten Gesellschaft angewiesen bleiben, um eine ‚zweitbeste', dann eben auch politisch praktikable und moralisch akzeptable Gerechtigkeitsordnung zu entwerfen. Dass ein Ideal möglicherweise niemals vollständig erreicht wird, mache es ja nicht einfach überflüssig. Immerhin setze es den Fluchtpunkt, an dem wir praktikable Reformvorschläge als mehr oder weniger gerecht beurteilen können. Wie der Begriff nahe legt, könne es keine zweitbeste Verfassung ohne die Idee einer besten Verfassung geben. Es bliebe daher praktisch sinnvoll, so der Einwand, mit dem Ideal zu beginnen, um es dann schrittweise den politischen Möglichkeiten anzupassen.

Genau das ist auch der Weg, den Platon in den *Nomoi* einschlägt.[6] Im Gegensatz zur *Politeia* hat sich Platon in den *Nomoi* von der Utopie der Philosophenherrschaft verabschiedet. Stattdessen tritt hier ein alter Athener auf, der sich weniger durch sein Wissen vom Guten als durch politische Urteilskraft auszeichnet. Die bestmögliche Verfassung, auf die er sich im Gespräch mit den umherstehenden Bürgern einigt, ist eine *Nomokratie*; an die Stelle der Philosophenkönige tritt die Herrschaft des Rechts. Weiter ist bemerkenswert, dass der gemeinsame Konsens über die bestmögliche Verfassung gleich mehrfach aufgrund ungünstiger Bedingungen überarbeitet wird. Vor allem stehe zu befürchten, dass die vorgesehenen Eigentumsreformen auf den Widerstand privilegierter Bürger stoßen werden. Weil es aber keine Reformen ohne die Unterstützung der Eliten geben könne, wird der ideale Staatsentwurf soweit entschärft, bis er den Umherstehenden als politisch realistisch erscheint.[7] So räumt Platon ein, dass ein Gesetzgeber, der machtfremd argumentiert, so anmute, als ob er „Träume erzählte oder einen Staat und seine Bürger gleichsam aus Wachs formen wollte" (746a-b). Zudem lässt Platon seinen Protagonisten betonen, dass „dergleichen Einwände gar nicht so unrichtig" seien, da ein kluger Gesetzgeber immer auch den richtigen Zeitpunkt (*kairós*) zur Umsetzung seiner Ideen einzubeziehen habe. Deswegen führt der angepasste, zweitbeste Verfassungsentwurf dann auch noch zu einer drittbesten Verfassung, in der weitere Praktikabilitätsgründe Berücksichtigung finden.[8] Vor allem werde der ursprüngliche Entwurf immer nur schrittweise und auch dann nur in einzelnen Teilen zu realisieren sein: „Also lasse man den Gesetzgeber seinen Plan

---

6 Ich zitiere erneut nach Stephanus aus der Schleiermacher-Übersetzung: Platon, *Nomoi, Gesammelte Werke IX*, Frankfurt/Main 1991.

7 Erhellend dazu: Schöpsdau 1991, 142 f..

8 Volker Gerhardt konstatiert mit Blick auf diese Passagen, dass „die politische Praxis der Verfassungsgebung [...] zahlreiche Zugeständnisse abverlangt, die eine vergrößerte Distanz zum Ideal nach sich ziehen" (2007, 383). Anschließend weist er darauf hin, dass Platon in den *Nomoi* Entwürfe zu einer zweit-, dritt- und sogar viertbesten Verfassung ausarbeitet (384).

(ruhig) zu Ende führen, und erst wenn dies geschehen ist, dann untersuche man gemeinsam mit ihm was von seinen Ausführungen (wirklich) von Anwendbarkeit und was dagegen in der (wirklichen) Gesetzgebung nicht durchführbar sei. Denn auch selbst der Meister eines auch nur geringfügigen Werkes muss etwas in allen Stücken in sich selber Zusammenstimmendes liefern, wenn er überhaupt der Beachtung wert sein will." (746c-d)

Ich habe diese Passage in voller Länge zitiert, weil sie eine Einschätzung ausdrückt, die in der Politischen Philosophie weit verbreitet ist, gegen die ich mich aber im Folgenden wende. Platon schlägt ein Überlegungsgleichgewicht zwischen dem Gerechtigkeitsideal und den politischen Anwendungsbedingungen vor. Die Konstruktion einer bestmöglichen Verfassung beginnt mit dem Ideal einer vollkommenen gerechten Gesellschaft, muss dann aber schrittweise auf die Wirklichkeit zurückgebaut werden. Es handelt sich dabei um ein Überlegungsgleichgewicht, insofern nicht nur die Theorie der Praxis vorschreibt, was gerecht ist, sondern auch die Praxis mitdefiniert, was Gerechtigkeit hier und jetzt bedeutet. Aber auch wenn das ursprüngliche Gerechtigkeitsideal mehrfach angepasst wird, so soll dieser Prozess doch seinen Ausgang an einem originären Ideal nehmen, in Hinsicht auf das auch noch die dritte, vierte oder n'te Anpassung als bestmöglich und gerecht bezeichnet werden kann. Entsprechend stellt Platon fest, dass „es bei allen Unternehmungen das Richtigste ist, wenn man sich ein Muster (*parádeigma*) aufstellt, wie das Unternommene ausfallen soll, und es diesem an der höchsten Schönheit und Wahrheit nicht fehlen lässt" (746b).

Das Problem, das sich hier ankündigt, hat mit der Diskontinuität zwischen idealer und nichtidealer Theorie zu tun. Die Orientierung an einem originären Gerechtigkeitsbild impliziert eine dauerhafte mimetische Präsenz dieses Bildes in jedem Schritt seiner realpolitischen Transformation. Genau das aber ist zweifelhaft. In den *Nomoi* präsentiert die bestmögliche Verfassung allenfalls das Abbild eines Abbildes, dessen legitimatorische Rückbindung zum Original im Verlauf vieler praktisch notwendiger Anpassungsschritte unterbrochen wird. Was schließlich vom originären Gerechtigkeitsideal übrig bleibt, ist nicht viel mehr als ein Schatten an der Wand realpolitisch gefesselter Akteure.

Was hier nicht stimmt, lässt sich an folgender Analogie verdeutlichen: Nehmen wir an, Herr Morus möchte ein Haus bauen. Dabei steht ihm eine recht klare Idee seines Traumhauses vor Augen: sein Wunschhaus gleicht einem prunkvollen venezianischen Palazzo. Im Gespräch mit seiner Familie entwickelt Herr Morus dann einen ersten Entwurf dieser Idee. Gemeinsam skizzieren sie den Grundriss einer klassischen Villa im italienischen Stil. Dieses erste Abbild ist aber unzulänglich. Herr Morus verfügt zum Beispiel nicht über die nötigen Statikkenntnisse. Auch ist er sich in einigen Details unsicher und zudem uneins mit seiner Frau. Im nächsten Schritt steht ein Gespräch mit dem Architekten an.

Darin wird schnell deutlich, dass der erste Entwurf in einigen Punkten nicht zu realisieren sein wird. Der vorgegebene Bebauungsplan und die Budgetgrenzen machen stärkere Planänderungen erforderlich. Im Ergebnis arbeitet der Architekt einen fachgerechten Plan aus, der allerdings kaum noch der Vision eines prunkvollen Palazzos gleicht. Er ähnelt eher einem konventionellen Landhaus mit italienischen Stilelementen. In der Bauphase kommt es dann, drittens, zu weiteren Anpassungen. Der Bau wird teurer als erwartet, so dass Herr Morus zähneknirschend auf die Dachterrasse (Modell ‚Toskana') und weitere kostspielige Details verzichten muss. Schließlich steht Herr Morus vor seinem Wunschhaus. Allerdings gleicht dieses Haus keiner italienischen Villa, sondern eher dem Fertighaus nebenan. Trotzdem behauptet er weiter, er stehe nicht vor einem konventionellen Familienhaus, sondern vor dem (eben bestmöglichen) venezianischen Palazzo.

Offenkundig wird Herr Morus mit dieser Behauptung für Erheiterung sorgen. In der praktischen Durchführung wurde sein ursprünglicher Plan so stark modifiziert, dass wir beim besten Willen nicht mehr von einem strukturerhaltenden Abbild des Originals sprechen können. Das fertige Haus repräsentiert ebenso wenig eine Villa wie sich eine handvoll realpolitischer Reformen mit dem Ideal einer vollkommen gerechten Gesellschaft rechtfertigen lassen. Was Herr Morus und Platon benötigen, ist eine Idee vom besten Haus bzw. von der besten Verfassung, in der die wesentlichen Realisierungsbedingungen von Anfang an mitreflektiert wurden. Es hilft mit anderen Worten wenig, mit einem freistehenden Ideal zu beginnen, wenn sich davon keine wesentlichen Elemente realisieren lassen. Um einen praktikablen Fluchtpunkt zu setzen, müssen wir von Anfang an eine realistische Utopie entwickeln, ein Ideal, das sich am Kriterium politischer Praktikabilität orientiert.

c) *Politischer Kosmopolitismus*: Zumindest aus pragmatischen Gründen sollten wir unsere Vorstellung, was globale Gerechtigkeit bedeutet, an unsere politischen Möglichkeiten anpassen. Normativ ausschlaggebend sind pragmatische Gründe aber nur, wenn wir die Frage, was wir von einer globalen Gerechtigkeitstheorie wollen, in einer bestimmten Weise beantworten.[9] Diese Frage setzt eine Selbstreflexion der Politischen Philosophie voraus, die in der Frage globaler Gerechtigkeit besonders dringlich wird. Denn im globalen Maßstab ist der Einfluss von Philosophinnen auf die öffentliche Meinungsbildung noch einmal geringer einzuschätzen und ihre eigene weltanschauliche Befangenheit wird noch einmal

9 Die Frage nach dem praktischen Sinn der Politischen Philosophie ist zuletzt durch Amartya Sens „What Do we Want From a Theory of Justice?" (2006) aufgeworfen worden. Vgl. dazu Martijn Boot, „The Aim of a Theory of Justice", 2012; oder allgemein: Brunner/Deiters (Hg.), *Das Politische der Philosophie. Über die gesellschaftliche Verantwortung politischen Denkens*, 1993.

augenscheinlicher. Deswegen werde ich versuchen, eine reflektiert parteiliche Position im Diskurs über globale Gerechtigkeit einzunehmen und sie von Anfang an offen zu legen.[10] Es geht mir darum, eine realistische Utopie zu entwerfen, vor deren Hintergrund globale Ungerechtigkeiten immanent, also ausgehend vom Selbstanspruch politisch relevanter Akteure und Institutionen, kritisiert werden können. Dazu werde ich eine Sichtweise entwickeln, die uns – Bürger wohlhabender Staaten – in der politischen Verantwortung für globale Ungerechtigkeiten darstellt und die uns gleichzeitig in der Hoffnung bestärkt, dass eine einigermaßen gerechte Welt im Rahmen unserer beschränkten politischen Handlungsfähigkeiten möglich ist. John Rawls, auf den ich mich in einer bestimmten (versöhnungsphilosophischen) Lesart beziehe, drückt diesen Gedanken folgendermaßen aus: „For so long as we believe for good reasons that a self-sustaining and reasonably just political and social order both at home and abroad is possible, we can reasonably hope that we or others will someday, somewhere, achieve it; and we can then do something toward this achievement." (Rawls 1999, 128)

Politische Praktikabilitätserwägungen sind ein Grund, warum ich meinen Ansatz als politischen Kosmopolitismus bezeichne. Ein weiterer Grund besteht darin, ihn gegenüber Versionen des juridischen und moralischen Kosmopolitismus abzugrenzen. Vereinfacht gesagt, steht der juridische Kosmopolitismus für die Vision globaler Verrechtlichungs- und Konstitutionalisierungsprozesse, die bis hin zur Weltrepublik führen sollen. Er überträgt die am Staat modellierten Vorstellungen von demokratischer Gesetzgebung und Rechtssicherheit auf die globale Arena und fordert Schritte zur Institutionalisierung eines *global rule of law*. Auch hier greift aber das Kriterium politischer Praktikabilität. Normativ lässt sich das Ideal einer Weltrepublik zwar mit jeder kosmopolitischen (sprich: universalistischen) Moraldoktrin begründen; praktisch droht eine solche Utopie aber eher Haltungen der Resignation oder Radikalität Vorschub zu leisten, als dass sie sich in zielführende Handlungen und politische Verantwortlichkeiten übersetzen ließe.

Meine Gründe für eine Abgrenzung gegenüber dem moralischen Kosmopolitismus sind ähnlich gelagert. Der moralische Kosmopolitismus ist monistisch angelegt; das heißt, dass sich die Moralität persönlicher Handlungen und die Legitimität politischer Institutionen an ein und demselben moralischen Standard

---

10 Utopien erfüllen durchaus praktische Funktionen. So hat die Utopie himmlischer Gerechtigkeit einen transzendenten Legitimationsrahmen geschaffen, der die Gesellschaften Europas über viele Jahrhunderte sozial integrieren konnte. Als Legitimationsgrundlage *moderner* (sprich: pluralistischer) Gesellschaften bleibt der Verweis auf eine transzendente Gerechtigkeit aber unzureichend.

bewertet werden. Zudem wird die Frage, was an und für sich gerecht ist, und die Frage, wie sich der Status Quo gerechter machen ließe, in zwei aufeinander folgenden Schritten behandelt. Am Anfang steht die moralisch begründete Vision einer kosmopolitischen Gerechtigkeitsordnung, erst dann wird in der Realität nach möglichen Annäherungsschritten gesucht. Dadurch erzeugen moralische Kosmopolitisten eine problematische Kluft zwischen Sein und Sollen. Um diese Problematik methodisch zu umgehen, versuche ich, eine realistische Utopie globaler Gerechtigkeit direkt aus der Rechtfertigungspraxis machtpolitisch programmierter Akteure herauszuarbeiten.

Im Gegensatz zum moralischen und juridischen Kosmopolitismus betrachtet der politische Kosmopolitismus die globale Arena als eine Gerechtigkeitsdomäne eigener Art. Diese Bezeichnung hat aber auch zu Missverständnissen geführt, die im Vorhinein auszuräumen sind. Sie haben mit den unterschiedlichen Assoziationen zu tun, die das Attribut ‚politisch' auslöst. Auf der einen Seite des Bedeutungsspektrums verweist ‚politisch' auf die Faktizität handfester Machtverhältnisse, auf der anderen Seite auf die Möglichkeit, diese Verhältnisse über öffentlich-deliberative Prozesse zu kontrollieren. Manche verbinden mit dem politischen Kosmopolitismus eher eine machtrealistische Position, andere schreiben ihn der republikanischen Tradition zu.[11] Meine Begriffssetzung hat aber drei davon unabhängige Gründe. Sie resultiert erstens aus der Methode des *politischen* Rekonstruktivismus (1); zweitens daraus, dass sich mein Ansatz an der Idee *politischer* Verantwortung orientiert (2); und drittens vertrete ich eine *politische* bzw. praktische Menschenrechtskonzeption, die sich von moralischen Konzeptionen abhebt (3). Eine kurze Einordnung dieser drei Elemente gibt zugleich einen Überblick über die drei Hauptteile dieser Abhandlung.

1. Ich bezeichne meine Methode als *politischen Rekonstruktivismus*, weil es sich um eine bestimmte Weiterführung von Axel Honneths *normativem Rekonstruktivismus* handelt (1.3). Zudem orientiert sie sich in einigen Aspekten an John Rawls' Idee eines *politischen* Konstruktivismus (1.2). Beiden folge ich darin, dass eine realistische Utopie die Grenzen des politisch Möglichen beachten, diese aber durch die Explikation vorhandener Legitimitätsansprüche und politischer Verantwortungsstrukturen erweitern sollte. Über beide Autoren gehe ich aber hinaus, insofern ich aus der Analyse globaler Herrschaftsstrukturen und Rechtfertigungsnarrative die Grundzüge einer kosmopolitischen Gerechtigkeitskonzeption freilege.

11 Vgl. Fred Dallmayr, „Cosmopolitanism. Moral and Political", 2003; und Allessandro Ferrara, „‚Political' Cosmopolitanism and Judgment", 2007.

2. Der zweite Teil ist der Idee politischer Verantwortung gewidmet. Politische Verantwortung bedeutet, dass politische Akteure innerhalb ihres Einflussbereichs nicht nur für Zustände, sondern auch für die Regeln, Institutionen und Praktiken, die diese Zustände strukturell ermöglichen, rechenschaftspflichtig sind, und zwar auch dann, wenn sie selbst weder die Zustände, noch die sie ermöglichenden Strukturen kausal hervorgebracht haben. Ich werde in der Diskussion von Max Weber (2.2.1), Hans Jonas (2.2.2) und Hannah Arendt (2.2.3) zunächst kurz in die Geschichte dieser Idee einführen, um sie dann in einem zweiten Schritt in Anlehnung an Thomas Pogge (2.3.1) und Iris Young (2.3.2) zu einer kosmopolitischen Verantwortungskonzeption weiterzuentwickeln. Leitthese ist, dass sich der Skopus spezifisch politischen Verantwortung über unsere staatsbürgerliche Verantwortung hinaus entgrenzt hat.
3. Im dritten Teil der Abhandlung werde ich eine praktische bzw. politische Konzeption der Menschenrechte verteidigen (3.2). Damit ist im Wesentlichen gemeint, dass Menschenrechte nicht auf moralische Ansprüche reduzierbar sind, sondern durch genuin politische Funktionen definiert werden. In der globalen Arena besteht ihre Funktion in der Hauptsache darin, Herrschaftsansprüche zu legitimieren und umgekehrt der Kritik an Ungerechtigkeiten eine universell verständliche und auf internationale politische Resonanz stoßende Sprache zu geben. Menschenrechte fungieren bereits als globale Legitimationsstandards, die supranationale Mechanismen der Inverantwortungsnahme auslösen. Mein Argument läuft entsprechend darauf hinaus, dass sich die politische Verantwortung für die realistische Utopie eines globalen Menschenrechtsregimes bis in unsere Wohnzimmer hinein zurückführen lässt (3.3.).

Teil 1 Praktikabilität

1.1 Politische Philosophie zwischen Versöhnung und Kritik

Einleitend habe ich behauptet, dass eine ‚gute' Theorie der Gerechtigkeit moralisch akzeptabel und politisch praktikabel sein muss. Sie braucht kein freistehendes Gerechtigkeitsideal begründen, sondern sollte eine transitorische Perspektive eröffnen, die am normativen Selbstverständnis der Betroffenen und ihrem persönlichen Verantwortungsbereich anknüpft. Ohnehin bin ich davon überzeugt, dass sich viele Differenzen zwischen partikularistischen und kosmopolitischen Ansätzen auf divergierende Zeitperspektiven zurückführen lassen.[12] Es macht einen Unterschied, ob wir untersuchen, was hier und heute, mittelfristig oder unter dem Gesichtspunkt der Ewigkeit gerecht ist. Allgemein haben wir uns, denke ich, damit abzufinden, dass es unterschiedliche sinnvolle Antworten auf die Frage gibt, was wir von einer Theorie globaler Gerechtigkeit wollen.

Der prägnanteste Unterschied besteht meines Erachtens eher darin, ob eine Theorie eine kritische oder eine versöhnende Absicht verfolgt. Vereinfacht gesagt geht es versöhnungsphilosophischen Ansätzen darum, das Gerechtigkeitspotential einer gegebenen Wirklichkeit auf den Begriff zu bringen, während kritische Ansätze – nicht zu verwechseln mit der kritischen Theorie im engeren Sinne – eine Diskrepanz zwischen Gerechtigkeit und Wirklichkeit markieren. Kritische Ansätze beurteilen den Status Quo vom Standpunkt eines moralischen Gerechtigkeitsideals, versöhnungsphilosophische Ansätze hingegen anhand immanent gewonnener Standards. Statt die Welt an ein unabhängig gewonnenes Ideal anzupassen, geht es ihnen darum, unser begriffliches Verständnis davon, was Gerechtigkeit sein soll, mit der Welt in Einklang zu bringen. Zugespitzt formuliert ist dies der Unterschied zwischen einer kantischen und einer hegelianischen Sicht auf Gerechtigkeit.

Bevor ich mich diesen Traditionen im Einzelnen zuwende, möchte ich die entscheidende Differenz zwischen beiden noch einmal vertiefen. Dazu folge ich James Tully („Political Philosophy as a Critical Activity", 2002), für den die Politische Philosophie ein unmittelbar politisches Anliegen hat. Sie verfolgt den praktischen Zweck, Machtverhältnisse zu kritisieren und politische Akteure zum Handeln zu aktivieren. Vergleichbar mit verwandten Praktiken – wie dem Halten

12 In ähnlicher Weise stellt Laura Valentini fest: „What types of idealizations are appropriate and what facts ought to be taken into account in the design of normative principles depends on the particular question the theory itself is meant to answer." (2012, 662)

DOI 10.1515/9783110538953-002

einer politischen Rede – hat die Politische Philosophie das normative Selbstverständnis ihrer Adressaten und deren politische Möglichkeiten von Anfang an einzubeziehen. Die praktische Absicht versöhnungsphilosophischer Ansätze besteht auf der anderen Seite darin, die Art und Weise, wie wir uns begrifflich in der Welt zurechtfinden, an die Welt, wie sie ist, anzupassen. Im Grunde ist ihre Absicht therapeutisch. Sie versuchen nicht die Welt, sondern unseren Begriff von der Welt und damit die Art, wie wir sie erfahren, zu reformieren. Ihr Ziel besteht darin, eine als chaotisch, feindlich oder sinnlos erfahrene Wirklichkeit wieder als eine Welt verstehbar zu machen, in der wir sinnvoll – also im Einlang mit unseren Grundüberzeugungen – und selbstbestimmt tätig werden können.

Ich bezeichne diese Funktion als ‚therapeutisch', weil ihr praktischer Zweck darin besteht, ein pathologisch gewordenes Selbst- und Weltverständnis zu heilen.[13] Solange wir der sozialen Welt, in der wir leben, keinen (begrifflichen) Sinn abgewinnen können, fühlen wir uns in ihr entfremdet, unfrei und deplatziert. Versöhnungsphilosophische Ansätze wollen uns dabei helfen, wieder in dieser Welt heimisch zu werden.[14] Das Ohnmachtsgefühl, das sich angesichts der politisch unregulierten Globalisierung ausbreitet, ist ein gutes Beispiel für die Notwendigkeit einer versöhnenden Perspektive. Es gibt ein verbreitetes Gefühl, dass die Globalisierung alternativlos und unregulierbar ist. Das schürt Frustration und Zynismus; schlimmstenfalls führt es zu Radikalisierung und krudem Nationalismus.

Ein Stück weit soll auch mein Ansatz unsere Sicht auf globale Gerechtigkeit verändern, indem er die bestehende Weltordnung als potentiell gerecht darstellt. Gleichwohl ist dieses Projekt nicht bloß konservativ. Die Darstellung der Wirklichkeit als Gerechtigkeit verfolgt zugleich eine kritische Absicht. Denn das Legitimationsversprechen des bestehenden Menschenrechtsregimes ist in weiten Teilen unabgegolten. Dadurch wird ein immanenter Standort für die Kritik an globalen Ungerechtigkeiten in Form verbreiteter Menschenrechtsmissachtungen eröffnet. Durchaus in Verwandtschaft zur kritischen Theorie besteht die prakti-

---

13 Auch den Begriff eines pathologischen Weltbezugs entnehme ich den Arbeiten Axel Honneths. Vgl. Honneth, „Eine soziale Pathologie der Vernunft. Zur intellektuellen Erbschaft der kritischen Theorie", 2007; ders., „Pathologien des Sozialen. Tradition und Aktualität der Gesellschaftskritik", 1994; sowie: Christopher Zurn, „Social Pathologies as Second-Order Disorders", 2011.

14 Tully selbst schreibt in der Tradition der kritischen Theorie und unterstreicht daher die emanzipatorische Wirkung versöhnungsphilosophischer Ansätze: „Political philosophy as a critical attitude starts from the present struggles and problems of politics and seeks to clarify and transform the normal understanding of them so as to open up the field of possible ways of thinking and acting freely in response." (2002, 551)

sche Absicht dieser Arbeit darin, die kritische und versöhnungsphilosophische Perspektive zusammenzuführen. Ohnehin handelt es sich dabei um eine idealtypische Unterscheidung zwischen zwei komplementären Anliegen. Eine Versöhnung mit der Wirklichkeit macht nur dann Sinn, wenn die Wirklichkeit nicht einfach abfotografiert, sondern auf eine Weise dargestellt wird, die Hoffnung auf mehr Gerechtigkeit macht.

Gegen den Versuch einer Aussöhnung mit dem politisch Möglichen werden eine Reihe ernstzunehmender Einwände erhoben. Der wichtigste betrifft die Frage, ob dadurch nicht die *direction of fit* zwischen Fakten und Normen verkehrt wird.[15] Wir sollten die Welt an moralische Prinzipien und nicht diese Prinzipien an die Welt anpassen. Denn zumindest was unsere grundlegenden Prinzipien betrifft, dürfe das Kriterium politischer Praktikabilität den universellen Geltungsbereich und die zeitlose Autorität dieser Prinzipien nicht preisgeben. Darum seien Praktikabilitätsgründe erst dann angebracht, wenn es um die nachgeordnete Anwendung dieser Prinzipien geht. In jedem Falle dürften moralische Prinzipien nicht von zufälligen Realisierungsbedingungen abhängig gemacht werden. Denn das zöge die paradoxe Konsequenz nach sich, dass Gerechtigkeitsansprüche umso niederschwelliger würden, je ungerechter eine Gesellschaft ist. Faktisch unwillige oder bösartige Akteure würden gegenüber normenkonformen Akteuren gleichsam belohnt, wenn wir Gerechtigkeitsstandards an den tatsächlichen Realisierungschancen ausrichteten.

Glücklicherweise bin ich an dieser Stelle nicht gezwungen, ein längeres metaethisches Argument zu führen. Denn ich behaupte nicht, dass Fakten immer eine konstitutive Rolle bei der Konstruktion moralischer Grundprinzipien spielen (sollten). Was ich aber behaupte, ist, dass das Kriterium politischer Praktikabilität eine konstitutive Rolle spielt, wenn eine Gerechtigkeitstheorie eine explizit politische Absicht verfolgt. Unter dieser Voraussetzung ist es nicht nur konsistent, sondern sogar geboten, Fakten über die Einstellungen und Möglichkeiten der relevanten Akteure zu berücksichtigen. Wenn wir die Frage, was Gerechtigkeit ist, zunächst unabhängig von der Frage nach ihrer politischen Praktikabilität beantworten wollten, benötigten wir immer noch eine zusätzliche Theorie

---

15 Die bedeutendste Kritik an der Einbindung von Fakten ist in mehreren Anläufen von G. A. Cohen vorgebracht worden. Insbesondere in *Rescuing Justice and Equality* (2008) begibt sich Cohen auf eine Rettungsmission, um die Idee der Gerechtigkeit wieder aus den Händen des Rawls'schen Konstruktivismus zu befreien. In Vorbereitung auf dieses Unternehmen attackiert er in „Facts and Principles" (2003) die konstruktivistische Grundannahme, dass Fakten und Prinzipien in einem, wie ich es nenne, co-konstitutiven Verhältnis zueinander stehen. Ein ähnliches Bedenken gegenüber Konzessionen an die Praxis teilt David M. Estlund in „Utopophobia: Concessions and Aspirations in Democratic Theory", 2009.

darüber, welche Konzessionen an die Praxis bei der Umsetzung zulässig sind; und das heißt im Grunde, dass die normative Kernarbeit dann von dieser zusätzlichen Theorie und nicht von der originären Gerechtigkeitstheorie geleistet wird. Um eine unüberbrückbare Kluft zwischen Theorie und Praxis zu vermeiden, gilt es, das Kriterium politischer Praktikabilität bereits im idealtheoretischen Teil, in dem wir klären, was Gerechtigkeit bedeutet, ernst zu nehmen.

In diesem Kapitel soll dieser Ansatz in der Auseinandersetzung mit drei klassischen Positionen weiter an Kontur gewinnen. Ich beginne mit Kants Philosophie des Weltbürgertums, an der das Grundproblem des moralischen Kosmopolitismus noch einmal klar vor Augen tritt (1.2). Kant entwickelt sein Ideal einer vollkommen gerechten Ordnung zunächst unabhängig von der Überlegung, wie es sich in realistischen (und akzeptablen) Zwischenschritten verwirklichen ließe. Damit erschafft er eine politisch unüberbrückbare Distanz zum politischen Status Quo. Dieses Problem wird auch dadurch nicht beseitigt, dass er in späteren Schriften auf die zweitbeste Theorie eines freiwilligen Völkerrechtsbundes einzuschwenken beginnt und diese in der *Friedensschrift* gezielt als transitorischen Zwischenschritt anlegt. Die Konzessionen an die Praxis, die Kant nun für angemessen hält, ließen sich im Rahmen seines moralischen Kosmopolitismus nur dadurch rechtfertigen, dass es sich um notwendige Schritte in Richtung einer vollkommenen weltbürgerlichen Vereinigung handelt. Allerdings, so mein Einwand, liegt dieses Ideal so weit entfernt, dass es sich nicht einmal als Fluchtpunkt für die transitorische Rechtfertigung praktikabler Zwischenschritte, ja, nicht einmal als regulative Idee eignet.

In der anschließenden Auseinandersetzung mit John Rawls und Axel Honneth stoßen wir dann auf die gesuchten Ansatzpunkte für eine immanente Kritik. Bei John Rawls ist dies die Idee einer realistischen Utopie, womit er Kants Vorschlag einer freiwilligen Völkerrechtsordnung auf eine neue Grundlage stellt (1.3.). Es ist nahe liegend, Rawls' Entwurf als einen normativen Leitfaden für die Außenpolitik liberaler Staaten zu lesen. Entscheidend ist, dass der Gerechtigkeitssinn liberaler Völker nicht bei Fragen internationaler Stabilität endet, sondern dass er die Ächtung schwerer Menschenrechtsverletzungen und eine Hilfspflicht gegenüber schwerer Armut umfasst. In einem hypothetischen Vertrag würden liberale Völker globalen Verfassungsgrundsätzen zustimmen, die so minimal sind, dass sie auch von nicht-liberalen Staaten geteilt werden. Diese gemeinsame Völkerrechtsordnung präsentiert kein moralisches Ideal globaler Gerechtigkeit, sondern ein dem Kriterium politischer Praktikabilität folgendes Konstrukt, eben eine realistische Utopie, „which connects with the deep tendencies and inclinations of the social world“ (Rawls 1999, 128).

Trotzdem handelt sich Rawls in seiner Unterscheidung zwischen idealer und nichtidealer Theorie dasselbe Problem ein, das schon der moralische Kosmopolitismus nicht lösen konnte. In seiner Begriffssetzung formuliert der ideale Theorieteil einen vollkommen gerechten Endzustand, während der nichtideale Theorieteil zielführende Zwischenschritte festlegen soll. Es wird aber immer unklar bleiben, ob und wie sich einzelne Entscheidungen in Richtung des langfristigen Ideals auswirken – womit die Rechtfertigung für notwendige Konzessionen an die Praxis verloren geht.

Allerdings betrifft dieser Einwand allein Rawls' internationale Theorie und hier auch nur eine bestimmte Lesart von dieser. In einem zweiten Schritt werde ich eine alternative Interpretation vorstellen, die diesen Einwand entkräftet. Diese Interpretation beruht auf einer versöhnungsphilosophischen Deutung von Rawls' politischer Gerechtigkeitskonzeption. Demnach ginge es ihm nicht um die Rechtfertigung eines zukünftigen Gerechtigkeitsideals, sondern um die Versöhnung des liberalen Gerechtigkeitssinns mit der bestehenden Völkerrechtsordnung. Gesetzt, dass diese Deutung zutrifft, hätte Rawls seinerseits ein therapeutisches Anliegen verfolgt. Er zeigt, wie die bestehende Völkerrechtsordnung in Einklang mit dem Selbstverständnis liberaler Völker gebracht werden kann. Auf der anderen Seite eröffnet diese Lesart aber auch neue Ansatzpunkte für die Kritik an seiner antikosmopolitischen Haltung. Insgesamt meine ich, dass die versöhnungsphilosophische Interpretation Rawls' Intention besser gerecht wird; fest steht aber auch, dass Rawls' Völkerrechtstheorie unter ihren eigenen Voraussetzungen kosmopolitisch erweitert werden muss.

In der abschließenden Auseinandersetzung mit Axel Honneths Methode des normativen Rekonstruktivismus finde ich dann einen Weg, um die Balance zwischen Versöhnung und Kritik klarer auszudrücken (1.4.). In versöhnungsphilosophischer Absicht geht es Honneth darum, die Wirklichkeit als einen (ihrem Anspruch nach) gerechten Ort begreifbar zu machen. Auf der Rekonstruktion dieses immanenten Gerechtigkeitsanspruchs basiert dann wiederum seine immanente Gesellschaftskritik: Moderne Institutionen geben ein sie legitimierendes Versprechen von Freiheit und Gerechtigkeit, das immer wieder eingefordert und erkämpft werden muss. Während Honneths Rekonstruktion aber beim demokratischen Rechtsstaat stehen bleibt, schlage ich vor, seine Methode auf die Rechtfertigungsnarrative globaler Herrschaftsorgane zu übertragen. Meine These lautet, dass uns diese Rekonstruktion auf die realistische Utopie eines globalen Menschenrechtsregimes führt, eine Utopie, die genügend kritische Kraft in sich birgt, um globale Ungerechtigkeiten zu kritisieren, zugleich aber realistisch genug ist, um Gerechtigkeitsforderungen in politische Verantwortung und konkrete Handlungen umzumünzen.

1.2 Die Aporie des moralischen Kosmopolitismus: Immanuel Kant

„Kaum ein Jurist, Philosoph oder Politikwissenschaftler formuliert heute eine Position zu Krieg und Frieden, zur Ausbreitung demokratischer Herrschaft, zu globalen Institutionen, zu Frieden und Menschenrechtsschutz oder zu kosmopolitischen Ansprüchen, ohne sich zumindest zu Kants Auffassungen in Beziehungen zu setzen."[16] Dieser Einschätzung, die Oliver Eberl und Peter Niesen in ihrem Kommentar *Zum ewigen Frieden* (2011) geben, ist kaum etwas hinzuzufügen. Auch ich werde wesentliche Motive des politischen Kosmopolitismus in Auseinandersetzung mit, letztlich aber in Abgrenzung zu Kant entwickeln.

Auf den ersten Blick scheint es wenig Grund zu geben, Kants ideengeschichtliche Innovationen auf dem Gebiet der kosmopolitischen Philosophie noch einmal hervorzuholen.[17] Sein Beitrag ist genauer aufgearbeitet worden, als ich es im Rahmen einer systematischen Erörterung leisten kann. Auch besteht kein Anlass, seinen tatsächlichen Einfluss auf die gegenwärtige Theoriebildung überzubewerten. In der Diskussion um globale Gerechtigkeit ist Kant zwar omnipräsent, häufig dient er aber lediglich als historisches Vorbild für eine universalistische Moral oder für die Idee einer kosmopolitischen Verrechtlichung. Zwar beruft sich Rawls explizit auf Kant, im Grunde fällt er aber weit hinter dessen Forderung nach einem Weltbürgerrecht zurück (vgl. 1.3).[18]

---

16 Oliver Eberl und Peter Niesen, *Immanuel Kant: Zum ewigen Frieden*, 2011, 97.

17 Hilfreiche Kommentare und Reaktualisierungen finden sich beispielsweise in Seyla Benhabib, *Another Cosmopolitanism*, 2008; James Bohman (Hg.), *Weltstaat oder Staatenwelt? Für und Wider die Idee einer Weltrepublik*, 1997; Francis Cheneval, *Philosophie in weltbürgerlicher Absicht. Über die Entstehung und die philosophischen Grundlagen des supranationalen und kosmopolitischen Denkens der Moderne*, 2002; Oliver Eberl, *Demokratie und Frieden: Kants Friedensschrift in den Kontroversen der Gegenwart*, 2008; Volker Gerhardt, *Immanuel Kants Entwurf „Zum ewigen Frieden". Eine Theorie der Politik*, 1995; Jürgen Habermas, „Kants Idee des ewigen Friedens – aus dem historischen Abstand von 200 Jahren", 1996; Otfried Höffe, *„Königliche Völker". Zu Kants kosmopolitischer Rechts- und Friedenstheorie*, 2001; ders. (Hg.), *Immanuel Kant: Zum ewigen Frieden* (Klassiker Auslegen), 2001; Matthias Kaufmann, „Kein ewiger Friede für Kant. Ein Rückblick auf einige Literatur zu 200 Jahren Zum ewigen Frieden", 2000; Pauline Kleingeld, „Approaching Perpetual Peace: Kant's Defence of a League of States and his Ideal of a World Federation", 2004; Reinhard Merkel und Robert Wittmann, (Hg.) *Zum ewigen Frieden: Grundlagen, Aktualität und Aussichten einer Idee von Immanuel Kant*, 1996; Allen Wood, „Kant's Project for Perpetual Peace", 1995.

18 Vgl. Rawls, *Law of Peoples*, 1999, 7. Pauline Kleingeld kritisiert, dass sich Rawls auf Kant bezieht, ihn aber nicht konsequent umsetzt: „In light of Kant's theory as interpreted above, what is missing here [in Rawls' realistic utopia, HH] is the ideal of a lawful enforceable global arbitration

Erst in jüngster Zeit hat die Diskussion um globale Gerechtigkeit eine Wendung genommen, die es noch einmal lohnenswert macht, Kants kosmopolitische Schriften durchzusehen. Wie einleitend erläutert, geht es um die Frage nach dem Verhältnis von idealer Theorie und politischer Praxis, die mit Blick auf globale Gerechtigkeit besondere Schwierigkeiten zu berücksichtigen hat. Dazu zählen ...

> ...erstens, ein Mangel an politischen und juridischen Institutionen zur Bestimmung, Zuschreibung und Durchsetzung kollektiver Pflichten (das *assurance*-Problem);
>
> ...zweitens, die große Zahl unterschiedlich eingestellter Akteure, die in multifaktoriellen Handlungssystemen interagieren, was die Vorhersagbarkeit, wie sich einzelne Handlungen, Regeln oder Reformen auswirken, unsicher macht (das *uncertainty*-Problem);
>
> ...drittens, die fehlende Übereinstimmung über fundamentale normative Grundsätze (das Problem eines *moral pluralism*).

Bereits Kant ist sich dieser Ausgangsprobleme in bemerkenswerter Weise bewusst. Dennoch basiert seine praktische Philosophie auf dem kosmopolitischen Ideal einer globalen Freiheitsordnung, in der äußere Legalität und innere Moralität zusammenstimmen. Damit steht Kant vor der Aufgabe, eine überzeugende transitorische Theorie zu entwickeln. Er muss eine plausible Erklärung dafür angeben, wie sich reale Gesellschaften an das kosmopolitische Ideal annähern können. Es ist diese Aufgabe, an der er sich in immer neuen Anläufen abarbeitet.

In erster Betrachtung hat die Frage der Übergangsgerechtigkeit zu einer bemerkenswerten Wende in Kants Denken geführt. In der Schrift „Idee zu einer allgemeinen Geschichte der Menschheit in weltbürgerlicher Absicht" (fortan: *Idee*, 1784) hat er zunächst eine geschichtsphilosophische Fortschrittsgeschichte erzählt.[19] Demnach sei es vernünftig, auf einen kosmopolitischen Plan der Natur zu vertrauen, also darauf, dass die Entwicklung der Menschheit gesetzmäßig auf das Ziel einer vollkommenen kosmopolitischen Vereinigung zulaufe. Nur einige Jahre später kündigt sich in der Schrift „Über den Gemeinspruch: Das mag in der Theorie richtig sein, taugt aber nicht für die Praxis" (fortan: *Gemeinspruch*, 1793) aber eine Wende an.[20] Kant schwenkt nun auf die realistische Utopie einer freiwilligen Völkerrechtsordnung ein. Seine systematische Gestalt erhält diese

---

of conflicts". In: Kleingeld, „Approaching Perpetual Peace: Kant's Defence of a League of States and his Ideal of a World Federation", 2004, 319.

19 Zitiert nach Kant, *Gesammelte Schriften*, hrsg. v. d. Königlichen Preußischen Akademie der Wissenschaften, Berlin 1902 ff., AA VIII, 15–31.

20 Zitiert nach Kant, *Gesammelte Schriften*, hrsg. v. d. Königlichen Preußischen Akademie der Wissenschaften, Berlin 1902 ff., AA VIII, 273–313.

zweitbeste Theorie dann in der Abhandlung „Zum Ewigen Frieden“ (fortan: *Friedensschrift*, 1795).[21] Darin wird das anfängliche Ideal einer kosmopolitischen Weltordnung scheinbar endgültig auf ein politisch praktikables Ideal zurückgebaut. Dieses Ideal liegt dafür nicht mehr in den Händen geschichtsphilosophischer Mächte, sondern in der politischen Verantwortung aufgeklärter Monarchen und moralisch verantwortlicher Politiker. Offensichtlich machen Kants Schriften der 1790er Jahre Konzessionen an die politischen Möglichkeiten seiner Epoche. Ganz unkantisch richten sie sich nach dem Kriterium politischer Praktikabilität.[22]

Allerdings übersieht diese Lesart vollends die fundamentale Funktion, die Kants kosmopolitisches Ideal in der Gesamtarchitektur seiner Vernunfts- und Freiheitsphilosophie innehat. Mit ihm steht nicht weniger als die Zweckmäßigkeit praktischer Vernunft selbst auf dem Spiel – und seiner Rechtsphilosophie zu unterstellen, diesen Anspruch aufgrund pragmatischer Gründe aufzugeben, erschiene doch einigermaßen kühn. Meine Gegenthese lautet daher, dass Kant durchgehend am kosmopolitischen Ideal festhält. In dieser Sichtweise ist die realistische Utopie aus der *Friedensschrift* allein als Übergangsschritt gerechtfertigt, als eine transitorische Stufe zur Vorbereitung des übergeordneten Ideals.

Daraus ergeben sich zwei Interpretationshypothesen. Die erste bezeichne ich als *Kontinuitätsthese*. Sie geht von der Annahme aus, dass Kant auch in seinen späteren rechtsphilosophischen Schriften ein kosmopolitisches Ideal voraussetzt. Es kommt bei ihm weder zum Kniefall vor der Praxis noch zur Aufgabe der kosmopolitischen Utopie zugunsten einer freiwilligen Völkerrechtsordnung. Um diese vordergründig auftretende Inkonsistenz aufzulösen, folge ich, zweitens, der *Transitionsthese*. Die Transitionsthese besagt, dass Kants realistische Utopie eines freiwilligen Völkerbundes lediglich als Übergangsstufe konzipiert und gerechtfertigt ist. Die insbesondere in der *Friedensschrift* dargestellte Version markiert kein letztes Ziel, sondern den nächsten praktikablen Schritt in Richtung eines weitergehenden kosmopolitischen Prozesses. Pauline Kleingeld, deren Interpretationen ich viel verdanke, bringt die Transitionsthese folgendermaßen auf den

---

21 Zitiert nach Kant, *Gesammelte Schriften*, hrsg. v. d. Königlichen Preußischen Akademie der Wissenschaften, Berlin 1902 ff., AA VIII, 341–386.

22 Neben Rawls vertritt auch der eingangs zitierte Kommentarband von Eberl/Niesen (2011) diese Lesart. Eberl/Niesen deuten *Friedensschrift* und *Rechtslehre* nicht als Teil der praktischen Vernunft, sondern als politisch-juridische Abhandlungen, deren Absicht sich mit den Rechtsgrundlagen eines Völkerrechtsfriedens erschöpft. Zudem weisen sie darauf hin, dass „die Rechtslehre und nicht die Friedensschrift den Endpunkt von Kants Entwicklung markiert“ (ebd., 98). Christoph Horn ging jüngst (zu Recht) soweit, Kants kosmopolitische Rechtsphilosophie eine „nichtideale Normativität“ zu unterstellen (2014).

Punkt: „According to Kant the creation of a league of states is not itself the ultimate ideal. Rather, it constitutes a first important step on the road towards an even greater transnational regulation of the interaction among states, a process that should be guided by the ideal of a global federative state of states.“ [23]

Ich halte die transitorische Lesart für plausibler, weil sie sich besser in Kants philosophisches System einfügt und Schlüsselpassagen in *Idee*, *Gemeinspruch* und *Friedensschrift* besser verständlich macht. Dass die *Friedensschrift* auf ihre zeitgenössischen Leser genau in diesem transitorischen Sinne gewirkt hat, belegt auch die Einordnung Johann Gottlieb Fichtes, für den „der von Kant vorgeschlagene Völkerbund zur Erhaltung des Friedens [...] lediglich ein Mittelzustand [ist, HH], durch welchen die Menschheit zu jenem großen Ziele wohl dürfte hindurchgehen müssen; so wie ohne Zweifel die Staaten auch erst durch Schutzbündnisse einzelner Personen unter sich entstanden sind.“[24]

In einem ersten Schritt möchte ich beide Interpretationshypothesen verteidigen, indem ich zeige, dass Kants realistische Utopie eines freiwilligen Völkerrechtsbundes weder zu rechtfertigen noch überhaupt zu verstehen wäre, wenn man ihre geschichtsphilosophische Grundierung außer Acht ließe. Sie wäre nicht zu rechtfertigen, weil Praktikabilitätsgründe für Kant kein Zugriffsrecht auf moralische Prinzipien haben dürfen. Das kosmopolitische Ideal bleibt für Kant eine regulative Idee der Vernunft, die nicht einfach aus Gründen politischer Praktikabilität eingeschränkt werden darf. Wo seine realistische Utopie eines freiwilligen Völkerbundes später dennoch Konzessionen an den politischen Status Quo zu machen scheint, kann das immer nur transitorisch erklärt werden, also dadurch, dass ein Übergang zum eigentlichen Ideal – die „vollkommene bürgerliche Vereinigung in der Menschengattung“ (IaG, AA 08: 28.03–04) – eingeleitet werde.[25]

---

23 In: Kleingeld, „Approaching Perpetual Peace: Kant's Defence of a League of States and his Ideal of a World Federation“, 2004, 321. Zuletzt hat Kleingeld diese Deutung in ihrer Gesamtdarstellung *Kant on Cosmopolitanism* (2012) erhärtet. Darin zeichnet sie ein differenziertes Bild von Kants „comprehensive cosmopolitanism“, das nicht nur die juridisch-politische, sondern ebenso die geschichts-, religions- und moralphilosophische sowie erziehungstheoretische Dimensionierung des Kantischen Kosmopolitismus zusammenfasst. Für Kleingeld ist die Idee des Kosmopolitismus bei Kant ein „ethical whole“ (ebd., 170). Ähnlich spricht auch Höffe von Kants „universellem Kosmopolitismus“, der das Grundprinzip seiner gesamten Philosophie, angefangen bei seiner Epistemologie bis hin zu seiner Erziehungstheorie markiert; in: Höffe, „Kants universaler Kosmopolitismus“, 2007.

24 Fichte, „Von Kant zum ewigen Frieden“, 1971 [1796], 433.

25 Diesbezüglich macht Pauline Kleingeld deutlich, dass Kants Anliegen transitorisch aufgefasst werden muss: „In order to make peace durable a merely voluntary league of republics is not enough, but it does make a positive contribution to progress towards this goal.“ (2012, 66). Zudem vertritt sie diese Sichtweise in einer Reihe weiterer Untersuchungen, darunter: „Approa-

Der durch einen freiwilligen Völkerrechtsbund gesicherte Friede gilt, wie Kant immer wieder klarstellt, zunächst nur „*provisorisch*"; peremtorisch, also juridisch verbindlich, wäre er nur als vom Weltbürgerrecht gesicherter Friede, „zu dem man sich in der kontinuierlichen Annäherung zu befinden nur unter dieser Bedingung schmeicheln darf" (ZeF, AA 08, 360.04–09).

Zur Hinführung auf die Transitionsthese werde ich zunächst mit Blick auf Kants *Idee* erklären, warum er das kosmopolitische Ideal als eine Bedingung der Möglichkeit praktischer Vernunft überhaupt – gewissermaßen als ihr viertes Postulat – voraussetzen muss (1.2.1). Im folgenden Abschnitt werde ich nachvollziehen, wie sich Kant auf dem Weg von der *Idee* zum *Gemeinspruch* vordergründig von diesem Ideal distanziert (1.2.2). Unterschwellig stoßen wir aber auf eine Reihe von Hinweisen darauf, dass Kant lediglich einen realistischen Übergang zum Ideal schaffen will. Die anschließende Interpretation der *Friedensschrift* wird uns darum nicht nur mit den Grundzügen seiner realistischen Utopie vertraut machen, sondern zugleich auch den Nachweis führen, dass es sich im Grunde um eine *Transitional Justice Theory* handelt (1.2.3.). In dieser Interpretation der *Friedensschrift* bleibt Kant ein Vertreter des moralischen Kosmopolitismus. Das heißt, er konstruiert ein moralisch gebotenes Ideal globaler Gerechtigkeit und stellt von da aus Überlegungen zu seiner Realisierung an. Daher bietet es sich abschließend an, die grundlegende Aporie des moralischen Kosmopolitismus noch einmal an Kant herauszuarbeiten und Anforderungen an einen methodischen Neuansatz zu formulieren (1.2.4.).

1.2.1 Kosmopolitismus als viertes Postulat

In der *Idee* setzt sich Kant im Jahr 1784, also bereits ein Jahr vor dem Erscheinen der *Grundlegung zur Metaphysik der Sitten* (1785), mit einer Frage auseinander, der er sich von nun an regelmäßig zuwenden wird: Es ist die Frage nach der Möglichkeit einer kosmopolitischen Freiheitsordnung. Für Kant ist die Klärung dieser Frage keine Fußnote. Im Gegenteil, in bestimmter Hinsicht setzt sie den Schlussstein im Gebäude seiner gesamten Vernunfts- und Freiheitsphilosophie. So macht er in der *Idee* unmissverständlich deutlich, dass ohne die begründete Hoffnung auf die vollständige Ausbildung der Vernunftanlagen des Menschen in einem kosmopolitischen Rechtszustand „alle praktischen Prinzipien" (IaG,

ching Perpetual Peace: Kant's Defence of a League of States and his Ideal of a World Federation", 2004; „Kant, History, and the Idea of Moral Development", 1999; „Kants Politischer Kosmopolitismus", 1997; und schließlich: *Fortschritt und Vernunft: Zur Geschichtsphilosophie*, 1995.

AA 08: 19.13) aufgehoben wären. Kant betrachtet die Möglichkeit einer freiheitlichen Weltordnung als eine regulative Idee der praktischen Vernunft, als eine Annahme, die zwar weder mit den Mitteln der theoretischen Vernunft ergründbar noch mit Blick auf den Geschichtsverlauf unmittelbar erkennbar ist, die aber notwendig postuliert werden muss, um die Geltung des universellen Moralprinzips als zweckmäßig verstehen zu können.[26]

Was nämlich mit der Möglichkeit einer kosmopolitischen Rechtsordnung auf dem Spiel steht, ist die Zweckmäßigkeit und damit die Autorität der praktischen Vernunft selbst. Denn ohne die begründete Hoffnung auf einen weltbürgerlichen Zustand stünde das kategorische Sollen der praktischen Vernunft für Wesen, die immer auch nach Glück streben, als sinnlos, ja irrational da. Dass der Anspruch der Vernunft *für uns* durchaus zweckmäßig ist, liegt Kant zufolge letztlich darin begründet, dass wir auf eine allmähliche, aber sich schließlich doch mit quasi naturgesetzlicher Notwendigkeit durchsetzende weltbürgerliche Absicht in der Geschichte hoffen können. *Ad hominem* gesprochen ist die Idee einer kosmopolitischen Vorsehung notwendig, um der Stimme der Vernunft zu vertrauen.

Um diese grundlegende Funktion von Kants kosmopolitischer Geschichtsphilosophie besser zu verstehen, ist es hilfreich, wenn wir uns einige zentrale Lehrstücke seiner praktischen Philosophie in Erinnerung rufen. Grundsätzlich beschreibt Kant den Menschen als ein aus „krummem Holze“ (IaG, AA 08: 23.22–23) geschnitztes Wesen. Als vernunftbegabtes Wesen ist der Mensch in der Lage (und willens), seine eigenen Ziele mit den Zwecken aller anderen vernunftbegabten Wesen in einem Prinzip zu verbinden und zum alleinigen Bestimmungsgrund seines Willens zu machen. Zugleich ist der Mensch aber immer auch ein sinnliches Wesen, dessen natürlicher Zweck darin besteht, seinen Neigungen zu folgen und insgesamt ein glückliches Leben zu führen.

Der Zweck des *ganzen* Menschen besteht nun darin, diese scheinbar widersprüchlichen Aspekte zu vereinen. Es müsste ihm dazu gelingen, aufgrund eines moralischen Lebens glücklich zu werden. Kant bezeichnet diese Vereinigung von Moral und Glück als die *Idee vom höchsten Gut*. Sie besteht darin, dass sich der Mensch, indem er moralisch handelt, „glückswürdig“ weiß – und dass er zudem einen vernünftigen Grund hat zu hoffen, dass ihm sein moralisch verdientes

---

26 Auch diese Interpretation deckt sich weitgehend mit der von Pauline Kleingeld (1995). Vgl. zur Geschichtsphilosophie Kants: Kleingeld, „Kant, History, and the Idea of Moral Development“, 1999; Yirmiyahu Yovel, *Kant and the Philosophy of History*, 1980; Lea Ypi, „Natura Daedala Rerum. On the Justification of Historical Progress in Kant's Guarantee of Perpetual Peace“, 2010a.

Glück auch tatsächlich zu Teil werde. Bereits in der *Kritik der reinen Vernunft* führt Kant diese Idee folgendermaßen ein:

> Glückseligkeit allein ist für unsere Vernunft bei weitem nicht das vollständige Gut. Sie billigt solche nicht (so sehr als auch Neigung dieselbe wünschen mag), wofern sie nicht mit der Würdigkeit, glücklich zu sein, d.i. dem sittlichen Wohlverhalten, vereinigt ist. Sittlichkeit allein, und mit ihr, die bloße *Würdigkeit*, glücklich zu sein, ist aber auch noch lange nicht das vollständige Gut. Um dieses zu vollenden, muss der, so sich als der Glückseligkeit nicht unwert gehalten hatte, hoffen können, ihrer teilhaftig zu werden. (KrV, AA 03: 527.33–528.03)

Um die Ansprüche von Vernunft und Glück zu versöhnen, hat der Mensch eine Perspektive nötig, in der moralische Glückswürdigkeit und natürliche Glückseligkeit zusammenlaufen. Für Kant wird diese Perspektive durch die Hypothese einer zweckmäßig verlaufenden Geschichte eröffnet. Entsprechend ist es vernünftig, einen Schöpfergott zu postulieren. Diese Annahme übersteigt zwar bei weitem die Einsichtsbefugnis der theoretischen Vernunft, es handelt sich aber um eine regulative Idee der praktischen Vernunft oder kurz gesagt um ein vernünftiges Postulat. Der Mensch hat allen Grund, sich von einer für ihn zweckmäßigen Schöpfung des Kosmos zu überzeugen, da dies eine unbedingte Voraussetzung dafür ist, um das Gebot der praktischen Vernunft mit seinem Streben nach Glückseligkeit zu vereinbaren.

Kant geht in der *Idee* aber noch einen entscheidenden Schritt weiter, weil die Postulate Gottes, der Unsterblichkeit der Seele und der Freiheit nicht hinreichen, um die Hoffnung auf ein glückliches Leben zu begründen. Es braucht eine weitere denknotwendige Idee, eben die der realen Möglichkeit eines kosmopolitischen Gemeinwesens. Im Grunde geht es in Kants kosmopolitischen Schriften darum zu zeigen, wie dieses Ideal auf Erden Wirklichkeit werden könnte. Entsprechend stellt er die Frage: „Denn was hilfts, die Herrlichkeit und Weisheit der Schöpfung im vernunftlosen Naturreiche zu preisen und der Betrachtung zu empfehlen, wenn [...] die Geschichte des menschlichen Geschlechts [...] ein unaufhörlicher Einwurf dagegen bleiben soll, [...] und, indem wir verzweifeln jemals darin eine vollendete vernünftige Absicht anzutreffen, uns dahin bringt, sie nur in einer anderen Welt zu hoffen?“ (IaG, AA 08: 30.21–28)

Ein weiterer Schritt hin zum Verständnis von Kants kosmopolitischer Philosophie besteht nun darin, seine praktische Philosophie insgesamt als Freiheitsphilosophie zu begreifen, in der Willens- und Handlungsfreiheit Aspekte ein und derselben Freiheit sind. Es ist auch hier Pauline Kleingeld, die wiederholt auf diesen Zusammenhang hinweist. Ausgehend von Kants *Idee* zeigt sie, dass die rechtliche Sicherung der äußeren Freiheit für Kant kein Selbstzweck, sondern eine Voraussetzung dafür ist, dass der Mensch seine vernünftigen Anlagen kultivieren und vervollkommnen kann.[27] Eine kosmopolitische Rechtsordnung schützt nicht nur die äußere Handlungsfreiheit, sondern trägt auch zur Moralisierung des Menschen bei.[28] Sie ist „der Schoß, worin alle ursprüngliche Anlagen der Menschengattung [und insbesondere seine Vernunftnatur und sein moralischer Charakter, HH] entwickelt werden" (IaG, AA 08: 28.35–36).

Was unsere Ausgangsfrage nach der Möglichkeit des Ideals betrifft, meint Kant, dass eine kosmopolitische Freiheitsordnung nicht einfach durch gemeinsames Handeln erschaffen werden könne.[29] Sie gehe nicht aus einem „verabredeten Plane" (IaG, AA 08: 17.28–29) vernünftiger Weltbürger hervor, sondern müsse als das Resultat einer langfristigen Entwicklung betrachtet werden, zu der uns unsere antagonistische Natur antreibe: „Der Mensch will Eintracht; aber die Natur weiß besser, was für seine Gattung gut ist: sie will Zwietracht" (IaG, AA 08: 21.29–31) und zwingt ihn dazu, in eine freiheitssichernde Rechtsordnung einzutreten.

Der erste Entwicklungsschritt ist mit der Gründung des Rechtsstaats abgeschlossen. Im nächsten Entwicklungsschritt gründet sich daraus die freiheitliche Republik, „in welcher Freiheit unter äußeren Gesetzen im größtmöglichen Grade mit unwiderstehlicher Gewalt verbunden angetroffen wird, d.i. eine vollkommen gerechte bürgerliche Verfassung" (IaG, AA 08: 22.16–18). Auch damit ist aber das Ende der Entwicklung nicht erreicht. Denn die „Errichtung einer vollkommnen bürgerlichen Verfassung" sei wiederum, drittens, abhängig von der Einrichtung eines „gesetzmäßigen äußeren Staatenverhältnisses" (IaG, AA 08: 24.02–04). Und so treibe die Natur die Menschen zu dem, „was ihnen die Vernunft auch ohne

---

27 Kleingeld (2004, 317) führt dazu folgende Passage aus den *Vorarbeiten zur Metaphysik der Sitten* an: „Aber zu diesem durch öffentliche Gesetze gesicherten Frieden (*status iustificus*) zu gelangen ist es nicht erst der Schritt von der Tugend- zur Rechtspflicht überzuschreiten, sondern vielmehr umgekehrt (*si vis pacem, para bellum*) von den Rechtsgesetzen zu dem der Tugend fortzuschreiten ..." (VAMS, AA 23: 354.10–13). Eine nach wie vor bahnbrechende Gesamtdarstellung der Kantischen Freiheitsphilosophie bietet: Wolfgang Kersting: *Wohlgeordnete Freiheit. Immanuel Kants Rechts- und Staatsphilosophie*. Paderborn. [3]2007.

28 Otfried Höffe zeigt, dass Kant „zwei Arten von moralischem Fortschritt" kennt, nämlich einen rechtsmoralischen und einen tugendmoralischen. „Dort wird das *Zusammenleben* der Menschen, selbst das ihrer Gemeinwesen, hier die *Denkungsart* der Individuen, ihre Gesinnung, von moralischen Gesetzen bestimmt." (2007, 187). Letztlich handelt es sich beim rechts- und tugendmoralischen Fortschritt aber um komplementäre Bereiche, die die ganze Freiheit des Menschen ermöglichen sollen. Vgl. auch dazu Kleingeld 2012, 163 f.

29 Vorausgesetzt also, dass die Natur „nach einem bestimmten Plane" (IaG, AA 08: 18.10) verfahre und „alle Naturanlagen eines Geschöpfes" dazu bestimmt habe, „sich einmal vollständig und zweckmäßig auszuwickeln" (IaG, AA 08: 18.19–20), ließe sich eine „Naturabsicht in diesem widersinnigen Gange menschlicher Dinge entdecken" (IaG, AA 08: 18.08–09).

soviel traurige Erfahrung hätte sagen können, nämlich: aus dem gesetzlosen Naturzustande der Wilden hinauszugehen und in einen Völkerbund zu treten" (IaG, AA 08: 24.21–23).

Aber der rechtsförmige Völkerbund, den wir in späteren Schriften wieder antreffen, markiert eben noch kein Endstadium, sondern stellt bloß einen Übergang zum, viertens, globalen Nachtwächterstaat[30] dar, der sich schließlich, fünftens, zum Weltstaat entwickeln soll. Interessanter Weise werden wir dazu laut Kant durch das internationale Kreditsystem und die wirtschaftliche Globalisierung getrieben. Es lohnt sich daher, diese instruktiven Passagen ausführlich wiederzugeben:

> Endlich wird selbst der Krieg [...] auch durch die Nachwehen, die der Staat in einer immer anwachsenden Schuldenlast [...] fühlt, deren Tilgung unabsehlich wird, ein so unbedenkliches Unternehmen, dabei der Einfluss, den jede Staatserschütterung in unserem durch seine Gewerbe so sehr verketteten Weltteil auf alle Staaten tut, so merklich: dass sich diese, durch ihre eigene Gefahr gedrungen, [...] zu Schiedsrichtern anbieten, und so alles von weitem zu einem künftigen großen Staatskörper anschicken, wovon die Vorwelt kein Beispiel aufzuzeigen hat. Obgleich dieser Staatskörper für jetzt nur noch sehr im rohen Entwurfe dasteht, so fängt sich dennoch gleichsam schon ein Gefühl in allen Gliedern, deren jedem an der Erhaltung des Ganzen gelegen ist, an zu regen; und dieses gibt Hoffnung, dass nach manchen Revolutionen der Umbildung endlich das, was die Natur zur höchsten Absicht hat, ein allgemeiner weltbürgerlicher Zustand [...] einmal zu Stande kommen werde. (IaG, AA 08: 28.20–37)

Zusammengefasst führt der Gang der Geschichte zunächst zur Gründung von Rechtsstaaten, dann zur Konstitutionalisierung einzelner Republiken, von dort zum Völkerbund und endlich in die „vollkommene bürgerliche Vereinigung in der Menschengattung" (IaG, AA 08: 28.03–04). Klar ist, dass Kant damit nicht beansprucht, einen wahrscheinlichen Verlauf der Geschichte vorherzusagen. Stattdessen spricht er im *Gemeinspruch* von „auf Hoffnung genommenen Entschließungen" (TP, AA 08: 309.35), welche einzig und allein praktisch zu rechtfertigen seien: Es handelt sich um eine Spekulation, die nötig ist, um das Gesetz der praktischen Vernunft für glücksbedürftige Wesen sinnvoll erscheinen zu lassen.[31] In diesem Sinne ließe sich davon sprechen, dass die Hoffnung auf eine vollkom-

---

30 Kant spricht vom „weltbürgerlichen Zustand der öffentlichen Staatssicherheit" (IaG, AA 08: 26.10–11).

31 Vgl. für eine ähnliche Sicht auf Kants Geschichtsphilosophie: Axel Honneth: „Die Unhintergehbarkeit des Fortschritts", 2007; Arnd Pollmann: „Der Kummer der Vernunft. Zu Kants Idee einer allgemeinen Geschichtsphilosophie in therapeutischer Absicht", 2011; Allen Wood, „Kant's Project of Perpetual Peace", 1995; Lea Ypi, „Natura Daedala Rerum. On the Justification of Historical Progress in Kant's Guarantee of Perpetual Peace", 2010.

mene kosmopolitische Rechts- und Vernunftordnung gewissermaßen Kants viertes Postulat der praktischen Vernunft bildet, eine Idee, die theoretisch nicht widerlegbar ist, der praktischen Vernunft aber Geltung und Ansehen verschafft.[32]

1.2.2 Eine pragmatische Wende?

Bislang sind zwei Dinge deutlich geworden, nämlich einerseits, dass das Ideal einer kosmopolitischen Freiheitsordnung aufs engste mit Kants praktischer Vernunftphilosophie zusammenhängt, und andererseits, dass darum die realistische Utopie eines freiwilligen Völkerbundes allenfalls als ein Zwischenschritt auf dem Weg zu diesem Ideal gerechtfertigt werden kann. Trotzdem scheint sich Kant in den Abhandlungen der 1790er Jahre ganz auf die Konstruktion dieser zweitbesten Alternative zu konzentrieren. Entsprechend besagt eine gängige Lesart, Kant habe sich nun ganz auf das nichtideale Programm eines internationalen Friedensregimes zurückgezogen.[33] Was ihn zu diesem Umdenken motivierte, war wohl entweder der berüchtigte *Terreur* der französischen Revolution oder auch die zunehmenden Zensurandrohungen. Jedenfalls blieben seine kosmopolitischen Ausführungen letztlich inkonsistent, weil sie eine unüberbrückbare Differenz zwischen dem moralischen Ideal einer vollkommenen kosmopolitischen Freiheitsordnung und seiner nichtidealen Rechtstheorie in *Gemeinspruch*, *Friedensschrift* und *Rechtslehre* hinterließen.[34]

---

32 In der *Friedensschrift* wird Kant davon sprechen, dass sein kosmopolitisches Ideal „in theoretischer Absicht überschwänglich, in praktischer Absicht aber [...] dogmatisch und ihrer Realität nach wohl gegründet ist" (ZeF, AA 08: 362.08–11).

33 Reinhard Brandt sieht diesen Bruch erst im Übergang zur *Friedensschrift*. Er macht einen „Wandel vom *Gemeinspruch* zu der neuen Theorie von 1795" aus, da es Kant von nun an einzig darum gehe, partikulare Republiken nebeneinander bestehen zu lassen, statt sie in irgendeiner rechtsverbindlichen Form zu vereinigen. In: Brandt, Reinhard: „Vom Weltbürgerrecht". In: Otfried Höffe (Hg.): *Immanuel Kant: Zum ewigen Frieden*. Berlin, 95–106, hier 99.

34 Zu den Autoren, die Kant weitgreifende Inkonsistenzen unterstellen, gehört auch Jürgen Habermas: „Kants Begriff eines auf Dauer gestellten und gleichwohl die Souveränität der Staaten respektierenden Völkerbundes ist, wie gezeigt, nicht konsistent. Das Weltbürgerrecht muss so institutionalisiert werden, dass es die einzelnen Regierungen bindet. Die Völkergemeinschaft muss ihre Mitglieder unter Androhung von Sanktionen zu rechtmäßigem Verhalten mindestens anhalten können." In: Habermas, Jürgen: „Kants Idee des Ewigen Friedens – aus dem historischen Abstand von 200 Jahren", 1996, 192–236, hier 208. Ein weiteres Beispiel findet sich bei Thomas Pogge: „Understandably, Kant is rather uncomfortable with this theory's demand for a world state, presupposing (as for him it does) an absolute world sovereign. His position on this matter is extraordinarily unsettled, sometimes leading to inconsistencies even within a single

Dieser Einschätzung lässt sich entgegentreten, wenn wir uns vor Augen halten, dass die realistische Utopie eines freiwilligen Völkerbundes bereits in der *Idee* als ein notwendiges Zwischenstadium auftauchte und dass sich ihre transitorische Anlage auch mit Blick in *Gemeinspruch* und *Friedensschrift* belegen lässt. Ganz im Einklang mit der *Idee* kündigt Kant im dritten Abschnitt des *Gemeinspruchs* („Vom Verhältnis der Theorie zur Praxis im Völkerrecht") eine Untersuchung in „allgemein philanthropischer, d.i. kosmopolitischer Absicht" (TP, AA 08: 307.03) an. Und wie dort argumentiert er auch hier, dass uns die Moral normativ auf eine „weltbürgerliche Verfassung, diese aber auf die Gründung eines Völkerrechts" (TP, AA 08: 307.FN) festlegen müsste.

Unter diesen geschichtsphilosophischen Voraussetzungen macht sich Kant an die Konstruktion einer realistischen Utopie, für die dann auch pragmatische Gründe konstitutiv werden. So sei es ratsam, sich auf die Idee eines freiwilligen Völkerbundes zurückzuziehen, da ein Weltstaat im gegebenen Entwicklungsstadium in einen freiheitsverschlingenden Leviathan auszuarten drohe. Und da „ein solcher Zustand eines allgemeinen Friedens [...] der Freiheit noch gefährlicher" werden könnte, „indem er den schrecklichsten Despotismus herbei führt, so muss sie [die Staaten, HH] diese Not doch zu einem Zustande zwingen, der zwar kein weltbürgerliches gemeines Wesen unter einem Oberhaupt, aber doch ein rechtlicher Zustand der *Föderation* nach einem gemeinschaftlich verabredeten *Völkerrecht* ist" (TP, AA 08: 310.37–311.06).

Vordergründig hat sich Kant damit vom Ideal einer kosmopolitischen Verfassung abgewendet. Bei näherem Hinsehen handelt sich aber um eine Inkonsistenz, die erst im Horizont der transitorischen Lesart wieder verschwindet. Demnach wäre der Völkerbund zwar nicht selbst das Ziel, aber eine entscheidende Etappe auf dem Weg dorthin. Denn indem sich die Völker über rechtsförmige Instanzen zu verständigen beginnen, lernen sie sich als eine, wie Kant es in der *Rechtslehre* ausführt, föderative Rechtsgemeinschaft zu betrachten. Das heißt, sie üben sich darin, „ihre Streitigkeiten auf zivile Art, gleichsam durch einen Prozess, nicht auf barbarische (nach Art der Wilden), nämlich durch Krieg zu entscheiden" (RL, AA 06: 351.06–08).[35] So dient die provisorische Einrichtung rechtsförmiger Bezie-

---

passage." In: Pogge, „Kant's Theory of Justice", 1998, 78–108, hier 101. Ähnlich äußert sich auch Matthias Lutz-Bachmann in: „Kant's Idea of Peace and the Philosophical Conception of a World Republic", 1997.

35 Vgl. dazu Eberl/Niesen 2011, 82.

hungen der Schulung eines kosmopolitischen Rechts- und Gerechtigkeitssinns.[36] Statt ausgerechnet Kant zu unterstellen, er mache pragmatische Abstriche vom vernünftigerweise postulierten Ideal, scheint es viel plausibler zu sein, die Idee eines Völkerbundes als Zwischenetappe anzusehen. Dann nämlich ließen sich die Konzessionen an die praktischen Gefährdungen der Freiheit mit der Notwendigkeit einer sittlichen Entwicklung rechtfertigen. Dass dieser im *Gemeinspruch* in den Vordergrund gestellte Zwischenschritt die weiterführende Idee einer weltbürgerlichen Verfassung nicht ersetzt, sondern diese lediglich anbahnen soll, wird aber erst in der zwei Jahre später erscheinenden *Friedensschrift* offenkundig.

1.2.3 Übergangsgerechtigkeit im Zeitalter des aufgeklärten Absolutismus

Auch in der *Friedensschrift* tritt die geschichtsphilosophische Grundierung von Kants kosmopolitischer Theorie noch deutlich zu Tage.[37] Im Vordergrund steht hier die Frage, wie eine beständige Friedens- und Freiheitsordnung unter den nichtidealen Bedingungen des aufgeklärten Absolutismus zu realisieren wäre.[38] Dazu entwirft Kant einen internationalen Friedensvertrag, der in Aufbau und Sprache zeitgenössischen Friedensverträgen folgt.[39] Wie ein Durchgang durch

---

36 Die sittliche Einübung einer weltbürgerlichen Gesinnung ist auch Gegenstand von Kants *Religionsschrift*, worin sich für das konventionelle Kantverständnis erstaunliche Passagen zu den kommunitaristischen und sozialpsychologischen Voraussetzungen seiner Moraldoktrin finden. Aber auch dort warnt Kant vor einem zu frühen, weil sittlich unreifem „Zusammenschmelzen der Staaten" (RGV, AA 06: 123.FN).

37 Andernfalls müsste man mit Eberl/Niesen soweit gehen zu konstatieren, dass Kants Geschichtsphilosophie „dazu ein[lade], nicht ganz ernst genommen zu werden". (2011, 268 f.) Ähnlich argumentiert Bernd Ludwig 2005.

38 Es ist ein verbreiteter Fehlschluss, dass Kant, weil er zu diesem historischen Zeitpunkt und gegen eine bestimmte Form globaler Souveränität argumentiert, diesen Vorbehalt gegen jede künftige Weltrepublik hegt. Darauf macht Sharon Byrd (1995, 186 f.) aufmerksam.

39 Das ist nicht bloß eine interessante stilistische Darstellungsform. Vielmehr zeigt Kant mit dem Entwurf eines internationalen Friedensvertrages zugleich den politischen Weg zur Umsetzung der darin entworfenen Rechtsordnung auf. Vgl. Saner 2011, 30. Den historischen Hintergrund bildet der Friedensschluss von Basel zwischen Preußen und Frankreich, der, zur ausdrücklichen Freude Kants, festschreibt, dass sich Preußen nicht in die Angelegenheiten der jungen französischen Republik einmischt. Ausführliche Darstellungen der politischen und rechtlichen Hintergründe finden sich bei Eberl/Niesen (2011, 9 ff.).

den Vertragstext zeigt, wird der provisorische Völkerrechtsbund durchgehend als ein Übergangsstadium verstanden.[40]

Im Einzelnen enthält der Vertrag fünf Präliminar- und drei Definitivartikel nebst zwei Zusätzen und einem Anhang. In den vorklärenden Präliminarartikeln verpflichten sich die Vertragsparteien auf dauerhafte Friedensregelungen sowie auf die Anerkennung klassischer Völkerrechtsgrundsätze.[41] Es folgen die Definitivartikel, in denen Kant drei Verrechtlichungsebenen unterscheidet. Im Staatsbürgerrecht einigen sich die Parteien auf die Einführung einer republikanischen Verfassung, in der der Wille des Volkes im Gesetzgebungsprozess – Kant spricht von „der Form der Regierung (*forma regiminis*)" (ZeF, AA 08: 352.10) – repräsentiert wird.[42] Die Hoffnung auf einen stabilen Frieden gründet vorerst darauf, dass republikanisch verfasste Staaten weniger leichtsinnig in den Krieg ziehen werden, da in ihnen diejenigen, die den Blutzoll entrichten, auch „alle Drangsale des Krieges über sich selbst beschließen müssten" (ZeF, AA 08: 351.07–08). Zudem beruht die besondere Friedfertigkeit von Republiken auf dem Handelsinteresse bürgerlicher Gesellschaften. Kant sieht aber, dass sich auf dem wahrscheinlichen Pazifismus von Republiken nur eine fragile Friedensarchitektur gründen ließe. In Abwesenheit einer zwangsbefugten internationalen Rechtsordnung könne lediglich ein provisorischer Rechtsfriede, aber eben kein ewiger Friede entstehen.[43]

Der zweite Definitivartikel widmet sich dem Völkerrecht, das „auf einen Föderalismus freier Staaten gegründet sein" (ZeF, AA 08: 354.02) soll. Wie im *Gemeinspruch* zeichnet Kant hier die Konturen eines freiwilligen Völkerbundes und wie dort scheinen es pragmatische Gründe zu sein, die ihn dazu veranlassen, das Ideal eines freiheitlichen Völkerstaats zu verwerfen. Dies ist deswegen so bemerkenswert, weil Kant eine normative Eigenberechtigung pragmatischer Gründe wiederholt verwirft. Und darüber, wohin die einzig relevanten Gründe der prak-

40 Auch Otfried Höffe kommt in seinem Kommentar zu dem Schluss, dass die *Friedensschrift* nicht als endgültige Absage an die Idee einer Weltrepublik, sondern als deren Vorbereitung verstanden werden muss. Vgl. Höffe: „Völkerbund oder Weltrepublik?", 2011, 76 ff.

41 Vgl. zur Einordnung der Präliminarartikel: Reinhardt Brandt 2011, 99; sowie: Kersting 2011, 61–76.

42 „Die bürgerliche Verfassung in jedem Staate soll republikanisch sein." (ZeF, AA 08: 349) Was Kant genau mit einer *republikanischen* Verfassung meint, ist Gegenstand konkurrierender Deutungen. Der Volkswille könne nach Kant auch durch einen Monarchen vertreten werden, die republikanische Regierungsform verlange aber, wie Kant in der *Rechtslehre* erklärt, zumindest die Repräsentation über Delegierte (RL, AA 06: 319 und 341). Vgl. zu Kants Definition der Republik: M. Doyle 2011.

43 Heute gerät die These von der Friedfertigkeit von Demokratien vor dem Hintergrund der Technisierung, Professionalisierung und Privatisierung der Kriegsführung noch weiter in die Defensive (vgl. M. Doyle 1983).

tischen Vernunft weisen, lässt er auch in der *Friedensschrift* keinen Zweifel: „Für Staaten im Verhältnisse untereinander kann es nach der Vernunft keine andere Art geben, aus dem gesetzlosen Zustande, der lauter Krieg enthält, herauszukommen, als dass sie ebenso wie einzelne Menschen ihre wilde (gesetzlose) Freiheit aufgeben, sich zu öffentlichen Zwangsgesetzen bequemen und so einen (freilich immer wachsenden) Völkerstaat (*civitas gentium*), der zuletzt alle Völker der Erde befassen würde, bilden." (ZeF, AA 08: 357.05–11)

Aber während er noch im *Gemeinspruch* ganz ausdrücklich gegen die Ansicht polemisierte, dass etwas „*in thesi*" theoretisch richtig sein könne, während es zugleich „*in hypothesi*" (für die Praxis) untauglich sei (TP, AA 08: 276.17–18), ist das, was er nun auf einmal zuzugestehen scheint. Denn hier konzediert er:

> Da sie [die Staatssouveräne im Verhältnisse untereinander, HH] dieses [den Völkerstaat, HH] aber nach ihrer Idee vom Völkerrecht durchaus nicht wollen, mithin, was *in thesi* richtig ist, *in hypothesi* verwerfen, so kann an die Stelle der positiven Idee einer Weltrepublik (wenn nicht alles verloren werden soll) nur das negative Surrogat eines den Krieg abwehrenden, bestehenden und sich immer ausbreitenden Bundes den Strom der rechtscheuenden, feindseligen Neigungen aufhalten, doch mit beständiger Gefahr ihres Ausbruchs. (ZeF, AA 08: 357.11–17)

Einzelne Staaten betrachten das Völkerrecht lediglich als Instrument zur „Erhaltung und Sicherung der Freiheit eines Staats für sich selbst" (ZeF, AA 08, 356.11–12). Sie haben kein Interesse, ihre Souveränität für die vernünftigerweise gebotene Idee eines Völkerstaates aufzugeben. Mit Otfried Höffe (1993), Kevin Dodson[44], Walter Jaeschke (2008) oder Howard Williams (1983, 255 f.) meine ich, dass Kant hier tatsächlich eine Konzession an die politische Praxis macht[45] – auch zu dem Preis, dass mit dem fragilen „Surrogat" eines Völkerbundes das eigentliche Vertragsziel, der im ersten Präliminarartikel verankerte Ewigkeitsanspruch, unerfüllt bleiben muss.[46]

Wie betont, ließe es sich allein mithilfe der transitorischen Lesart erklären, dass Kant eine Einschränkung des vernünftigerweise Gebotenen aus pragmatischen Gründen in Kauf nimmt. In gattungsgeschichtlicher Perspektive markiert

---

44 Kevin Dodson meint, Kant „explicitly accepts the subordination of considerations of justice to empirical judgments" (1993, 7).

45 Thomas Kleinlein (2012, 296) wendet ein, diese Passage sei „nicht als ein pragmatisches Zugeständnis zu verstehen". Ähnlich sieht es Georg Geismann („Kants Weg zum Frieden", 1997, 357).

46 Für Otfried Höffe kann ein „negatives Surrogat" nur ein Provisorium bereitstellen, das darauf abzielt, einen peremtorisch gesicherten Zustand („eine sanktionsbewehrte Rechtsordnung") vorzubereiten („Völkerbund oder Weltrepublik?", 2011, 87).

die Einführung einer rechtsförmigen, aber noch nicht rechtsverbindlichen Friedensordnung ein Zwischenstadium, in dem sich eine globale Rechtskultur und mit ihr eine kosmopolitische Gesinnung weiter ausbilden kann. Das machen die geschichtsphilosophischen Erläuterungen in der *Friedensschrift* mehr als deutlich. Die Natur schüre über „Verschiedenheit der Sprachen und der Religionen" (ZeF, AA 08: 367.22) zunächst Uneinigkeit zwischen den Völkern, um dadurch ihr Ziel einer „allmählichen Annäherung der Menschen zu größerer Einstimmung in Prinzipien zum Einverständnisse in einem Frieden" (ZeF, AA 08: 367.24–26) zu erreichen. Kants Vorschlag eines freiwilligen Friedensvertrages steht damit in Kontinuität zu den geschichtsphilosophischen Ausführungen der *Idee*.[47]

Die vermeintliche Diskrepanz zwischen dem, was die Vernunft fordert, und dem, was als politisch möglich erscheint, löst sich in transitorischer Sichtweise auf. Die komplizierte Aufgabenstellung in der *Friedensschrift* besteht darin, eine Vorstufe zum kosmopolitischen Ideal zu entwickeln, das dem politischen Umfeld der Epoche entspricht. Dabei sind zwar Praktikabilitätsgründe ausschlaggebend, *gerechtfertigt* sind sie aber nur, wenn sich die realistische Utopie als eine zielführende, notwendige und moralisch zulässige Entwicklungsstufe verteidigen ließe.[48]

Vor diesem Hintergrund erschließt sich nun auch die transitorische Bedeutung des im dritten Definitivartikel entwickelten Weltbürgerrechts bzw. „*ius cosmopoliticum*" (ZeF, AA 08: 349.FN). Zunächst handelt es sich dabei um eine Konsequenz der naturrechtlichen Pflicht, den Naturzustand zugunsten eines rechtmäßigen Zustandes zu verlassen. Denn „alle Menschen, die aufeinander wechselseitig einfließen können, müssen zu irgendeiner bürgerlichen Verfassung gehören" (ZeF, AA 08: 349.FN). Neu ist, dass Kant dieses Verrechtlichungsgebot auf die Verhältnisse zwischen Ausländern und ihren Aufenthaltsländern überträgt. Dafür aber, dass Kants Einführung einer kosmopolitischen Rechtssphäre als seine große Innovation gilt, fällt die inhaltliche Bestimmung dieses Rechts auf

---

47 „Den Mangel an Rechtsgarantien", so Thomas Kleinlein, „der aus der Ablehnung einer supranationalen Zwangsgewalt folgt, versucht Kant bewusst durch seine natur- und geschichtsphilosophische Theorie des Vernunft-, Moral- und Rechtsfortschritts der Menschheit zu kompensieren" (*Konstitutionalisierung im Völkerrecht*, 2012, 297 f. Vgl. zur Idee des Rechtsfortschritts auch Otfried Höffe, *Königliche Völker*, 2001, 189 ff.

48 Kleingelds Zusammenfassung bleibt auch hier nichts hinzuzufügen: „The initial separation of states, reinforced by differences in language and religion, furthers the internal development within states (also called ‚culture' by Kant), and this development will prepare humankind for the future establishment of a world federation of the right kind." (Kleingeld 2014, 313). Entsprechend macht sie geltend, dass Kant sein „ideal of a federal state" an keiner Stelle „for reasons of feasibility" preisgäbe (2014, 311). Ausdrücklich dagegen argumentieren Eberl/Niesen (2011, 242).

den ersten Blick ziemlich bescheiden aus. Es stellt lediglich fest, dass das Weltbürgerrecht „auf Bedingungen der allgemeinen Hospitalität eingeschränkt sein" soll (ZeF, AA 08: 357.20–21). Dabei handelt es sich um ein „Besuchsrecht, welches allen Menschen zusteht, sich zur Gesellschaft anzubieten vermöge des Rechts des gemeinschaftlichen Besitzes der Oberfläche der Erde" (ZeF, AA 08: 358.7–10).

Damit ist die kosmopolitische Rechtsebene weit davon entfernt, einen universellen Menschenrechtsschutz oder ein modernes Asylrecht einzuführen. Denn auch wenn Kant erklärt, dass ein Ankömmling nur dann abgewiesen werden darf, „wenn es ohne seinen Untergang geschehen kann" (ZeF, AA 08: 358.03), hat er zumeist nicht das Schicksal humanitärer Flüchtlinge, sondern die Situation kolonialer Handelsgesellschaften vor Augen. Es handelt sich eben, in den Worten Otfried Höffes, um ein „Kooperationsrecht" (O. Höffe 2007, 189). Für den globalen Handel hat ein kosmopolitisches Kooperationsrecht die Funktion, „die Bedingungen der Möglichkeit" zu garantieren, „einen Verkehr mit den alten Einwohnern zu versuchen" (ZeF, AA 08: 358.24–25), also Handel und diplomatischen Austausch sicherzustellen. Deutlich macht Kant auch, dass dieses Recht nicht bloß die Besucher vor Gewalt in der Fremde schützen soll. Vielmehr dient es auch dazu, das Verhalten der Reisenden in ihren Gastländern zu reglementieren.[49]

Ganz auf der Linie der transitorischen Lesart erhofft sich Kant vom Recht auf Hospitalität vor allem eins: einen kosmopolitischen Entwicklungsschub. Es dient dazu, dass „entfernte Weltteile mit einander friedlich in Verhältnisse kommen, die zuletzt öffentlich gesetzlich werden und so das menschliche Geschlecht endlich einer weltbürgerlichen Verfassung immer näher bringen können" (ZeF, AA 08: 358.25–28). Ein globales Besuchsrecht ist also eindeutig *kein* Bestandteil der bestmöglichen Weltverfassung, sondern lediglich eine zielführende Vorstufe. Es soll globale Handelsbeziehungen ermöglichen, Kommunikationskanäle offenhalten und dadurch einem kosmopolitischen Vergesellschaftungsprozess Vorschub leisten. Das Hospitalitätsrecht ist als ein Provisorium in transitorischer Absicht angelegt. Daran lässt Kant in der Abschlusspassage keinen Zweifel, in der er noch einmal unterstreicht, dass „die Idee eines Weltbürgerrechts [...] eine notwendige Ergänzung des ungeschriebenen Kodexes sowohl des Staats- als Völkerrechts zum öffentlichen Menschenrechte überhaupt und so zum ewigen Frieden [ist, HH], zu dem man sich in der kontinuierlichen Annäherung [sic!] zu befinden nur unter dieser Bedingung schmeicheln darf." (ZeF, AA 08, 360.04–09)

---

49 In seinen Bespielen bezieht sich Kant in erster Linie auf koloniale Verfehlungen und die Festschreibung eines friedlichen Besuchsrechts meint daher auch: Wer den Boden eines anderen Landes betritt, sollte das Recht haben, Handelsbeziehungen anzubieten *und nicht mehr*. Vgl. zum kolonialgeschichtlichen Hintergrund Eberl/Niesen (2011, 113 ff. und 249 f.).

Das Recht auf Hospitalität soll, so Kants zuletzt zitiertes Resümee, eine „Annäherung“ an den ewigen Frieden bewirken – verwirklicht ihn also nicht selbst –, indem es das „öffentliche Menschenrecht“ in die Beziehungen zwischen Staaten und individuellen Personen einführt. Dadurch soll es einen globalen Verrechtlichungsprozess einleiten, an dessen Ausgang der ewige Frieden steht. Die eigentliche Aufgabe der *Friedensschrift* besteht aber darin zu erkunden, wie diese Form der transitorischen Gerechtigkeit Eingang in die politische Verantwortung von Herrschern und Politikern finden kann. Während sein geschichtsphilosophischer Ansatz diese Antwort noch schuldig blieb, erlaubt die Konstruktion eines Übergangsideals ihm nun, die Frage nach der Zuständigkeit klar zu beantworten.

Dass Kant in den Schriften der 1790er Jahre stärker über die Möglichkeit einer politischen Umsetzung nachzudenken beginnt, dürfte nicht unmaßgeblich dem Erlebnis der französischen Revolution geschuldet sein. Noch im *Gemeinspruch* (1793) hat Kant eingeräumt, dass der kosmopolitische Fortschritt gar nicht davon abhängt, „was wir thun“ (TP, AA 08: 310.17). Denn um den Geschichtsverlauf langfristig steuern zu können, müssten wir erstens über die „höchste Weisheit“ (TP, AA 08: 310.22) verfügen, die uns offenkundig fehlt; zweitens müssten wir allmächtig oder zumindest in der Lage sein, globale Reformen zu koordinieren, was wir nicht sind; und drittens müsste ein Konsens über gemeinsame politische Ziele bestehen, der unter Politikern wie Philosophen, die sich in ihren „Entwürfen einander widerwärtig“ bleiben und sich „aus eigenem freien Vorsatz schwerlich [...] vereinigen würden“ (TP, AA 08: 310.28–29), nicht zu finden ist.

Dies sind exakt die eingangs aufgeführten Probleme der Absicherung (*assurance*), Ungewissheit (*uncertainty*) und des moralischen Pluralismus, die uns daran hindern, globale Gerechtigkeit als ein planbares politisches Projekt umzusetzen. Statt aber wie in der *Idee* allein auf die Geschichte zu vertrauen, passt Kant das Ideal in der *Friedensschrift* stärker an die bestehenden politischen Verantwortungsstrukturen an. Er konstruiert ein Zwischenideal, das ausdrücklich in die Zuständigkeit aufgeklärter Monarchen (i), moralischer Politiker (ii) und der bürgerlichen Öffentlichkeit (iii) fällt.

i) Für Kant führt die politisch praktikabelste Route zum Weltbürgerrecht quasi über eine Revolution von oben.[50] Entsprechend ist sein Ideal eines freiwilligen Völkerrechtsbundes auf das politische Interesse aufgeklärter Monarchen zugeschnitten. Im *Gemeinspruch* gründet seine Hoffnung auf die Vernunft der „Erdengötter“ – und darauf, dass sie durch die Theorie überzeugt oder zumindest durch das Revolutionsgespenst zur Vernunft genötigt werden:

---

50 Reinhard Brandt weist auf die zeitgenössische Diskussion über eine erwartbare und angemessene Reform von oben am Beispiel Josephs II. von Österreich hin (2011a, 56).

> Ich meinerseits vertraue dagegen auf die Theorie, die von dem Rechtsprinzip ausgeht, wie das Verhältnis unter Menschen und Staaten sein *soll*, und die den Erdengöttern die Maxime anpreiset, in ihren Streitigkeiten jederzeit so zu verfahren, daß ein solcher allgemeiner Völkerstaat dadurch eingeleitet werde, und ihn also als möglich (*in praxis*), und daß er *sein kann*, anzunehmen; – zugleich aber auch (*in subsidium*) auf die Natur der Dinge, welche dahin zwingt, wohin man nicht gerne will (*fata volentem ducunt, nolentem trahunt*). (TP, AA 08: 313.7–14)

In der *Friedensschrift* appelliert Kant dann direkt an die Verantwortung aufgeklärter Monarchen. Hier spricht er von der „Pflicht, vornehmlich für Staatsoberhäupter, dahin bedacht zu sein, wie sie [die Staatsverfassung und die Staatenverhältnisse, HH] sobald wie möglich gebessert und dem Naturrecht, sowie es in der Idee der Vernunft uns zum Muster vor Augen steht, angemessen gemacht werden könne" (ZeF, AA 08: 372.15–18). Kurzum, Kant setzt seine Hoffnung in aufgeklärte Monarchen und Minister und sieht die politische Rolle seiner eigenen Theorie darin, ihnen im Zeitalter der Revolution einen Ausweg in Aussicht zu stellen, ihre Souveränität rechtmäßig zu bewahren – auch wenn der subversive Sinn dieses Vorschlags darin liegt, das republikanische und ultimativ das kosmopolitische Zeitalter vorzubereiten.

ii) Entsprechend thematisiert Kant die moralische Verantwortung von Politikern. Der moralische Politiker nimmt „die Prinzipien der Staatsklugheit so […], dass sie mit der Moral zusammen bestehen können" (ZeF, AA 08: 372.9–10). Nach Kant ist die Gewissheit des moralischen Politikers für diesen unerschütterlicher als die Spekulation des politischen Moralisten. Dessen Staatsklugheit bleibe notwendig „ungewiß in Ansehung ihres Resultats" (ZeF, AA 08: 22–23). Dagegen gehe die „wahre Politik" „von dem reinen Begriff der Rechtspflicht" aus, „die physischen Folgen mögen auch sein, welche sie wollen" (ZeF, AA 08: 379.17–18). Im unerschütterlichen Vertrauen auf die kosmopolitische Vorsehung kann der moralische Politiker jeden Kompromiss mit der Moral von sich weisen, es könne für ihn „*objektiv* (in der Theorie) gar keinen Streit zwischen der Moral und der Politik" (ZeF, AA 08: 379.24–25) geben; eine Annahme, die Kant im Motto „*Fiat iustitia, pereat mundi*" (ZeF, AA 08: 378.35) rigoros zuspitzt.

iii) In Stil und Inhalt ist die *Friedensschrift* schließlich auch an die bürgerliche Öffentlichkeit gerichtet. Die zivilgesellschaftliche Verantwortung sieht Kant vor allem darin, die Regierung öffentlich zu kontrollieren. Um dies zu verdeutlichen, muss ich allerdings kurz ausholen. Im zweiten Anhang der *Friedensschrift*, in dem Kant die „Einhelligkeit der Politik mit der Moral nach dem transzendentalen Begriffe des öffentlichen Rechts" (ZeF, AA 08: 381.2–3) behandelt, legt er den Grundstein für seine politische Gerechtigkeitstheorie.[51] Demnach seien Herrschaftsakte dann und nur dann gerechtfertigt, wenn sie eine Publizitätsprobe bestehen, wenn sich also ihre Maximen widerspruchsfrei als öffentliches Recht einsetzen und verkünden lassen.[52] Im Folgenden unterscheidet Kant zwischen zwei unterschiedlichen Formeln der Publizitätsprobe. Die erste Formel stellt einen Ungerechtigkeitstest dar, der die „private Unmoralität" des Herrschenden sichtbar macht, indem er „die Nichtübereinstimmung der politischen Begierden mit den Prinzipien des öffentlichen Rechts" vorführt.[53] Die zweite Formel besteht in einem Positivtest. Demnach ist ein Herrschaftsakt gerecht, wenn er ohne Widerspruch als öffentliches Recht verkündet werden könnte.

Beginnen wir mit der Negativformel, die Kant als „*transzendentale Formel* des öffentlichen Rechts" (ZeF, AA 08: 379.22) bezeichnet und nach der jede Abschirmung vor der Öffentlichkeit ein „gutes Kennzeichnen der *Nichtübereinstimmung* der Politik mit der Moral" (ZeF, AA 08: 379.31–32) sein soll. Sie lautet:

> „Alle auf das Recht anderer Menschen bezogenen Handlungen, deren Maxime sich nicht mit der Publizität verträgt, sind unrecht." (ZeF, AA 08: 381.24–25)

Ein Herrschaftsakt ist *prima facie* illegitim, wenn die Veröffentlichung der ihm zugrunde liegenden Absicht dieser Absicht selbst entgegenstehen würde. Die Schlüsselfrage bei der Interpretation dieser Stelle lautet, was genau Kant meint, wenn er von der Unverträglichkeit einer Maxime mit ihrer Veröffentlichung spricht? Heißt das, dass sie logisch selbstwidersprüchlich ist oder dass sie auf öffentlichen Widerstand stoßen würde?[54] Im Durchgang durch Kants Beispiele muss man zu dem Ergebnis kommen, dass es beides bedeuten kann. Im ersten Beispiel arbeitet er die logische Selbstwidersprüchlichkeit eines vermeintlichen Widerstandsrechts heraus, da es, als öffentlicher Rechtsanspruch formuliert, seine „eigene Absicht unmöglich machen" (ZeF, AA 08: 382.29) würde. Denn als Teil des öffentlichen Rechts verweigert es gerade jener absoluten Gewalt die vor-

---

51 Auch Höffe bezeichnet Kants Position als einen politischen Gerechtigkeitsansatz: „Er fordert nicht mehr als ein moralisch definiertes Recht, das ist eine Gerechtigkeit, bezogen auf politische Institutionen und Organisationen; er verlangt *politische Gerechtigkeit*". In: „Ausblick: Die Vereinten Nationen im Lichte Kants" (2011c, 175). Vgl. auch Kevin R. Davis, „Kantian ‚Publicity' and Political Justice", 1991; Volker Gerhardt, *Immanuel Kants Entwurf ‚Zum ewigen Frieden'. Eine Theorie der Politik*, 1995; Jürgen Habermas, „Publizität als Prinzip der Vermittlung der Politik mit der Moral (Kant)", 1962.

52 Eberl/Niesen sprechen daher von der Publizitätsprobe als „Gerechtigkeitstest" (2011, 297).

53 Vgl. Monique Castillo, „Moral und Politik: Misshelligkeit und Einhelligkeit", 2011, 148.

54 Eberl/Niesen bezeichnen diesen Unterschied als „selbstunterminierende und Widerstand hervorrufende Maximen" (a. a. O., 296).

behaltlose Anerkennung, auf die die Instanz des Rechts notwendig gründet. Und auch Kants zweites Beispiel, in dem er das vermeintliche Recht auf einen Präventivschlag gegen einen sich aufrüstenden Nachbarstaat diskutiert, soll zeigen, dass ein derartiger Rechtsanspruch die Grundlagen des Völkerrechts selbst unterminieren würde.[55] Soweit ließe sich festhalten, dass die Publizitätsprobe einen reinen Konsistenztest meint.

Spätestens mit Blick auf Kants drittes Beispiel kann diese Lesart aber nicht mehr überzeugen. Darin geht es um die Absicht eines mächtigen Staates, einen Kleinstaat zu besetzen, der ihn von Teilen seines Staatsgebietes abschneidet. In diesem Fall versteht Kant die Publizitätsprobe rein pragmatisch. Die Absicht, den Kleinstaat zu annektieren, sei mit ihrer Veröffentlichung unverträglich – oder wie Kant nun formuliert, „untunlich" (ZeF, AA 08: 384.23) – weil sich der bedrohte Kleinstaat rüsten und Bündnispartner suchen wird – oder weil die Gefahr besteht, dass sich ein anderer Staat die Beute zuerst sichert.[56] Damit wäre die Unverträglichkeit einer Maxime mit ihrer Veröffentlichung eine empirische Frage, die nicht *apriori*, sondern allenfalls mit politischer Urteilskraft beantwortet werden kann. Das bedeutet, dass der Herrscher die negative Publizitätsprobe zwar im reinen Gedankenexperiment durchspielt, dass er aber darin die erwartbaren Reaktionen mit einzubeziehen hat.[57]

Der Bezug zur staatsbürgerlichen Verantwortung tritt deutlicher zu Tage, wenn wir Kants zweites, diesmal „bejahendes Prinzip des öffentlichen Rechts" (ZeF, AA 08: 386.10–11) einbeziehen. Als Positivprinzip soll es uns ein Instrument an die Hand geben, mittels dessen wir die Gerechtigkeit – nicht anderes meint ja die im gesamten Abschnitt gesuchte „Einhelligkeit der Moral mit der Politik" – politischer Grundsätze beurteilen können. Es besagt:

---

55 Um sich den Rechtskontext klar zu machen, ist es instruktiv, dass Kant in der *Rechtslehre* (AA 06, 346) einen Präventivschlag im Falle einer drohenden Gefahr (*potentia tremenda*) durchaus als zulässig betrachtet. Im Hintergrund steht dort aber das Szenario eines internationalen Naturzustandes und nicht eine kosmopolitische Völkerrechtsordnung.

56 Im historischen Hintergrund steht wohl die Aufteilung Polens durch Preußen, Russland und Österreich 1795. Diese Interpretation der Publizitätsprobe gibt aber nur einen unsicheren Hinweis, ob die Veröffentlichung einer Maxime mit ihrer Absicht vereinbar ist. Denkbar wäre es eben auch, dass die öffentlich gemachte Annexionsabsicht die Bevölkerung des Kleinstaates demoralisiert und potentielle Bündnispartner abschreckt.

57 Kant spricht von einem „Experiment der reinen Vernunft" (ZeF, AA 08: 381.18), in dem sich eindeutig (und „leicht") erkennen ließe, ob ein Eingriff in das Recht anderer Personen – sprich: Herrschaft – öffentlich vertretbar sei. In diesem Sinne meint Monique Castillo (2011, 151), dass es sich bei der Publizitätsprobe nicht um eine demokratische Idee, sondern um einen Grundsatz handelt, den der Souverän selbst auf seine Maximen anwenden soll.

> „Alle Maximen, die der Publizität *bedürfen* (um ihren Zweck nicht zu verfehlen), stimmen mit Recht und Politik vereinigt zusammen“ (ZeF, AA 08: 386.12–13)

Nach Kant ist ein Herrschaftsakt gerecht, wenn er das Wohl aller Betroffenen fördert und dabei die Achtung vor dem Einzelnen als gleichberechtigte Rechtsperson zum Ausdruck bringt. Dieser Zusatz ist entscheidend. Zwar bezeichnet Kant die Förderung der allgemeinen Glückseligkeit als die „eigentliche Aufgabe der Politik“ (ZeF, AA 08: 386.17), dennoch ist das keine hinreichende Bedingung für Gerechtigkeit. Denn eine gemeinwohlorientierte Herrschaft ließe sich auch mit der „lichtscheuen Politik“ (ZeF, AA 08: 386.6–7) eines benevolenten Paternalismus vereinbaren. Allein die Achtung vor der Autonomie der Bürger bewirkt, dass der Zweck gerechter Herrschaft *nicht anders* als durch die Veröffentlichung ihrer Maximen erfüllt werden darf. Denn nur darin offenbart sich die Anerkennung von Bürgern als Teil der öffentlichen Gesetzgebung. Gerecht sind einzelne Herrschaftsakte dann und nur dann, wenn sie aus einem öffentlichen Meinungsbildungsprozess hervorgegangen sind. In anderen Worten läuft Kants politische Gerechtigkeitstheorie auf einen, wie ich es nenne, ‚konsultativen Republikanismus‘ hinaus. Der Monarch spielt dann nicht einfach die öffentliche Akzeptabilität seiner Maximen für sich selbst durch, sondern er muss die Öffentlichkeit als beratendes Gremium anhören und dazu seine Absichten offenlegen und Meinungs- und Redefreiheit zulassen. Eben darin, diese Freiheiten kritisch wahrzunehmen, liegt die zivilgesellschaftliche Verantwortung des Bürgertums.

Wie einleitend gesagt, unterbreitet Kants konsultativer Republikanismus ein Versöhnungsangebot an den aufgeklärten Absolutismus; ihm bleibt aber eine transitorische Absicht eingeschrieben, insofern die Einführung der republikanischen *Regierungsform* letztlich auch die entsprechende *Herrschaftsform* vorbereitet. So finden sich bei Kant deutliche Hinweise darauf, dass er hinter den Kulissen stärkere Sympathien für eine demokratische Herrschaftsform hegt. Wolfgang Kersting (2011, 74) hat diese Hinweise zusammengestellt und kommt zur folgender Einschätzung: „Eine republikanische Regierungsart ist zwar geeignet, wie Kant immer wieder betont, das Volk zufriedenzustellen, gleichwohl nicht mehr als ein rechtliches Provisorium. Erst wenn die ‚Evolution der naturrechtlichen Verfassung‘ zu einer Republik ‚auch dem Buchstaben nach führen wird‘ (AA VI 340), zu einer ‚demokratischen Verfassung in einem repräsentativen System‘ (AA XXIII 166), erst dann verliert das öffentliche Recht seinen provisorischen Charakter, gewinnt es peremtorische Qualität, ist ein ‚absolut-rechtlicher Zustand der bürgerlichen Gesellschaft' errichtet (AA VI 341).“[58]

Zusammengefasst entwirft Kant einen konsultativen Republikanismus, in dem der Volkswille ein öffentliches Korrektiv zur absoluten Herrschaft bildet.[59] Kants *Friedensschrift* ist damit nicht nur ein Appell an aufgeklärte Monarchen und moralisch denkende Politiker, sondern auch an die bürgerliche Öffentlichkeit. Sie ist auf die politische Verantwortungskonstellation seiner Zeit zugeschnitten und eignet sich schon deswegen nicht ungeprüft als Schablone für eine Gerechtigkeitstheorie im 21. Jahrhundert. Unter den Vorzeichen von Globalisierung, Demokratisierung und einem fortschreitenden Strukturwandel der Öffentlichkeit hat sich die kosmopolitische Mitverantwortung einzelner Bürgen mittlerweile gründlich verändert.[60] Deswegen ist es an der Zeit, über Kant hinauszugehen und seinen Vorschlag zu bilanzieren.

1.2.4 Moralischer Kosmopolitismus und Geschichtsphilosophie

Unter Anleitung der Transitionsthese sind wir zu einem plausiblen Gesamtbild von Kants kosmopolitischer Philosophie gelangt, eines, das zumindest einige der vermeintlichen Inkonsistenzen seiner rechtsphilosophischen Spätschrif-

58 Jürgen Habermas deutet diese Passagen zunächst ähnlich („Publizität als Prinzip der Vermittlung der Politik mit der Moral (Kant)“, 1976), kommt später aber zu einer kritischeren Einschätzung: „Die von Kant mit Recht hervorgehobene Rolle von Publizität und Öffentlichkeit lenkt den Blick auf den Zusammenhang der rechtlichen Verfassung mit der politischen Kultur eines Gemeinwesens. Gewiß, Kant spricht vom ‚Anwachsen der Kultur', das ‚zu größerer Einstimmung in Prinzipien' führe (Werke VI, 226); er erwartet auch, daß sich der öffentliche Gebrauch kommunikativer Freiheiten in Aufklärungsprozesse umsetzt, die über die politische Sozialisation Einstellung und Denkungsart einer Bevölkerung affizieren. [...] Aber diese Bemerkungen gewinnen keine systematische Bedeutung, weil die dichotomische Begriffsbildung der Transzendentalphilosophie das Innere vom Äußeren, die Moralität von der Legalität trennt.“ In: „Kants Idee des Ewigen Friedens – aus dem historischen Abstand von 200 Jahren“, 1996, 206.

59 Jürgen Habermas hat das mit Blick auf die *Friedensschrift* darin zusammengefasst, dass „die bürgerliche Öffentlichkeit eine kontrollierende Funktion“ innehabe, weil sie falsche Maximen durch „öffentliche Kritik verhindern“ könne (1996, 204).

60 Habermas weist weiter darauf hin, dass Kant „natürlich noch mit der Transparenz einer überschaubaren, literarisch geprägten, Argumenten zugänglichen Öffentlichkeit [rechnete, HH], die vom Publikum einer vergleichsweise kleinen Schicht gebildeter Bürger getragen wird. Er konnte den Strukturwandel dieser bürgerlichen Öffentlichkeit zu einer von elektronischen Massenmedien beherrschten, semantisch degenerierten, von Bildern und virtuellen Realitäten besetzten Öffentlichkeit nicht voraussehen.“ Habermas, „Kants Idee des Ewigen Friedens – aus dem historischen Abstand von 200 Jahren“, 1998, 204.

ten auflöst und sie in die Gesamtanlage seiner Vernunftphilosophie zurückführt. Dass Kant eine Völkerrechtsordnung ohne rechtsverbürgende Gewalt einführt, dass er die vernünftiger Weise gebotene Weltrepublik aus pragmatischen Gründen zurücknimmt, dass er statt einer demokratischen Herrschaftsform einen konsultativen Republikanismus ins Spiel bringt oder dass er das Weltbürgerrecht darauf reduziert, sich zur Gemeinschaft anzubieten, all diese Elemente sind mit dem kosmopolitischen Ideal unvereinbar. Sie lassen sich aber mit Hilfe der Transitionsthese als Übergangs- und Vorbereitungsschritte in Richtung dieses Ideals begreiflich machen. Im Sinne der Kontinuitätsthese hat sich Kant niemals von diesem Ideal verabschiedet. Wer insbesondere die *Friedensschrift* davon losgelöst als Konzession an die Praxis bzw. als einen mit seiner gesamten Freiheits- und Vernunftphilosophie brechenden Neuansatz liest, wird die weiterhin durchscheinende Geschichtsphilosophie ausblenden müssen.

Gesetzt aber, dass die transitorische Lesart zutrifft und Kant beständig am Ideal einer kosmopolitischen Freiheitsordnung festhält, macht ihn dies zum wirkmächtigsten Vertreter des moralischen Kosmopolitismus. Es bietet sich daher an, in der Auseinandersetzung mit Kant noch einmal das zentrale Problem des moralischen Kosmopolitismus hervortreten zu lassen. Zur Einordnung: Als moralischen Kosmopolitismus bezeichne ich Ansätze, die zwei Merkmale aufweisen:

i) *Priorität der Moral*: Das Gerechtigkeitsideal wird zunächst freistehend aus einem moralischen Grundprinzip abgeleitet, um erst dann in einem zweiten, nichtidealen Schritt an politische Praktikabilitätsbedingungen angepasst zu werden.

ii) *Legitimatorische Rückbindung*: Zweitbeste Ansätze sind im Lichte des originären Gerechtigkeitsideals (als bestmögliche Realisierung bzw. als transitorischer Übergang) gerechtfertigt.

In diesem Sinne ist Kant ein moralischer Kosmopolitist und läuft nun ebenfalls in die eingangs an Platon illustrierte Aporie, dass sich eine zweitbeste Theorie nicht vollständig auf das originäre Ideal zurückführen lässt. Kants Argument lautet, dass der zweitbeste Zustand eines freiwilligen Völkerbundes vernünftig ist, insofern er als ein zielführender Schritt in Richtung des Ideals einer kosmopolitischen Freiheitsordnung verteidigt werden kann. Wenn aber gilt, dass die transitorische Zwischenetappe praktikabel ist und sich außerdem mit hinreichender Gewissheit plausibel machen lässt, dass sie zum Ideal hinführt, dann muss auch gelten, dass das Ideal selbst politisch umsetzbar ist (eben über die Zwischenschritte praktikabler Zwischenetappen). Genau das lehnt Kant aber ab, wenn er wiederholt auf die Unplanbarkeit des Geschichtsverlaufs verweist und vor diesem Hintergrund die Hilfskonstruktion einer weltbürgerlichen Absicht in der Geschichte für nötig hält. Wenn aber gilt, dass es keine vorhersagbare Verbindung zwischen dem Zustand der Übergangsgerechtigkeit und dem eigentlichen Ideal gibt, verliert sich damit auch die legitimatorische Rückbindung.

Die Probleme der Absicherung (*assurance*), Ungewissheit (*uncertainty*) und des moralischen Pluralismus sprechen gegen die Möglichkeit, ein utopisches Ideal in zielführende Zwischenschritte zu übersetzen. Dadurch bleibt eine Kluft zwischen dem vernünftigerweise Gesollten und dem politisch Möglichen bestehen. Eine Möglichkeit, diese Kluft zu überbrücken, besteht darin, das Ideal vor vornherein näher an die Realität zu rücken, indem es auf dem Boden politischer Praktikabilitätserwägungen und faktischer Einstellungen konstruiert wird. Im Rückblick auf Kant bleibt festzuhalten, dass die transitorische Rechtfertigung eines freiwilligen Völkerbundes nur dann funktioniert, wenn wir sein Vertrauen in einen kosmopolitischen Geschichtsverlauf teilen. Mitunter geht es auch hier um die Versöhnung mit der eigenen Zeit. Gesetzt aber, dass eine Gerechtigkeitstheorie immer auch Kritik an ungerechten Verhältnissen anleiten und bei Praktiken der Inverantwortungsnahme behilflich sein soll, kann diese Form der Vertröstung kaum überzeugen.

1.3 Versöhnung mit dem liberalen Bewusstsein: John Rawls

Seit Jahren arbeitet sich die Politische Philosophie an John Rawls' Gerechtigkeitstheorie ab; und auch mein Ansatz knüpft an Diskussionen an, die im Kontext seiner internationalen Gerechtigkeitstheorie aufgekommen sind.[61] Dieses Kapitel widmet sich insbesondere der Frage nach dem Verhältnis zwischen idealer und nichtidealer Theorie. Ich werde dafür argumentieren, dass wir Rawls' Ansatz in *The Law of Peoples* (1999, fortan LP) besser gerecht werden, wenn wir ihn versöhnungsphilosophisch interpretieren.

Zuletzt ist die Auseinandersetzung um Rawls' internationale Gerechtigkeitstheorie etwas abgeflaut. Es stehen sich zwei Lager gegenüber. Auf der einen Seite üben egalitäre Kosmopolitisten scharfe Kritik an Rawls' Zurückhaltung in Bezug auf distributive globale Gerechtigkeitsprinzipien. Sein Völkerrechtsverständnis, so die Kritik, reproduziere lediglich den Status Quo – ja, im Grunde unterbiete es ihn sogar, insofern Rawls die Grundstruktur globaler Herrschaft ignoriere, erhebliche Ungerechtigkeiten toleriere und einen Menschenrechtskatalog verteidige, aus dem gut die Hälfte der in der *Allgemeinen Erklärung der Menschenrechte*

61 Vgl. Broszies/Hahn, „Die Kosmopolitismus-Partikularismus-Debatte im Kontext", 2010, 18 ff.

deklarierten Rechte herausgestrichen sind (3.3.2).[62] Zudem bleibe es rätselhaft, warum Rawls' internationaler Ansatz weit von seiner innerstaatlichen Gerechtigkeitstheorie abweicht.[63] Aus jeder progressiven Sicht läuft sein staatsbasiertes Ordnungsmodell den postnationalen Herausforderungen hinterher. Und so resümiert Alan Buchanan treffend, Rawls rekapituliere lediglich Verkehrsregeln für eine bereits untergegangene westfälische Weltordnung.[64]

Auf der anderen Seite wird Rawls' Völkerrechtsmodell von Etatisten, Kommunitaristen und Nationalisten weitgehend begrüßt.[65] Für sie beschränkt er sich zu Recht auf die Frage, wie wir – Angehörige liberaler Staaten und ihre politischen Repräsentanten – mit nichtliberalen Staaten umgehen sollen.[66] Demnach gehe es ihm gar nicht um globale Gerechtigkeit, sondern darum, praktikable Grundsätze für die amerikanische Außenpolitik zu entwickeln.[67] Dazu, so etwa Aaron James, setze Rawls zu Recht an der gegebenen Völkerrechtsordnung und den eher bescheidenen politischen Instrumenten an, die liberalen Staaten in der internationalen Arena offen stehen.[68] Rawls präsentiere eben eine *realistische*

---

62 Einen guten Überblick über die Debatte findet sich in: Gillian Brock, „Recent Works on Rawls's Law of Peoples: Critics versus Defenders", 2010. Vgl. zur Kritik aus dem kosmopolitischen Lager: Charles Beitz, „Rawls's Law of Peoples," 2000; Allen Buchanan, „Taking the Human out of Human Rights", 2006; Simon Caney, „Cosmopolitanism and the Law of Peoples", 2002; Alistair Macleod, „Rawls's Narrow Doctrine of Human Rights", 2006; Darrel Moellendorf, *Cosmopolitan Justice*, 2002; James Nickels, „Are Human Rights Mainly Implemented by Intervention?", 2006; Thomas Pogge, *World Poverty and Human Rights*, 2002; John Tasioulas, „From Utopia to Kazanistan: John Rawls and the Law of Peoples", 2002.

63 Herausgearbeitet werden diese Inkohärenzen in: Thomas Pogge 2004 und 2006.

64 Vgl. Allan Buchanan, „Rawls's Law of Peoples: Rules for a Vanished Westphalian World", 2000.

65 Vgl. zum Partikularismus als Gegenposition zum gerechtigkeitstheoretischen Kosmopolitismus: Hahn, *Globale Gerechtigkeit*, 2009, 159–190.

66 Rawls spricht bekanntlich von Völkern (*peoples*), um sie als Akteure, die sich moralische Ziele setzen, von Staaten zu unterscheiden (LP, 25 f.). Wo nicht grob sinnwidrig, rede ich aber von Staaten und Völkern als Synonymen.

67 Rawls entwirft ein zweistufiges, moralisch arbeitsteiliges Modell der internationalen Gesellschaft. Die Ebene einzelner Staaten bildet den Kontext sozialer egalitärer Gerechtigkeit, „während die internationale Gemeinschaft dazu dient, Hintergrundbedingungen zu schaffen und aufrechtzuerhalten, unter denen sich gerechte Gesellschaften entwickeln und florieren können." (C. Beitz, 1979, 215 (zitiert nach: H. Hahn, 2009, 179).

68 Vgl. Aaron James, „Constructing Justice for Existing Practice: Rawls and the Status Quo", 2005.

Utopie, ein Ideal, das „workable and applicable to ongoing political and social arrangements" (LP, 13) bleiben will.

Im Grunde dreht sich die Kontroverse in beiden Lagern darum, welche praktische Absicht Rawls in seiner Theorie verfolgt.[69] Meines Erachtens spricht viel dafür, seine Völkerrechtstheorie versöhnungsphilosophisch zu lesen, insofern er primär das liberale Selbstverständnis explizit zu machen versucht. So gesehen wäre es ein Missverständnis, Rawls' Ansatz überhaupt als eine Theorie *globaler* Gerechtigkeit zu interpretieren.[70] Statt wie der moralische Kosmopolitismus ein freistehendes Ideal der gerechten Weltordnung zu entwerfen, will er die Anforderungen des modernen Völkerrechtsregimes mit dem in liberalen Staaten vorherrschenden Gerechtigkeitssinn in Einklang bringen.

Aus zwei Gründen werde ich den Fall noch einmal aufrollen. Erstens resultiert Rawls' realistische Utopie aus einem bestimmten Verständnis des Verhältnisses zwischen nichtidealer und idealer Theorie. Dieses Verhältnis war zuletzt Gegenstand einer vielstimmig geführten Debatte, in deren Zuge Rawls' Primat idealer Theorie scharf kritisiert wurde. Für Autoren wie Amartya Sen oder Raimond Geuss bleibt sein Ideal – so minimalistisch es auch ist – immer noch zu utopisch, um Probleme der nichtidealen Theorie anzugehen (1.3.1). Aus einem gegensätzlichen Blickwinkel erscheint Rawls' Ideal allerdings als nicht utopisch genug. Der Einwand beruht im Grunde darauf, dass Rawls in LP und anderen Spätschriften eine versöhnungsphilosophische Haltung einnimmt. Seine praktische Absicht bestünde dann nicht darin, ein moralisches Ideal zu konstruieren, sondern die Vernünftigkeit der bestehenden Völkerrechtsordnung – sprich: ihre Vereinbarkeit mit der liberalen Gerechtigkeitskonzeption – begreifbar zu machen. Diese Lesart lässt uns Rawls' internationale Gerechtigkeitstheorie besser verstehen; sie eröffnet aber auch eine neue Sichtweise, seinen Konservativismus in Bezug auf globale Gerechtigkeit zu kritisieren.

1.3.1 Zu unrealistisch: Das Ideal einer liberalen Völkerrechtsgemeinschaft

Für Partikularisten geht es Rawls vor allem darum, der Außenpolitik liberaler Staaten ein realistisches Ziel vorzugeben, ein Ziel, das von weiten Teilen der Staatengemeinschaft geteilt wird und somit dem Kriterium politischer Praktikabilität

---

69 Gillian Brock spitzt diese notwendige Vorklärung auf die Frage zu: „What exactly is the question that Rawls tries to answer?" (2010, 97)

70 Folgerichtig interpretieren Samuel Freeman (2007, 371 ff.) und Leif Wenar (2006) LP als eine Theorie der Legitimation und nicht als Gerechtigkeitstheorie.

entspricht. Demnach wäre Rawls' Zurückhaltung in Bezug auf globale Gerechtigkeit dem nachvollziehbaren Wunsch geschuldet, eine politisch anschlussfähige Theorie internationaler Beziehungen zu konzipieren.[71] Gegen diese Verteidigungslinie werde ich nun in zwei Schritten zeigen, wie sein Ideal einer liberalen Völkergemeinschaft selbst am Kriterium politischer Praktikabilität scheitert. Meine Kritik fußt auf seiner Aufteilung in einen idealen und einen nichtidealen Theorieteil. Im ersten Schritt (a) wird deutlich, dass Rawls Probleme der nichtidealen Theorie durchgehend als Fragen der Übergangsgerechtigkeit behandelt. Wie bei Kant scheinen Konzessionen an die politische Praxis nur dann rechtfertigbar zu sein, wenn sie einen Fortschritt in Richtung eines moralisch vorkonstruierten Gerechtigkeitsideals darstellen. Diese Interpretation gibt der Kritik an der Realitätsvergessenheit seiner Gerechtigkeitstheorie neue Nahrung (b). Denn ebenfalls wie bei Kant tritt das Problem auf, dass sich nicht mit hinreichender Sicherheit prognostizieren lässt, welche konkreten politischen Entscheidungen zum Fortschritt in Richtung des Ideals beitragen. Daran änderte sich im Wesentlichen auch dann nichts, wenn das Ideal in Form einer realistischen Utopie ein Stück weit näher an die Wirklichkeit herangerückt wird. Erst der anschließende Abschnitt wird deutlich machen, dass Rawls' politischer Konstruktivismus durchaus eine methodische Lösung für das Praktikabilitätsproblem anbietet, indem es wesentliche Fakten bereits in die Konstruktion des Ideals hinein nimmt.

a) *Rawls' transitorisches Prinzip*: Es ist viel geschehen, seit A. John Simmons (2010, 5) feststellte, dass Rawls' Fokussierung auf idealtheoretische Fragen kaum auf Kritik gestoßen sei. Mittlerweile wird das Verhältnis von idealer und nichtidealer Theorie auf breiter Basis diskutiert.[72] Noch ist aber kaum thematisiert worden, dass Rawls' dieses Verhältnis seinerseits *transitorisch* auffasst.[73] Im idealen Theorieteil geht es ihm darum, ein Leitbild zu entwickeln; seine nichtideale Theorie erörtert dann die Frage, wie wir unter den gegebenen Bedingungen zum Ideal voranschreiten können. Mit ihrer politischen Leitbildfunktion steht

---

71 Vgl. die Diskussion in: Dallmayr, „Cosmopolitanism: Moral and Political", 2003.

72 Vgl. Für einen ersten Überblick über die anwachsende Literatur: Eva Erman/ Niklas Möller, „Three Failed Charges against Ideal Theory", 2013; Pablo Gilabert, „Comparative Assessments of Justice, Political Feasibility, and Ideal Theory", 2012; Robert E. Goodin, „Political Ideals and Political Practice", 1995a; Charles Mills, „Ideal Theory as Ideology", 2005; Ingrid Robeyns, „Ideal Theory in Theory and Practice", 2008; Jörg Schaub, „Ideale und/oder nichtideale Theorie – oder weder noch?", 2010; Zofia Stemplowska, „What is Ideal about Ideal Theory?", 2008; Laura Valentini, „Ideal vs. Non-ideal Theory: A Conceptual Map", 2012; Lea Ypi, „On the Confusion between Ideal and Non-ideal in Recent Debates on Global Justice", 2010.

73 Eine Ausnahme bildet: Michael Phillips, „Reflections on the Transition From Ideal to Non-Ideal Theory", 1985.

die Überzeugungskraft seiner ganzen Gerechtigkeitstheorie auf dem Spiel. Rawls muss plausibel machen, dass uns die Idealtheorie dabei helfen kann, die richtigen Entscheidungen zu fällen, richtig im Sinne von politisch praktikablen und moralisch akzeptablen Übergangslösungen, die nachweislich den Weg zu einer nachhaltig gerechten Gesellschaft bereiten.

Beginnen wir damit, wie Rawls die Unterscheidung zwischen idealer und nichtidealer Theorie in *A Theory of Justice* (1999, fortan: TJ) einführt. In seiner Diktion zeichnet sich der ideale Teil einer Theorie durch zwei Vereinfachungen aus. Es wird einerseits angenommen, dass die Gerechtigkeitsprinzipien vollständige Beachtung finden – die *full compliance*-Bedingung –, und es wird andererseits unterstellt, dass günstige Bedingungen herrschen – die *favorable conditions*-Bedingung (TJ, 215). Die harten Fragen, wie mit Nichtkonformität, Konflikten oder Knappheit umzugehen ist, sind dagegen Gegenstand der nichtidealen Theorie; sie bleiben aber immer auf die ideale Theorie bezogen, da diese „the only basis for a systematic grasp of these more pressing problems" (TJ, 9) liefere.

Das transitorische Verhältnis zwischen nichtidealer und idealer Theorie kommt deutlich zum Vorschein, wenn wir die drei Bestimmungen zum Verhältnis von idealer und nichtidealer Theorie in TJ genauer betrachten:

1) Zum ersten schlägt Rawls ein zweischrittiges Modell vor, wonach die Idealtheorie die Gerechtigkeitsprinzipien konstruiert, während es in der nichtidealen Theorie darum geht, ob und inwieweit diese Prinzipien auf eine konkrete Situation angewendet werden können. Rawls schreibt: „The intuitive idea is to split the Theory of Justice into two parts. The first or ideal part assumes strict compliance and works out the principles that characterize a well-ordered society under favourable conditions. [...] Nonideal theory, the second part, is worked out after an ideal conception of justice has been chosen; only then do the *parties* ask which principles to adopt under less happy conditions." (TJ, 216)
2) Die Funktion idealer Theorie besteht zweitens darin, einen objektiven Standpunkt der Kritik zu gewinnen. Ob ein Zustand gerecht oder ungerecht ist, muss sich am Maßstab einer vollkommenen Gerechtigkeitsordnung erweisen. Und auch der Grad und die Art der Ungerechtigkeit bemessen sich daran, inwieweit der Status Quo vom Ideal abweicht. Entsprechend konstatiert Rawls: „Existing institutions are to be judged in the light of this conception and held to be unjust to the extent that they depart from it without sufficient reasons". (TJ, 216)
3) Zuletzt liegt die politische Funktion des Gerechtigkeitsideals darin, ein übergeordnetes Ziel für konkrete und zum Ideal hinführende Reformen festzulegen („to guide the course of social reform"; TJ, 215).

Auf den ersten Blick tritt ein transitorisches Prinzip lediglich in der dritten Bestimmung zu Tage, in der es um die politische Umsetzung des Ideals unter nichtidealen Bedingungen geht. Bei näherer Betrachtung wird eine Übergangslogik aber auch dort vorausgesetzt, wo es ihm um die Konstruktion zweitbester Prinzipien (1) bzw. die Kritik ungerechter Verhältnisse (2) geht. Stets blickt er mit einem Auge darauf, wie eine Entwicklung zur gerechten Gesellschaft eingeleitet werden könnte. Exemplarisch dafür ist seine Diskussion des zivilen Ungehorsams (TJ, 335–344). Darin vertritt Rawls ein, in den Worten Robin Celikates', „liberal-konstitutionalistisches Modell" des zivilen Ungehorsams.[74] Demnach wäre gewaltfreier politischer Widerstand moralisch gerechtfertigt und möglicherweise auch rechtlich tolerierbar, wenn es sich um einen politischen Akt handelt, der den in der idealen Theorie herausgearbeiteten Gerechtigkeitsgrundsätzen Geltung verschaffen will.[75] So ist der Kampf der Bürgerrechtsbewegung darin legitimiert, dass es ihr um die Erfüllung verfassungsgemäßer Freiheits- und Bürgerrechte geht. Dagegen bleibt jede Art von Ungehorsam, die auf persönlichen moralischen oder religiösen Überzeugungen basiert, illegitim.[76]

Ein zweites Beispiel ist die Frage, inwieweit wir unter nichtidealen Bedingungen Abstriche vom Freiheitsprinzip machen dürfen. In erster Fassung lautet Rawls' Freiheitsprinzip: „Each person is to have an equal right to the most extensive scheme of equal basic liberties compatible with a similar scheme of liberties for others" (TJ, 53) Dieses Prinzip ist lexikalisch vorgeordnet, das heißt, dass es unter idealen Bedingungen niemals zugunsten etwa von fairen Verteilungsfragen eingeschränkt werden darf. Unter nichtidealen Bedingungen sind Einschränkungen aber zu rechtfertigen, aber eben nur dann, wenn gezeigt werden kann, dass diese Einschränkung notwendig ist, um zu einer vollkommen gerechten Gesellschaft voranzuschreiten.

In diesem Zusammenhang spricht Rawls davon, dass wir das Freiheitsprinzip den „more or less permanent conditions of political life" (TJ, 215) anzupassen haben. Die notwendigen Konzessionen an die Praxis können selbst grundlegende Freiheiten betreffen: „In many historical situations a lesser political liberty may have been justified [...] It may be necessary to forego part of these freedoms when

---

74 Robin Celikates, „Ziviler Ungehorsam und Demokratie", 2010, 283 f. Andrew Sabl (2001) interpretiert Rawls' Ausführungen zum zivilen Ungehorsam entsprechend als zukunftsbezogene Konzeption.

75 „It should also be noted that civil disobedience is a political act not only in the sense that it is addressed to the majority that holds political power, but also that it is an act guided and justified by political principles, that is by the principles of justice which regulate the constitution and social institutions generally." (TJ, 321)

76 Celikates bezeichnet dies als das „romantisch-individualistische Modell" (2010, 282 f.).

this is required to transform a less fortunate society into one in which all the basic liberties can be fully enjoyed" (TJ, 217). Nach Rawls sind sogar historische Konstellationen denkbar, in denen Sklaverei im Lichte des Freiheitsprinzips zu rechtfertigen wäre, etwa wenn Kriegsgefangenen andernfalls der Tod drohte. Um jedes Missverständnis zu vermeiden: Rawls bestreitet, dass Sklaverei allein aufgrund von „natural and historical limitations" gerechtfertigt werden könnte. Dazu müsste sich zusätzlich zeigen lassen, dass es sich um notwendige „transition cases" (TJ, 218) handelt, die dazu führen, das Regime der Freiheit auszuweiten.

Ebenso gilt für Rawls' internationale Gerechtigkeitstheorie, dass er praktikable Übergangsregelungen transitorisch zu rechtfertigen versucht. Im ersten Teil der Idealtheorie wird veranschaulicht, dass sich die Repräsentanten liberaler Völker auf eine gemeinsame „Charter of the Law of Peoples" (LP, 37) einigen würden; der zweite Teil erweitert dieses Vertragsszenario auf die Repräsentanten achtbarer hierarchischer Völker, das sind Staaten, die von der Völkergemeinschaft als „members in good standing" (LP, 5) anerkannt werden, weil sie fundamentale Menschenrechte, minimale Partizipationsmöglichkeiten und das Selbstbestimmungsrecht anderer Völker achten.

In Analogie zum innerstaatlichen Fall resultieren die harten Fragen internationaler Ungerechtigkeit entweder aus der Nichtkonformität (*non-compliance*) mit der Völkerrechtscharta oder aus ungünstigen Bedingungen (*unfavorable conditions*) (LP, 5). Der dritte, nichtideale Teil ist daher der Frage gewidmet, wie liberale Staaten mit Gesellschaften umgehen sollen, die sich entweder nicht an das Recht der Völker halten (*outlaw states*) oder unter ungünstigen Bedingungen leiden (*burdened societies*).[77] Für Rawls fehlt der nichtidealen Theorie „an objective, an aim, by reference to which its queries can be answered" (LP, 90). Deswegen sei es die Aufgabe der idealen Theorie, ein „long-term goal [...] for policies and courses of action" (LP, 89) zu entwickeln. Der nichtideale Theorieteil untersucht dann nur noch, wie das Ideal umgesetzt werden könnte – „usually in gradual steps" (LP, 89). Entsprechend bezeichnet Rawls Probleme der nichtidealen Theorie als „questions of transition [sic!], of how to work from a world containing outlaw states and societies suffering from unfavorable conditions to a world in which all societies come to accept and follow the Law of Peoples." (LP, 90)

Zum einen befasst sich der nichtideale Theorieteil also mit der Frage, wie wir (Mitglieder der Staatengemeinschaft) mit Unrechtsregimen umgehen sollen. Gemeint sind Staaten, die entweder das Selbstbestimmungsrecht anderer Völker missachten oder innerhalb der eigenen Grenzen fundamentale Menschenrechte

---

77 „On the assumption that there exist in the world some relatively well-ordered peoples, we ask in nonideal theory how these peoples should act toward nonwell-ordered peoples." (LP, 89)

verletzen. Im ersten Fall anerkennt Rawls das Recht, sich militärisch zu verteidigen, im zweiten rechtfertigt er Sanktionen und ultimativ humanitäre Interventionen (vgl. 3.3.2). Die Rechtfertigung von Verteidigungskriegen gründet aber nicht allein auf dem Prinzip der Selbstverteidigung. Primat hat vielmehr das transitorische Prinzip; es gilt bei jeder Konfrontation darauf zu achten, wie der Unrechtsstaat wieder in die Völkerrechtsgemeinschaft integriert werden kann; selbst Mittel der Kriegsführung sind nur gerechtfertigt, wenn sie „foreshadow both the kind of peace they aim for and the kind of relations they seek" (LP, 96).

Auch in der zweiten Frage nach dem Umgang mit belasteten Staaten tritt Rawls' transitorisches Prinzip deutlich hervor. Dabei handelt es sich um Gesellschaften, in denen die notwendigsten Grundgüter unzureichend verteilt sind. Für Rawls liegt die Hauptursache dieser ‚Belastung' nicht in der natürlichen Ressourcenknappheit, sondern in einer unterentwickelten politischen Kultur, also in einer schwachen Zivilgesellschaft, korrupten Verwaltung, Nepotismus oder ähnlichen Strukturen. Die Gemeinschaft wohlgeordneter Staaten steht in diesen Fällen in der Pflicht, beim Aufbau der politischen Kultur in diesen Ländern zu assistieren. Die in der *Charta des Rechts der Völker* festgeschriebene Hilfspflicht besagt:[78] „Peoples have a duty to assist other peoples living under unfavorable conditions that prevent their having a just or decent political and social regime." (LP, 37) Statt einen permanenten Umverteilungsprozess in Gang zu halten, soll sich die Entwicklungspolitik auf den Aufbau der politischen Kultur konzentrieren. Folgerichtig interpretiert Rawls die internationale Hilfspflicht explizit als die Konsequenz seines transitorischen Prinzips: „The role of the duty of assistance is to assist burdened societies to become full members of the Society of Peoples and to be able to determine the path of their own future for themselves. It is a principle of *transition*." (LP, 118)

b) *Rawls' Grundstruktur-basierter Ansatz*: Die Rolle der nichtidealen Theorie besteht also darin, praktikable Übergangsregeln und -maßnahmen zu finden, die zum Ideal einer völkerrechtlich geordneten Gemeinschaft liberaler Staaten überleiten.[79] Dieses Ideal ist keine moralische, sondern eine realistische Utopie, die von Anfang an eine Balance herstellt zwischen dem, was politisch praktikabel erscheint, und dem, was normativ geboten ist. Ob diese Balance gelungen

---

78 Dabei handelt es sich um eine späte Erweiterung. Im gleichnamigen Aufsatz „Das Recht der Völker" (2010 [1993]) fehlt dieser Völkerrechtsgrundsatz, auch wenn Rawls grundsätzliche Verpflichtungen gegenüber Armut anerkennt.

79 Rawls lässt wiederholt durchblicken, dass der transitorische Prozess nicht notwendig bei einer Gesellschaft liberaler und achtbarer Gesellschaften enden muss. Für Rawls sind nämlich Toleranz und Respekt gegenüber achtbaren Gesellschaften der beste Weg, deren Wandel zu liberalen Gesellschaften anzubahnen (vgl. LP, 61).

ist, entscheidet sich unter realen Anwendungsbedingungen. Ist das Ideal zu utopisch, lässt es sich nicht in politische Verantwortlichkeiten zurückübersetzen; ist es hingegen zu realistisch, unterbietet es das, was berechtigterweise von uns gefordert werden kann. Dass Rawls' internationale Gerechtigkeitstheorie – von der internationalen Hilfspflicht abgesehen – nicht wesentlich über bestehende Völkerrechtsstandards hinausgeht, scheint dem Praktikabilitätskriterium geschuldet zu sein. Sein Minimalismus wäre darin gerechtfertigt, dass er einen praktikablen Bezugsrahmen für politische Kritik und Reformen anbieten will.

Genau dieser Vorzug ist aber zuletzt grundsätzlich angezweifelt worden. Den Auftakt dazu machte Amartya Sen furioser Essay „What do We Want from a Theory of Justice?" (2006), mit dem sich die Spielregeln der Politischen Philosophie insgesamt ein Stück weit verändert haben.[80] Sens Vorwurf lautet, dass uns ein idealtheoretisch konstruiertes Gerechtigkeitsideal in konkreten politischen Entscheidungsprozessen kaum weiterhilft. In der diesen Vorwurf aufgreifenden Monographie *The Idea of Justice* (2009, abgekürzt IJ) erläutert Sen, dass er es zwar nicht für überflüssig hält, Gerechtigkeitsstandards zu entwickeln,[81] dass wir aber eine bestimmte Art, Gerechtigkeitstheorie zu betreiben – nämlich in Form eines, wie er es nennt, „transzendentalen Institutionalismus" (IJ, 7) – überdenken sollten.[82] Platons *Politeia* ist ein gutes Beispiel dafür, was Sen unter einem ‚transzendentalen Institutionalismus" versteht. Gemeint ist das freistehend konstruierte Ideal einer vollkommen gerechten Verfassung, an dem sich alle Urteile über Gerechtigkeit auszurichten haben (welches damit gewissermaßen als die Bedingung der Möglichkeit von Gerechtigkeitsurteilen fungiert). Ähnlich wie meine Kritik am moralischen Kosmopolitismus läuft Sens Kritik darauf hinaus, dass solch ein Ideal zu abstrakt bleibt, um an ihm realpolitische Entscheidungen zu beurteilen.

Sen macht diese Position allerdings nicht an Platon, sondern an Rawls fest. Er hat dabei vor allem dessen innerstaatliche Gerechtigkeitstheorie aus *A Theory of Justice* vor Augen und übersieht, dass seine Vorwürfe kaum noch auf Rawls'

---

80 Sen selbst bestreitet einen unmittelbaren Zusammenhang zwischen seiner Kritik und der jüngsten Debatte zum Verhältnis zwischen idealer und nichtidealer Theorie. Faktisch und sachlich wird er aber zu Recht in diesem Kontext interpretiert. Vgl. Schaub, „Ideale und/oder nichtideale Theorie – oder weder noch?", 2010; John A. Simmons, „Ideal and Nonideal Theory,", 2010.
81 Wie es ihm etwa von Gilabert in „Comparative Assessments of Justice, Political Feasibility, and Ideal Theory" (2012) zu Unrecht vorgeworfen wurde.
82 Zur Diskussion vgl. auch: Martijn Boot, „The Aim of a Theory of Justice", 2012; Frances Kamm, „Sen on Justice and Rights: A Review Essay", 2011; Darrel Moellendorf, „Transcendental Instiutionalism and Global Justice"; Chandran Kukhatas, „On Sen on Comparative Justice"; Amartya Sen, „Ideas of Justice: A Reply".

politischen Konstruktivismus seit *Political Liberalism* (1993) zutreffen.[83] Statt ein freistehendes Gerechtigkeitsideal zu entwickeln, macht Rawls lediglich den in einem bestimmten Kontext geltenden Gerechtigkeitssinn explizit. Deswegen war das Rawls'sche Camp schnell damit bei der Hand, Sens Kritik *ad acta* zu legen. Ich meine aber, dass dies in Hinsicht auf Rawls' internationale Gerechtigkeitstheorie zu vorschnell erfolgt ist. Denn hier vertritt er einen modifizierten Ansatz, der ihn durchaus anfällig für Sens Kritik macht.

Rawls' innerstaatliche Gerechtigkeitstheorie bleibt deswegen von Sens Kritik unberührt, weil er darin einen Prinzipien-orientierten Ansatz entwickelt. In einem Prinzipien-orientierten Ansatz werden Standards der Gerechtigkeit konstruiert, deren konkrete Umsetzung von Kontext zu Kontext variiert. Thomas Pogge weist nun zu Recht darauf hin, dass Rawls in LP von diesem kontextsensitiven Verständnis abweicht.[84] Hier wählen die Parteien nicht zuerst Gerechtigkeitsprinzipien zur Bewertung unterschiedlicher Verfassungen, sondern sie einigen sich gleich auf eine fertig ausformulierte Charta, die eine bestimmte Grundstruktur der internationalen Ordnung voraussetzt und festschreibt (LP, 37). Es geht hier nicht um die kritische Begleitung politischer Entwicklungen, sondern um die Fixierung eines politischen Ziels. Auch wenn es nach wie vor zu weit ginge, Rawls' politischen Konstruktivismus in LP als transzendentalen Institutionalismus zu bezeichnen, bleibt doch festzuhalten, dass er hier keinen Prinzipien-orientierten, sondern einen Grundstruktur-basierten Ansatz verfolgt.[85] Sein Ansatz formuliert endgültige Verfassungsregeln und Reformziele, an denen sich politische Entscheidungen in der nichtidealen Welt auszurichten haben.

Es ist wichtig zu sehen, dass der Einwand gegenüber Rawls' Grundstruktur-basiertem Ansatz auf einem bestimmten Verständnis politischer Handlungsfähigkeit beruht. Politische Akteure sind in der Regel nicht in der Position, die Grundstruktur einer vollkommen gerechten Gesellschaft neu zu erfinden. Insbesondere in der globalen Arena sind Politikerinnen (wie Philosophinnen) Teilnehmerinnen an überaus komplexen und häufig ineffizienten Verrechtlichungsprozessen.

---

83 Vgl. zu dieser Entwicklung: Paul Weithman, *Why Political Liberalism? On John Rawls's Political Turn*, 2010; und Carola von Villiez, *Grenzen der Rechtfertigung*, 2005.

84 Pogge unterscheidet zwischen einer „three tiered construction" in Rawls' innerstaatlicher Theorie und einer „two-tiered construction" in LP: „In the domestic case, the parties are to adopt a public criterion of justice which is to guide the design, reform, and adjustment of the domestic institutional order within variable natural, historical, cultural, and economic-technological circumstances. In the international case, the parties are asked to endorse particular international rules directly." (2004, 108)

85 Laura Valentini (2012, 660–662) unterscheidet in diesem Sinne zwischen einem *end-state approach* und einem *principle-based approach*.

Raimond Geuss, der in *Philosophy and Real Politics* (2008) ähnlich wie Sen gegen die Politikvergessenheit der analytischen politischen Philosophie polemisiert, diagnostiziert darin eine naive Vorstellung realpolitischer Gestaltungsmöglichkeiten. Für ihn sollten wir politische Handlungen nicht als ein Handwerk (*craft*) betrachten, in dem es um die technische Herstellung eines gedanklich bereits vorweggenommenen Gegenstandes geht, sondern vielmehr als eine allgemeine Kompetenz (*skill*), die es uns erlaubt, angemessen und flexibel auf die Erfordernisse des Tages zu reagieren: „A skill is an ability to act in a flexible way that is responsive to features of the given environment with the result that action or interaction is enhanced or facilitated, or the environment is transformed in ways that are positively valued." (2008, 15)

Die Ausgangsposition eines politisch Handelnden ähnelt nicht der eines Bildhauers, der seine ursprüngliche Idee in das Material überträgt, sondern dem Aufgabenbereich eines Torhüters, der situativ entscheiden muss, ob er fangen, fausten oder auf der Linie bleiben soll. Dazu braucht er zwar spezifische Fähigkeiten und ein Verständnis über den Sinn des Spiels, aber keinen fertigen Matchplan, keinen „already existing body of theoretical work that gives direct advice" (2008, 16). In diesem Punkt stimmt Geuss mit Sen überein, dass sich unter nichtidealen Bedingungen niemand in der Position befindet, eine noch so überzeugende Gerechtigkeitsvision umzusetzen. Entsprechend mache es auch wenig Sinn, ein solches Ideal zu entwerfen.

Auf Rawls' internationale Theorie gemünzt, lautet der Vorwurf, dass das Ideal einer liberalen Völkerrechtsgemeinschaft keine politische Orientierungsfunktion anbietet.[86] Es ist selbstverständlich nicht in Abrede zu stellen, dass Entscheidungen in der internationalen Politik oftmals hochkomplexe und damit unsichere Folgeabschätzungen erfordern. Und zweifelsfrei braucht es dazu politischer Urteilskraft – oder „political wisdom" (LP, 93), wie Rawls es ausdrückt. Aber gerade die Notwendigkeit politischer Urteilskraft und die Unvermeidlichkeit von Prognoseunsicherheiten sind der Grund dafür, dass wir uns an geteilte Standards zur Bewertung gegebener Optionen, statt an fern liegende Ideale einer gerechten Weltordnung halten sollten.

An dieser Stelle setzt Sens Alternativvorschlag an. Sein Fähigkeitenansatz präsentiert eine Prinzipien-orientierte Gerechtigkeitstheorie, mit deren Hilfe sich

---

86 Eine entsprechende Kritik an der Rawls'schen Idealtheorie (hier gemünzt auf Thomas Pogge) formuliert schon Charles Mills: „More strongly, an ideal world would be so distant from our actual world that a conceptual array based on its idealized picture of the workings of socio-political institutions (one that abstracts from social oppression) may offer little guidance [...] in the task of reforming these actual institutions." (2010, 153)

gegebene Optionen vergleichen lassen. Anders gesagt wirbt Sen für einen komparativen Ansatz. Zwar benötigt jeder Vergleich zwischen A und B ein *tertium comperationis* C, an dem wir A und B miteinander in Relation setzen können. Dieser Maßstab bestehe aber nicht notwendig in einem vorab strukturierten Ganzen. Sen verdeutlicht dies am Höhenvergleich zweier Berge. Dazu benötigten wir keine genaueren Informationen über den höchsten Berg; es ist hinreichend, wenn wir eine gemeinsame Maßeinheit kennen (Sen 2006, 222). Analog dazu ließen sich politische Optionen anhand allgemein akzeptierter Normen – eben Sens Fähigkeiten oder, wofür ich argumentieren werde, universelle Menschenrechtsstandards – bewerten. Schließlich würde auch niemand, so Sen weiter, auf die Idee kommen, sich bei der Wahl zwischen einem Dali und einem Picasso am bestmöglichen Gemälde (hier die Mona Lisa) zu orientieren (Sen 2006, 221). Für den Vergleich zwischen zwei Kunstwerken sei es völlig hinreichend, wenn wir uns an grundlegende Kriterien hielten – etwa die technische Ausführung, die Innovationskraft oder die kunstgeschichtliche Wirkung einer Malerei. Auch hier müsste der Vergleich zwar *kriteriengeleitet* vorgehen, aber die Auswahl, Interpretation und Gewichtung dieser Kriterien müsse von Fall zu Fall vorgenommen werden. Die Ausarbeitung einer idealen Grundstruktur sei für den Vergleich „neither necessary nor sufficient" (Sen 2006, 237).

Aber auch die Kritik an Sens komparativer Methode liegt auf der Hand. Der Gegeneinwand lautet, dass es immer schon eines umfassenden Gerechtigkeitsideals bedürfe, um die unterschiedlichen Fähigkeiten richtig zu interpretieren und in eine Rangordnung zu bringen. Ich nenne dies die *holistische These*. Sie besagt, dass wir bei unseren Entscheidungen möglichst genau zu berücksichtigen haben, wie sie sich langfristig auf alle anderen normativ relevanten Bereiche auswirken. In diesem Sinne erklärt John Simmons: „While some of us may become preoccupied with particular targeted injustice that seems to be especially grievous, none of us in the end forgets that justice is an integrated goal and that activism in one domain has the potential to affect adversely the achievement of justice in another" (2010, 36). Dieses Argument ist äußerst plausibel. Wir sollten beispielsweise die mit dem Klimawandel auftretenden ethischen Probleme nicht unabhängig vom Weltarmutsproblem und seinen strukturellen Ursachen, aber auch nicht unabhängig von der Verteilungsungerechtigkeit hierzulande betrachten.

Sen will diesen offenkundigen Einwand durch die Erstellung partialer Rangordnungen entkräften. Dabei sollen alle politischen Optionen und ihre prognostizierbaren Auswirkungen von Fall zu Fall beurteilt werden. Dieser Vorschlag läuft allerdings darauf hinaus, dass wir für jede Entscheidung ein situatives Gerechtigkeitsideal zu berechnen hätten.[87] Das wiederum scheint in den meisten Fällen kaum praktikabel zu sein. Eine Vororientierung an einer allgemein akzeptierten Gerechtigkeitsstruktur hat durchaus praktische Vorteile. Sie erleichtert Entscheidungsprozesse, legt eine politische Linie fest und produziert Erwartungsstabilität. Deswegen argumentiere ich letztlich nicht gegen jeden Grundstruktur-basierten Ansatz internationaler Gerechtigkeit, sondern moniere vor allem, dass Rawls nicht zugleich auch Grundprinzipien festlegt, die es uns erlauben, das globale Gerechtigkeitsideal an immer neuer Risiken und Herausforderungen, aber auch Möglichkeitsfenster anzupassen.

Dass sich Rawls' Ideal einer liberalen Völkerrechtsgemeinschaft letztlich als unpraktikabel herausstellt, liegt nicht an der idealtheoretischen Perspektive *per se*, sondern daran, dass er sein Ideal zu stark fixiert und in Teilen zu weit entfernt von den außenpolitischen Möglichkeiten liberaler Staaten anlegt. Der anschließende Abschnitt stellt nun die zweite Lesart von LP vor, in der die Idee einer realistischen Utopie versöhnungsphilosophisch aufgefasst wird. Demnach konstruiert Rawls gar kein in der Zukunft liegendes Ideal für die Außenpolitik liberaler Staaten, sondern er *re*konstruiert lediglich das in den vorhandenen Institutionen angelegte Gerechtigkeitspotential. Seine politische Absicht bestünde dann nicht darin, die Einrichtung einer gerechten Völkerrechtsordnung anzumahnen, sondern ihr in liberalen Gesellschaften mehr Akzeptanz zu verschaffen.

1.3.2 Zu konservativ: Versöhnung ohne Repräsentation

Jörg Schaub fällt das Verdienst zu, eine alternative und, wie ich meine, plausiblere Lesart von Rawls vorgeschlagen zu haben.[88] Sie besagt, dass es in Rawls' realistischer Utopie im Wesentlichen um die Versöhnung des liberalen Bewusstseins mit seiner sozialen Umwelt geht. Erstaunlicher Weise wurde die zentrale Bedeutung, die Hegels Versöhnungsphilosophie in Rawls' Spätschriften einnimmt, lange übersehen.[89] Ein Grund ist sicher Rawls' analytischer Zugriff und seine ausdrückliche Berufung auf Kant. Rawls' Theorie der Gerechtigkeit und Hegels Versöhnungsphilosophie scheinen unterschiedlichen Traditionen anzu-

---

87 Vgl. Sen 2006, 225 f. und IJ, 102–105 und 396 ff. Dass Sen die situative Konstruktion einer Rangordnung zwischen den Kriterien und damit quasi ein situatives Ideal voraussetzt, ist in ersten Reaktionen geflissentlich übersehen worden. Vgl. die Kritik von Pablo Gilabert in „Comparative Assessments of Justice, Political Feasibility, and Ideal Theory", 2012.

88 Jörg Schaub, *Gerechtigkeit als Versöhnung. John Rawls' politischer Liberalismus*, 2009.

89 Eine Ausnahme bildet Margaret Lange, *Defending a Liberalism of Freedom. John Rawls's Use of Hegel*, 2011.

gehören. Dennoch gibt es gute Gründe, in Rawls' späteren Arbeiten Anzeichen für eine hegelianische Wende zu erblicken und sie insgesamt versöhnungsphilosophisch zu lesen. Das bedeutet, Rawls will nicht die Welt, sondern unseren begrifflichen Zugang zu ihr reformieren. Es geht ihm darum zu zeigen, dass die scheinbar so unübersichtliche Welt des anbrechenden 21. Jahrhunderts auf eine Weise verstanden werden kann, die mit unseren rationalen Interessen und vernünftigen Einstellungen harmoniert, so dass wir in ihr auf sinnvolle Weise tätig werden können.

Diese pragmatische Absicht ist, wie einleitend gesagt, *therapeutisch*, weil es ihm um die Überwindung pathologischer Handlungsblockaden geht. Menschen, die ihrer Umwelt keinen (begrifflichen) Sinn abgewinnen können, fühlen sich in ihr entfremdet, unfrei und deplatziert. Die Praxis der Politischen Philosophie besteht nun darin, uns diese Welt wieder als Ort einer spezifischen Form von Selbstverwirklichung zu erschließen.[90] Nach Schaub glaubte Rawls „fest daran, dass für uns, die freien und gleichen Bürger liberaler Demokratien, allein dann eine Perspektive auf uneingeschränkte Versöhnung ‚mit unseren politischen und sozialen Lebensbedingungen' besteht, wenn es uns gelingt, ‚das, was man üblicherweise als die Grenzen des praktisch-politisch Möglichen betrachtet' (ebd.: 13 [LP, 6; HH]), bis zu dem Punkt auszudehnen, von dem aus eine stabile und legitime Demokratie, die als Mitglied einer friedlichen Gesellschaft wohlgeordneter Völker existiert, (wieder) als eine realistische Utopie erscheint. Für Rawls ist es die vordringliche Aufgabe der politischen Philosophie, daran mitzuwirken, dieser Hoffnung eine rationale Grundlage zu geben."[91]

Die Verwandtschaft mit Hegel besteht darin, dass Rawls gar kein freistehendes Gerechtigkeitsideal konstruiert, sondern lediglich die potentielle Vernünftigkeit dieser Welt zum Ausdruck bringt. Gesetzt, diese versöhnungsphilosophische Lesart träfe zu, dann wäre die Kritik an der mangelnden Praktikabilität von Rawls' realistischer Utopie gänzlich verfehlt. Handelte es sich doch, in der Terminologie Onora O'Neills, um eine „Abstraktion" der bestehenden Möglichkeiten, nicht aber um eine Idealisierung wünschenswerter Ziele.[92] Rawls hätte dann gar kein voraus liegendes Ziel entworfen, sondern seine Zeit auf den Begriff bringen wollen.

---

90 Auch Tully unterstreicht die emanzipatorische Wirkung versöhnungsphilosophischer Ansätze: „Political philosophy as a critical attitude starts from the present struggles and problems of politics and seeks to clarify and transform the normal understanding of them so as to open up the field of possible ways of thinking and acting freely in response." (2002, 551)

91 Schaub, *Gerechtigkeit als Versöhnung*, 2009, 316.

92 Vgl. O'Neill, „Abstraction, Idealization, and Ideology in Ethics", 1987.

Ich werde diese Lesart in diesem Abschnitt weiter unterfüttern und zeigen, inwiefern sie auch einen neuen Blickwinkel für die Kritik an Rawls' antikosmopolitischer Haltung eröffnet. Im Resultat erscheint seine realistische Utopie zu konservativ, denn sie versöhnt uns mit einer im Untergang begriffenen Welt von relativ unabhängigen Nationalstaaten. Diese Kritik wird nun in vier Schritten entfaltet. Im ersten Schritt wird gezeigt, dass Rawls' realistische Utopie den Anschluss an die politische Verantwortung ‚großer Staatsmänner' sucht. Im nächsten Schritt werde ich dann nachvollziehen, wie er in seinen späteren Schriften eine versöhnungsphilosophische Methode entwickelt. Der dritte Abschnitt reformuliert dann die kosmopolitische Kritik unter versöhnungsphilosophischen Vorzeichen. Der wichtigste Kritikpunkt lautet, dass es Rawls nicht gelingt, das liberale Bewusstsein in Gänze – und insbesondere die kosmopolitische Avantgarde in liberalen Gesellschaften – zu versöhnen. Schlussendlich komme ich zu dem Ergebnis, dass Rawls' internationale Gerechtigkeitstheorie versöhnungsphilosophisch gedeutet werden muss, dass seine realistische Utopie aber auch in dieser Lesart nicht überzeugen kann. Immerhin weist der versöhnungsphilosophische Ansatz aber den Weg, um aus der Aporie des moralischen Kosmopolitismus herauszufinden und das Theorie-Praxis-Problem im Rahmen eines globalen politischen Konstruktivismus zu lösen. Was ich aus der Auseinandersetzung mit Rawls mitnehme, ist die Idee, dass eine realistische Utopie bereits in den bestehenden Einstellungen und Institutionen angelegt ist.

a) *Politische Verantwortung:* Rawls wirft keinen unparteiischen Blick auf globale Gerechtigkeitsprinzipien, sondern macht lediglich den Gesichtspunkt liberaler Völker explizit. Deren wohlverstandenes außenpolitisches Interesse liegt einerseits in einer stabilen Friedensordnung und andererseits darin, dass schwere Menschenrechtsverletzungen global geächtet werden. Ihr Wunsch ist es, ihre Zukunft im Rahmen einer „peaceful society of peoples" (LP, 6) zu sichern und die „great evils of human history" (LP, 6/7) zu unterbinden.[93] Für diese Interessen ist die Festigung eines Völkerbundes nach kantischem Vorbild hinreichend, da liberale und achtbare Staaten die elementaren Grundsätze des Völkerrechts – und mit ihnen territoriale Souveränitätsansprüche und Menschenrechte – auf Grundlage ihrer eigenen politischen Kultur respektieren.[94]

93 Vgl. LP, 7. Für Rawls, ein Mitglied der Weltkriegsgeneration, stehen Krieg, religiöse Verfolgung und Völkermord paradigmatisch für die humanitären Katastrophen, mit denen sich liberale Völker auseinanderzusetzen haben (vgl. dazu auch LP, 22 und 126). Dabei sieht er noch nicht, dass im 21sten Jahrhundert eine neue Dimension globaler struktureller Ausbeutung hinzukommt.
94 Insgesamt umfasst Rawls' Charta des Völkerrechts acht Paragraphen: „1. Peoples are free and independent, and their freedom and independence are to be respected by other peoples. 2. Peoples are to observe treaties and undertakings. 3. Peoples are equal and are parties to the agree-

Der Vorteil dieser realistischen Utopie ist darin zu sehen, dass sie im Rahmen vorhandener Verantwortungsstrukturen entwickelt und von konkreten Akteuren eingefordert werden kann. Wie Kant spricht auch Rawls gezielt die Verantwortung moralischer Politiker bzw. ‚großer Staatsmänner' an.[95] Gemeint sind „presidents or prime ministers or other high officials who, through their exemplary performance and leadership in their office, manifest strength, wisdom, and courage." (LP, 97) Und wie bei Kant zeichnen sich große Staatsmänner darin aus, dass sie ihre universalistischen Prinzipien gegen kurzfristige Interessen und politische Widerstände aufrechterhalten, ohne ihre besondere politische Verantwortung gegenüber ihrem eigenen Volk zu verleugnen.[96] Allgemein betrachtet Rawls die Politische Philosophie als ein, wie er es in *Justice as Fairness* (2001, fortan JF) ausdrückt, „part of a society's public political culture" (JF, 1). Sie ist darauf gemünzt, Mitgliedern liberaler Gesellschaften einen Begriff davon zu vermitteln, dass die internationale Ordnung im Großen und Ganzen ihren wohlverstandenen Interessen entspricht, und ihre Repräsentanten dazu zu motivieren, entsprechend zu handeln.[97] Kurzum, Rawls' realistische Utopie wird von Anfang an unter Berücksichtigung gegebener politischer Einstellungen und Zuständigkeiten entwickelt. Die Praktikabilitäts- und damit Verantwortungsfrage stellt sich nicht im Nachhinein, sondern sie ist integraler Bestandteil des politisch konstruierten Ideals.

---

ments that bind them. 4. Peoples are to observe a duty of non-intervention. 5. Peoples have the right of self-defense but no right to instigate war for reasons other than self-defense. 6. Peoples are to honor human rights. 7. Peoples are to observe certain specified restrictions in the conduct of war. 8. Peoples have a duty to assist other peoples living under unfavorable conditions that prevent their having a just or decent political and social regime." (LP, 37)

95 Rawls hat hierbei historische Vorbilder wie George Washington oder Abraham Lincoln vor Augen. Im Gegensatz zu Kant werden deren Prinzipien aber nicht durch ein universelles Moralprinzip, sondern durch die wohlverstandenen Interessen liberaler Völker bestimmt: „Statesmen may have their own interests when they hold office, yet they must be selfless in their judgments and assessments of their society's fundamental interests and must not be swayed, especially in war, by passions of vindictiveness." (LP, 97 f.)

96 Michael Walzer drückt das folgendermaßen aus: „A pure moral will doesn't exist in political life, and it shouldn't be necessary to pretend to that kind of purity. The leaders of states have a right, indeed, they have an obligation, to consider the interests of their own people, even when they are acting to help other people." (2002, 26)

97 Allerdings gründet Rawls' Vertrauen in die besondere Verantwortung von großen Staatsmännern auf einer teils naiven Vorstellung von der Arbeitsteilung zwischen Philosophie und Politik: „It is the task of the student of philosophy to articulate and express the permanent conditions and the real interests of a well-ordered society. It is the task of the statesman, however, to discern these conditions and interests in practice. The statesman sees deeper and further than most others and grasps what needs to be done." (LP, 97)

b) *Politische Philosophie als Selbsttherapie*: ‚Versöhnung' ist ein Begriff mit stark hegelianischen Anklängen. Und es ist offenkundig, dass sich Rawls in seinen Spätschriften Hegels Begriffs- und Ideenwelt annähert. Bereits in frühen Vorlesungen hat er sich wiederholt mit Hegels Rechtsphilosophie auseinandergesetzt. Aus unveröffentlichten Vorlesungsaufzeichnungen aus den 60er Jahren geht hervor, dass er Hegels Idealismus insgesamt als Versöhnungsphilosophie interpretiert. Bei Hegel trete Versöhnung, so Rawls, an die Stelle der Erlösungsreligion. Menschen erfahren „the world as strange and as something from which they are alienated". Die Aufgabe der idealistischen Philosophie bestehe dann darin, diese Entfremdung zu überwinden, indem sie zeigt, dass es sich um einen falschen Begriff von der Welt handelt: „In the end we come to understand that everything is (and always was) alright. [...] That it wasn't alright was (and is) our illusion".[98]

In Kontinuität dazu fast er in seiner *Lecture on the History of Moral Philosophy* den Kerngedanken von Hegels Rechtsphilosophie als Versöhnung zwischen Vernunft und Wirklichkeit folgendermaßen zusammen: „Hegel thinks that the most appropriate scheme of institutions for the expression of freedom already exists. It stands before our eyes. The task of philosophy, especially *political* philosophy, is to comprehend this scheme in thought. And once we do this, Hegel thinks, we will become reconciled to our social world." (Rawls 2000, 331)

Diese Darstellung ähnelt auffallend stark seiner eigenen Methodenbeschreibung in *Justice as Fairness* (2001, JF). Darin bilanziert Rawls die Hauptgesichtspunkte seiner Theorie und unterscheidet dazu einleitend „four roles of political philosophy" (JF, § 1). Als erstes nennt er ihre *praktische Rolle*, die vor allem darin besteht, eine „underlying basis of philosophical and ethical agreement" (JF, 2) ins Bewusstsein zu bringen. Es geht ihm nicht darum, eine bestimmte Sichtweise argumentativ durchzusetzen, sondern darum, ein Modell zu entwickeln, das bestehende Differenzen aufhebt. Die zweite Bestimmung besagt, dass uns die Philosophie eine bessere *Orientierung* in der sozialen Welt geben sollte: „The members of any civilized society need a conception that enables them to understand themselves as members having a certain political status [...] and how this status affects their relation to the social world." (JF, 3) Erneut besteht die Aufgabe

---

98 Lecture XIII/IVX: Thesis of Idealism and Philosophy as Reconciliation. Nach Rawls versucht Hegel den Kantischen Dualismus, vor allem den „dualism of realism and inclination" zu überwinden, indem beide in einem „rational coherent system" zusammengebracht werden. Insbesondere in der Idee der Sittlichkeit komme es zur „reconciliation of inclination and reason". Rawls' eigene Versöhnungsphilosophie übernimmt diesen Gedanken, wenn auch nicht Hegels metaphysisches Gepäck. Ich danke Thomas Pogge, der mir Einblicke in diese Aufzeichnungen verschafft hat.

der Politischen Philosophie nicht darin, die Welt zu verändern, sondern darin, uns einen „conceptual space“ (ebd.) in ihr einzuräumen. Die Theorie entwickelt keine „political and social institutions“ (JF, 2), sondern stellt uns ein besseres Verständnis von ihnen zur Verfügung.

Die dritte Bestimmung bezieht sich dann ausdrücklich auf Hegels Rechtsphilosophie. Es handelt sich um die spezifisch versöhnende Funktion der Politischen Philosophie. Ihre Aufgabe bestehe darin, „to calm our frustration and rage against our society and its history by showing us the way in which its institutions, when properly understood from a philosophical point of view, are rational, and developed over time as they did to attain their present, rational form“ (JF, 3). Auch hier geht es ihm nicht darum, eine kritische Distanz zum Status Quo herzustellen, sondern darum, Handlungsblockaden zu lösen und wieder eine zuversichtliche Einstellung gegenüber unserer Rolle in der Welt zu gewinnen: „We are to accept and affect our social world positively, not merely to be resigned to it.“ (JF, 3)

Die vierte und letzte Rollenbestimmung bringt uns wieder zu LP zurück. Sie besteht ausdrücklich darin, eine *realistische Utopie* zu konstruieren. Ihre realistische Komponente soll falsche Erwartungen korrigieren, ihr utopisches Element soll uns in der Hoffnung bestärken, „that the social world allows at least a decent order“ (JF, 4). Das bedeutet zwar nicht, dass die bestehende Welt bereits gerecht ist, wohl aber, dass wir in ihr eine im Kern vernünftige und potentiell realisierbare Gerechtigkeitsordnung angelegt finden, die uns Grund zu Hoffnung und Zuversicht gibt. Die Analogie zu Hegels Versöhnungsprojekt ist auch hier offenkundig – und ebenso die zu Rawls’ internationaler Gerechtigkeitstheorie, in der sich ebenfalls an zentralen Stellen deutliche Bezüge zu Hegel finden lassen. Das betrifft zunächst die Funktionsbeschreibung einer realistischen Utopie, die unser alltägliches Verständnis von den „limits of practicable political possibility“ erweitert „and, in doing so, reconciles [sic!] us to our political and social condition.“ (LP, 11)

Rawls’ praktische Absicht scheint in diesen Passagen klar therapeutisch angelegt zu sein. Er will die Welt als eine vernünftige Ordnung darstellen und damit Resignation und Orientierungslosigkeit bekämpfen. Mitunter will er seine Leser aber auch von überspannten kosmopolitischen Vorstellungen befreien, die angesichts der enormen Ungerechtigkeit der so begriffenen Welt zu Radikalität und Frustration führen. Und tatsächlich, wenn Rawls zum Schluss des Buches auf seine realistische Utopie zurückblickt, scheint ihm diese therapeutische Zielsetzung beinahe wichtiger als der kritisch-reformerische Aspekt zu sein:

> While realization is, of course, not unimportant, I believe that the very possibility of such a social order can itself reconcile us to the social world [...] For so long as we believe for good reasons that a self-sustaining and reasonably just political and social order both at home

> and abroad is possible, we can reasonably hope that we or others will someday, somewhere, achieve it; and we can then do something toward this achievement. This alone, quite apart from our success or failure, suffices to banish the dangers of resignation and cynicism. (LP, 128)

In letzter Instanz besteht das therapeutische Ziel erklärtermaßen darin, uns mit dem Gerechtigkeitspotential dieser Welt auszusöhnen.[99] Zu unterstellen, Rawls ginge es *einzig und allein* um eine bessere Akzeptanz des Faktischen, ginge allerdings zu weit. Wie in der kritischen Theorie insgesamt, in deren Nähe ich ihn damit rücke, hängen Therapie und kritische Praxis zusammen.[100] Das emanzipatorische Ziel seiner realistischen Utopie besteht darin, Handlungsblockaden zu lösen, indem der Einsatz für eine gerechte Ordnung als ein sinnvolles Unterfangen dargestellt wird: „By showing how the social world may realize the features of a realistic utopia, political philosophy provides a long-term goal of political endeavour and in working toward it gives meaning to what we can do today." (LP, 128)

Es geht Rawls also nicht allein darum, dass wir uns mit dem Status Quo arrangieren. Vielmehr will er uns in praktischer, wenn auch nicht in weltbürgerlicher Absicht mit der darin angelegten Utopie versöhnen, damit wir (Bürger liberaler Völker) unsere völkerrechtliche Verantwortung erkennen. Wie Hegel beginnt er damit, das begriffliche Selbstverständnis an die gegebene Wirklichkeit anzupassen und ihre interne Vernünftigkeit verständlich zu machen. Mit Kant betont er aber, dass daraus keine Affirmation des Faktischen, sondern eine inspirierende Hoffnung in die Möglichkeit eines stabilen Friedens zwischen den Völkern resultieren soll: „This account of realistic Utopia shows us, in the tradition of the late writings of Kant, the social conditions under which we can reasonably hope that all liberal and decent peoples may belong [...] to a reasonable Society of Peoples" (LP, 126).

c) *Die falsche Versöhnung*: Rawls ist sicher kein verkappter Hegelianer. Wahrscheinlich ist aber, dass er in der Beschäftigung mit Hegels Versöhnungsphilosophie auf ein Vokabular aufmerksam wird, das seine Methode des politischen Konstruktivismus noch einmal in einen weiteren Bedeutungszusammenhang

---

99 Bezug nehmend auf diese Passage notiert Thomas Pogge (1994, 35), dass Rawls selbst eingesteht, dass hier ein geradezu religiöses Moment hineinspielt. Es gehe eben nicht nur um politische Veränderung, sondern auch um „Inspiration". Die kann zur Veränderung beitragen, stelle aber auch einen Wert an sich dar.

100 Entsprechend betont Rawls: „Thus, our answer to the question of whether a reasonably just Society of Peoples is possible affects our attitudes toward the world as a whole. Our answer affects us before we come to actual politics and limits or inspires how we take part in it." (LP, 128)

stellt.[101] Die versöhnungsphilosophische Lesart eröffnet uns ein neues Verständnis von Rawls' Theorieanliegen; sie stellt uns aber auch einen neuen Blickwinkel für die Kritik an seinem eher konservativen Völkerrechtsideal zur Verfügung. Der erste Kritikpunkt lautet, dass Rawls' Blick auf globale Ungerechtigkeiten von Anfang an verzerrt ist. Liberale Völker sind in der Regel wohlhabend, relativ mächtig und globaler struktureller Ungerechtigkeit viel weniger ausgeliefert als arme Länder. Entsprechend liegt der Vorwurf nahe, dass die Explikation einer liberalen Perspektive auf das Völkerrecht nichtliberale, belastete Staaten unversöhnt zurücklässt.

Dieser Vorwurf wird unter anderem von Raimond Geuss in seiner oben erwähnten Streitschrift *Philosophy and Real Politics* (2008) erhoben.[102] Rawls' Auftrennung in einen idealen und einen nichtidealen Theorieteil suggeriere, dass es einen vom menschlichen Leben abgeschlossenen Bereich normativer Gründe gäbe, der unabhängig von historischen, soziologischen oder ökonomischen Bedingungen existiert (2007, 8).[103] Wenn wir Rawls versöhnungsphilosophisch lesen, ist diese Unterstellung aber unangebracht. Schließlich macht Rawls immer wieder deutlich, dass es sich bei seiner konstruktivistischen Methode nicht um „applied moral philosophy"[104] handelt, sondern um eine sich ihrer Perspektivität bewussten Explikation des liberalen Selbstverständnisses.

Aber Geuss trägt noch einen zweiten Kritikpunkt vor, der direkt gegen die versöhnungsphilosophische Lesart gerichtet ist. In „Realismus, Wunschdenken, Utopie" (2010) bezeichnet er Rawls' Gerechtigkeitstheorie als „*sowohl* zu wenig realistisch *als auch* zu wenig utopisch" (2010, 429). Rawls verfahre unrealistisch, insofern er bestehende Machtverhältnisse „systematisch ausblendet" (2010, 428).

---

101 Eine besondere Rolle spielt dabei Michael Hardimons Studie *Hegels' Social Philosophy, The Project of Reconciliation* (1994), auf die er sich in seiner Vorlesung bezieht.

102 Vgl. zu dieser Debatte Freyenhagen/Schaub, „Hat hier jemand gesagt, der Kaiser sei nackt? Eine Verteidigung der Geuss'schen Kritik an Rawls' idealtheoretischem Ansatz", 2010; William Galston, „Realism in Political Theory", 2010; Christoph Menke, „Weder Rawls noch Adorno? Raymond Geuss' Programm einer ‚realistischen' Philosophie", 2010; Enzo Rossi, „Reality and Imagination in Political Theory and Practice. On Raymond Geuss' Realism", 2010.

103 Stärker als Rawls wären jedoch moralische Kosmopolitisten wie Simon Caney oder Stefan Gosepath von diesem Vorwurf betroffen. Erst nachdem Caney seine kosmopolitische Idealtheorie dargelegt hat, beginnt er zu fragen: „What political institutions are appropriate, How should the world be structured? [...] Indeed, should there be a state system?" (Caney 2005, 148). Und Stefan Gosepath konstruiert zunächst eine „ideal normative theory", die dann erst in einem zweiten, anwendungsbezogenen Schritt „to many normative-pragmatic questions belonging to nonideal theory" führen soll und in der wir uns erstmals der Frage zuwenden, „how best to construct and establish global (or international) institutions securing global justice." (Gosepath 2001, 145)

104 Rawls, *Justice as Fairness*, 2001, 14 und 182.

Seine Idealtheorie präsentiere einen „von allen Machtphänomenen gesäuberten" Ansatz, der durch reines „Wunschdenken" motiviert werde und damit den Blick dafür verzerre, wie sich konkrete Machtverhältnisse auf politische Akteure auswirken. Zudem wird sein Wunschdenken zur Ideologie, indem die kontraktualistische Methode die Interessen einer privilegierten Gruppe (in LP: liberale Völker) in eine objektive Sichtweise verwandelt. Um die Gefahr der Selbstobjektivierung zu entgehen, müsse sich die Theorie, so Geuss, selbst als ein Produkt vorhandener Machtstrukturen reflektieren.[105] Geuss' Bedenken richtet sich dabei direkt gegen Rawls' „task of ‚reconciling' members of liberal ‚democratic societies' to their social order".[106] Denn gerade in der versöhnungsphilosophischen Anlage seiner Theorie drücke sich die Annahme aus, der Philosoph könne stellvertretend für andere den allgemeinen Gerechtigkeitssinn explizit machen und zudem noch sagen, was aus Sicht anderer Völker konsensfähig sei. Dagegen pocht Geuss darauf, dass solch ein Wissen nur in politischen Prozessen gewonnen und nicht simuliert werden könne, ein Einwand, den Jürgen Habermas bezeichnender Weise unter dem Titel „Versöhnung durch öffentlichen Vernunftgebrauch" (1996a) zugespitzt hat.

In diesem Punkt hat sich auch Christoph Menke (2010) hinter Geuss' Kritik gestellt.[107] Rawls rekonstruiere lediglich *eine* Position in der politischen Auseinandersetzung und keinesfalls *die* Position einer Gesellschaft oder gar aller vertretbaren Gesellschaften. Die Theorie ist, wie Menke es ausdrückt, lediglich „selbst ein Zug im Feld der Politik" (2010, 447) und kann sich nicht als Regelwerk in diesem Spiel gerieren. Die Verzerrung wird dadurch ausgelöst, dass Rawls bereits die Grundprobleme internationaler Beziehungen unhinterfragt aus der Sicht eines amerikanischen Autors wahrnimmt. Aus dieser Sicht stehen Fragen im Vordergrund, wie internationale Stabilität gesichert, humanitäre Einsätze gerechtfertigt und die Völkergemeinschaft im liberalen Sinne weiterentwickelt werden kann. Dies sind aber nicht unbedingt die Fragen, die sich aus Sicht armer Länder oder Schwellenländer am dringlichsten stellen. Warum, so ließe sich Geuss' Bedenken weiterführen, sollte die Politische Philosophie ausgerechnet

---

105 Freyenhagen/Schaub bringen diese Kritik auf den Punkt, wenn sie konstatieren, dass „unter nichtidealen Bedingungen [...] auch die angeblich ideale Theorie nicht ideal sein" kann. In: Freyenhagen/Schaub, „Hat hier jemand gesagt, der Kaiser sei nackt? Eine Verteidigung der Geussschen Kritik an Rawls' idealtheoretischem Ansatz", 2010, 463.

106 Geuss, *Philosophy and Real Politics*, 2008, 89.

107 Menke moniert, dass Rawls den politischen Status seiner eigenen Theorie nicht richtig zu verstehen scheint, wenn er meint, aus dem „tiefliegenden Konsens einer Gesellschaft [...] Maßstäbe für eine kritische Stellungsnahme zu den tatsächlichen Verhältnissen in dieser Gesellschaft" (2010, 447) gewinnen zu können.

darauf abzielen, relativ privilegierte Gesellschaften in der Hoffnung zu bestärken, dass die Weltordnung, die sie privilegiert, gerecht ist?

Aus Sicht des globalen Südens zählen die strukturellen Hintergründe globaler Ausbeutung und Armut sicher ebenso zu den „great evils of human history" (LP, 6/7) und es wäre aus deren Sicht wohl mindestens ebenso wichtig, das internationale Handelsregime mitzubestimmen, *illicit financial flows* auszutrocknen, die Spekulation mit Lebensmittelpreisen zu unterbinden, den weltweiten Waffenhandel zu regulieren, die WTO auf Agrarsubventionen in der nördlichen Hemisphäre anzusetzen oder die Verschuldung durch illegitime Kleptokratien abschreiben zu können. In Rawls' liberaler Sichtweise kommen diese strukturellen Hintergründe globaler Ungerechtigkeit und Armut aber gar nicht erst in den Blick. In letzter Konsequenz richtet seine Versöhnungsphilosophie eine Komfortzone für privilegierte Staaten ein, eine Zone, in der Forderungen nach sozioökonomischen Menschenrechten und Demokratie keinen Eingang mehr finden (s. 3.3.2).

d) *Unversöhnt im eigenen Haus*: Bis zu diesem Punkt habe ich Rawls' Ansatz mit einer vertrauten kosmopolitischen Kritik konfrontiert. Der Völkerrechtsvertrag versöhnt nur bestimmte Völker (statt Individuen), so dass darin weder die Angehörigen der ärmsten Staaten noch die demokratische Opposition in nichtliberalen Staaten repräsentiert werden. Zudem versöhnt er uns mit einer untergehenden Weltordnung, in der einzelne Staaten als relativ autark gedacht werden und soziale Gerechtigkeitsfragen weitgehend für sich selbst regeln können. Für die meisten Staaten dieser Welt ist dies keine zutreffende Situationsbeschreibung. Das globale Finanz- und Wirtschaftsregime setzt immer deutlicher einen Rahmen, der die Möglichkeiten nationaler Sozialpolitik einschränkt. Dieser Rahmen erzeugt schwere Ungerechtigkeiten, die für die Vertragspartner in Rawls' fiktivem Weltverfassungskonvent nicht einmal Thema sind. Zusammengefasst lautet die Kritik von kosmopolitischer Seite, dass Rawls' realistische Utopie die Dimension globaler Ungerechtigkeit gänzlich aus dem Blick verliert.

Ein Stück weit werfen Rawls' Verteidiger aber zu recht ein, dass diese Kritik aus dem politischen Off kommt.[108] Sie fällt damit hinter Rawls' Anspruch einer realistischen Utopie zurück, die von bestehenden politischen Verantwortlichkeiten ausgeht. Meine abschließende Replik auf diese Verteidigung lautet, dass Rawls' realistische Utopie auch liberale Staatsbürger nicht versöhnen kann, weil sie deren kosmopolitische Interessen und Beziehungen unberücksichtigt lässt.

108 So etwa: Michael Blake, „Distributive Justice, State Coercion, and Autonomy", 2002; Thomas Nagel, „Das Problem globaler Gerechtigkeit", 2010; Andrea Sangiovanni, „Global Justice, Reciprocity, and the State", 2007.

Unser einleitender Blick in die Debatte indizierte bereits, dass Rawls' Völkerrechtstheorie eine Reihe von liberalen Denkern – darunter oftmals solche, die seinen innerstaatlichen Ansatz verteidigt haben – unversöhnt zurücklässt.[109] Nun ist der Hinweis auf abweichende Auffassungen eigentlich immer ein schlechtes philosophisches Argument. Wenn aber eine Theorie gezielt den Anspruch erhebt, das liberale Bewusstsein zu versöhnen, dann ist die bloße Dokumentation von Uneinigkeit ein erster Hinweis darauf, dass Rawls' Ansatz entweder nicht die richtige Mitte gefunden hat oder dies auch gar nicht konnte, weil sich eben kein einheitlicher liberaler Gerechtigkeitssinn feststellen lässt.

Was Rawls meines Erachtens unterschätzt, ist, womit sich Mitglieder einer liberalen Gesellschaft – und längst nicht mehr nur ihre kosmopolitische Avantgarde – bereits heute zu versöhnen imstande sehen.[110] An dieser Stelle ist es hinreichend, einige kurze Hinweise auf vertraute Tendenzen zu geben. Zum einen lässt sich feststellen, dass sich gerade in liberalen Gesellschaften ein zunehmender Sinn für globale Ungerechtigkeiten herausgebildet hat. Diese globale Anteilnahme hat einerseits damit zu tun, dass die liberale und die kosmopolitische Moraldoktrin identisch sind.[111] Die uneingeschränkte Achtung gegenüber dem Einzelnen ohne Ansehung von Geschlecht, Herkunft, Stand oder Hautfarbe endet nicht an den Staatsgrenzen. Zudem spielt die mediale Vernetzung eine zunehmende Rolle. Kants Beobachtung, dass „die Rechtsverletzung an *einem* Platz der Erde an *allen* gefühlt wird“ (Kant, ZeF AA 08: 360.03–04), gilt heute mehr denn je. Ein weiterer Grund für die Stärkung kosmopolitischer Einstellungen ist der, dass sich liberale Gesellschaften zunehmend in Einwanderungsgesellschaften verwandeln und ihre Bürger soziale Beziehungen zu ihren Herkunftsländern aufrechterhalten, Länder, die den Externalitäten einer fehlregulierten Globalisierung viel stärker ausgeliefert sind. Und schließlich schlagen diese Externalitäten zunehmend auch auf liberale Gesellschaften durch. Auch hierzulande wächst die Ungleichheit, ist der Verlust des politischen Primats über kapitalistische (Finanz-)Märkte spürbar geworden und erodieren die Möglichkeiten zur gerechten Besteuerung und Umverteilung.

---

109 Vgl. etwa: Charles Beitz, *Political Theory and International Relations*, 1979; ders., „Rawls's Law of Peoples,“ 2000; Simon Caney, „Cosmopolitanism and the Law of Peoples“, 2002; Thomas Pogge, *Realizing Rawls*, 1989.

110 Vgl. Ypi, *Global Justice and Avant-garde Political Agency*, 2012.

111 Darauf weisen u. a. Simon Caney (*Justice without Borders*, 2005, 25–62) und Joseph Carens („Fremde und Bürger: Weswegen Grenzen offen sein sollten“, 2012, 43) hin.

Entsprechend lässt sich feststellen, dass das Interesse liberaler Akteure an globaler Gerechtigkeit nicht bloß humanitärer Art ist, sondern auf Beziehungen, Eigeninteressen und in wesentlichen Zügen bereits auf dem liberalen Selbstverständnis gründet. Nicht zufällig hat sich die globalisierungskritische Bewegung als die Jugendbewegung unserer Zeit herauskristallisiert. Vor diesem Hintergrund lässt Rawls weite Teile der liberalen Öffentlichkeit unversöhnt zurück. Sein dem 18. Jahrhundert entnommenes Ideal einer freiwilligen Völkerrechtsordnung, das Kant auf das Zeitalter des aufgeklärten Absolutismus abgestimmt und durch die Dimension des Weltbürgerrechts noch erweitert hatte, bleibt weit hinter den Anforderungen des 21. Jahrhunderts zurück. Mit dem bekannten Bild Hegels ließe sich sagen, dass Rawls die Eule der Minerva einer untergehenden Weltordnung entsteigen lässt.

1.3.3 Auf der Suche nach einer realistischen Utopie

Ich fasse zusammen. Wenn wir Rawls' realistische Utopie internationaler Gerechtigkeit versöhnungsphilosophisch lesen, wird klar, dass sie vor allem die bestehende Völkerrechtsordnung in das Selbstverständnis liberaler Völker übersetzt. In dieser Sichtweise stellt er der Welt nicht einfach ein Ideal gegenüber, sondern rekonstruiert es im Rahmen außenpolitischer Möglichkeiten und vorherrschender Einstellungen. Dann aber lautet die Kritik, dass sein Ideal nicht weit genug geht. Denn erstens bezieht sich die politische Verantwortung liberaler Völker auch auf globale Herrschaftsstrukturen und zweitens ist die Versöhnungsbereitschaft mit kosmopolitischen Normen innerhalb liberaler Gesellschaften – in Teilen jedenfalls – stärker ausgeprägt, als er es anerkennt. Statt einen gemeinsamen Nenner zwischen Nationalisten und Kosmopolitisten finden zu wollen, den es in liberalen Gesellschaften nicht gibt, täte die Politische Philosophie gut daran, sich bewusst zu machen, dass sie auch nur Partei in der politischen Auseinandersetzung ist und als solche wahrgenommen wird. Sie kann bestimmten Positionen eine vereinigende Sprache geben, sich aber nicht als Schiedsrichter im politischen Machtsspiel gerieren.

Diese Kritik führt mich nicht dazu, Rawls' Ansatz insgesamt zu verwerfen. Im Gegenteil, bereitet er doch den methodischen Boden, um die Sein-Sollen-Dichotomie des moralischen Kosmopolitismus zu überwinden. Eine realistische Utopie versöhnt uns mit dem Status Quo und zeigt politische Verantwortlichkeiten auf. Gleichzeitig geht sie über Sens komparativen Ansatz hinaus, indem sie nicht nur normative Standards für politische Entscheidungen herausarbeitet (was in Rawls' internationaler Gerechtigkeitstheorie fehlt), sondern diese Normen zugleich in die Flucht eines umfassenden Gerechtigkeitsideals stellt. In diesem Sinne werde ich meinen Ansatz ebenfalls als eine realistische Utopie bezeichnen, allerdings als eine, die Rawls' Methode in drei Punkten korrigiert bzw. ergänzt. Erstens werde ich globale Normen rekonstruieren, die eine kontextsensitive Umsetzung ermöglichen. Zweitens werde ich sein Ideal einer Völkerrechtsgemeinschaft an die postnationale Konstellation anpassen, also vor allem die Ebene globaler Institutionen und Herrschaftsstrukturen stärker berücksichtigen.[112] Und drittens gilt es, die Scheinobjektivierung der kontraktualistischen Darstellungsweise zurückzunehmen und die kosmopolitische Absicht von Anfang an offen zu legen. Neben Anleihen an Rawls' Versöhnungsphilosophie und politischem Konstruktivismus bediene ich mich dazu bei Axel Honneths Methode eines normativen Rekonstruktivismus.

1.4 Versöhnung mit einer versunkenen Welt: Axel Honneth

In der *Rechtslehre* fasst Hegel die wichtigsten Institutionen des Staates so, dass sie „die Wirklichkeit der sittlichen Idee" (2000[1820], § 257, 398) bzw. „der konkreten Freiheit" (2000[1820], § 260, 406) bilden; das heißt, Hegel findet sein Gerechtigkeitsideal in bestehenden sozialen Institutionen vor, statt es unabhängig von ihnen zu konstruieren. Im letzten Kapitel meines methodologischen Teils werde ich dafür argumentieren, Hegels explikatorisches Verfahren auf globale Gerechtigkeit zu übertragen.[113] Statt aber nach der Kant- auch noch in die Hegel-Exegese einzusteigen, ist es nahe liegender, direkt in die Auseinandersetzung mit Axel Honneths Reaktualisierung von Hegels *Rechtslehre* zu gehen.[114]

Honneth hat Hegel gründlich für eine moderne Gesellschafts- und Gerechtigkeitstheorie aufbereitet und dazu den idealistischen Überbau größtenteils aus dem Weg geräumt. Eine systematische Fassung hat er jüngst in *Das Recht der Freiheit* (2011, fortan RF) vorgelegt. Darin macht er sich zur Aufgabe, die „Prinzipien sozialer Gerechtigkeit direkt in Form einer Gesellschaftsanalyse zu entwickeln" (RF, 9). Sowohl die Prinzipien als auch die Grundstruktur einer gerechten Gesellschaft will Honneth aus den Legitimationsansprüchen gesellschaftstragender Institutionen rekonstruieren. Dadurch will er die Lücke zwischen idealer und

112 Zum Ausdruck und zur Beschreibung dieser Konstellation vgl.: Jürgen Habermas, „Die postnationale Konstellation", 1998a.
113 Am weitesten in diese Richtung geht bislang Mervyn Frost in: *Ethics in International Relations: A Constitutive Theory*, 1996; Unterstützung findet Frost bei Charles Jones (*Global Justice: Defending Cosmopolitanism*, 1999, 203–226).
114 Vgl. Axel Honneth, *Leiden an Unbestimmtheit. Eine Reaktualisierung der Hegelschen Rechtsphilosophie*, Stuttgart 2001.

nichtidealer Theorie schließen. Klarer noch als in Rawls' politischem Konstruktivismus stoßen wir bei Honneth auf eine Methode, moralische Ansprüche mit dem Kriterium politischer Praktikabilität zu verbinden.

Honneth bezeichnet diese Methode als normativen Rekonstruktivismus. Im Folgenden werde ich deren Grundidee vorstelle und sie zu einem Ausgangspunkt meines eigenen Ansatzes weiterbilden (4.1.). Allerdings bleibt Honneth auch darin Hegel verhaftet, dass seine Rekonstruktion den Bereich internationaler und globaler Institutionen nahezu vollständig ausblendet.[115] Was daher seine Freiheitsphilosophie (4.2.) und seinen Partikularismus (4.3) angeht, werde ich mit Honneth über Honneth hinausgehen. Es bleibt das Desiderat, sein rekonstruktives Verfahren auf globale Herrschaftsregime anzuwenden – ein Projekt, zu dem diese Arbeit zumindest einen ersten Schritt setzt.[116]

1.4.1 Normativer Rekonstruktivismus

Eine Reaktualisierung von Hegel ist erklärungsbedürftig. Nicht nur steht Hegels Rechtsphilosophie auf schwer zu vermittelnden metaphysischen Voraussetzungen, auch hat sich der ‚Zeitgeist' gewissermaßen selbst als Kantianer entpuppt. Der philosophische Diskurs über Gerechtigkeit wird stark von konstruktivistischen Ansätzen geprägt. In meiner Begriffssetzung geht es im Konstruktivismus darum, das Ideal einer gerechten Gesellschaft zu entwickeln, indem er entweder – als moralischer Konstruktivismus – ein fundamentales Moralprinzip in die politische Wirklichkeit übersetzt oder – als politischer Konstruktivismus – eine öffentlich geteilte Gerechtigkeitsaufassung in einem objektivierenden Darstellungsverfahren explizit macht.[117]

---

115 Eine erste Version meiner Kritik findet sich in Hahn, „Axel Honneths fehlende Perspektive globaler Gerechtigkeit. Eine affirmative Kritik", 2012.

116 Für eine Studie, die dieses Projekt inzwischen weiter und sehr viel genauer verfolgt hat, vgl. Wulf Loh, *Legitimität und Selbstbestimmung. Eine normative Rekonstruktion des Völkerrechts* (im Erscheinen).

117 Ich benutze hier den Term ‚Konstruktivismus' eher weitläufig und sehe die Unterscheidung zwischen moralischem und politischem Konstruktivismus ähnlich wie Rainer Forst in: „Das grundlegende Recht auf Rechtfertigung. Zu einer konstruktivistischen Konzeption der Menschenrechte", 2007. Vgl. zum moralischen Konstruktivismus: John Rawls, „Kantian Constructivism in Moral Theory", 1980; Christine Korsgaard, „Realism and Constructivism in Twentieth-Century Moral Philosophy", 2008. Und zum politischen Konstruktivismus: John Rawls, *Political Liberalism*, 2005, 8–130.

Mit Blick auf den moralischen Konstruktivismus moniert Honneth, dass er eine „Abkoppelung von der Gesellschaftsanalyse" betreibe, was zu einer „Fixierung auf rein normative Prinzipien" (RF, 14) und damit eben zu einer unüberbrückbaren Sein-Sollen- Dichotomie führe. Wer Prinzipien der Gerechtigkeit „in Isolation von der Sittlichkeit gegebener Praktiken und Institutionen" entwickelt, Prinzipien also, die „dann erst sekundär auf die gesellschaftliche Realität ‚angewendet'" (RF, 14) werden, der übersehe nicht nur die grundlegende soziale Einbettung moralischer Urteile, sondern räume dem Gerechtigkeitsideal einen uneinholbaren Vorsprung gegenüber seinen politischen Realisierungsmöglichkeiten ein.

Auf der anderen Seite ist der politische Konstruktivismus zwar darin erfolgreich, Ideal und Wirklichkeit zu versöhnen, er nutzt dazu aber Darstellungsverfahren, die zur oben monierten Scheinobjektivierung einer liberalen Sichtweise führen. Honneths Kritik richtet sich hier ebenso gegen Rawls' Kontraktualismus wie gegen Jürgen Habermas' Diskursethik. In beiden Ansätzen gehe es darum, der bloßen Explikation vorherrschender Gerechtigkeitsvorstellungen ein zusätzliches Begründungsverfahren vorzuschalten, um sie noch einmal aus einer vorgeblich unparteilichen Perspektive zu untermauern. Für Honneth ist solch ein Absicherungsverfahren aber einerseits verzichtbar, weil es über die Darstellungsfunktion hinaus keine objektive Begründung liefert, und andererseits unangebracht, weil es die zunächst überwundene Dichotomie zwischen Wirklichkeit und Ideal reproduziert. Nach Honneth beschreiben Habermas und Rawls lediglich die sittliche Wirklichkeit liberaler Demokratien. Entsprechend gingen beide Autoren implizit immer schon „von einer historischen Kongruenz zwischen unabhängig gewonnenen Gerechtigkeitsprinzipien und den normativen Idealen moderner Gesellschaften" (RF, 21) aus und setzten damit Hegels Annahme einer in der Geschichte zur Geltung kommenden Vernunft voraus.

Nun können konstruktivistische Darstellungsverfahren aber gar nicht mehr zur Selbstvergewisserung beitragen, als es eine direkte Rekonstruktion der in unseren sozialen Praktiken realisierten Gerechtigkeitsidee zu leisten vermag. Daher schlägt er vor, „eine Theorie der Gerechtigkeit aus den Strukturvoraussetzungen der gegenwärtigen Gesellschaften selbst zu entwerfen" (RF, 17). Die Methode, der er sich dazu bedient, bezeichnet er als normativen Rekonstruktivismus. Sie besteht darin, ein Gerechtigkeitsideal freizulegen, das sich bereits in den gesellschaftlichen Institutionen sedimentiert hat. Dazu müssen „die konstitutiven Sphären unserer Gesellschaft als institutionelle Verkörperungen bestimmter Werte begriffen werden, deren immanenter Anspruch auf Verwirklichung als Hinweis auf die jeweils sphärenspezifischen Gerechtigkeitsprinzipien dienen kann" (RF, 9). Aber wie ließe sich aus der Rekonstruktion geltender Werte eine kritische Gesellschaftstheorie gewinnen? Die Grundzüge seiner Antwort stellt Honneth in vier Prämissen zusammen:

1. Die erste Prämisse lautet, „dass die Reproduktion von Gesellschaften bis heute an die Bedingungen einer gemeinsamen Orientierung an tragenden Idealen und Werten gebunden ist“ (RF, 18). Vereinfacht gesagt können sich Institutionen auf lange Zeit nur unter der Voraussetzung behaupten, dass die Autorität der in ihnen verwirklichten Normen weitgehend anerkannt wird. Die Beständigkeit von Institutionen signalisiere bereits einen bestimmten Grad an Identifikation und sittlicher Rechtmäßigkeit.[118]
2. In der zweiten Prämisse legt Honneth fest, dass nur solche Werte und Ideale als Gegenstand einer Gerechtigkeitstheorie in Frage kommen, „die als normative Ansprüche zugleich Reproduktionsbedingungen der jeweils gegebenen Gesellschaft bilden“ (RF, 20). Gegenstand seiner Gerechtigkeitstheorie sind demnach nur solche Institutionen, die als notwendige Voraussetzungen für das Fortbestehen der Gesellschaft anzusehen sind: „‚Rekonstruktion‘ soll im Zusammenhang dieses Verfahrens also heißen, dass aus der Masse der gesellschaftlichen Routinen und Einrichtungen nur diejenigen herausgegriffen und vorgestellt werden, die für die soziale Reproduktion als unverzichtbar gelten können...“ (RF, 23).
3. Die dritte Prämisse stellt klar, dass sich die normative Rekonstruktion zunächst nur auf einzelne Teilbereiche bezieht, aus denen Schritt für Schritt die bereichsspezifische Sittlichkeit „herauspräpariert“ (RF, 25) werden soll. Erst auf der Folie dieser abgeschlossenen Gesellschaftsanalysen sollen die jeweiligen Standards in einem gesamtgesellschaftlichen Gerechtigkeitsideal systematisiert werden.
4. In der vierten Prämisse geht es um das Verhältnis von Versöhnung und Kritik. Darin setzt sich Honneth gegen die Hegel immer wieder unterstellte „Tendenz zur Affirmation des bereits Bestehenden“ (RF, 26) zur Wehr. Für ihn zielt das rekonstruktive Verfahren nicht darauf, den Status Quo als vernünftig zu verteidigen, sondern darauf, das utopische Potential bestehender gesellschaftlicher Verhältnisse im Sinne eines „Vorausentwurfs noch nicht ausgeschöpfter Entwicklungspfade“ (RF, 27) herauszustellen. Die immanente Basis der Kritik bezieht sich auf den normativen Überschuss, der hier nicht

118 In Abgrenzung zu Niklas Luhmanns, aber in Anschluss an Talcott Parson ist die Gesellschaft für Honneth immer schon ethisch codiert. Für Parson bilden Werte „die ‚letzte Realität‘ jeder Gesellschaft [...], indem sie hier über die Mechanismen von Rollenerwartungen, impliziten Verpflichtungen und einsozialisierten Idealen, kurz: einem Gefüge sozialer Praktiken, die Handlungsorientierungen der Mitglieder prägen“ (RF, 18).

aus der Diskrepanz zwischen Ideal und Wirklichkeit, sondern aus der Diskrepanz zwischen öffentlichem Legitimationsanspruch und tatsächlicher Einlösung dieses Anspruchs entsteht. Was gerecht wäre, zeigt sich in der sozialen Wirklichkeit, sei in dieser aber „noch nicht abgegolten" (RF, 11).[119]

1.4.2 Honneths perfektionistischer Liberalismus

Unter Anleitung dieser Methode geht Honneth nun zur eigentlichen Rekonstruktionsarbeit über. Die beginnt mit einer steilen These: In seinen Augen legitimieren sich moderne Institutionen letztlich an einer einzigen Norm, nämlich an der „Freiheit im Sinne der Autonomie des einzelnen" (RF, 35). Auch wenn ihm natürlich deutlich vor Augen steht, dass sich in der Moderne unterschiedliche Rechtfertigungsnarrative herausgebildet haben, unterstellt er, dass sich deren Vokabular letztlich als Ausdifferenzierungen der fundamentalen Freiheitsnorm deuten lässt. Werte wie Gleichheit oder Wohlergehen würden ihrerseits als Ermöglichungsbedingungen individueller Autonomie begründet. Nach Honneth seien somit „alle ethischen Ideale der Moderne wie durch magische Anziehung [...] in den Bannkreis der einen Vorstellung der Freiheit geraten." (RF, 36)[120]

Honneths normativer Rekonstruktivismus stellt damit das „Verhältnis von legitimierenden Verfahren und sozialer Gerechtigkeit" (RF, 108) auf den Kopf. Denn zunächst wird nach der Wirklichkeit sozialer Freiheit in konkreten Praktiken gesucht, um diese dann nach Maßgabe der von ihnen selbst hervorgebrachten Standards zu kritisieren. Gesetzt, dass Freiheit in modernen Gesellschaften zum universellen Legitimationskriterium aufgestiegen ist, tritt die Frage in den Vordergrund, welche Freiheit gemeint ist. Auch hier will Honneth keine bestimmte Konzeption vorgeben; vielmehr müsse die jeweilige Bedeutung von Freiheit aus

---

119 Entsprechend mündet seine vierte Prämisse in der These, „dass das Verfahren der normativen Rekonstruktion stets auch die Chance einer kritischen Anwendung bietet [...] Die Maßstäbe", so Honneth weiter, „auf die sich eine derartige Form der Kritik stützt, sind keine anderen als diejenigen, die auch der normativen Rekonstruktion als Richtschnur dienen; wenn nämlich als eine Instanz von Sittlichkeit gilt, was allgemeine Werte oder Ideale durch ein Bündel von institutionalisierten Praktiken repräsentiert, dann können dieselben Werte auch dazu herangezogen werden, jene gegebenen Praktiken als noch nicht angemessen in Hinblick auf ihre repräsentativen Leistungen zu kritisieren." (RF, 28)

120 Unter dieser Hypothese geht Honneths normative Rekonstruktionsarbeit nicht mehr ergebnisoffen vor. Angesichts des tatsächlichen Rechtfertigungspluralismus wirkt Honneths Autonomiebegriff aber nun selbst wie ein moralisches Konstruktionsprinzip, an dem er sein Material vororganisiert.

den konkreten Freiheitsgefährdungen durch spezifische Institutionen und den darin eröffneten Freiheitsspielräumen herausgearbeitet werden. Entsprechend gebe es für Honneth „nicht die eine Forderung der Gerechtigkeit, sondern insgesamt so viele, wie bereichsspezifische Anwendungen des einen, übergreifenden Werts der Freiheit existieren" (RF, 122).

Insgesamt kommt Honneth auf drei Formen moderner Freiheitserfahrungen, die er als *negative Freiheit* (1.4.2.1), *reflexive Freiheit* (1.4.2.2) und *soziale Freiheit* (1.4.2.3) bezeichnet. Die Erläuterung dieser drei Freiheitskonzeptionen gibt mir Gelegenheit, seinen Ansatz in Gänze darzustellen. Dazu bietet es sich an, in vier Schritten vorzugehen. Schritt eins fragt nach der konstitutiven Erfahrung von Unfreiheit, die in einer spezifischen Freiheitskonzeption (i) zum Ausdruck kommt. Im zweiten Schritt wird gezeigt, dass diese Konzeption mit einer bestimmten Idee von Gerechtigkeit (ii) verbunden ist. Dann werden die konkreten sozialen Institutionen (iii) analysiert, in denen die jeweiligen Freiheiten gefährdet, aber auch eröffnet und auf Dauer gestellt werden. Vor diesem Hintergrund werden dann, viertens, spezifische „Pathologien" bzw. Fehlentwicklungen (oder „Anomien") diagnostiziert, die daraus resultieren, dass einige Institutionen ihrem spezifischen Freiheitsversprechen nicht gerecht werden (iv).

1.4.2.1 Negative Freiheit

i) *Freiheit für den Exzentriker:* Der klassischen Bestimmung Isaiah Berlins[121] folgend, bezeichnet Honneth seine erste Konzeption als negative Freiheit. Gemeint ist die Erfahrung, auf keinen äußeren Widerstand zu stoßen und frei von Einschränkungen handeln zu können.[122] Für Honneth erfasse diese Bestimmung zwar nicht den ganzen Sinn von Freiheit, sie enthalte aber den „Kern einer intuitiven Richtigkeit" (RF, 46). Denn die rein negative Konzeption von Freiheit (bzw. Willkürfreiheit) fülle eine für „den modernen Individualismus" (RF, 47) immer wichtiger werdende Funktion aus. Sie räume nämlich der „Idiosynkrasie" (RF, 47) bzw. der individuellen „Exzentrik" (RF, 48) wertvolle Freiräume ein.[123] Kurz gesagt, die Funktion der negativen Freiheit besteht darin, persönliche Eigenarten

121 Isaiah Berlin, „Two Concepts of Liberty", 2002.

122 „A FREE MAN, is he", so die auf Hobbes zurückgehende Definition, „that in those things, which by his strength and wit he is able to do, is not hindred to doe what he has a will to" (Leviathan, XXI, 2).

123 Historisch konnte die Konzeption negativer Freiheit nur deshalb zu „einem unverbrüchlichen Element der modernen Vorstellungswelt werden [...], weil sie dem Streben nach individueller Besonderung ein Recht verliehen hat" (RF, 50).

gegenüber äußerem Konformitätsdruck, den scheinheiligen Regeln öffentlicher Korrektheit oder sozialer Kontrolle zu schützen.

ii) *Libertarismus*: In der Gerechtigkeitskonzeption des Libertarismus wird diese negative Freiheitskonzeption in den Mittelpunkt gerückt.[124] Honneth verdeutlicht dies an der libertären Gerechtigkeitstheorie Robert Nozicks (*Anarchy, State, and Utopia*, 1974), die davon ausgeht, dass „alle Lebensziele, so unverantwortlich, selbstdestruktiv oder ideosynkratisch sie auch sein mögen, [...] als Zweck der Realisierung von Freiheit gelten, solange sie nur die Rechte anderer Personen nicht verletzen." (RF, 51) Die Bedeutung, die das negative Freiheitsverständnis hier spielt, reagiere nach Honneth auf eine typisch moderne Freiheitsgefährdung, die mit der zunehmenden Eingriffstiefe absolutistischer, totalitärer und bürokratischer Herrschaftsapparate entstanden sei. In dem Maße, wie sich die Mechanismen sozialer Gleichschaltung und Kontrolle verfeinern, rücke die Verteidigung individueller Eigenarten in den Vordergrund.

iii) *Rechtliche Freiheit*: Grundsätzlich anerkennt Honneth, dass sich im Wunsch nach Freiheit gegenüber Staat und Gesellschaft „ein originäres und unverzichtbares Element des moralischen Selbstverständnisses der Moderne" (RF, 58) artikuliere. Die Entwicklung einer eigenen Persönlichkeit setze nämlich voraus, dass es Räume der Nichtkonformität gibt, die durch subjektive Freiheitsrechte eingerichtet und geschützt werden. Im Recht auf Privatheit werde eine soziale Grundbedingung für jede Form der Freiheit realisiert, weil „sich die Individuen nur dann überhaupt als unabhängige Personen mit einem eigenen Willen verstehen können, wenn sie über subjektive Rechte verfügen können, die ihnen einen staatlich geschützten Spielraum zur Erkundung ihrer Vorlieben, Präferenzen und Absichten einräumen" (RF, 129).[125] Das Recht auf die Unantastbarkeit der eigenen Person, des Eigentums oder der eigenen Überzeugungen sei eine notwendige Voraussetzung, sein eigenes So-Sein-Wollen kompromisslos auszubilden. Wiederum im Anschluss an Hegel aber in noch deutlicherer Bezugnahme auf Jeremy Waldron spricht Honneth der Garantie subjektiver Rechte eine bestimmte Funktion zu, nämlich die, „sich aus dem kommunikativen Raum wechselseitiger Verpflichtungen auf eine Position der Befragung und Überprüfung" (RF,

---

124 Honneth bezieht sich auf die klassischen Vertreter des Liberalismus wie John Stuart Mill (*On Liberty*, 1859) und John Locke (*Two Treatises of Government*, 1689).

125 Diese grundlegende Rolle subjektiver Freiheitsrechte als Bedingung der Möglichkeit individueller Selbsterkundung bezeichnet Honneth darum auch als „Daseinsgrund der rechtlichen Freiheit" (RF, 132).

137) zurückzuziehen, um diesen „rechtlich garantierten Spielraum für ethische Selbstbefragungen" (RF, 137) zu nutzen.[126]

In seiner Einordnung dieser Freiheitskonzeption zeigt sich aber bereits, dass Honneths Analyse moderner Freiheitsgefährdungen auf ein umfassendes Ideal der Selbstverwirklichung angelegt ist. So orientiert sich der Sinn einzelner Freiheitskonzeptionen letztlich immer daran, welchen Beitrag sie zur Ermöglichung einer vollkommenen und in allen Bereichen des sozialen Miteinanders verwirklichten Freiheit leisten. Im Umkehrschluss bedeutet das, dass der Libertarismus den Zusammenhang von Freiheit und Gerechtigkeit in einer Weise verkürzt, die seinem eigenen Programm, Freiheit als Selbstverwirklichung zu verstehen, zuwiderläuft. So argumentiert Honneth, dass „die liberalen Freiheitsrechte konzeptuell auf eine Ergänzung durch soziale Rechte" (RF, 143) verweisen, da die „mit den liberalen Rechten verbürgte Privatautonomie" (RF, 143) effektiv nur ausgeübt werden kann, wo es keine materiellen Zwänge gebe (RF, 143). Wer Freiheit zur autonomen Lebensplanung fordert, der müsse zunächst einmal die Situation selbst, unter der diese Planung stattfindet, von existentiellen Zwängen befreien. Zudem, und dies ist Honneths zweiter Kritikpunkt, müsse bereits ein Angebot an sozialen Rollen und Erzählungen vorhanden sein, damit subjektive Rechte überhaupt eine Selbstwahl ermöglichen. Daher erzeuge das System subjektiver Rechte „eine Form individueller Freiheit, deren Existenzbedingungen es weder selbst hervorbringen noch aufrechterhalten kann; es lebt von dem bloß negativen, unterbrechenden Bezug auf einen Praxiszusammenhang, der sich aus der sozialen Interaktion von nicht rechtlich kooperierenden Subjekten speist" (RF, 156).

iv) *Pathologien rechtlicher Freiheit*: Honneths Kritik richtet sich weder gegen die Konzeption negativer Freiheit als solche noch gegen ihre Institutionalisierung in Form subjektiver Rechte, sondern gegen die Reduktion unseres Freiheitsverständnisses auf diese eine Dimension von Freiheit. Denn mit der Verabsolutierung negativer Freiheitsrechte gehe eine Distanznahme zur sozialen Umwelt einher, die Honneth als pathologisch bezeichnet. Unter einer sozialen Pathologie versteht Honneth einen Zustand, in dem „einige oder alle Gesellschaftsmitglieder" über keinen „reflexiven Zugang zu den primären Handlungs- und Normensystemen" verfügen, so dass sie „nicht mehr dazu in der Lage sind, die Bedeutung dieser Praktiken und Normen angemessen zu verstehen" (RF, 157). Wer darauf konditioniert sei, sich gegenüber seiner sozialen Umwelt als ein Träger subjektiver Rechte abzugrenzen, verliere den Sinn für seine Verantwortung gegenüber

126 Vgl. Jeremy Waldron, *The Right to Private Property*, 1988.

anderen und damit auch die Fähigkeit, sich in Beziehungen mit anderen zu verwirklichen.

Von einer ‚pathologischen' Störung lässt sich für Honneth dann sprechen, wenn äußere Symptome der „Verhaltenserstarrung", „Rigidisierung" oder „Niedergedrücktheit und Orientierungslosigkeit" (RF, 158) auftreten, kurzum, wenn es zu Frustration und Radikalisierung kommt. Mit der Reduktion von Freiheit auf subjektive Rechte verbindet Honneth zwei derartige Symptome. Zum einen habe die libertäre Freiheitsdoktrin die Einstellung hervorgebracht, dass Personen gegenüber ihrer sozialen Umwelt stets auf ihr ‚gutes Recht' pochen. Wer den Anderen aber ausschließlich „unter dem Aspekt der rechtlichen Verwertbarkeit zu beobachten" (RF, 163) gelernt habe, der verschließt sich den Praktiken kommunikativer Vereinigung und Kompromissbildung, die für den Zusammenhalt einer Gesellschaft und den Aufbau persönlicher Beziehungen unentbehrlich sind. Das Fehlen der Fähigkeit zum solidarischen Rechtsverzicht äußere sich im Zustand permanenter Empörung und Aggressivität.[127] Dies führe dann zu pathologischen Formen von Resignation und Antriebslosigkeit bis hin zur Depression als moderner Volkskrankheit. An dieser Stelle wird bei Honneth – durchaus in Nähe zu Rawls – ein therapeutisches Theorieanliegen deutlich. Ihm geht es darum, Verkümmerungen im liberalen Selbstverständnis zu diagnostizieren. Sein Gegenmittel ist ein Freiheitsverständnis, durch das wir uns nicht gegenüber, sondern in der Gesellschaft und den damit einhergehenden Verantwortlichkeiten als frei und selbstbestimmt begreifen lernen.

1.4.2.2 Reflexive Freiheit

i) *Freiheit als Selbstbestimmung*: Die zweite Freiheitskonzeption bezeichnet Honneth als reflexive Freiheit. Der reflexiven Konzeption „zufolge ist dasjenige Individuum frei, dem es gelingt, sich auf sich selbst in der Weise zu beziehen, dass es sich in seinem Handeln nur von eigenen Absichten leiten lässt" (RF, 59). Um sich in diesem Sinne als frei zu verstehen, müssen wir uns vergewissert haben, dass unsere Absichten tatsächlich die unsrigen sind – und nicht bloß das Resultat einer sozialen Dressur. Freiheit setzt, wie es Harry Frankfurt auf den Punkt gebracht hat, Volitionen zweiter Stufe voraus; gemeint ist eine unsere unmittelbaren Wünsche beurteilende Instanz, in der wir für uns selbst festlegen, wer wir

---

127 Im Extremfall wird dabei auch die Fähigkeit verlernt, überhaupt „Strebungen und dauerhafte Überzeugungen" (RF, 169) zu bilden, da die Entwicklung sinnvoller Ziele selbst ein kommunikativer Prozess ist, der ein Sich-einlassen auf den Anderen voraussetzt, wie es im libertären Selbstverständnis nicht vorkommt.

sein und von welcher Art von Wünschen wir uns leiten lassen wollen.[128] Honneth bezeichnet dies als reflexive Freiheitskonzeption, weil wir zu unseren situativ auftauchenden Wünschen noch einmal in Distanz treten und prüfen müssen, ob diese Wünsche auch unserem ursprünglichen So-Sein-Wollen entsprechen.

ii) *Distributive und politische Gerechtigkeit*: Wer wir in Wirklichkeit sind bzw. sein wollen, liegt entweder, in Kantischer Tradition, in unserer Fähigkeit zur vernünftigen Willensbestimmung, oder, in romantischer Tradition, in der Authentizität individueller Gefühle. Für Honneth sind beide Traditionslinien mit je spezifischen Gerechtigkeitsvorstellungen verbunden. An das romantische Ideal schlössen sich Forderungen nach Chancengleichheit und distributiver Gerechtigkeit an, während die Autonomiekonzeption auf eine „prozedurale Konzeption von Gerechtigkeit" hinauslaufe, da hier „das Verfahren der individuellen Selbstbestimmung [...] auf die höhere Stufe der gesellschaftlichen Ordnung übertragen" und „als Prozedur einer gemeinsamen Willensbildung begriffen wird" (RF, 73). Die authentische Lebensführung setzt eine soziale Absicherung, Bildung und weitere soziale Grundlagen gelebter Individualität voraus;[129] demgegenüber korrespondiert die vernünftige Einwilligung mit der äußeren Gesetzgebung mit dem Recht auf politische Partizipation.[130]

iii) *Moralische Freiheit*: Die Verwirklichungsstätte vernünftiger Autonomie findet Honneth in der Moral selbst, die er ebenfalls als eine moderne Institution beschreibt. In ihr werde die Fähigkeit sozial sanktioniert, „sein Handeln an reflexiv für richtig gehaltenen Maximen oder Prinzipien zu orientieren" (RF, 173). Die Moral habe somit die Funktion, einen objektiven Standpunkt zu gewinnen, auf

---

128 Harry Frankfurt, „Freedom of the Will and the Concept of a Person", 1971.

129 „Die gerechte Ordnung", so Honneth, „wird in der Regel als eine Summe von sozialen Ressourcen und kulturellen Voraussetzungen gedacht, die es dem individuellen Subjekt ermöglichen sollen, im Laufe ihres Lebens ungezwungen sein authentisches Selbst zu artikulieren." (RF, 75) Dieser Zusammenhang von Authentizität und distributiver Gerechtigkeit ist allerdings nicht in gleicher Weise überzeugend wie die klassisch liberale Verbindung zwischen Gerechtigkeit und negativer Freiheit bzw. die republikanische Verbindung zwischen Gerechtigkeit und Autonomie.

130 Die jüngste Fortsetzung dieser Linie findet Honneth bei Jürgen Habermas, der die Autonomiekonzeption von Freiheit mit einer deliberativen Demokratietheorie zusammenschließt. Allerdings sieht er dessen Verbindung von Gerechtigkeit und Freiheit kritisch, da sie mit einem Bein auf dem Boden des Kantischen Rationalismus stehen bleibe. Zwar betrachte auch Habermas soziale Institutionen „nicht mehr als ein bloßes Additiv, sondern als Medium und Vollzugsbedingung von Freiheit" (RF, 81). Trotzdem bleibe er der Vorstellung verhaftet, aus dem Autonomiebegriff ein „geschichtsloses, rationales" (RF, 82) Legitimationskriterium gewinnen zu können, das in einem zweiten Schritt als freistehender Gerechtigkeitsstandard der sozialen Wirklichkeit entgegengehalten werden könne. Vgl. auch die Auseinandersetzung mit Habermas in 3.3.6 und insbesondere die Kritik an der Autonomienorm in 3.3.5.

den wir uns zur „Zurückweisung von sozialen Rollenmustern und Handlungsverpflichtungen begründet zurückziehen" (RF, 175) können. In dieser Bestimmung dient die moralische Selbstreflexion gewissermaßen als ein Selbstreparaturmechanismus im System der Sittlichkeit. Sie hilft uns darin, die Berechtigung der an uns gestellten Erwartungen jederzeit – oder immer dann, wenn sie uns problematisch geworden sind – zu hinterfragen. Allerdings müssen wir die Gründe, aus denen wir eine an uns gestellte Erwartung gegebenenfalls zurückweisen, wiederum im Vorgriff auf ihre allgemeine Akzeptabilität entwickeln, so dass der Bezug zur Sittlichkeit niemals abbreche.

Weil die moralische Freiheit einerseits die Unabhängigkeit von sozialer Erwartung verspreche, wir uns andererseits aber niemals vollständig aus unserer sittlichen Einbettung herausnehmen können, spricht Honneth von einem „Paradox der moralischen Freiheit". Es besteht darin, dass selbst die formale Universalisierungsprüfung immer nur als *situierte* Unparteilichkeit aufgefasst werden kann, weil wir sie immer schon als Familienmitglied oder als Staatsbürger usw. vollziehen. Für Honneth macht die Inanspruchnahme der moralischen Freiheit nur dann Sinn, wenn wir einzelne an uns gestellte Ansprüche auf ihre Angemessenheit hinterfragen. Während uns die sittliche Lebenswelt „als Ganzes unverfügbar" (RF, 205) sei, könnten wir „im reflexiven Moratorium der moralischen Selbstgesetzgebung" (RF, 205) immerhin einzelne Probleme aus einer kontextbezogen bleibenden Unparteilichkeitsperspektive heraus bewerten.

iv) *Pathologischer Moralismus und moralischer Terrorismus*: Wer seine moralische Autonomie verabsolutiert und sie als vollständige Wirklichkeit seiner Freiheit missversteht, entwickelt wiederum pathologische Verhaltensmuster: Er wird entweder zum Moralapostel oder zum moralischen Terroristen. Der Moralist krankt daran, dass er in seinen sittlich vorgegebenen Verantwortungsverhältnissen keinen Sinn mehr erkennt. Er kann sich nicht mit der konventionalisierten Wirklichkeit versöhnen, weil er der „Fiktion eines unverbundenen Subjekts" anhängt, „welches all seine Grundsätze aus der abstrakten Perspektive einer allgemeinen Menschheit gewinnen muss" (RF, 210). So sucht der Moralist den moralischen Standpunkt nicht nur dann auf, wenn ihm eine bestimmte Rollenanforderung zum Problem geworden ist, sondern führt sich permanent als unvoreingenommener Weltenrichter auf.[131] Er weiß sich zwar gegenüber jedermann im Recht, habe aber verlernt, sich auf soziale Beziehungen einzulassen. Wer alle

---

131 Honneth spricht in diesem Zusammenhang von „Symptomen der gesellschaftlichen Isolierung und des Kommunikationsverlustes" (RF, 208). Begleitet wird diese soziale Isolation von einem, wie Honneth es in seiner ersten Reaktualisierung Hegels ausdrückte, „Leiden an Unbestimmtheit", dem Gefühl von Ziel- und Orientierungslosigkeit, das die Entbindung aus wech-

Beziehungen gleich gewichtet und keine besonderen Verantwortlichkeiten anerkennt, ist sozial offline gegangen.

Im moralischen Terrorismus mündet diese Verabsolutierung des moralischen Standpunktes dann in Gewalt. Der Terrorist schwinge sich zum alleinigen Richter über die Gesellschaft auf. Er lebe in der „Illusion, sich im Akt der Selbstgesetzgebung über alle bereits bestehenden Handlungsnormen hinwegsetzen und daher die Perspektive eines allgemeinen, unverbundenen Gesetzgebers einnehmen zu können." (214) Im Unterschied zur Isolation des Moralisten bleibt der moralische Terrorist anerkanntes Mitglied einer separierten Gruppe, an deren Weltanschauung er sich vergewissern kann, dass die Gesellschaft (‚das System') ein Unrechtsregime bildet.[132]

1.4.2.3 Soziale Freiheit

i) *Bei-sich-selbst-Sein im Anderen*: Die Institutionen von Recht und Moral haben den Zweck, Freiheitsräume gegenüber der Gesellschaft einzurichten. Der Grundgedanke in Honneths dritter und wichtigster Freiheitskonzeption, der sozialen Freiheit, ist hingegen der, dass wir ausschließlich *im Leben mit anderen* frei sein können. Als frei kann sich eine Person nur erfahren, wenn sie die Gesamtheit ihrer Verantwortlichkeiten – ihre Einbettung im ‚System der Sittlichkeit' – als einen Ausdruck ihrer eigenen Wünsche und Einstellungen verstehen kann. Er knüpft hier an Hegels Anerkennungsphilosophie und dessen Formel des „Bei-sich-selbst-Sein im Anderen" (RF, 85) an.[133] Um uns in gesellschaftlichen Verantwortungsverhältnissen frei zu fühlen, müssen wir unsere Wünsche immer

---

selseitigen Verantwortungsverhältnissen und das Missverstehen der eigenen sozialen Position nach sich ziehe. Vgl. Honneth, *Leiden an Unbestimmthei*, 2001.

132 Honneth thematisiert dieses Phänomen am Beispiel Ulrike Meinhoffs, die im Schoße einer ideologischen Gruppe den moralischen Standpunkt derart radikalisiert, bis ihr der bewaffnete Kampf gegen die Gesellschaft als moralisch geboten erscheint. Schade ist, dass Honneth die Möglichkeit eines gerechtfertigten moralischen Widerstandskampfes nicht erörtert und somit auch kein Unterscheidungskriterium zwischen den sich ähnelnden Erscheinungen von Terrorismus und Widerstandsbewegungen anbietet.

133 Honneth bringt dies in folgender Passage auf den Punkt: „Daher läuft Hegels ganze Gerechtigkeitstheorie auf eine Darlegung von sittlichen Verhältnissen hinaus, auf eine normative Rekonstruktion jener gestaffelten Ordnung von Institutionen, in denen die Subjekte in der Erfahrung von wechselseitiger Anerkennung ihre soziale Freiheit realisieren können; und erst in Abhängigkeit von der Existenz solcher institutionellen Gebilde, denen jeweils einer der allgemeinen Zwecke entspricht, die die Subjekte in der Moderne verwirklichen wollen, kommen dann auch bei Hegel jene legitimationssichernden Prozeduren zum Tragen, aus denen die anderen Freiheitstheorien ihre Vorstellungen von sozialer Gerechtigkeit im ganzen herzuleiten versuchen." (RF, 109)

schon „generalisiert“, also „komplementär“ zu den Zielsetzungen unserer sozialen Umwelt gebildet haben.[134] Wir müssen gelernt haben, in den Zielen unseres Gegenübers eine Bedingung der Verwirklichung unserer eigenen Ziele zu erkennen: „Eine solche „Wirklichkeit“ der Freiheit ist hingegen erst dort gegeben [...], wo Subjekte sich in wechselseitiger Anerkennung derart begegnen, dass sie ihre Handlungsvollzüge jeweils als Erfüllungsbedingung der Handlungsziele des Gegenübers begreifen können ...“ (RF, 222).

Kurzum, wir müssen gelernt haben, mit Anderen einen gemeinsamen Willen zu bilden, um uns in sozialen Praktiken zu verwirklichen, die wir nur mit Anderen gemeinsam realisieren können. Ein nahe liegendes Beispiel ist die Praxis politischer Selbstbestimmung, die nur im Verbund mit anderen ausgeübt werden kann. Ein weiteres und für Honneths Theorie aufschlussreiches Beispiel ist die kulturelle Institution der romantischen Liebe, in der der Wunsch nach sexueller Befriedigung und absoluter Anerkennung von beiden Partnern als soziale Freiheit oder eben als ein bei-sich-selbst-Sein im Anderen erlebt werde. Die Liebesbeziehung gehört dann auch zu den sozialen Praktiken, die Honneth als „relationale Institutionen“ bezeichnet, das sind Institutionen, die uns eine „Form der Verpflichtung“ auferlegen, der die „Widrigkeit des bloß Gesollten fehlt“, weil wir die „Verhaltenserwartungen, mit denen sich die Subjekte innerhalb solcher „relationalen“ Institutionen begegnen“ (RF, 225) als Ermöglichungsbedingungen unserer eigenen Freiheit verstehen.

ii) *Minima Justitia*: Für Honneth basiert die Wirklichkeit sozialer Freiheit auf Institutionen reziproker Anerkennung. Soziale Freiheit setze die „Existenz eines unentwirrbaren Geflechts von eingespielten und schwach institutionalisierten Praktiken und Sitten“ (RF, 126) voraus. So werde der Nährboden sozialer Gerechtigkeit durch alltägliche soziale Praktiken gebildet, also durch private Beziehungen, die deswegen ebenfalls „der rechtlichen Sicherstellung, der staatlichen Obhut und der zivilgesellschaftlichen Unterstützung bedürfen“ (RF, 115). Anders gesagt beginnt die Frage sozialer Gerechtigkeit in den Verhaltensweisen, die in der Familie und im Miteinandersein von Freunden oder Kollegen eingeübt werden. Diese Dimension fällt in Grundstruktur-basierten Gerechtigkeitstheorien

134 Honneths Interpretation rückt Hegel in die Nähe der aristotelischen Tugendethik. Demnach ließe sich Hegel „von der letztlich aristotelischen Vorstellung leiten, dass die Subjekte unter dem Einfluss von institutionalisierten Praktiken lernen, ihre Motive an deren internen Zielen auszurichten; am Ende eines derartigen Sozialisationsprozesses steht daher ein relativ stabiles, habitualisiertes System von Bestrebungen, die die Subjekte genau das beabsichtigen lassen, was zu vor an Gewohnheiten in den normativen Praktiken verankert war.“ (RF, 92).

heraus, rückt bei Honneth aber „ins Zentrum der Idee sozialer Gerechtigkeit" (RF, 115).[135]

iii) *Sphären sozialer Freiheit*: Herauszuheben ist, dass Honneths Untergliederung der Sphären sozialer Freiheit weiterhin dem Schema aus Hegels *Rechtslehre* folgt. Er unterscheidet eine Ebene persönlicher (Freundschaft, romantische Liebe, bürgerlicher Familie), ökonomischer (Markt, Konsum, Arbeit) und politischer (Öffentlichkeit, Rechtsstaat, politische Kultur) Beziehungen. Damit stehen uns die wesentlichen Elemente von Honneths perfektionistischem Liberalismus bereits vor Augen. ‚Perfektionistisch' bedeutet in diesem Zusammenhang, dass der Liberalismus von bestimmten Lebensformen abhängt, die in sozialen Institutionen gebildet und reproduziert werden, Institutionen, die der Liberalismus darum gesetzlich schützen und aktiv pflegen muss.

Da sich mein systematisches Interesse an Honneth aber vor allem auf dessen rekonstruktivistische Methode richtet, kann ich die Darstellung seiner umfangreichen Analysen sozialer Freiheiten an dieser Stelle abbrechen. Entscheidend ist es, den Grundgedanken zu verstehen, dass relationale Institutionen wie die Familie, der Markt oder der Staat „ihre soziale Legitimation und Bindungskraft [...] überhaupt erst dem Umstand [verdanken, HH], dass sie von den Beteiligten als Verwirklichungen [...] individueller Freiheit aufgefasst werden konnten" (RF, 223). Dass wir unsere soziale Umwelt als Verwirklichungsstätte spezifischer Freiheiten begreifen, hat zum einen den Zweck, uns mit dem Sollensanspruch gegebener Regeln und Verantwortlichkeiten zu versöhnen; auf der anderen Seite rekonstruiert Honneth daraus eine realistische Freiheitsutopie, vor deren Hintergrund sich gesellschaftliche Deformationen – also konkrete Erfahrungen von Alternativlosigkeit, Fremdbestimmung oder Zwang – kritisieren lassen.

1.4.3 Die ausgelassene Dimension globaler Gerechtigkeit

In Honneths Analyse spielen *globale* Institutionen, ihre spezifischen Legitimationsansprüche und Fehlentwicklungen allerdings kaum eine Rolle. Dies ist umso bemerkenswerter, als globale Herrschaftsregime nicht nur die Spielregeln von Politik und Wirtschaft verändert haben, sondern sich auch auf die Ebene persönlicher Beziehungen niederschlagen. Die Art, wie sich private Beziehungsformen entwickeln, steht unter dem Eindruck derselben globalen Beschleunigungs-, Fle-

135 Vgl. die entsprechende Position von Iris Young in 2.3.2.

xibilisierungs- und Prekarisierungseffekte wie politische Institutionen.[136] Dass Honneth diese Dimension vollständig ausblendet, hat mit der monistischen (i), partikularistischen (ii) und letztlich konservativen (iii) Anlage seiner Theorie zu tun – alles Kritikpunkte, die nicht zufällig seit jeher gegen Hegels Rechtsphilosophie vorgebracht werden.

i) *Monismus*: Honneths Ansatz verfährt in zwei voneinander zu unterscheidenden Hinsichten monistisch. Einerseits vertritt er explizit einen Wertemonismus. Es gibt nur ein einziges Kriterium für Gerechtigkeit, nämlich Freiheit. Davon zu unterscheiden ist sein Rechtfertigungsmonismus, mit dem ich die Auseinandersetzung beginne. Gemeint ist, dass die Standards zur Beurteilung moralischer Einstellungen und Handlungen dieselben sein sollen wie die Standards zur Legitimierung institutionalisierter Herrschaftsverhältnisse. In der Definition Liam Murphys vertritt der Rechtfertigungsmonismus die These, dass „jede plausible politische/moralische Ansicht die Gerechtigkeit von Institutionen auf fundamentaler Ebene mit denselben normativen Prinzipien beurteilen muss, die auch für persönliche Entscheidungen gelten" (Murphy 1998, 253 f.).[137] Dagegen gehen dualistische Ansätze davon aus, dass Moral und Gerechtigkeit unterschiedliche Arten der Rechtfertigung erfordern und somit, so noch einmal Murphy, „bereits auf einer fundamentalen Ebene zwei verschiedenartige praktische Prinzipien" voraussetzen.[138]

In diesem Sinne vertritt Honneth einen Rechtfertigungsmonismus, wenn er behauptet, dass persönliche Interaktionen und institutionalisierte Beziehungen aufgrund ein und desselben Standards, eben freiheitsfunktional gerechtfertigt werden.[139] Allerdings wird dabei die übliche Sichtweise umgekehrt, wonach moralische Standards auch die Grundlage der Gerechtigkeitsprinzipien bilden. Für ihn ist die Moral selbst bloß eine soziale Institution, die sich ihrerseits über

136 Zur Diagnose sozialer Beschleunigungsprozesse vgl. Hartmut Rosa, *Beschleunigung*, 2005; zum Begriff der Flexibilisierung vgl. Richard Sennett, *Der flexible Mensch*, 2000.

137 Zitiert nach Thomas Nagel, „Das Problem globaler Gerechtigkeit", 2010, 115.

138 Ebd. Rawls stellt entsprechend fest, dass „the correct regulative principle for anything depends on the nature of that thing" (TJ, 25); und Thomas Nagel erläutert den Rechtfertigungsdualismus dadurch, dass Staaten „nicht einfach Mittel zur Verwirklichung eines vorinstitutionellen Werts der Gerechtigkeit zwischen Menschen [darstellen, HH]. Stattdessen ist es gerade die Existenz von Institutionen, die dem Wert der Gerechtigkeit seinen Anwendungsbereich gibt, indem sie die Bürger eines souveränen Staates in eine Beziehung zueinander stellen, die sie nicht mit dem Rest der Menschheit teilen, eine institutionelle Beziehung, die nach besonderen Gerechtigkeitsstandards, nämlich Fairness und Gleichheit, beurteilt werden muss." (Nagel 2010, 112 f.)

139 Vgl. zur Differenz zwischen interaktionalen und institutionellen Standards: Thomas Pogge, *World Poverty and Human Rights*, 2008, 145 f.

ihre freiheitsfunktionale Rolle zu legitimieren habe. Und wie gesehen, kann die Verabsolutierung des moralischen Standpunkts durchaus zu sozialer Unfreiheit führen. Diese verkehrte Abfolge ist aber nicht der Grund dafür, dass ich Honneths Rechtfertigungsmonismus ablehne. Mein Vorbehalt ist darauf gegründet, dass sein Fokus auf den Freiheitsbegriff den Blick auf eine globale Gerechtigkeitstheorie eher verstellt. Für viele moderne Institutionen ist es sicher plausibel zu sagen, dass sie sich über Freiheit legitimieren. Der demokratische Rechtsstaat oder die moderne Marktwirtschaft werben damit, dass sie ein Leben in Freiheit eröffnen. Mit Blick auf internationale und globale Institutionen lässt sich aber kein vergleichbares Freiheitsversprechen rekonstruieren. Der Legitimationsanspruch globaler Herrschaft bezieht sich weniger auf Freiheit denn auf fundamentale Menschenrechte und internationale Stabilität. Darum wird die globale Arena erst dann als ein Kontext der Gerechtigkeit sichtbar, wenn wir bereit sind, in ihr nach Rechtfertigungsgründen eigener Art zu suchen. Der Verdacht liegt somit nahe, dass Honneth die Domäne globaler Gerechtigkeit auch deswegen übersieht, weil er sich auf einen monistischen Standard der Rechtfertigung konzentriert, der im Legitimationsanspruch globaler Herrschaftsregime in den Hintergrund rückt.

Kommen wir nun, zweitens, zu Honneths Wertemonismus und seiner These, dass sich alle Rechtfertigungsstandards auf einen einzigen zurückführen lassen. Honneths Argument für den fundamentalen Stellenwert der Freiheit lässt sich in zwei Schritten zergliedern, einen diskursanalytischen und einen sprachpragmatischen. Am Anfang steht die diskursanalytisch gewonnene These, dass es heute „beinah unmöglich [ist, HH], einen dieser anderen Werte der Moderne zu artikulieren, ohne ihn sogleich als Facette der konstitutiven Idee der individuellen Autonomie zu verstehen" (RF, 35). Gemeint ist, dass alternative Kriterien für Gerechtigkeit wie Gleichheit oder Wohlergehen in liberalen Gesellschaften allesamt noch einmal aufgrund ihrer freiheitsermöglichenden Funktion begründet werden.[140] Im öffentlichen Rechtfertigungsnarrativ liberaler Gesellschaften hängt die Legitimität sozialer Institutionen stets davon ab, „ob sie so vorgestellt werden können, dass sie die individuelle Selbstbestimmung entweder in ihrer Summe zum Ausdruck bringen oder in ihren Voraussetzungen angemessen verwirklichen können" (RF, 36).

In einem zweiten Schritt versucht Honneth, diese „Sogwirkung des Autonomiegedankens" (RF, 36) auch sprachpragmatisch zu untermauern. Denn der

---

140 Sogar den Gleichheitsgedanken, der oftmals als die semantische Pointe der Gerechtigkeitsidee wahrgenommen wird, will Honneth lediglich „als Erläuterung des Werts der individuellen Freiheit" verstanden wissen, da sich alles, „was sich über die Forderung sozialer Gleichheit aussagen lässt", seinen Sinn „nur durch Bezug auf individuelle Freiheit" erhalte (RF, 35FN).

Anspruch auf die Rechtfertigung bestehender Normen und Machtverhältnisse stelle sich überhaupt nur aus der Perspektive derjenigen Person, die selbst über sich bestimmen will.[141] Wer Gerechtigkeit fordert, macht damit geltend, „selbst mitbestimmen zu wollen, welchen normativen Regeln das gesellschaftliche Zusammenspiel gehorchen soll“ (RF, 39).[142] Weil also der Kampf um Gerechtigkeit immer schon einen Willen zur Selbstbestimmung ausdrückt, habe sich der Gedanke durchsetzen können, „dass der Wert des menschlichen Subjekts in seiner Fähigkeit zur Selbstbestimmung liegt“ (RF, 36), bis es schließlich zur „Verschmelzung von Gerechtigkeitsvorstellung und Freiheitsgedanken“ (RF, 37) gekommen sei.

Honneths monistischer Auffassung, dass alle anderen Legitimationsstandards im Wert der Freiheit kulminieren, stehen drei Einwände gegenüber. Erstens beruht seine Auffassung eben auf der Analyse von Rechtfertigungsdiskursen, die innerhalb *liberaler* Gesellschaften geführt werden. In der Frage globaler Gerechtigkeit geht es aber um die Rekonstruktion globaler öffentlicher Gründe und ich meine, dass sich diese Gründe nicht auf einen einzigen – und schon gar nicht auf das Vokabular der Freiheit – reduzieren lassen. Der öffentliche Legitimationsanspruch globaler Herrschaft gründet nicht auf Freiheit, sondern auf einer Pluralität grundlegender Menschenrechtsansprüche.[143]

Zweitens ist es auch für liberale Gesellschaften unzutreffend, dass ihr Rechtfertigungsnarrativ allein auf Freiheit und nicht etwa auch auf den irreduziblen Wert der Gleichheit zurückgeführt werden kann. Honneth betrachtet die Idee der Gleichheit nicht als einen eigenständigen Wert, „weil sie nämlich nur verstanden werden kann, wenn sie als Erläuterung des Werts der individuellen Freiheit begriffen wird: dass deren Vollzug allen Mitgliedern moderner Gesellschaften gleichermaßen zusteht.“ (RF, 35FN) Allerdings widerlegt er sich damit bereits selbst, insofern es ihm um eine Freiheit geht, die *allen* Mitgliedern *gleichermaßen* zusteht. In dieser Form gelingt es Honneth nicht, die Gleichheitsforderung

---

141 Rainer Forst würde sagen, die Frage der Gerechtigkeit stellt sich erst, wo ein fundamentales moralisches Recht auf Rechtfertigung bereits anerkannt wurde. Forst, *Das Recht auf Rechtfertigung*, 2007.

142 „Die individuelle Fähigkeit, Gesellschaftsordnungen zu hinterfragen und nach ihrer moralischen Legitimation zu verlangen“, so Honneth weiter, „ist Bodensatz des Mediums, in dem die Perspektive der Gerechtigkeit ihrer ganzen Struktur nach beheimatet ist.“ (RF, 39)

143 Dass Menschenrechte wiederum auf das Freiheitsprinzip zurückgeführt werden können – wie etwa bei Habermas als Grundvoraussetzungen öffentlicher und privater Autonomie (3.3.5) – ist allein für den innerliberalen Diskurs plausibel. Für den transkulturellen Diskurs über Menschenrechte gilt, dass er Gründe eigener Art etabliert hat, die es ergebnisoffen zu rekonstruieren gilt (s. 3.3.7).

aus dem Freiheitsprinzip herauszukürzen. Moderne Rechtfertigungen verweisen niemals nur auf die Freiheit einiger oder auf ungleiche Freiheiten, sondern immer auf die gleiche Freiheit für alle. Deswegen erscheint es angemessener, sowohl Gleichheit als auch Freiheit als irreduzible Grundnormen der liberalen Gerechtigkeitsidee anzusehen.[144]

In strategischer Hinsicht ist drittens zu monieren, dass der Freiheitsbegriff unpräzise und damit politisch wirkungslos wird, wenn wir jede Gerechtigkeitsforderung in die Sprache der Freiheit übersetzen. In politischen Auseinandersetzungen wird der Freiheitsbegriff vor allem dann eingesetzt, wenn Bürgerrechte gegenüber dem Staat eingefordert werden. In Form von Abwehrrechten gegenüber staatlicher Einmischung und von Mitbestimmungsrechten hat der Begriff der Freiheit eine klare politische Bedeutung angenommen. Sozioökonomische Ansprüche lassen sich zwar ebenso als spezifische Freiheitsforderungen deuten, aber alternative Begriffe wie grundlegende Bedürfnisse sprechen viel direkter an, was hier auf dem Spiel steht. Noch unschärfer wird der Freiheitsbegriff schließlich, wenn wir Honneths Verzeichnis sozialer Freiheiten durchgehen. Wenn er beispielsweise von der „Erfahrung einer ‚Befreiung' unseres Wollens im freundschaftlichen Gespräch" (RF, 248) spricht, muss er selbst einräumen, dass wir für diese Erfahrung „kaum mehr die Sprache der Freiheit verwenden" (RF, 248). Der Punkt ist hier der, dass die prinzipielle Möglichkeit, alle Gerechtigkeitsansprüche in Freiheitsansprüche zu übersetzen, uns nicht dazu verleiten sollte, den Freiheitsbegriff zu verwässern.

ii) *Partikularismus*: Ein ähnlich gelagerter Einwand lässt sich gegen die partikularistische Ausrichtung von Honneths Ansatz in Anschlag bringen. Wie für Hegel markiert für Honneth der Staat zugleich das Grundorgan und die äußerste Grenze sozialer Freiheit. Der Staat ist der Ort, in dem Personen als Bürger selbst über ihre öffentlichen Angelegenheiten bestimmen. Darauf, dass es dem Staat unter dem Druck der Globalisierung immer weniger gelingt, diese Funktion zu erfüllen, geht Honneth lediglich in abschließenden Randbemerkungen ein. Darin notiert er, dass die wirtschaftliche Globalisierung besondere Freiheitsgefährdungen mit sich bringe, die eine „nachholende Internationalisierung von Gegenbewegungen" (RF, 469) und „die Wiedereroberung eines bereits einmal erfolgreich erkämpften Territoriums" (RF, 470) erforderlich machten.

Damit mündet seine Gerechtigkeitstheorie letztlich in einem Paradox. Einerseits sieht er, dass der Kampf um soziale Gerechtigkeit heute „nichts stärker benötigten würde als eine transnationale, engagierte Öffentlichkeit" (RF, 624).

144 Diese nicht heraus zu kürzende Präsumtion der Gleichheit entfaltet Stefan Gosepath in: *Gleiche Gerechtigkeit*, 2004.

In Abwesenheit globaler demokratischer Institutionen bildet der liberale Rechtsstaat aber weiterhin die umfassendste Institution sozialer Freiheit. Einerseits entziehen sich die Gefährdungen sozialer Freiheit zunehmend der Regelungskompetenz von Staaten, andererseits gibt es keine supranationale Institution – nicht einmal in Form einer globalen Zivilgesellschaft – die diese Regelungskompetenz übernehmen könnte. Was bleibt, ist ein nostalgischer Blick auf das sozialdemokratische Zeitalter, dessen Zukunft von einem gerechten globalen Überbau abhängen würde, für den die institutionellen und damit sittlichen Voraussetzungen aber fehlen. Dass Honneth wie schon Rawls am Ende kaum mehr anzubieten hat, als die Versöhnung mit einem im Untergang begriffenen Zeitalter, hat ebenfalls damit zu tun, dass er sich mit dem Ideal sozialer Freiheit auf ein Gerechtigkeitskriterium festgelegt hat, das ihm den Weg für die Rekonstruktion globaler Gerechtigkeitsstandards verschließt.

iii) *Konservativismus:* Mein dritter und letzter Kritikpunkt lautet daher, dass Honneths Ansatz zu stark auf eine Affirmation des Status Quo hinausläuft.[145] Es handelt sich eben um eine „Nachzeichnung historisch bereits gegebener Verhältnisse" (RF, 111), die den bestehenden Institutionen einen erheblichen Legitimitätskredit einräumt. Honneth sieht dieses Problem und distanziert sich zugleich von Hegels geschichtsphilosophischer Lösung. Während Hegel einfach unterstellte, „dass wir uns in jeder Gegenwart stets am vordersten Punkt eines geschichtlichen Prozesses befinden, in dem die vernünftige Freiheit schrittweise verwirklicht wird" (RF, 111), ist Honneth zumindest zuversichtlich, dass „von diesem geschichtlichen Vertrauen [...] auch dann noch ein hinreichend großer Rest [bleibt, HH], wenn es seiner metaphysischen Grundlagen entkleidet wird und ohne objektive Teleologie auskommen muss" (RF, 112).

Worauf aber, wenn nicht auf dem absoluten Geist, der in der Geschichte zu sich selbst kommt, basiert Honneths Unterstellung, dass moderne Institutionen einen moralischen Fortschritt bedeuten? Seine Antwort auf diese Frage läuft darauf hinaus, dass sich Institutionen überhaupt nur deswegen einspielen und verstetigen konnten, weil sie gesellschaftlich erwünschte Funktionen erfüllen. Ihre Langlebigkeit sei ein Indiz dafür, dass sie auf Anerkennung gestoßen sind. So lautete bereits Honneths erste Prämisse (s. 2.1). Zudem sind moderne Institutionen durch eine lange Geschichte sozialer Auseinandersetzungen gegangen, in deren Zuge sie immer weitergehende emanzipatorische Forderungen in sich aufgenommen hätten. Beispiel ist hier wieder die Entwicklung des Staates erst zum Rechts-, dann zum Sozial- und schließlich zum demokratischen Wohlfahrtsstaat. Zusammengefasst spiegelt sich für Honneth „in der vitalen Aufrechterhaltung

145 Dies bemängelt auch Rawls in den *Lectures on the History of Moral Philosophy* (2000, 331).

von Institutionen die Überzeugung der Gesellschaftsmitglieder [...], einer gesellschaftlichen Wirklichkeit anzugehören, die im Vergleich mit der Vergangenheit tatkräftige Unterstützung verdient. [...] Solange die Subjekte die freiheitsverbürgenden Institutionen in ihrem Handeln aktiv aufrechterhalten und reproduzieren, darf das als theoretischer Beleg für ihren geschichtlichen Wert gelten" (RF, 112).

Dem ist natürlich entgegenzuhalten, dass aus der Langlebigkeit einer Institution nicht zwingend ihre Anerkennungswürdigkeit folgt. Die Institution der Sklaverei kann auf eine beeindruckende Erfolgsgeschichte zurückblicken. Es braucht daher eines objektiven Kriteriums, über das sich die soziale Entwicklung bis zur Gegenwart als Fortschritt deuten ließe. Für Honneth kann dieses Kriterium aber selbst nur (soziale) Freiheit heißen, weil wir wiederum über keinen ethischen Standard verfügen als den, den wir in allgemein anerkannten Institutionen realisiert finden. Vom ethischen Fortschritt gegebener Institutionen ließe sich nur dann sprechen, wenn sie einer „entwickelten Form von Freiheit Raum und Halt" (RF, 112) geben. Wir befinden uns damit nicht notwendig am Endpunkt der Geschichte, aber an einem Punkt in der Geschichte, an dem wir den Status Quo nach Maßgabe der in ihm zur Geltung kommenden Standards als fortschrittlich und schützenswert, kurzum, als praktikablen Ausgangspunkt einer immanenten Gesellschaftskritik begreifen können.

Im Resultat könnte sich aber auch diese Fortschrittsgeschichte konservativ auswirken, weil sie einen Moment in der Geschichte, hier das Zeitalter der europäischen Sozialstaaten, zum Maßstab einer realistischen Utopie erhebt und dieses Ideal nicht nur gegenüber der Vergangenheit, sondern auch gegenüber alternativen Weiterentwicklungen und Neuanfängen verteidigt. Honneth ist eben darauf festgelegt, das einmal gewonnene Terrain sozialer Freiheit *zurück*zugewinnen. Damit verschließt sich sein Blick für Auseinandersetzungen um globale Gerechtigkeit. Denn globale Herrschaftsregime müssen zunächst einmal grundlegend zivilisiert werden, bevor sie möglicherweise irgendwann einmal eine Verwirklichungsstätte sozialer Freiheit werden könnten. Die Rekonstruktion globaler Gerechtigkeitsstandards kann daher nicht an den Kriterien entlanglaufen, die den langlebigen Institutionen liberaler Gesellschaften entnommen sind. Es gilt auch hier, dass wir nur dann auf einen Kontext globaler Gerechtigkeit stoßen, wenn wir nicht nur nach Institutionen sozialer Freiheit – etwa nach Ansätzen globaler Demokratie – suchen, sondern wenn wir dafür bei den sehr viel bescheideneren Legitimationsansprüchen globaler Herrschaftsorgane ansetzen.

1.4.4 Normativer Rekonstruktivismus *Reconsidered*

Die genannten Kritikpunkte richten sich gegen Honneths allzu enge Orientierung an Hegels Staats- und Freiheitsphilosophie; sie sprechen aber nicht prinzipiell gegen seinen Vorschlag, eine realistische Utopie aus dem Legitimationsanspruch vorhandener Institutionen zu rekonstruieren. Im Gegenteil, ich werde hier abschließend skizzieren, wie sich die Methode des normativen Rekonstruktivismus auf den politischen Kosmopolitismus übertragen ließe.[146] Ihr heuristischer Vorzug liegt zweifelsfrei darin, dass sie die Sein-Sollen-Dichotomie des moralischen Kosmopolitismus schließt. Um allerdings die genannten Kritikpunkte auszuräumen, werde ich Honneths Methode in drei Punkten modifizieren.

Erstens gilt es, seinen monistischen Ansatz durch einen Werte- und Rechtfertigungspluralismus zu ersetzen. Darin stellt Freiheit einen grundlegenden, aber nicht den alleinigen Wert dar. Der Legitimitätsanspruch globaler Herrschaftsorgane bezieht sich auf völkerrechtliche Normen, die internationale Stabilität und Kooperation sichern, vor allem aber grundlegende Menschenrechtsstandards zu gewährleisten haben. Moderne Menschenrechtsforderungen sind sozialen Kämpfen entsprungen, die ursprünglich im Staat ausgefochten wurden. Aber dieser Kampf war und ist nicht nur ein Kampf um Freiheit. Menschenrechtsansprüche sind pluralistisch, weil sie auf unterschiedliche Arten moderner Gefährdungen und Risiken antworten. Es gibt eine Generation von (klassisch liberalen) Menschenrechten, in der ursprünglich bürgerliche Freiheiten gegen den absolutistischen Staat und allgemein die Privatsphäre gegenüber staatlichen Eingriffen verteidigt werden. Die zweite Generation von Menschenrechten spiegelt den Kampf um politische Gleichheit und Mitbestimmung wieder; in ihnen tritt neben die Freiheit qua politischer Autonomie bereits irreduzibel die egalitäre Forderung nach einem in öffentlichen Angelegenheiten gleichen Status. Und drittens gibt es sozioökonomische Menschenrechte, die unmittelbar aus dem Kampf gegen materielle Verelendung und ökonomische Ausbeutung hervorgegangen sind. Schließlich wird heute von neuen Generationen von Menschenrechten gesprochen, die auf Umweltrisiken, Geschlechterdiskriminierung oder technologische Gefährdungen reagieren.[147] Kurzum, so wichtig es ist, den liberalen Grundwert der Freiheit mit Honneth in Richtung einer sozialen Freiheit zu interpretieren,

---

146 Einen ähnlichen Anschluss an Honneth (aber ohne Berücksichtigung von Honneths jüngster Arbeit) sucht auch Volker Heins in: „Redistribution, Recognition, and Global Justice", 2008.

147 Die Irreduzibilität materieller Bedürfnisse auf das Bedürfnis nach Anerkennung und Freiheit war bereits Gegenstand der Frazer-Honneth-Debatte. Vgl. Nancy Fraser und Axel Honneth, *Redistribution or Recognition?*, 2003.

so unplausibel (und für den transkulturellen Diskurs hinderlich) wäre es, den Pluralismus der Menschenrechte auf Honneths sozialliberalen Freiheitsbegriff zu verkürzen.

Zweitens schlage ich vor, Honneths Analysen um eine Rekonstruktion der öffentlichen Rechtfertigungsnarrative globaler Herrschaftsregime zu ergänzen. Für Honneth wie für Hegel endet die Sphäre sozialer Gerechtigkeit an den Staatsgrenzen, weil es jenseits des Staates an den sittlichen und institutionellen Voraussetzungen für eine gemeinsame Kultur der Freiheit fehlt. An dieser Stelle setzt die Rekonstruktion eines kosmopolitischen Menschenrechtsregimes an. In der globalen Arena hat sich keine staatsanaloge Grundstruktur herausgebildet. Daher kann und soll der politische Kosmopolitismus die zentrale Rolle von Staaten nicht ersetzen. Er anerkennt aber, dass wir es auf globaler Ebene mit einer Struktur von Regeln, Institutionen und Praktiken zu tun haben, die sich tiefgreifend auf unser Zusammenleben und auf die Handlungsfähigkeit von Staaten auswirken. Es ist diese Struktur globaler Herrschaft, die der politische Kosmopolitismus normativ rekonstruieren und an ihrem Legitimitätsanspruch messen will.

Vor diesem Hintergrund bleibt noch, drittens, der Vorwurf zu entkräften, dass sich die Methode des normativen Rekonstruktivismus konservativ auswirkt. Das Problem jeder immanenten Kritik besteht darin, dass die vorgefundenen Standards nicht noch einmal hinterfragt werden.[148] Michael Walzer hat das federführend zum Ausdruck gebracht. Er sieht die Aufgabe der Gesellschaftskritik darin, die zum Selbstverständnis einer Gesellschaft gehörenden Normen herauszuarbeiten und ihre Umsetzung dort einzufordern, wo sie nicht eingelöst werden.[149] Die Möglichkeit, dass diese Normen selbst kritikbedürftig sind, bleibt dabei unberücksichtigt, weswegen sich in jeder immanenten Kritik eine grundsätzlich affirmative Haltung ausdrückt. Entsprechend taucht der Verdacht auf, dass sich auch hinter Honneths Methode ein Wille zur Besitzstandswahrung verbirgt. Gutsituierte liberale Gesellschaften halten die vorhandene Staatenordnung für im Großen und Ganzen vernünftig und zeigen lediglich auf konkrete Umsetzungsdefizite.[150] Wenn wir die Standards der Kritik einfach aus dem vor-

---

148 Vgl. zu den Problemen einer reflexiven Gesellschaftskritik die lesenswerte Studie von Robin Celikates, *Kritik als soziale Praxis*, 2009; und den Sammelband von Jaeggi/Wesche, *Was ist Kritik?*, 2009.

149 Vgl. zu Walzers Konzeption: Walzer, *Kritik und Gemeinsinn. Drei Wege der Gesellschaftskritik*, Frankfurt/Main 1993; und ders., „Mut Mitleid und ein gutes Auge", 2000.

150 Auch hier ist es Raimund Geuss, der darauf hinweist, dass sich eine immanent ansetzende Kritik unter den Bedingungen schweren Unrechts leicht zum Komplizen macht. Vgl. Geuss, „Bürgerliche Philosophie und der Begriff der ‚Kritik'", 2009.

herrschenden Selbstverständnis herauspräparieren, haben wir die Kritik zwar verantwortungsethisch verankert, aber dies um den Preis, dass wir ein bestimmtes Selbstverständnis unhinterfragt voraussetzen und damit bekräftigen.

Diese konservative Tendenz der immanent ansetzenden Gesellschaftskritik ließe sich nur dadurch überwinden, dass die rekonstruierten Normen selbst noch einmal hinterfragt werden. Ein entsprechender Vorschlag kommt von Rahel Jaeggi. Für sie bedeutet immanente Kritik nicht bloß, dass eine Gemeinschaft „die Verbindung zu ihren Idealen" wiederherstellen sollte, sondern auch, dass die Nichterfüllung gesellschaftlicher Normen ein Indiz dafür sei, dass sich diese Normen „nicht widerspruchsfrei verwirklichen" (Jaeggi, 2009, 287) lassen: „Immanente Kritik ist dann gleichzeitig die Kritik einer Praxis anhand von Normen (mit denen diese nicht übereinstimmt) wie die Kritik dieser Normen selbst." (ebd. 288) Das Ziel der Kritik ist die Reform der Gesellschaft *und* ihrer Normen. Aber in Bezug auf welche Standards ließen sich die eingespielten Normen kritischer Praxis selbst zum Gegenstand der Kritik machen, ohne die immanente Perspektive aufzugeben?[151]

Abschließend meine ich, dass wir bei Honneth selbst auf eine anschlussfähige Antwort auf diese Frage stoßen. Auf den ersten Blick folgt er Walzers Verständnis immanenter Kritik.[152] Seine Gesellschaftskritik setzt an den Differenzen an, die zwischen dem Legitimationsanspruch moderner Institutionen und ihrer tatsächlichen Bilanz aufklaffen. Wenn sich der Staat als Hort sozialer Freiheit geriert, sind wir berechtigt, ihn vor diesem Hintergrund zu kritisieren, etwa dafür, dass er zu wenig Demokratie wagt oder sozialpolitisch versagt. In zweiter Betrachtung liefert Honneth aber auch Ansatzpunkte für eine progressivere Form immanenter Kritik. Der Schlüssel dafür liegt in seinem pragmatischen Umgang mit der Geschichtsphilosophie. Zwar nehme sein „immanentes Verfahren", wie er gleich zu Beginn seiner Schrift einräumt, notwendig „ein Element geschichtsteleologischen Denkens in Anspruch" (RF, 22), letztlich seien diese geschichtsphilosophischen Anleihen aber nicht vernunftphilosophisch, sondern allein prak-

151 Jaeggi (2009, 292) sieht diese Spannung als einen unabgeschlossenen Lernprozess, in dem gesellschaftliche Widerstände anzeigen, dass das Passungsverhältnis zwischen dem normativen Selbstverständnis einer Gesellschaft und ihrer sozialen Ordnung noch nicht gefunden wurde.

152 Etwa wenn er feststellt: „Darunter [unter dem Ausdruck der normativen Rekonstruktion, HH] ist ein Verfahren zu verstehen, welches die normativen Absichten einer Gerechtigkeitstheorie dadurch gesellschaftstheoretisch umzusetzen versucht, dass es die immanent gerechtfertigten Werte direkt zum Leitfaden der Aufarbeitung und Sortierung des empirischen Materials nimmt." (RF, 23)

tisch begründet.[153] So sei die Rekonstruktion gesellschaftlicher Normen immer schon an „korrektive und verändernde Zielsetzungen" (RF, 26) geknüpft. Zuerst kommt die Beobachtung einer gesellschaftlichen Pathologie, von Entfremdungserscheinungen, Gewalteruptionen oder gesellschaftlichen Krisen, dann setzt die normative Rekonstruktion zum Zwecke der Gesellschaftstransformation ein. Dazu werden die vorhandenen Rechtfertigungsnarrative nicht einfach kopiert, sondern zum Zwecke der Kritik ausgewählt und neu interpretiert.

Interessanter Weise wird auch Honneths pragmatischer Umgang mit der Geschichtsphilosophie am deutlichsten, wo er sich nicht mit Hegel, sondern mit Kant auseinandersetzt. In „Die Unhintergehbarkeit des Fortschritts" (1998) macht er auf eine, wie er es nennt, dritte Deutung von Kants *Friedensschrift* aufmerksam – womit sich dann auch der Kreis dieses methodischen Teils schließt.[154] In dieser Lesart, so Honneth, hätte bei Kant zuerst die politische Aufklärungsabsicht gestanden, der dann eine bestimmte Darstellung der Geschichte folgt.[155] Entsprechend zeigt er, wie Kant in der *Friedensschrift* das „teleologische Schema" seiner Geschichtsphilosophie „zum narrativen Organisationsprinzip der historischen Selbstvergewisserung im politisch vorangetriebenen Aufklärungsprozess" gemacht habe.[156] Kant versuchte, aus „den politischen Reformen Friedrich II oder dem Verfassungsentwurf der französischen Republik" einen immanenten Standard zu rekonstruieren – nämlich die „Idee universeller Bürger- und Menschenrechte" –, den er dann als Fortschrittskriterium der geschichtlichen Entwicklung ausdeutete. Im Rückspiegel der „dabei zugrunde gelegten Maßstäbe", so Honneth, ließen sich nicht nur die Überwindung von Sklaverei, Despotismus und Rechtlosigkeit als Fortschritt erkennen, sondern sie vermittelten zugleich auch einen prospektiven „Richtungssinn", der auf eine „moralisch weiter zu gestaltende Zukunft", eben auf eine kosmopolitische Verrechtlichung verweise.[157]

---

153 Eine solche Anleihe würde aber, wie er relativierend bemerkt, „auch von jenen Gerechtigkeitstheorien vorausgesetzt [...], die von einer Kongruenz praktischer Vernunft und existierender Gesellschaft ausgehen" (RF, 22), eben von Habermas und Rawls.

154 Insgesamt unterscheidet Honneth (2007) zwischen drei Funktionen der Kantischen Geschichtsphilosophie. Ihre *theoretische* Funktion besteht darin, die Natur als einen zweckgerichteten Prozess zu deuten, der auf die Realisierung moralischer Freiheit hinführt. Zweitens schreibt er der Kantischen Gesichtsteleologie eine *praktisch-moralische* Funktion zu; sie soll die Hoffnung auf eine Welt begründen, in der das Sittengesetz mit naturgesetzlicher Notwendigkeit zur Wirklichkeit kommt. Hierher gehört auch Kants oben diskutierte Idee des höchsten Gutes.

155 Das entspricht im Übrigen auch Nietzsches Idee einer kritischen Geschichtsschreibung aus „Vom Nutzen und Nachteil der Historie für das Leben", 1874. Vgl. dazu die methodische Reaktualisierung von Martin Saar in: *Genealogie als Kritik*, 2007.

156 Honneth, „Die Unhintergehbarkeit des Fortschritts", 1998, 19.

157 Ebd., 19.

Demnach ginge es Kant gar nicht um langfristige kosmopolitische Ziele, sondern darum, den eingeschlagenen Reformweg geschichtsphilosophisch zu adeln. Er habe lediglich explizit machen wollen, „auf welches Konzept von Geschichte sich jemand zwangsläufig verpflichtet haben muss, der sein eigenes schriftstellerisches Tun als Beitrag zu einem Prozess der Aufklärung versteht".[158]

Diese Interpretation lässt sich rückblickend auch in Hinsicht auf Kants „in weltbürgerlicher Absicht" verfasste Geschichtsphilosophie erhärten. Die Darstellung „künftiger Staatsveränderungen" solle, so Kant in der *Idee*, ihrer „Herbeiführung ... selbst beförderlich werden" (*Idee*, AA VIII, 27), indem sie „eine tröstende Aussicht in die Zukunft eröffnet" (*Idee*, AA VIII, 30). Die Darstellung eines sittlichen Fortschritts hat damit nicht nur eine therapeutische, sondern immer auch eine kritisch-politische Funktion. Sie besteht in der Hauptsache darin, den Monarchen für die Idee der Republik und des Völkerrechts zu begeistern, insofern er sich selbst als Werkzeug der göttlichen Vorsehung bespiegeln darf.

Ich fasse zusammen. Die sich in der Auseinandersetzung mit Rawls und vor allem Honneth abzeichnende Methode besteht darin, normative Legitimationsansprüche zu rekonstruieren, um eine immanente Basis für die Kritik an gesellschaftlichen Regeln, Institutionen und Praktiken zu gewinnen. Die damit einhergehende Affirmation dieser Normen ist primär pragmatisch begründet. Zuerst steht die unartikulierte Erfahrung einer Krise, dann stellt sich die Frage, wie der Wunsch nach Veränderung semantisch an das Selbstverständnis der relevanten politischen Akteure angeschlossen werden könnte. Es ist eine zentrale Aufgabe der Politischen Philosophie, mögliche Reformen mit der vernünftigen Hoffnung auf Gerechtigkeit zu verbinden, um die politische Fantasie zu beflügeln und Handlungsbereitschaft zu mobilisieren.

Zum Abschluss dieses Teils stehen damit die Grundzüge meines eigenen methodischen Vorgehens fest. Die Wahl eines Menschenrechtsansatzes globaler Gerechtigkeit ist letztlich pragmatisch motiviert. Er soll den negativen Konsens darüber, dass Armut, Ausbeutung und Unterdrückung etwas Schlechtes sind, mit dem normativen Selbstanspruch der wichtigsten politischen Akteure und Institutionen verbinden und daraus einen verantwortungsethisch verankerten Standpunkt der Kritik gewinnen. Dazu scheint mir das Ideal eines globalen Menschenrechtsregimes vielversprechender zu sein als Honneths Freiheitsphilosophie. Wenn ich im dritten Teil der Abhandlung die realistische Utopie eines globalen Menschenrechtsregimes weiter entfalte, dann nicht, weil ich meine, dass sich Menschenrechte aus unbezweifelbaren moralischen Prämissen ableiten oder alle Aspekte globaler Gerechtigkeit abdecken, sondern weil ich die praktische Auf-

158 Ebd., 17.

fassung vertrete, dass wir in der Sprache der Menschenrechte bereits über ein weit geteiltes Vokabular zur Legitimation und Kritik von Herrschaftsverhältnissen verfügen, ein Vokabular, dass an bestehende polische Verantwortlichkeiten angeschlossen ist.

1.5 Methodische Bestandsaufnahme

Es ist Zeit, die für den weiteren Argumentationsgang relevanten Ergebnisse des ersten Teils zusammenzutragen. Von Anfang an habe ich mich an dem Problem abgearbeitet, dass die kosmopolitische Vision einer Weltrepublik zwar moralisch geboten, aber politisch illusorisch erscheint. Der moralische Kosmopolitismus richtet sich an fiktive Gesetzgeber statt an politische Akteure, die immer schon in einer besonderen Verantwortung gegenüber ihren politischen Funktionen oder den von ihnen repräsentierten Parteien oder Nationen stehen. Dadurch geraten moralische Gerechtigkeitsideale in eine zu große Distanz zur Politik.

Auf der Suche nach einer politisch praktikablen Alternative habe ich Rawls' politischen Konstruktivismus und Honneths normativen Rekonstruktivismus diskutiert. Beide Ansätze entwickeln Standards der Gerechtigkeit im Einklang mit den politischen Möglichkeiten bestehender Institutionen. So zeigt Rawls, dass die bestehende Völkerrechtsordnung mit den (wohlverstandenen) außenpolitischen Interessen liberaler Völker versöhnt werden kann; und entsprechend rekonstruiert Honneth den demokratischen Rechts- und Sozialstaat als eine realistische Utopie sozialer Freiheit. Beide Autoren interpretieren die Welt, wie sie ist, als Wirklichkeit der Gerechtigkeit. Allerdings stoßen beide Autoren auf eine staatsbasierte Grundstruktur, in der die globale Arena allenfalls den Zweck hätte, zwischen autarken Staaten zu patrouillieren. Meine Kritik lautet entsprechend, dass sich Rawls wie Honneth mit einem überlebten Ordnungsmodell versöhnt haben. Unbestritten ist, dass der Staat die zentrale Domäne der Gerechtigkeit markiert. Unbestreitbar ist aber auch, dass es eine Domäne globaler Normen, Institutionen und Praktiken gibt, in der die politischen Möglichkeiten von Staaten eingeschränkt werden, an der ärmere Staaten kaum beteiligt sind und auf die auch nichtstaatliche Akteure wie globale Unternehmen erheblichen Einfluss nehmen. Diese Dimension globaler Herrschaft und ihre spezifische Legitimationsherausforderung werden sowohl von Rawls als auch von Honneth zu wenig berücksichtigt.

Dabei ließe sich insbesondere Honneths Methode eines normativen Rekonstruktivismus mit wenigen Modifikationen auf die Analyse globaler Herrschaftsorgane übertragen. Meine Arbeitshypothese lautet, dass sich aus der öffentlichen Rechtfertigungspraxis globaler Institutionen die realistische Utopie eines globalen Menschenrechtsregimes rekonstruieren lässt. Dieses Verfahren hat den Vorzug, dass wir damit die Probleme der Absicherung (*assurance*), Ungewissheit (*uncertainty*) und des Pluralismus umgehen können. Es beansprucht kein objektives Wissen über die Richtigkeit moralischer Prinzipien, zeichnet kein allzu optimistisches Bild internationaler Compliance-Bereitschaft und sieht von Prognosen über zukünftige weltpolitische Entwicklungen weitgehend ab. Dafür fällt die realistische Utopie eines globalen Menschenrechtsregimes bereits in die Verantwortung bestehender Institutionen und Akteure. Die Aufgabe des zweiten Teils dieser Abhandlung besteht nun darin zu verdeutlichen, was die Rede von einer genuin politischen Verantwortung überhaupt meint und inwiefern sich politische Verantwortungsstrukturen globalisiert haben.

Teil 2 Verantwortung

2.1 Verantwortung und Gerechtigkeit

Die noch junge Debatte um globale Gerechtigkeit ist auch ein Streit darüber, was wir *praktisch* damit meinen, wenn wir globale Regeln, Institutionen und Praktiken als gerecht oder ungerecht bezeichnen. Die Antwort auf diese Frage hängt vom jeweiligen Verantwortungsverständnis ab. Partikularistische Konzeptionen tendieren dazu, betroffenen Ländern die Hauptverantwortung für Armut oder Menschenrechtsverletzungen zuzuschreiben, während Kosmopolitisten die Verantwortung eher bei wohlhabenden Staaten oder Individuen ansiedeln.[159] Der politische Kosmopolitismus geht davon aus, dass globale Ungerechtigkeit zu einem substantiellen Teil auf unfairen globalen Regeln, ineffektiven globalen Institutionen und informellen globalen Beherrschungsstrukturen basiert. Deswegen steht hier die Frage im Mittelpunkt, wer die politische Verantwortung für die Hintergrundstruktur globaler Ungerechtigkeit trägt.

In diesem Teil werde ich eine Verantwortungskonzeption vorstellen, mit deren Hilfe die politische Zuständigkeit für systematische Erfahrungen von Ausbeutung, Ausgrenzung und Not geklärt wird. Damit soll das bestehende Verständnis zum Verhältnis von Verantwortung und Gerechtigkeit ergänzt, aber nicht ersetzt werden. Verantwortung ist ein vielschichtiger Begriff. Um unterschiedliche Verwendungsweisen und die damit verbundene Kontroverse zu veranschaulichen, hat David Miller eine hilfreiche Unterscheidung zwischen Folgeverantwortung (*outcome responsibility*) und Hilfsverantwortung (*remedial responsibilty*) eingeführt (2007, 81 ff.).[160] Beginnen wir mit der Konzeption der Folgeverantwortung, die manchmal auch als kausale Verantwortung oder Haftbarkeitsverantwortung bezeichnet wird.[161] Gemeint ist die Verantwortung, die wir für nachweisbare und vorhersehbare Konsequenzen unserer Handlungen tragen. In erster Linie hat eine Person X die Verantwortung, Y nicht zu schädigen oder im Schädigungs-

159 In der Regel sehen Partikularisten die Ursachen für Armut und damit die Verantwortung für distributive Gerechtigkeit bei den betroffenen Staaten. Thomas Pogge bezeichnet dies als die „These rein innerstaatlich verursachter Armut" (2010, 263). Die Verantwortung wohlhabender Länder betonen Peter Singer, „Hunger, Wohlstand und Moral", 2007; ders. „Arm und Reich", 1994; und Peter Unger, *Living High and Letting Die*, 2006.

160 Dies entspricht Stefan Gosepaths Unterscheidung in eine primäre (kausale) und eine sekundäre (aushelfende) Verantwortung. In: Gosepath, „Verantwortung für die Beseitigung von Übeln", 387–408.

161 Vgl. Iris Young, „Verantwortung und globale Gerechtigkeit", 2010.

DOI 10.1515/9783110538953-003

fall Y zu kompensieren.[162] Eine Person wird zur Verantwortung gezogen, weil sie schuld an einem Missstand ist, weil sie negative Konsequenzen hätte vorhersehen müssen oder es in ihrer Gewalt und Sorgfaltspflicht lag, sie abzuwenden. Die Zuschreibung von Verantwortung hängt damit von der Existenz einer kontinuierlichen und nachweisbaren Kausalkette ab – und von einer Instanz, die Verantwortungslosigkeit anzeigt und Schädigungen ahndet.[163]

Auf der anderen Seite stellt die Konzeption (moralischer) Hilfsverantwortung einen Zusammenhang zwischen der Zuständigkeit einer Person und ihrer Fähigkeit her, zu einem wünschenswerten Zustand beitragen oder einen Missstand beseitigen zu können. Gesetzt, dass sich X in einer moralisch inakzeptablen Situation befindet, während Y in der Lage wäre, diesen Missstand zu beenden oder zumindest X's Situation zu verbessern, fällt Y eine Hilfsverantwortung für X zu, ganz gleich, ob Y die Situation verursacht hat oder nicht. Die einschlägige Illustration dieser Konzeption hat Peter Singer in seinem unermüdlich diskutierten Teichbeispiel geliefert. Wenn ein Passant an einem flachen Teich vorbeikäme, in dem ein Kind ohne seine Hilfe zu ertrinken droht, stehe er moralisch in der Verantwortung zu helfen, und zwar selbst dann, wenn die Rettungstat mit empfindlichen Kosten verbunden wäre und es keine Instanz außer der seines Gewissens gibt, die ihn zur Verantwortung zöge (Singer 2007, 39).[164]

In dieser Unterscheidung zwischen Folge- und Hilfsverantwortung spiegelt sich die im Diskurs über globale Gerechtigkeit meines Erachtens viel zu zentral gewordene Unterscheidung zwischen positiven und negativen Pflichten wider.[165] Wie im Falle der Hilfsverantwortung fordern positive Pflichten dazu auf, jemanden vor Missständen zu schützen oder seine Situation zu verbessern. Negative Pflichten sind dagegen bereits dann erfüllt, wenn wir davon Abstand nehmen, jemanden unrechtmäßig zu schädigen. Und wie im Falle der Folgeverantwortung sollten wir fahrlässig oder absichtlich begangene Schädigungen ausgleichen.

---

162 Kurt Bayertz macht deutlich, dass diese mit der Entstehung des Strafrechts aufkommende Konzeption lange Zeit das Alltagsverständnis von Verantwortung dominiert hat. Im Rechtssystem liegt die praktische Bedeutung des Verantwortungsbegriffs zunächst darin, das „Problem der Zurechnung" zu lösen, also Missstände in der Welt als Folge von Handlungen zu erklären und nach dem Verursacherprinzip Verantwortung für diese Missstände zuzuschreiben (1995, 4).

163 Moralische Verantwortung, so Peter Strawson einschlägige Definition, erfordert zumindest die Möglichkeit der Handlungsinitiierung und die Existenz verantwortungsanzeigender Reaktionen („Freedom and Resentment", 1962).

164 Vgl. die Diskussion in: Anthony Kwame Appiah, *Comopolitanism: Ethics in a World of Strangers*, 2006.

165 Vgl. dazu: Thomas Pogge, *Weltarmut und Menschenrechte*, 2011, 166 ff. (s. 2.3.1); sowie die Differenzierungen in Corinna Mieth (2012) und Barbara Bleisch (2010).

Diese Unterscheidung hat zumeist den praktischen Sinn, Unterlassungspflichten als besonders starke Formen der Verpflichtung herauszustellen, von denen wir auch nicht zugunsten uns nahe stehender Personen Abstand nehmen dürfen. Die Erfüllungsbedingung einer Unterlassungspflicht ist eindeutig, ihre Verletzung kaum entschuldbar.[166]

Dass ich von Verantwortung statt von Pflichten spreche, hat drei Gründe. Erstens folge ich einer Unterscheidung Joel Feinbergs, wonach es in der Verantwortungsethik um Zuständigkeiten geht, die je nach Kontext durch ganz verschiedene Handlungen erfüllt werden können, während die Pflichtenethik klare Handlungsprinzipien aufstellt, die bestimmte Handlungstypen von vornherein ausschließen.[167] Eine verantwortliche Entscheidung kann unter Umständen zu Handlungen führen, die im Rahmen einer Pflichtenethik prinzipiell inakzeptabel sind, etwa zu Notlügen oder dem Einsatz von Gewalt. Zweitens verweist der Begriff der Verantwortung bereits auf ein responsives Moment. Wenn ich Verantwortung trage, muss ich gegenüber denen, für die ich verantwortlich bin oder die eine Miterantwortung haben, Rede und Antwort stehen. Meine Zuständigkeit gründet darauf, dass andere berechtigt sind, mich in die Verantwortung zu nehmen. Der dritte und entscheidende Grund dafür, von Verantwortung und nicht von Pflichten zu sprechen, liegt aber darin, dass sich ein spezifischer Begriff politischer Verantwortung eingebürgert hat, der quer zur herkömmlichen Unterscheidung in negative und positive Pflichten liegt und doch am besten ausdrückt, in welchem Sinne wir – Bürger liberaler Gesellschaften – für globale Ungerechtigkeiten zuständig zeichnen.

Politische Verantwortung ist eine besondere Form assoziativer Verantwortung. Mit assoziativer Verantwortung ist die besondere Verpflichtung gemeint, die wir für das Wohlergehen nahe stehender Menschen empfinden, insbesondere für Angehörige, Freunde, Kollegen, Nachbarn und eben auch Landsleute.[168] Der Ursprung der assoziativen Verantwortungskonzeption liegt darin, dass wir ein besonderes Zusammengehörigkeitsgefühl mit unseren *nearest and dearest* ent-

---

166 Oftmals wird diese Unterscheidung mit der Kantischen Unterscheidung in vollkommene und unvollkommene Pflichten gleichgesetzt. Zu Unrecht, weil es, wie Elizabeth Ashford (2007, 196 f.) klargestellt hat, auch vollkommen bestimmte positive Pflichten geben kann.

167 Feinberg, „Duties, Rights, and Claims", 1980.

168 Samuel Scheffler unterscheidet diesbezüglich zwei Alltagsvorstellungen von Verantwortung. Auf der einen Seite gibt es besondere Verantwortlichkeiten für das, was wir tun, und andererseits „distinctive responsibilities – or special ‚obligations' – toward members of one's own family and others to whom one stands in certain significant sorts of relationships" (2001, 36). An anderer Stelle verteidigt Scheffler besondere assoziative Verantwortlichkeiten gegen den Vorwurf, sie führten zu einer unfairen Pflichtendistribution (1997).

wickeln. Paradigmatisch für eine solche Zusammengehörigkeit ist die Elternrolle. Aber die Konzeption assoziativer Verantwortung umfasst auch Verbindlichkeiten, die auf einer schwächeren emotionalen Identifikation oder einfach auf sozial sanktionierten Rollen und Praktiken beruhen. Als Kollege verhält man sich kollegial, als Nachbar nachbarschaftlich, als Fan zeigt man wahre Liebe, als Konsument hat man eine Verantwortung für Fairness, etc.

Die Bedeutung assoziativer Verantwortungsverhältnisse wird vor allem von Partikularisten hervorgehoben. Aus ihrer Sicht ist die Verantwortung für soziale Gerechtigkeit auf die Mitglieder nationaler bzw. politischer Assoziationen beschränkt.[169] Kosmopolitisten betonen dagegen eher die Hilfsverantwortung gegenüber globaler Armut oder eine nachweisbare Mitschuld für historisches Unrecht und Ausbeutung. Beide Ansätze haben klare Vorzüge, aber auch häufig kritisierte Schwachpunkte. Singers Vorschlag, eine kosmopolitische Gerechtigkeitstheorie auf der Konzeption moralischer Hilfsverantwortung zu gründen, ist als überfordernd, entmündigend und im Resultat als unfair bezeichnet worden (s. 2.4). Der entscheidende Kritikpunkt lautet aber, dass sich moralische Verantwortung von außen kaum einfordern lässt; ihre Rechenschaftsinstanz ist das moralische Gewissen, auf das wir uns in der Organisation der wichtigsten Gerechtigkeitspflichten nicht verlassen wollen.

Es spricht daher vieles dafür, Verantwortung gegenüber globaler Ungerechtigkeit stärker im Sinne einer politischen Verantwortung zu begreifen. Politische Verantwortung bedeutet, dass wir eine besondere Zuständigkeit für Regeln, Institutionen und Zustände haben, die im Regelungsbereich des politischen Systems liegen, in dem wir mit anderen interagieren.[170] Ich meine, dass diese Konzeption nicht nur unsere staatsbürgerliche, sondern auch eine weltbürgerliche Verantwortung umfasst. Um dies plausibel zu machen, beginne ich mit einem Durchlauf durch wichtige ideengeschichtliche Stationen der politischen Verantwortungskonzeption (2.2.). Dabei zeigt sich, dass politische Verantwortung zunächst als besondere Rollenverantwortung von Politikern aufgefasst wurde, zunehmend aber zur Beschreibung staatsbürgerlicher Verantwortung in Gebrauch kam. In einem zweiten Schritt diskutiere ich zwei Vorschläge, die politische Verantwortungskonzeption auf globale Ungerechtigkeit zu übertragen, nämlich einerseits den Ansatz von Thomas Pogge, der die politische Komplizenschaft mit globaler Ungerechtigkeit kritisiert (2.3.1), und andererseits das Modell sozialer Verbun-

---

169 Vgl. David Miller, *Principles of Social Justice*, 1999, Kap. 1 und 12.

170 Entsprechend stellt Ludger Heidbrink fest, dass der Verantwortungsbegriff heute „auf die Berücksichtigung von Handlungsfolgen gerichtet ist, die sich der Einflussnahme des Menschen entziehen, gleichwohl aber seiner Zurechnung unterstellt bleiben“ (2006a, 134).

denheit von Iris Young, mit dem sie eine politische Verantwortung gegenüber globaler struktureller Ungerechtigkeit beschreibt (2.3.2). Aus dieser Diskussion gewinne ich die Grundelemente einer kosmo-politischen Verantwortungskonzeption. Ziel ist es zu zeigen, dass die Fairness globaler Regeln, Institutionen und Politiken in den Zuständigkeitsbereich alltäglicher Handlungen und Entscheidungen fällt (2.3.3). In einem letzten Schritt verteidige ich diese Konzeption gegen einige der stärksten Einwände (2.4).

2.2 Eine kurze Ideengeschichte politischer Verantwortung

Oftmals wird gesagt, dass sich politische Verantwortung auf die Handlungen von Politikerinnen und Regierungen oder auf die staatsbürgerliche Verantwortung zur Kontrolle dieser Eliten bezieht.[171] Sie ist mit einem politischen System bereits institutionell festgelegter Zuständigkeiten verbunden. Auch die Zuschreibung globaler politischer Verantwortlichkeiten erfolgt vor dem Hintergrund politisch institutionalisierter Verantwortlichkeiten. Gleichwohl fallen hier die Probleme erwartbarer Nichtkonformität, empirischer Prognoseunsicherheit und moralischer Pluralität viel stärker ins Gewicht. Komplexe Phänomene wie der Klimawandel lassen sich nicht auf die direkte Folgeverantwortung von Emittenten zurückführen, da diese die Auswirkungen weder allein verursacht noch – jedenfalls bis in die 80er Jahre des letzten Jahrhunderts hinein – vorhersehend in Kauf genommen haben. Praktisch ergibt sich eine persönliche Mitverantwortung nicht einfach kausal aus dem individuellen Kohlendioxid-Fußabdruck. Denn die negativen Folgen des Klimawandels sind ein Ergebnis intergenerationeller Praktiken, für die sich eine anteilige Schuld kaum exakt beziffern lässt und an denen eine einzelne Entscheidung auch nichts ändert. Das soll nicht heißen, dass im Falle kollektiver bzw. gemeinsamer Entscheidungen keine Verantwortung vorliegt, es bedeutet aber, dass das Modell individuell zurückführbarer Folgeverantwortung in mulitfaktoriellen Handlungssystemen an seine Grenzen stößt.

Genau an diesen Grenzen setzt die Konzeption politischer Verantwortung an. Es ist ein Funktionserfordernis komplexer Gesellschaften, stellvertretende Zuständigkeiten einzuziehen, wo sich Verantwortung nicht nach dem Verursa-

---

171 Eine der wenigen sorgfältigen Analysen politischer Verantwortung findet sich bei Julian Nida-Rümelin (2011, 142–156). Er unterscheidet darin zwischen der besonderen Verantwortung des Bürgers (*polites*) und des Politikers. Vgl. zur besonderen Verantwortung von Regierungen und Funktionären auch Bohlken 2011, 234–284.

cherprinzip zuschreiben lässt.[172] Vor diesem Hintergrund ist es kein Zufall, dass die Neubegründung der Verantwortungsethik im 20. Jahrhundert gezielt auf technologische und makropolitische Komplexitätsprobleme reagierte. Nach Hans Jonas stellt uns das Atomzeitalter vor langfristige Risiken, die ein neues Verständnis unserer gemeinsamen Verantwortung erforderlich machen. Er greift dazu auf die assoziative Konzeption elterlicher Verantwortung zurück und bildet sie zur Konzeption politischer Verantwortung in Form einer besonderen Rollenverantwortung von Politikern weiter. In diesem Sinne ist eine Ministerin für das Fehlverhalten ihrer Mitarbeiter verantwortlich, selbst wenn es klar ist, dass sie, so Julian Nida-Rümelin, „eine Einzelfallkontrolle gar nicht leisten kann"[173], ja selbst dann, wenn ein Mitarbeiter gegen direkte Anweisungen handelte. Die Politikerin ist nicht für einzelne Handlungen verantwortlich, sondern für allgemeine Zustände, die in ihren Machtbereich fallen. Im Gegensatz zur Folgeverantwortung bezieht sich politische Verantwortung nicht auf eigenes Verschulden, im Gegensatz zur moralischen Hilfsverantwortung ist sie aber von sozialen Beziehungen abhängig und wird darin auch stärker sanktioniert. Die Politikerin hat eine ressortspezifische Zuständigkeit, für die sie mit ihrem Amt und ihrer Person haftet.[174]

Aus Sicht des dominierenden Alltagsverständnisses bleibt es kontraintuitiv, von einer Verantwortung ohne Verursachung zu sprechen. Um diese Intuition abzubauen, werde ich zunächst einige klassische Texte aufsuchen und in ihnen die für meinen Ansatz wichtigsten Motive für eine politische Verantwortungskonzeption herausarbeiten. Dazu beginne ich mit Max Webers wegbereitender Schrift „Politik als Beruf", in der eine besondere Zukunftsverantwortung von Politikern erläutert wird (2.2.1). Hans Jonas wendet sich dann stärker den normativen Grundlagen politischer Verantwortung zu und findet sie in der besonderen Machtausstattung von Regierenden (2.2.2). Mit Hannah Arendt werde ich aber verdeutlichen, dass sich diese besondere Verantwortung der Politikerin nicht von der politischen Mitverantwortung von Staatsbürgern abtrennen lässt (2.2.3). Die staatsbürgerliche Verantwortung besteht darin, Regierungen zur Verantwortung zu ziehen und sozialen Normen öffentlich Geltung zu verschaffen – und genau

---

172 Dazu, so Nida-Rümelin, bewahre die Idee politischer Verantwortung „die Fiktion der Identität der Entscheidungen des Ministeriums und des Ministers zum Wohle der öffentlichen Kontrolle" (2011, 150).

173 Ebd., 150.

174 Wie Kurt Bayertz zeigt, kommt die Idee politischer Verantwortung zeitgleich mit dem Entstehen demokratischer Regierungsformen auf. Während im monarchistischen Europa die politische Verantwortung zunächst bei den Ministerialbeamten liege, um den Monarchen bewusst aus der politischen Verantwortung zu entbinden, ist Demokratie die Regierungsform, in der die Regierenden selbst mit ihrer Position für Missstände haften (1995, 38).

darin findet sich dann auch ein Ansatzpunkt für die Zuschreibung einer weltbürgerlichen Verantwortung.

2.2.1 Die besondere Verantwortung des Politikers: Max Weber

Max Webers Rede „Politik als Beruf" (1919, fortan: PB) kann rückblickend als eine für die politische Verantwortungskonzeption bahnbrechende Schrift betrachtet werden.[175] Bekannt geworden ist der kurze Text vor allem aufgrund seiner idealtypischen Unterscheidung zwischen Gesinnungs- und Verantwortungsethik. Demnach stehe „alles ethische Handeln unter *zwei* voneinander grundverschiedenen, unaustragbar gegensätzlichen Maximen" (PB, 551). Auf der einen Seite gehe es darum, die Folgen des eigenen Handelns zu optimieren, auf der anderen darum, den eigenen Willen nach richtigen Grundsätzen zu bestimmen. Im Grunde handelt es sich dabei um eine alternative Bezeichnung für die Kontroverse zwischen konsequentialistischen und deontologischen (bzw. prinzipienethischen) Ansätzen.

Entscheidend ist aber, dass Weber die Verantwortungsethik mit einer bestimmten Rolle verbindet. Für den Politiker ist es in der Regel angemessener, sich verantwortungsethisch zu verhalten. Buchstäblich von Amts wegen hat er stärker auf die Konsequenzen seiner Entscheidungen für Andere zu achten und seine persönliche Integrität weiter in den Hintergrund zu stellen. Idealer Weise soll er seine Gesinnung mit seiner politischen Verantwortung vereinbaren; im Konfliktfall darf er aber die reine Prinzipientreue nicht über das Wohl derer stellen, mit deren Mandat er seine besondere Machtposition bekleidet. So kommt der Gegensatz zwischen politischer und prinzipienethischer Verantwortung immer erst im Konflikt zum Vorschein, etwa dann, wenn eine Politikerin ihrer Ideale zurückstellen muss, um Staatsinteressen zu schützen.[176]

Vor allem kritisiert Weber den Typus des *reinen* Gesinnungsethikers, also Personen, die auch dann an ihren Prinzipien festhalten, wenn diese ihrer rollenspezifischen Verantwortung widersprechen. Wer den Beruf des Politikers ausübt, darf kein Rigorist sein. Als zeitgenössisches Beispiel nennt Weber zunächst die Syndikalisten, eine kommunistische Bewegung, die versuchte, den Klassenkampf unter Umgehung der parlamentarischen Demokratie zu führen. Der Syn-

175 Zitiert nach: Max Weber, *Gesammelte Politische Schriften*, 1980, 505–560.

176 Kants Figur des moralischen Politikers, der eher die Welt zugrunde gehen ließ, als vom Rechtsprinzip abzugehen, wäre in dieser Sichtweise ein gutes Beispiel für einen Amtsträger, der seiner politischen Verantwortung nicht gerecht wird.

dikalist steht für einen Typus, der seine persönliche Integrität mit einer radikalen Gerechtigkeitsdoktrin verbindet und dadurch unfähig wird, gesamtgesellschaftliche Verantwortung zu übernehmen. Er stellt seine Prinzipien auch dann nicht zurück, wenn er damit dem Interesse seiner Klasse schadet. Denn dass seine Prinzipientreue nicht zu den gewünschten Konsequenzen führt, liegt für ihn allein an der Unmoralität der Anderen, an den Klassenfeinden oder den Verrätern am Interesse der Arbeiterschaft.[177] Für den Beruf des Politikers ist dieser Typus jedoch vollkommen ungeeignet, weil das politische Geschäft im Aushandeln friedenserhaltender Kompromisse, im Ausbalancieren unterschiedlicher Interessen und insgesamt in der Berücksichtigung des Wohls gegensätzlicher Gruppierungen besteht.

Einen anderen Typus des reinen Gesinnungsethikers findet Weber in der religiös motivierten Pazifistin. Die Pazifistin vertritt eine „absolute Ethik" (PB, 551), deren Grundsätze ungeachtet ihrer Konsequenzen zu befolgen sind.[178] In diesem Absolutheitsanspruch ist auch sie für die Politik gänzlich ungeeignet, weil sie sich prinzipiell weigert, den Gebrauch von Gewalt auch nur zu erwägen, es im Beruf der Politikerin aber ganz zentral um den verantwortungsvollen Einsatz staatlicher Gewalt geht. Die Politikerin dient als eine Art Ombudsfrau, der für eine bestimmte Zeit das staatliche Gewaltmonopol anvertraut wird, um es für allgemeine Zwecke zu gebrauchen.

Beide Typen, der radikale Syndikalist wie die pazifistische Christin, dienen Weber als Kontrast, um auf seine politische Verantwortungskonzeption scharf zu stellen. Ihm geht es ausdrücklich nicht um die Frage, ob die verantwortungsethische Position *generell* der gesinnungsethischen vorzuziehen ist, sondern um die viel enger umrissene Frage, ob eine *rein* gesinnungsethische Position mit der spezifischen Rolle der Politikerin vereinbar ist.[179] Worin liegt diese rollenspezifische Verantwortung nun genau? Allgemein besagt die verantwortungsethische Maxime, „dass man für die (voraussehbaren) *Folgen* für sein Handeln aufzukommen hat" (PB, 552). Die Politikerin wird nicht *sub specie aeternitatis* beurteilt,

---

177 Darum ertrage „der Gesinnungsethiker [...] die ethische Irrationalität der Welt nicht" und bleibe „kosmisch-ethischer ‚Rationalist'" (PB 553) – ganz gleich, ob sich die Welt an sein Ideal hält oder nicht.

178 Als Beispiel dient hier die „absolute Ethik des Evangeliums", nach der man „ein Heiliger sein [muss] in *allem*, zum mindestens dem Wollen nach" (PB, 550).

179 Auch der Adressatenkreis der öffentlich gehaltenen Vorlesung zeigt, dass Weber keine allgemeine Ethik begründen, sondern eine rollenspezifische Verantwortung herausarbeiten will. Es sind die Studenten des linksreformerischen Freistudentischen Bundes, vor denen Weber den Text vorträgt und denen er ihre besondere Verantwortung im Umgang mit Gewalt und Andersdenkenden klar zu machen versucht.

sondern danach, wie erfolgreich sie in ihrem Ressort und nach Maßgabe der darin definierten Zwecke arbeitet. In diesem Sinne ist die Verantwortung der Politikerin nach vorne gerichtet. Geboten erscheint das, was die Zukunft verbessert, und nicht, was aus der Vergangenheit – etwa aus einem Versprechen oder aus Schuld – herrührt. An einem für Weber höchst aktuellem Beispiel, dem Versailler Friedensvertrag, argumentiert er, dass sich die Politik von rückwärtsgewandten Schuldfragen befreien und sich statt dessen auf die Frage konzentrieren müsse, welche Regelungen für die friedliche Zukunft des Landes besser seien.[180]

Abschließend unterstreicht Weber aber, dass die Politikerin immer auch ein Mensch ist, die ihre moralische Integrität bewahren muss. Überzeugungen, die ihre Persönlichkeit ausmachen, kann und soll sie nicht opfern, auch nicht für das Allgemeinwohl. Wenn sie politisch notwendige Entscheidungen nicht vertreten kann, muss sie allerdings von ihren Ämtern zurücktreten. Und diese Entscheidung liegt dann bei der Politikerin selbst, die für sich beurteilen muss, ob sie die politische Verantwortung tragen oder ihrem Gewissen zu folgen hat: „Ob man als Gesinnungsethiker oder als Verantwortungsethiker handeln *soll*", so Webers Schluss, „darüber kann man niemanden Vorschriften machen. [...] Insofern sind Gesinnungsethik und Verantwortungsethik nicht absolute Gegensätze, sondern Ergänzungen, die zusammen erst den echten Menschen ausmachen, den, der den ‚Beruf zur Politik' haben *kann.*" (PB, 558/9)

Fassen wir die wichtigsten Punkte noch einmal zusammen. Weber beschreibt eine Form der Verantwortung, die an die spezifische Rolle von gewählten Politikerinnen gebunden ist. Politikerinnen werden dafür öffentlich zur Rechenschaft gezogen, dass sie die Staatsgewalt für das Allgemeinwohl einsetzen. In dieser Position ist eine rein gesinnungsethische Einstellung unangemessen, weil der Gesinnungsethiker seine eigenen Prinzipien im Konfliktfall über das Allgemeinwohl stellen könnte und bestimmte Handlungsoptionen von vornherein tabuisiert. Eine wichtige Eigenschaft politischer Verantwortung besteht zudem darin, dass sie nach vorne gerichtet ist. Sie folgt nicht der strafrechtlichen Logik vollständiger Schuldtilgung, sondern dem Gebot eines friedfertigen Zusammenlebens.

---

180 Dass Weber politische Verantwortung von der Schuldfrage ablösen will, hat ganz zentral mit der Epoche zu tun. In den Jahren 1918/19 verfasst Weber eine ganze Reihe von Schriften, die sich mit der deutschen Nachkriegsschuld beschäftigen und in denen er sich für einen ressentimentfreien Blick in die Zukunft ausspricht. Obwohl die Rechtsgültigkeit des Versailler Vertrages unbestritten und die Schuldfrage eindeutig ist, müsste in diesem Beispiel eine verantwortungsethische Haltung auf Seiten der Siegermächte dazu führen, nicht auf dem Vertrag zu bestehen, weil das durch ihn geschürte Ressentiment einer friedlichen Zukunft im Wege stehe (vgl. Weber 1980, 306–504).

2.2.2 Macht als Grund der Verantwortung: Hans Jonas

In „Das Prinzip Verantwortung" (1979, fortan PV) begründet Hans Jonas die Verantwortungsethik als einen eigenständigen moralphilosophischen Ansatz. Dieser Ansatz ist eigens auf neuartige technologische Herausforderungen zugeschnitten, für die intergenerationelle Zuständigkeiten festgelegt werden müssen.[181] Im Hintergrund steht Jonas' Analyse, dass sich die Eingriffstiefe des Menschen auf seine Umwelt am Ausgang des 20ten Jahrhunderts nicht einfach potenziert, sondern kategorial verändert hat. Erstmals ist die Menschheit in der Lage, ihre Seinsgrundlage zu vernichten. Gleichzeitig ist das politische Handlungsumfeld komplexer geworden. Langfristige Auswirkungen moderner Technologien sind in einzelnen politischen Legislaturen nicht zu kontrollieren. Es ist daher bemerkenswert, dass die Verantwortungsethik genau dort auf den Plan tritt, wo sich Verantwortung *nicht* mehr kausal zuschreiben lässt; und auch Jonas prägt für diese Konstellation den Begriff der politischen Verantwortung.[182]

Seine Konzeption politischer Verantwortung soll zwei Fragen beantworten, die von Weber noch beiseite gelassen wurden. Die erste, grundsätzliche Frage ist die nach der Besonderheit politischer Verantwortung gegenüber anderen Verantwortungsverhältnissen. Jonas' Beschreibung ‚staatsmännischer' Verantwortung ist dabei nicht ohne Einfluss auf den weiteren Begriffsgebrauch geblieben (a). Die zweite Frage bezieht sich auf den Verpflichtungsgrund dieser Verantwortung (b). Warum ist es vernünftig, von Politikern eine besondere Verantwortung einzufordern und was sind ihre rationalen Gründe, diese Verantwortung wahrzunehmen? Jonas Antworten auf diese Fragen sind letztlich nicht überzeugend. Sie dienen aber dazu, das Desiderat zu verdeutlichen, das darin besteht, die Idee politischer Verantwortung von der singulären Figur des Staatsmannes abzulösen und zu erklären, wie sich eine Einstellung geteilter politischer Verantwortlichkeit festigen lässt.

a) *Staatsmännische Verantwortung*: Jonas entwickelt seine Konzeption politischer Verantwortung in Analogie zur assoziativen Konzeption elterlicher Verantwortung (PV, 173/4). Im Kontrast dazu sei das herkömmliche Verständnis kausaler Folgeverantwortung zur Begegnung technologischer Zukunftsrisiken schon

---

181 Die Zitierweise folgt Hans Jonas, *Das Prinzip Verantwortung. Versuch einer Ethik für die technologische Zivilisation*, Frankfurt/Main: Suhrkamp, 1984.

182 Ludger Heidbrink spricht vom Paradox unserer Gegenwart, „dass der Ruf nach der Verantwortungsgesellschaft in einer Zeit laut wird, in der die meisten der faktischen Entwicklungen, mit denen wir konfrontiert sind, in eine gegenteilige Richtung weisen", weil die üblichen Voraussetzung zur Zuschreibung von Verantwortung (vor allem Schuld und Kontrolle) fehlen. In: Heidbrink, „Grenzen der Verantwortungsgesellschaft", 2006a, 142.

deswegen ungeeignet, weil aus ihm vor allem negative Unterlassungspflichten resultieren. Statt anzuerkennen, dass die Verantwortung mit den gesellschaftlichen Herausforderungen wachse, hätte man „umso weniger zu verantworten, je weniger man tut" (PV, 174). So unentbehrlich die Konzeption kausaler Verantwortung in retributiven Gerechtigkeitsfragen auch sein mag, so wenig hilft sie uns bei der notwendigen Zuschreibung von Zukunftsverantwortung weiter. Dazu benötigen wir nach Jonas einen Begriff von Verantwortung, der „nicht die ex-post-facto Rechnung für das Getane, sondern die Determinierung des Zu-Tuenden betrifft" (PV, 174).[183]

Diese Verantwortung versteht Jonas so, dass ein Gegenüber „auf mein Handeln Anspruch erhebt" (PV, 174). Was ich genau zu verantworten habe, werde durch die Bedürfnisse dieses Gegenüber vorgegeben. Entsprechend spricht er auch von einem „zweckverpflichteten Begriff der Verantwortung" (PV, 175). Zur Verpflichtung auf die Zwecke Anderer komme es immer dort, wo ein nicht-reziprokes Verhältnis vorliege, wo ein Mensch von der Macht eines anderen bedroht oder in seiner Existenz auf die Macht eines anderes angewiesen sei. Das Paradigma hierfür ist die Eltern-Kind-Beziehung, an der sich auch die Beschreibung der „selbstgewählten Verantwortung des Politikers" (PV, 184) orientiert. Die Analogie bestehe darin, dass sich beide Verantwortungskonstellationen „auf das Dasein und Glück von Menschenwesen" (PV, 184) bezögen, und zwar so, dass dabei das Leben in seiner Totalität und nicht nur in Teilbereichen – wie im Falle der Verantwortung eines Lehrers für seine Schüler – betroffen sei. So seien die elterliche wie die politische Verantwortung gleichermaßen durch ihre *Totalität*, *Kontinuität* und *Zukunftsbezogenheit* gekennzeichnet. Sie sei *total*, insofern sie sich auf das ganze Sein des Verantwortungsobjektes richtet, also auf „alle Aspekte desselben, von der nackten Existenz bis zu den höchsten Interessen" (PV, 189); zweitens handele es sich bei beiden Beziehungsformen um *kontinuierliche* Verantwortungsverhältnisse, die sich auf die gesamte Entwicklung des Verantwortungsobjekts „in seiner Geschichtlichkeit" (PV, 196) bezögen; und drittens meint die „Zukünftigkeit des Verantworteten" (PV, 198), dass es der elterlichen wie politischen Verantwortung darum bestellt sei, die Bedingungen der „Eigenursächlichkeit" (PV, 198) künftigen Lebens zu erhalten. Ziel der elterlichen Verantwortung sei die Mündigkeit des Kindes, Ziel der politischen Verantwortung die Aufrechterhaltung der Möglichkeit politischer Selbstbestimmung. Entsprechend lautet Jonas verantwortungsethischer Imperativ, dass der Staatsmann nichts unternehmen dürfe, „was das weitere Auftreten von seinesgleichen verhindert

---

183 Die erforderliche Zukunftsethik habe es eben nicht mit Schuldfragen, sondern mit der „Motivierung von positiven Zwecken auf das *bonum humanum* hin zu tun hat" (PV, 174).

[...]. Kurz, *eine* Verantwortung der Staatskunst ist, darauf zu achten, dass künftige Staatskunst möglich bleibt." (PV, 214).[184]

Der letzte Zweck politischer Verantwortung besteht darin, das Primat der Politik zu erhalten. Daran kann eine kosmopolitische Verantwortungskonzeption unmittelbar anschließen. Wenn Jonas aber diese Verantwortung auf den Staatsmann beschränkt und dessen Verantwortungsübernahme als einen heroischen Akt der Selbstbindung feiert, ist seine Darstellung weniger überzeugend. Im Gegensatz zur elterlichen Verantwortung werde politische Verantwortung nämlich „freigewählt" (PV, 180). Das heißt, dass der Politiker erst einmal durch seine eigene Initiative an die Macht gelangen muss, aufgrund derer ihm dann eine besondere Verantwortung zukommt: „Die höchste und anmaßlichste Freiheit des Selbst", so Jonas emphatisch, führe „ins gebieterischste und unnachsichtige Muss" (PV, 182), wo dann Eltern wie Politiker „nicht mehr sich selbst" (PV, 182) gehören.

Wie bei Weber bleibt politische Verantwortung auf den Staatsmann bzw. den „echten *homo politicus*" (PV, 180) beschränkt. Dessen Verantwortung rührt daher, dass er Macht über andere hat und deswegen diese Macht für die „res publica, die öffentliche Sache" (PV, 181) einsetzen *soll*. Bis dato ist aber völlig ungeklärt, worauf dieses Sollen gründet. Während die besondere Verantwortung der Eltern auf dem Gefühl unbedingter Liebe basiert, nennt Jonas keinen motivationalen Grund, der auf überzeugende Weise erklärte, warum ein Politiker seiner Verantwortung gerecht werden wollte. Wichtiger noch ist, dass Jonas auch keinen Grund nennt, warum sich eine Person überhaupt für ein Amt oder eine ähnliche extrovertierte Machtposition bewerben *sollte*. Denn er beschreibt die Übernahme politischer Verantwortung eben als einen individuellen Entschluss zur „Führung in den öffentlichen Angelegenheiten" (PV, 181); es handelt sich um einen supererogatorischen Akt der Selbstbindung, der – sein Beispiel ist Winston Churchill – einem rein persönlichen Sendungsbewusstsein entspringt.

---

184 Auch wenn die unmittelbaren Aufgaben der Politik durch die „Nöte des Augenblicks" (PV, 215) diktiert werden, ist sie grundsätzlich dem *Imperativ* verpflichtet, *das Politische für die Zukunft offenzuhalten*. Dieses Gebot ist, wie Jonas betont, keinesfalls leer. Seine inhaltliche Bestimmung findet sich im kasuistischen Teil, in dem er es mit seiner „Heuristik der Furcht" zusammenschließt. Demnach sind alle technologischen Entwicklungen zu vermeiden, die im *worst case* die Zukunft politischer Selbstbestimmung und damit die Zukunft des menschlichen Lebens insgesamt riskieren könnten: Zugespitzt sagt er, dass „die Möglichkeit, dass es Verantwortung gebe, [...] die allem vorausliegende Verantwortung [ist, HH]." (PV, 186) Vgl. dazu: Gertrude Hirsch Hadorn: „Verantwortungsbegriff und kategorischer Imperativ der Zukunftsethik bei Hans Jonas", 2000.

Dem ist entgegenzusetzen, dass die Verleihung und Kontrolle politischer Macht in einer demokratischen Gesellschaft auf einer geteilten staatsbürgerlichen Verantwortung basiert. Diese Verantwortung verlangt von allen Bürgern, wählen zu gehen, sich zu informieren und vor allem, sich öffentlich zu ihren Ansichten zu bekennen. Unter bestimmten Voraussetzungen besteht ihre politische Verantwortung aber auch darin, sich aktiver zu engagieren, sich politischen Gruppen anzuschließen oder für ein Amt zu kandidieren. Um diesen Punkt klarer zu machen, unterscheide ich zwischen der Übernahme und der Wahrnehmung von Verantwortung. Während die Übernahme von Verantwortung den frei gewählten Eintritt in ein Verantwortungsverhältnis bezeichnet – wie etwa bei der Adoption eines Kindes – handelt es sich bei der *Wahrnehmung* von Verantwortung um die Anerkennung und Umsetzung von Ansprüchen, die sich aus bestehenden Verantwortungsverhältnissen ergeben – wie bei der elterlichen Aufsichtspflicht. Der Punkt ist, dass politische Verantwortung nicht nur über einen dezisionistischen Akt entsteht, sondern dass wir ebenfalls in sie hineingeboren werden. Wir wachsen als Mitglieder eines politischen Gemeinwesens auf, für das wir eine staatsbürgerliche Mitverantwortung tragen und in dem wir möglicherweise exponierte Positionen als Lehrer, Journalisten oder als Mitglieder mächtiger Institutionen und Gruppierungen bekleiden. Das bedeutet nicht, dass es keine Beispiele für besonders lobenswerte Akte politischer Verantwortungsübernahme geben kann; es bedeutet aber, dass unsere politische Existenz bereits Verantwortlichkeiten mit sich bringt, denen wir uns nicht nach Lust und Laune entziehen können, sondern die berechtigterweise an uns herangetragen und gesellschaftlich von uns eingefordert werden.

b) Verpflichtungsgrund: Damit rückt ein zentraler Aspekt politischer Verantwortung in den Mittelpunkt, nämlich die Frage nach dem normativen Grund der Verantwortung. Diese Frage hat wie gesagt einen rational-erklärenden und einen vernünftig-rechtfertigenden Aspekt. Warum ist es für uns rational, politische Verantwortung wahrzunehmen, und warum besteht diese Verantwortung zu Recht? Jonas beantwortet die Frage nach dem Verpflichtungsgrund hauptsächlich im zweiten, rechtfertigenden Sinn. Der objektive Grund für die Zuschreibung politischer Verantwortung liege in der besonderen Machtposition des Politikers. Die ihm verliehene Macht verlange von ihm, verantwortlich mit ihr umzugehen, und das heißt, dass er sie für die Zwecke aller von ihm Abhängigen einsetzt. So einleuchtend es aber klingt, dass mit einer besonderen Machtposition auch eine besondere Verantwortung einhergeht, so kompliziert wird es, den rationalen Grund für die Wahrnehmung dieser Verantwortung zu nennen. Dass der Rechtfertigungsgrund politischer Verantwortung aus der Asymmetrie von Machtverhältnissen resultiert, macht es eher schwierig, einen motivationalen Grund zu finden, warum es auch im Interesse der Politikerin liegt, ihrer Verantwortung gerecht zu werden.

Offenbar setzt Jonas ganz auf den guten Willen der Politikerin. Wenn ein Mensch mit seinem Dasein „im Wirkungsbereich meiner Macht" liege, also „auf sie angewiesen oder von ihr bedroht" (PV, 175) werde, dann wird „durch den sittlichen Willen die Macht in ihre Pflicht genommen. Die Sache wird meine, weil die Macht meine ist und einen ursächlichen Bezug zu eben dieser Sache hat. Das Abhängige in seinem Eigenrecht wird zum Gebietenden, das Mächtige in seiner Ursächlichkeit zum Verpflichteten" (PV, 175).[185] Wenn Jonas hier und in weiteren Passagen davon ausgeht, dass die bloße Fähigkeit zur Verantwortung bereits „die zureichende Bedingung ihrer Tatsächlichkeit" (PV, 185) ist, dann, weil er den Menschen einfach als ein Verantwortungswesen hinstellt. Wie ein Stück Eisen ein Ding ist, das von einem Magneten angezogen wird, ist ein Mensch ein Wesen, auf das sich in bestimmten Machtkonstellationen eine entsprechende Verantwortung überträgt. Darum spricht Jonas verklausuliert von einem „ontologischen Sollen" (PV, 234) bzw. vom „ontologischen Anspruch der Idee des Menschen" (PV, 185). Dass der Mensch „Verantwortung *haben* kann, bedeutet" nach Jonas, „dass er sie für andere *seinesgleichen* [...] auch haben muss" (PV, 185).

Zumindest zwischen den Zeilen deutet Jonas an, worin die Triebfeder dieses ontologischen Sollens zu suchen ist. Der Mensch sei „*empfänglich* für den Ruf der Pflicht durch ein antwortendes Gefühl" (PV, 163). So offenbare sich im bloßen Anblick eines Neugeborenen ein „*ontisches* Paradigma, in dem das schlichte, faktische ‚ist' evident mit einem ‚soll' zusammenfällt" (PV, 235). Es sei unmöglich, einen wertneutralen Blick auf das Neugeborene einzunehmen: „sein bloßes Atmen [richtet, HH] unwidersprechlich ein Soll an die Umwelt [...], sich seiner anzunehmen. Sieh hin und du weißt." (PV, 235) Diese Urszene elterlicher Verantwortung wird dann auf politische Verantwortungsverhältnisse übertragen. Der motivationale Beweggrund der Politikerin – Jonas spricht vom „psychologischen Grund" der Verantwortung – liegt in der fürsorglichen Empathie mit denen, die der Macht des Politikers unterworfen sind. Der spontanen Mutterliebe entspricht auf politischer Ebene eine „emotionale Identifizierung mit dem Ganzen" (PV, 193), die Jonas „Solidarität" (PV, 193) nennt; „ein", wie Jonas schreibt, „der Liebe

185 Es wäre aufschlussreich zu erfahren, was der sittliche Wille ist und wie er uns genau in die Verantwortung nimmt. Aber Jonas konstatiert einfach, dass „Verantwortung de facto zu haben ... zum Sein des Menschen" (PV, 185) gehört, dass also „ein Sollen ganz konkret im Sein des existierenden Menschen enthalten" ist, da „seine kausalfähige Subjektqualität als solche objektive Verbindlichkeit in der Form äußerer Verantwortung mit sich" (PV, 185) führt.

vergleichbares Gefühlsverhältnis des politischen Individuums zu der Gemeinschaft, deren Geschicke er zum Besten zu lenken wünscht“ (PV, 193).

Aber – und hier liegt die Crux – das Vertrauen auf das empathische Gefühl der Politikerin ist zumindest begrenzter als das Urvertrauen des Säuglings zu seiner Mutter. Darum bleibt seine Beschreibung in mehrfacher Hinsicht defizitär. Psychologisch ist die emotionale Bindung zwischen Eltern und Kind ungleich enger als die Bindung zwischen Politikern und den sich in ihrer ‚Obhut‘ befindlichen Bürgern. Empathische Gefühle sind schwache Motive, wenn es darum geht, Machthabende in die Verantwortung für zukünftige Zustände zu nehmen. Zudem mutet Jonas’ Vertrauen auf die Fürsorge von Politikern paternalistisch und geradezu naiv-optimistisch an. Denn gerade weil es in der Politik um existentielle Abhängigkeitsverhältnisse geht, wäre es unvernünftig, alles auf die moralische Politikerin zu setzen. Vielmehr sollten wir von der Möglichkeit verantwortungslos handelnder Politikerinnen ausgehen. In diesem Fall müssen wir über externe Beweggründe, sprich über Sanktionen, nachdenken. Ich zweifle nicht daran, dass es sinnvoll ist, politische Machthaber und Institutionen auch als moralische Akteure anzusprechen. Wir sollten aber nicht vergessen, dass wir auf der politischen Ebene bereits auf eine wirkungsvolle Sanktionierungspraxis zurückgreifen können. Wer seiner politischen Verantwortung nicht nachkommt, verliert sein politisches Mandat, das heißt, seine Legitimation, im Namen anderer zu sprechen, und damit auch die ihm verliehene Macht.

Deswegen ist es an der Zeit, Jonas’ Auffassung, dass es sich bei politischer Verantwortung um ein nicht-reziprokes Verhältnis zwischen Politikerinnen und ihren Schutzbefohlenen handele, zurückzunehmen. Unter den Bedingungen demokratischer Willensbildung und Mitbestimmung entsteht Verantwortung gerade aus der reziproken Abhängigkeit zwischen Bürgern und ihren Stellvertretern, zumindest in dem Sinne, dass Politiker ihre Macht auf Zeit verliehen bekommen. Dass Macht mit Verantwortung einhergeht, hat dann weniger mit den quasi elterlichen Empfindungen des Machthabers zu tun, sondern damit, dass Machtmissbrauch politisch (und rechtlich) sanktioniert wird. So wird dem Politiker durch sein Amt eine besondere Sorgfaltspflicht auferlegt, für die er dann auch juristisch belangt werden kann. Kurzum, der externe Beweggrund zur Wahrnehmung politischer Verantwortung besteht im Recht, und darin, dass alle Citoyens ihrer staatsbürgerlichen Verantwortung gerecht werden.

Zusammengefasst gibt es zwei Punkte, in denen meine politische Verantwortungskonzeption an Jonas Verantwortungsethik anschließen kann. Die erste Übereinstimmung betrifft die Suche nach einer Alternative zur kausalen Verantwortungskonzeption. Es geht um ein gesellschaftliches Interesse daran, Zuständigkeiten einzuziehen, wo Kausalitäten schwer zu ermitteln sind. Zweitens halte ich es für plausibel, dass eine besondere Machtposition eine besondere Verantwortung mit sich bringt. Dies erfordert aber, dass sie in eine politische und juristische Struktur wechselseitiger Inverantwortungsnahme eingebettet ist. Der exponierte Status von Machthabern ist nur verliehen und es gehört zur staatsbürgerlichen Verantwortung, diese Macht öffentlich zu kontrollieren und gegebenenfalls wieder zu entziehen. Damit kommen wir zu Hannah Arendts Idee staatsbürgerlicher Verantwortung.

2.2.3 Staatsbürgerliche Verantwortung: Hannah Arendt

Weber und Jonas haben politische Verantwortung als die rollenspezifische Verantwortung von Politikern eingeführt. In der Auseinandersetzung mit Jonas habe ich aber bereits die Notwendigkeit aufgezeigt, unsere Diskussion auf staatsbürgerliche Verantwortung auszudehnen. Wir können nicht über die besondere Verantwortung der Eliten sprechen, ohne von der kollektiven Mitverantwortung zu reden, die einzelnen Bürgerinnen bei der Ausübung und Einforderung dieser Verantwortung zukommt. Dies ist ein wiederkehrendes Thema in Hannah Arendts Republikanismus, worin sie insbesondere die politische Verantwortung von Bürgerinnen und zivilgesellschaftlichen Eliten einfordert.[186] Am deutlichsten macht sie ihre Position zu politischer Verantwortung aber dort, wo sie auf die Nachkriegsverantwortung der Deutschen für die Verbrechen im Nationalsozialismus eingeht. Auf der einen Seite lehnt sie es ab, von einer Kollektivschuld der Deutschen zu reden. Denn die Zuschreibung von Schuld setzt bewusst geplante Handlungen voraus. Schuld hat man nicht aufgrund nationaler Zugehörigkeit. Trotzdem tragen alle Deutschen, so Arendt, eine geteilte und generationenübergreifende Verantwortung für den Holocaust. Es handelt sich um eine Form kollektiver Verantwortung ohne Schuld, für den auch sie den Begriff politischer Verantwortung einführt.

In „Kollektive Verantwortung“ arbeitet Arendt den wesentlichen Unterschied zwischen moralischer Schuld und politischer Verantwortung heraus.[187] Ursprünglich handelt es sich dabei um einen Kommentar auf Joel Feinbergs „Collective Responsibility“ anlässlich der Jahrestagung der *American Philosophical Association* 1968. Darum ist es aufschlussreich, wenn wir uns kurz vergegenwärtigen, worauf sie reagiert. Feinberg analysiert in seinem Beitrag juridische Verwen-

186 Arendt entwickelt ihren humanistischen bzw. bürgerlichen Republikanismus in: *On Revolution* (2006 [1963]).

187 Ich zitiere aus der einzigen deutschen Übersetzung ohne Jahresangabe herausgegeben von der Heinrich Böll Stiftung (http://www.boell-bremen.de/dateien/fb75d3526a357e868f3e.pdf).

dungsweisen kollektiver Verantwortung. In Fällen kollektiver Handlungen, in denen eine geteilte Intention erkennbar ist und sich zudem eine bewusste Beteiligung nachweisen lässt, ist die Zuschreibung kollektiver Verantwortung relativ unproblematisch. Bei einem Bankraub sind alle Komplizen mitschuldig; die Schwere ihrer Mitschuld bestimmt sich dann nach dem Grad ihrer Beteiligung. Komplizierter sind dagegen Fälle, in denen keine gemeinsame Absicht vorgelegen hat. Juristisch handelt es sich dabei um Fälle stellvertretender Haftung ohne Verschulden (*collective liability without fault*) wie etwa im Falle einer Bürgschaft (1968, 681). Entsprechend gibt es zwar einige zivilrechtlich relevante Beispiele stellvertretender Haftung (*vicarious liability*); es herrscht aber Einigkeit darüber, dass niemand an Stelle eines Anderen strafrechtlich belangt werden darf. Sippenhaft und andere Formen der Kollektivhaftung hätten im modernen Strafrecht nichts zu suchen.[188]

Feinberg vertritt aber die These, dass eine bestimmte Form stellvertretender Schuldfähigkeit, die er Kollektivhaftung (*collective liability*) nennt, auch heute noch Sinn macht – und zwar dann, wenn es sich um eine Körperschaft handelt, die durch starke Solidarität zusammengehalten wird, deren Mitglieder geteilte Interessen haben bzw. gemeinschaftliche Ziele verfolgen und die ein gemeinsames Schicksal teilen (1968, 677). Im Falle der gemeinsamen Herausgeberschaft eines Sammelbandes müssen sich die Autoren Anerkennung und Plagiatsvorwürfe gemeinsam zurechnen lassen, möglicherweise sogar dann, wenn sich nur einer der Herausgeber schuldhaft verhalten hat.[189] Dass Mitglieder moderner Nationalstaaten nicht mehr kollektiv in Haftung genommen werden, hat für Feinberg eher arbiträre Gründe. In unseren moralischen Gefühlen habe sich durchaus auch heute noch ein Sensorium dafür erhalten, dass wir kollektiv für unsere Landsleute gerade zu stehen haben, etwa dann, wenn wir uns für ihr Verhalten im Ausland schämen.[190] Dass moderne Gesellschaften ihr Rechtssystem nach dem Prinzip individueller Schuld organisieren, sei kein Naturgesetz, sondern habe mit der Abnahme kollektiver Bindungen und Identitäten zu tun. In der Praxis habe sich das ehemals leistungsfähige Konzept der Kollektivhaftung daher inzwischen weitgehend überlebt:

---

188 Das Prinzip der Individualhaftung ist, wie Feinberg anmerkt, weder eine rechtsgeschichtliche Selbstverständlichkeit noch eine logische Notwendigkeit. Stellvertretende Schuldfähigkeit (*vicarious criminal liability*) war lange Zeit eine akzeptierte und funktionierende Rechtspraxis (1968, 675 f.).

189 Gesetzt, das beim Co-Herausgeber nicht ohnehin eine Verletzung der Sorgfaltspflicht vorlag. Als weitere Beispiele für kollektive Haftung nennt Feinberg „business partnersips" und „athletic teams" (1968, 677).

190 Feinberg spricht *avant la lettre* von „vicarious pride and shame", ebd.

> In summary, collective criminal liability imposed on groups as a mandatory self-policing device is reasonable only when there is a very high degree of antecedent group solidarity and where efficient professional policing is unfeasible. Furthermore, justice requires that the system be part of the expected background of the group's way of life and that those held vicariously liable have some reasonable degree of control over those for whom they are made sureties. It is because these conditions are hardly ever satisfied in modern life, and not because individual liability is an eternal law of reason, that collective criminal responsibility is no longer an acceptable form of social organization. (1968, 681)

In ihrer Antwort auf Feinberg wirft Arendt ihm vor, er würde die Idee kollektiver Haftung implizit rechtfertigen, weil er sie eben nur als funktional überholt, nicht aber als kategorial falsch darstellt. Für sie ist es aber irreführend, überhaupt von einer Kollektivschuld zu sprechen. Denn dies würde die Bildung eines Kollektivsubjekts voraussetzen, was sie für ein Missverständnis hält. Wohl aber gibt es nach Arendt eine geteilte politische Verantwortung, die sie folgendermaßen definiert: „Ich muss verantwortlich gehalten werden für etwas, was ich nicht getan habe. Und der Grund für meine Verantwortlichkeit muss meine Mitgliedschaft in einer Gruppe (einem Kollektiv) sein, die kein willentlicher Akt von meiner Seite aus lösen kann [...] Meiner Meinung nach", setzt Arendt hinzu, „ist diese Verantwortung immer politisch", denn nur die politische Repräsentation rechtfertige es, dass eine Person für etwas in die Verantwortung genommen wird, was nicht von ihr getan wurde, aber in ihrem Namen geschehen ist. Zwar haben wir uns nichts zuschulden kommen lassen, aber als Teil eines „politischen Körpers [...] werden wir immer verantwortlich gehalten für die Sünden unserer Väter, wie wir auch den Lohn für ihre Verdienste ernten." (Arendt 1968, 7)

Auch wenn es sich um eine Verantwortung ohne Schuld handelt, plädiert Arendt dafür, politischer Verantwortung strafrechtlich mehr Bedeutung einzuräumen. Dass sich das moderne Rechtssystem auf das Prinzip individueller Schuld konzentriert, hat ihrer Auffassung nach mit der jüdisch-christlichen Rechtstradition zu tun, in der das Verhältnis zwischen dem Sünder und der göttlichen Autorität von höchster Wichtigkeit ist. Die Frage nach der politischen Verantwortung erfordere hingegen ein anderes Denken: „Hier stellt sich niemals die Frage, ob ein Einzelner gut ist, sondern ob sein Verhalten für die Welt in der er lebt, gut ist. Im Zentrum des Interesses steht die Welt und nicht das Selbst." (Arendt 1968, 9)

Für Arendt ist mit der Idee politischer Verantwortung die Forderung verbunden, Zuständigkeiten aufgrund von Missständen in der Welt, statt allein aufgrund persönlicher Verfehlungen zuzurechnen: „Die stellvertretende Verantwortung für Dinge, die wir nicht getan haben, das Auf-uns-Nehmen der Konsequenzen von Dingen, an denen wir vollkommen unschuldig sind, ist der Preis, den wir für die Tatsache zahlen, dass wir unser Leben nicht mit uns allein, sondern unter unseren Gefährten leben." (Arendt 1968, 15) Demnach tragen alle Mitglieder einer politischen Gemeinschaft eine Verantwortung für Regierungshandlungen, die in ihrem Namen getan werden, ganz gleich, ob sie politischen Einfluss darauf nehmen konnten oder nicht. Darin liegt die Merkwürdigkeit politischer Verantwortung. Sie existiert, so stellt es Arendt in *Eichmann in Jerusalem* dar, „quite apart from what the individual member of the group has done" (1963, 298). Deswegen trage die deutsche Nachkriegsgeneration eine besondere politische Verantwortung für den Holocaust, und zwar allein deswegen, weil sie in ein politisches Kontinuum hineingeboren wurde. Diese Verantwortung besteht ohne eine nachweisbare Beteiligung. Sie lässt sich auch nicht durch Kompensationsleistungen oder durch eine Politik, die die richtigen Lehren aus der Vergangenheit gezogen hat, ‚begleichen'. Die deutsche Verantwortung für den Holocaust bestehe fort, solange Deutschland einen politischen Körper bildet, der mit diesen Verbrechen identifiziert werden kann.

Eine deutliche Kritik an Arendts Konzeption kollektiver Verantwortung kommt von Iris Young (2011, 75–93). Zunächst hat Young ihre Unterscheidung zwischen einer Verantwortung aus Schuld und einer politischen Verantwortung direkt von Arendt übernommen. Sie teilt aber nicht Arendts Sichtweise, dass sich politische Mitverantwortung unabhängig von jeglicher Beteiligung zurechnen ließe.[191] Denn, so Young, „political responsibility does entail *doing* things (and perhaps not doing things), but doing things that indirectly contribute to the enactments of crimes and wrongs" (Young 2011, 80). Für sie macht es einen bedeutsamen Unterschied, ob mir Verantwortung für einen Zustand zugeschrieben werden kann, der überhaupt nicht mit meiner Handlung verbunden ist, oder ob ich für einen Zustand zur Verantwortung gezogen werde, an dessen Ermöglichung ich beteiligt bin, wenn sich auch der Grad meiner Beteiligung nicht genau bestimmen lässt.

Allerdings übersieht Young, dass sich Arendt an dieser Stelle mit einem komplizierten Sonderproblem, nämlich mit der historischen Verantwortung einer politischen Nation befasst. Diese Verantwortung beruht auf der Idee, dass eine Nation eine kontinuierliche Rechtsperson darstellt, die in unserem Namen spricht und handelt. Wie eine individuelle Person für ihre Taten in der Vergangenheit auch dann verantwortlich gemacht werden kann, wenn sie beispielsweise durch ein Bekehrungserlebnis geläutert wurde, so vererben sich auch die Sünden der

---

191 Für Young stellt dies eine Mystifikation der Verantwortung dar, ähnlich der Jaspers'schen Formulierung einer „metaphysischen Schuld", die unabhängig von jeder Beteiligung eine originäre moralische Mitverantwortung einklagt. Vgl. Jaspers, *The Question of German Guilt*, 1961.

Nation auf die Nachgeborenen.[192] Die einzelnen Mitglieder haben dabei in keiner Weise Schuld auf sich geladen; als Mitglieder ihrer Nation stehen sie aber nichtsdestotrotz in einer besonderen politischen Verantwortung, die sich etwa darin ausdrückt, dass Deutschland das Gedenken an den Holocaust aufrechterhält und die Sicherheit Israels als Staatsräson betrachtet.

Abgesehen vom Fall historischer Verantwortung behauptet Arendt aber gar nicht, dass politische Verantwortung nichts mit Beteiligung zu tun hat. Dies wird in ihrem frühen Aufsatz „Organized Guilt and Universal Responsibility" (1945) deutlich, worin sie sich mit der politischen Mitverantwortung während des Nationalsozialismus befasst.[193] Neben den identifizierbaren Tätern lässt sich die Verantwortung dieser Generation nicht pauschal auf ein schuldhaftes Verhalten zurückführen. „The Number of those who are responsible *and* guilty", so Arendt, „will be relatively small". Trotzdem, so Arendt weiter, „there are many who share responsibility without any visible proof of guilt". Weite Teile der Bevölkerung trügen nämlich eine politische Mitverantwortung für den Holocaust, insbesondere jene, „who continued to be sympathetic to Hitler as long as it was possible, who aided his rise to power, and who applauded him in Germany and in other European countries" (Arendt 2000, 149 f.). Bei vielen Deutschen handelte es sich nicht um überzeugte Nazis, aber um Personen, die auch dann nicht opponiert haben, als dies politisch noch möglich war. Bis in die Mitte der dreißiger Jahre müssen sich alle deutschen Staatsbürger die Verantwortung zuschreiben, politische Steigbügelhalter des Nationalsozialismus gewesen zu sein.

Im Zentrum ihres Aufsatzes steht aber die Frage nach den Grenzen politischer Verantwortung unter den voll entfalteten Bedingungen des Totalitarismus. Totalitäre Gesellschaften sind geradezu dadurch definiert, dass sie die Voraussetzungen für politische Verantwortung zerstören, indem sie den öffentlichen Raum ideologisch gleichschalten und Orte der privaten Reflexion vernichten. Der Totalitarismus verdränge, so Arendt, den politischen Citoyen und setze an seine Stelle den Familienmenschen, der sich bloß noch um seine privaten Belange kümmert: „The transformation of the family man from a responsible member of society, interested in all public affairs, to a ‚bourgeois' concerned with his private existence and knowing no civic virtue is an international phenomenon", das nach Arendt nicht nur in totalitären, sondern in allen modernen Gesellschaften

---

192 Ein weiterer Advokat dieser Position ist David Miller, für den sich eine nationale Verantwortung für die Vergangenheit vor allem aus ererbten Vorteilen nationaler Zugehörigkeit ergibt (2007, 135–161).

193 Die Zitierweise folgt „Organized Guilt and Universal Responsibility", in: Baehr 2000, 146–156.

zu beobachten ist (Arendt 2000, 153). Unter den Bedingungen des Totalitarismus sei der Rückzug ins Private nun nicht mehr mit politischer Verantwortungslosigkeit gleichzusetzen. Denn politische Verantwortung verlange, dass Bürger politischen Einfluss nehmen können. Wo diese Einflussmöglichkeiten aber wie im Totalitarismus systematisch zerstört werden, ist für Arendt der Umkehrpunkt von politischer zu persönlicher Verantwortung erreicht.

In ihrem wiederholt auch in Deutschland gehaltenen Vortrag „Was heißt persönliche Verantwortung unter einer Diktatur“ stellt sie daher klar, dass die Einforderung politischer Verantwortung ohne effektive Beteiligungschancen sinnlos ist.[194] Damit wendet sie sich gegen die oftmals zu vernehmende Entschuldigungsstrategie, dass „die Frage nach der persönlichen Verantwortung derer, die das ganze in Betrieb halten, von ganz untergeordneter Bedeutung“ (Arendt 1989, 82) gewesen sei, weil jeder in seiner Funktion ersetzbar war. Diese „Theorie des Rädchens im Getriebe“ (ebd.) ist für Arendt der erste Schritt, um sich aus der persönlichen Verantwortung zu stehlen; der zweite besteht darin, sich gerade auf seine politische Verantwortung zu berufen, also seine Beteiligung am System damit zu rechtfertigen, man habe unter widrigen Umständen immer noch das bestmögliche bewirken wollen. Das typische Entlastungsargument lautete entsprechend: „Wir, die wir heute schuldig erscheinen, sind in Wirklichkeit diejenigen, die ausgehalten haben, um Schlimmeres zu verhindern; [...] wir zollten dem Teufel Tribut, ohne ihm jedoch unsere Seele zu verkaufen, während jene, die nichts taten, sich vor jeder Verantwortung drückten und nur an sich und an die Rettung ihres Seelenheils dachten.“ (Arendt 1989, 84)

Besser ein Kollaborateur sein, um humanitäre Milderungen zu erreichen, als sich als Flüchtling seiner politischen Verantwortung zu entledigen oder den Rückzug ins Private anzutreten. Dass Arendt diese Entschuldigung nicht gelten lässt, liegt daran, dass hier weiter mit politischer Verantwortung argumentiert wird, wo die Voraussetzungen dafür gar nicht mehr vorhanden sind. Denn wo alle politischen Möglichkeiten gekappt sind, das Regime selbst zu humanisieren, ist eine Beteiligung auch dann nicht gerechtfertigt, wenn der Einzelne in einem eingegrenzten Bereich humanitäre Verbesserungen zu erzielen versucht. Grund ist, dass sich jede Form der Beteiligung am Regime letztlich systemerhaltend auswirkt. An diesem Punkt sind die Einwirkungsmöglichkeiten und damit die Bedingungen für politisch verantwortliches Handeln nicht mehr gegeben.[195]

---

194 Zitiert nach der deutschen Vision in: *Nach Ausschwitz. Essays und Kommentare*, herausgegeben von Geisel/Bittermann, 1989, 81–97.

195 „Machtlosigkeit“, so bringt es Arendt in „Kollektive Verantwortung“ auf den Punkt, „ist eine gültige Entschuldigung für Untätigkeit“ (14), vorausgesetzt jedenfalls, dass jede Form politi-

Dann aber gälte es, persönliche Verantwortung zu übernehmen und das System zu verlassen.

Drei Dinge sind an Arendts Darstellung politischer Verantwortung festzuhalten: Erstens, dass politische Verantwortung nicht allein die Verantwortung von Politikern und Regierungen betrifft, sondern – auch wenn der Begriff selbst bei Arendt fehlt – als staatsbürgerliche Verantwortung von jedem Einzelnen wahrzunehmen ist. Zweitens handelt es sich um eine Art kollektiver Verantwortung ohne Schuld, die daher rührt, dass wir über unsere Teilnahme an Institutionen in ein politisches System involviert sind, in dem einige Gruppen systematisch schlechter gestellt werden, während andere Gruppen in ihm stärker profitieren; und drittens basiert politische Verantwortung auf der Möglichkeit, öffentlichen Einfluss auf dieses System zu nehmen.[196] Es ist diese Konzeption politischer Verantwortung, die Iris Young in die Debatte um globale Gerechtigkeit übertragen hat (s. 2.3.2). Young interpretiert Arendts Konzeption politischer Verantwortung als „a duty for individuals to take public stands about actions and events that affect broad masses of peoples, and try to organize collective action to prevent massive harm or foster institutional change for the better“ (Young 2011, 76).[197] Politische Verantwortung bedeutet, sich öffentlich zu bekennen und sich im Rahmen seiner politischen Möglichkeiten für bessere Institutionen zu engagieren. In dieser Fassung macht Arendt nicht nur den Weg frei, um staatsmännische durch staatsbürgerliche Verantwortung zu ergänzen; es ist auch offenkundig, dass dieses Verständnis politischer Verantwortung eine weltbürgerliche Verantwortung in Bezug auf globale Regeln, Institutionen und Politiken impliziert.

2.3 Kosmopolitische Verantwortung

Im Durchgang durch drei Etappen der noch jungen Ideengeschichte politischer Verantwortung sind einige markante Besonderheiten zu Tage getreten. Politische Verantwortung ist eine Form assoziativer Verantwortung, in der sich ein gesellschaftliches Interesse ausdrückt, politische Zuständigkeiten für zukünf-

---

scher Beteiligung verbaut ist, etwa wenn „Einwohner oder große Einwohnerschichten gar keinen Zutritt zum öffentlichen Raum haben“ (Arendt 2000, 12).

196 In *Eichmann in Jerusalem* stellt Arendt fest: „There existed not a single organization or public institution in Germany, at least during the war years, that did not become involved in criminal actions and transactions“ (1963, 159).

197 Politische Verantwortung, so Young, „falls in members of a society by virtue of the fact that they are aware moral agents who ought not to be indifferent to the fate of others and the danger that states and other organized institutions often pose to some people“ (Young 2011, 92).

tige Zustände einzurichten, häufig unabhängig von rückblickender Schuld oder kausaler Verursachung. Sie beruht auf der besonderen politischen Macht von Amtsträgern in Bezug auf gemeinsame Regeln, Institutionen und Praktiken, aber auch auf den Einflussmöglichkeiten von Staatsbürgern und Zivilgesellschaft, die Politik in die Verantwortung zu nehmen. Deswegen hängt die Zuschreibung politischer Verantwortung von politischen und persönlichen Voraussetzungen ab, etwa vom Status einer Person, von ihrer Fähigkeit, sich in politische Zusammenhänge einzuarbeiten, mit Überzeugungskraft in der Öffentlichkeit aufzutreten oder sich in politischen Parteien und Initiativen einzubringen.

Zudem haben politische Akteure nicht nur moralische Gründe, ihre politische Verantwortung wahrzunehmen. Wer seiner politischen Verantwortung nicht nachkommt, wird von denen, die dieser gemeinsamen Verantwortung ihrerseits gerecht zu werden versuchen, zur Mitverantwortung aufgerufen und gegebenenfalls sanktioniert. Mit Arendt teile ich die Auffassung, dass sich insbesondere die Verantwortung von Mandatsträgern noch stärker im Strafrecht niederschlagen könnte, etwa im Straftatbestand der Untreue, der Verletzung der Sorgfaltspflicht, des Machtmissbrauchs oder ähnlichem. Zumindest verlieren Politikerinnen, die ihrer Verantwortung nicht nachkommen, das soziale Vertrauen und mit ihm Amt, Reputation und Macht. Aber auch der einzelne Citoyen büßt an öffentlichem Ansehen ein, wenn er sich politisch verantwortungslos verhält. Letztlich basiert politische Verantwortung nicht bloß auf einer moralischen Entscheidung, sondern auf einer öffentlichen Struktur wechselseitiger Inverantwortungsnahme.

Vor diesem Hintergrund geht es nun um die Frage, inwiefern wir analog von einer globalen (kosmo-)politischen Verantwortung sprechen können. Dazu knüpfe ich an die oben eingeführte Unterscheidung zwischen der Übernahme und der Wahrnehmung politischer Verantwortung an. Während die Übernahme von Verantwortung letztlich einen supererogatorischen Akt beschreibt, also etwas, das wir loben, aber nicht einfordern können, soll es sich bei der Wahrnehmung von Verantwortung um eine bereits bestehende Zuständigkeit handeln. Der Vorzug einer rekonstruktivistischen Freilegung bestehender Verantwortungsstrukturen liegt dabei auf der Hand. Es lässt sich klar benennen, wer der Adressat kosmopolitischer Verantwortung ist, worin diese besteht und welche politischen Sanktionen bei Nichtbefolgung greifen. Damit ist eine weitgehende Korrektur an der Auffassung verbunden, wonach politische Verantwortung an Staatsgrenzen endet. Als Staatsbürger teilen wir eine Verantwortung dafür, dass sich unsere Regierung für ein globales Menschenrechtsregime einsetzt; und als Weltbürger bzw. als Mitglied der globalen Zivilgesellschaft wächst uns eine Verantwortung zu, globale Herrschaftsregime zu kritisieren und machbare Reformen zu unterstützen.

Thomas Pogge und Iris Young gehen davon aus, dass wir aufgrund unserer Beteiligung an der Einrichtung und Aufrechterhaltung einer globalen Hintergrundstruktur auch für ihre Gerechtigkeit (oder zumindest Legitimität) zuständig sind. Im Detail weisen beide Ansätze aber erhebliche Unterschiede auf. Während Pogge unsere Verantwortung für globale Gerechtigkeit stärker im Sinne kausaler Folgeverantwortung veranschaulicht, schließt Young gezielt an die Zukunftsperspektive politischer Verantwortung an. Mein Beitrag zu dieser Debatte besteht darin, eine Konzeption kosmopolitischer Verantwortung zusammenzustellen, die die Vorzüge beider Betrachtungen vereint. Mit Pogge teile ich die Auffassung, dass sich unsere kosmopolitische Verantwortung auf eine realistische Utopie der Menschenrechte bezieht und dass es dazu entscheidend ist, auf der Ebene globaler Institutionen anzusetzen (2.3.1). Zudem stimme ich mit Young darin überein, dass unsere kosmopolitische Verantwortung nicht bei der Kompensation für Schäden und Ungerechtigkeiten endet, die der bestehenden Weltordnung zuzurechnen sind. Überall, wo wir mit anderen strukturell verbunden sind, haben wir auch eine positive Verantwortung, die Zustände so fair wie möglich zu gestalten (2.3.2).

2.3.1 Verantwortung aus politischer Komplizenschaft: Thomas Pogge

a) *Umstellung auf negative Pflichten*: Thomas Pogges *Weltarmut und Menschenrechte* (2011, fortan WM) bildet einen der wichtigsten Referenzpunkte in der Debatte um kosmopolitische Verantwortung.[198] Dies liegt vor allem daran, dass Pogge seine Position aus denselben Prämissen herleitet, die üblicher Weise von den Kritikern des Kosmopolitismus angeführt werden. Zumindest auf den ersten Blick beschränkt er sich auf die Zuschreibung kausaler Folgeverantwortung.[199] Gesetzt, dass es verwerflicher ist, „Ausländern durch die Verursachung extremer Armut aktiv Schaden zuzufügen“ als „ihnen weniger zu helfen als wir könnten“ (WM, 18), ließe sich immer noch, so Pogge, von einer weitreichenden kosmopolitischen Verantwortung sprechen. Dazu will er zeigen, dass sich globale Armut direkt auf ungerechte Normen, Institutionen und Politiken zurückführen lässt,

198 Meine Zitierweise richtet sich nach der überarbeiteten deutschen Neuauflage in der Übersetzung von Anna Wehofsitz (2011). Das englischssprachige Original *World Poverty and Human Rights* erschien 2002.

199 In den Worten David Millers: „Pogge's argument does take outcome responsibility seriously; he argues in fact that citizens of rich states are remedially responsible for the plight of the world's poor because they are implicated in responsibility for creating that predicament.“ (2007, 238)

die maßgeblich aus den politischen Entscheidungen des globalen Nordens hervorgegangen sind. In „‚Armenhilfe' ins Ausland" (2010) fasst er diese Argumentation folgendermaßen zusammen:

> Wohlhabende Bürger und Staaten haben gewiss positive moralische Pflichten, Menschen in lebensbedrohlicher Armut zu helfen (wenigstens sofern die Kosten solcher Hilfe für uns bequem tragbar sind). Aber das Etikett lenkt davon ab, dass hier auch strengere, negative Pflichten im Spiel sind – etwa die Pflicht, von uns verursachte schwere Schädigungen zu minimieren, und die Pflicht, ungerechte Verhältnisse nicht zum Nachteil ihrer Opfer auszunutzen. [...] Um diese Verletzungen negativer Pflichten zu vermeiden, müssen wir die Armen zumindest entschädigen. Eine solche Entschädigung ist nicht Hilfe, sondern eine Verminderung der Schäden, die wir ihnen dadurch antun, dass wir sie einer ungerechten Weltordnung unterwerfen, von deren Durchsetzung wir auf ihre Kosten profitieren. (Pogge 2010, 296)

Pogge betont, dass die gegenwärtige Weltordnung globale Armut mitverursacht und dass wir eine Mitverantwortung für das politische Design dieser Ordnung tragen. Ungerecht ist diese Weltordnung insbesondere deshalb, weil in ihr wenige mächtige Staaten ein System von Regeln und Institutionen durchgesetzt haben, von dem sie selbst profitieren, das sich aber auf die Entwicklung ärmerer Staaten negativ auswirkt. Wer sich am Design dieser Weltordnung beteiligt, habe nicht bloß humanitär versagt; vielmehr handele es sich um einen Verstoß gegen die negative Gerechtigkeitspflicht, Schlechtergestellte nicht zu schädigen.

Dem Begriff negativer Pflichten kommt in der Auseinandersetzung mit libertären und partikularistischen Autoren eine besondere Bedeutung zu. In libertärer Perspektive ergeben sich Gerechtigkeitspflichten ausschließlich aus negativen Pflichten, niemanden zu schädigen und begangene Schädigungen zu korrigieren.[200] Der Partikularist folgert daraus, dass die Verantwortung für extreme Armut primär in den betroffenen Staaten selbst zu suchen ist, weil sie sich als ein Resultat von Korruption, Nepotismus oder demokratischen Defiziten herausstellt. Pogge bestreitet dabei lediglich die empirische Analyse, übernimmt aber die libertäre Prämisse. Deswegen haben ihm Kritiker wie Joshua Cohen vorgehalten, sich eine irreführende Unterscheidung zwischen negativen und positiven Pflichten einzukaufen und damit die Bedeutung humanitärer Hilfspflichten unnötig preiszugeben (J. Cohen 2010). Derartige Einwände übersehen aber, dass Pogges Orientierung an negativen Pflichten seinerseits einer politischen Argumentationsstrategie folgt. Es geht ihm im Wesentlichen darum zu zeigen, dass

200 Vgl. zur Unterscheidung von negativen und positiven Pflichten in dieser Debatte die Erörterung in Corinna Mieth 2012, 62–160.

wir selbst dann, wenn wir einen libertären Standpunkt vertreten, eine weitgehende kosmopolitische Verantwortung akzeptieren müssen – und dieser Standpunkt dominiert nun einmal den außenpolitischen Diskurs der USA. In seiner instruktiven Entgegnung auf Joshua Cohen argumentiert Pogge nicht nur für die konzeptionellen Vorteile, die in seiner Diskursumstellung auf negative Pflichten liegen, sondern legt auch diese politische Absicht offen:

> The appeal to negative duties has further advantages in regard to tackling the assurance problems many reforms must overcome. Consider, for example, the fact that most governments allow their banks to accept large deposits from officials in poor countries even when the bankers know that the funds have been embezzled. It is urgent to end this golden opportunity for embezzlers. This can be achieved only if many countries tighten their banking laws. And this in turn may require sanctioning countries that continue to permit their banks to accept such deposits. But so long as such permissiveness is not seen as a negative-duty violation (as harming the people whose money is stolen), there will be little support for sanctions – at least in the Anglophone countries, where the reluctance to sanction positive-duty violations is widespread. (2010a, 181)

Auf den ersten Blick ließe sich eine Reihe von Missständen im globalen Süden auf schädigende Handlungen zurückführen, auf Ausbeutung, Bestechung oder historisches Unrecht. Aber in Pogges Ansatz geht es nicht um einzelne Handlungen. Er verfolgt keinen interaktionalen, sondern einen institutionellen Ansatz globaler Gerechtigkeit (WM, 213). Das heißt, wir (die Regierungen des globalen Nordens und ultimativ ihre Bürger) verletzen viel grundlegendere Pflichten, weil wir eine institutionelle Hintergrundstruktur geschaffen haben, die systematische Ungerechtigkeiten erst ermöglicht. Dabei handelt es sich nicht um eine direkte Schädigung oder willentlich eingegangene Komplizenschaft. Wir sind aber *politische* Komplizen darin, dass in unserem Namen eine Weltordnung eingerichtet wurde, die verheerende Anreize setzt, ausbeuterische Praktiken zulässt und reiche Länder bevorteilt. Die wiedergutzumachende Ungerechtigkeit liegt nicht allein auf der Ebene der konkreten Schädigung, sondern auf der Ebene unseres politischen Versagens vor dem Hintergrund gerechterer Alternativen.[201]

b) *Explanatorischer Nationalismus*: Der erste Schritt in Pogges Argumentation besteht darin zu zeigen, dass schwere Armut nicht allein innerstaatliche Ursachen hat. Dazu muss er sich mit der These des *explanatorischen Nationalismus* auseinandersetzen, die behauptet, dass die strukturellen Ursachen von Armut

201 Deswegen sehe ich auch keinen Widerspruch, wenn Shmuel Nili (2013) betont, dass vor allem Regierungen und nicht globale Institutionen Akteure negativer Pflichtverletzungen sind.

in den betroffenen Ländern selbst liegen.[202] So führt Rawls Armut auf die politische Kultur des jeweiligen Landes zurück, David Miller weist auf die unterschiedlichen Erfolge vergleichbarer Entwicklungsländer hin und Amartya Sen kommt zu dem Schluss, dass Hungersnöte nicht auf Naturkatastrophen, sondern auf Verteilungsprobleme und damit letztlich auf Demokratiedefizite in den betroffenen Ländern zurückzuführen sind.[203] Dass Armut mit innerstaatlichen Faktoren zu tun hat, will Pogge natürlich gar nicht bestreiten. Er weist aber darauf hin, dass innerstaatliche Faktoren durch globale Regeln, Institutionen und Politiken beeinflusst werden. Ein Beispiel dafür sind die Privilegien, die mit der internationalen Anerkennung von Unrechtsregimen einhergehen. In der von uns mitgestalteten Weltordnung wird „jede Gruppe, die die Gewaltmittel eines Landes kontrolliert, international als die legitime Regierung dieses Landes und seiner Menschen anerkannt" (Pogge 2010, 281).

Vor allem das internationale Rohstoff- und Kreditprivileg ermögliche es illegitimen Regierungen, an der Macht zu bleiben und sich hemmungslos zu bereichern. Das *internationale Rohstoffprivileg* (WM, 205 ff.) räumt diesen Regierungen das Recht ein, Eigentumstitel an den Ressourcen des Landes rechtsgültig zu übertragen und Förderrechte zu veräußern. Insbesondere für rohstoffreiche Entwicklungsländer hat diese Regelung katastrophale Auswirkungen. Denn faktisch wirkt sich das Rohstoffprivileg als ein künstliches Anreizsystem für Putschversuche des Militärs oder kleptokratischer Banden aus. Pogge geht in diesem Zusammenhang soweit, von international legitimierter Hehlerei zu sprechen (WM, 143). Verbunden mit dem Recht, auf dem Weltmarkt Waffen zu kaufen, sorgt das Rohstoffprivileg dafür, dass Despoten ihre militärische Machtbasis verfestigen können. Nicht zufällig sprechen wir mit Blick auf Länder wie Nigeria oder dem Tschad von einem Ressourcenfluch (*resource curse*); gemeint ist das Paradox, dass rohstoffreiche Entwicklungsländer oftmals eine schlechtere Entwicklung aufweisen und es in ihnen überproportional häufig zu Putschversuchen und Bürgerkriegen kommt.[204]

Pogges zweites Beispiel betrifft das *internationale Kreditprivileg* (WM, 145 f.). Damit ist gemeint, dass jede Regierung international rechtsgültige Zahlungsver-

---

202 Vgl. WM, 179–182; und Pogges Diskussion der These rein innerstaatlich verursachter Armut (2010, 263–279).

203 Miller zieht den Vergleich zwischen Malaysia und Ghana heran, die sich unter den Bedingungen derselben Weltordnung ganz unterschiedlich entwickelt haben (2007, 241 f.). Vgl. auch: Rawls 1999 und Sen 1983.

204 Leif Wenar (2008) erhärtet den Verdacht, dass der Ressourcenfluch das Resultat einer ungerechten internationalen Eigentumsordnung ist und schlägt daher vor, den Handel mit diesen Ressourcen global zu besteuern.

pflichtungen eingehen darf. Faktisch sozialisiert diese Regelung die Kapitalflucht illegitimer Kleptokratien in rechtsverbindlichen Staatsschulden, die dann auch noch auf demokratisch legitimierten Nachfolgeregierungen lasten. So sitzen oft gerade solche Länder in der Schuldenfalle, die Investitionen in eine moderne Infrastruktur und Bildung am dringendsten benötigen. An Beispielen wie diesen werde deutlich, so Pogge, dass „die Bürger und Regierungen der wohlhabenden Gesellschaften durch Aufrechterhaltung der gegenwärtige Wirtschaftsordnung wesentlich dazu beitragen, dass Armut fortbesteht“ und dass sie daher zumindest einen „Teil der institutionellen moralischen Verantwortung tragen“ (WM, 146).

c) *Menschenrechte als Währung globaler Gerechtigkeit*: Im Resultat muss die These des explanatorischen Nationalismus im globalen Zusammenhang betrachtet werden. Armut lässt sich anhand innerstaatlicher Faktoren erklären, aber bei Lichte besehen hängen diese Faktoren mit einer Hintergrundstruktur aus globalen Regeln, Institutionen und Praktiken zusammen. Wohlhabende Staaten und globale Institutionen wie die Weltbank oder die WTO sind bei der Ausgestaltung dieser Struktur federführend. Sie sind für Missstände, die innerhalb dieser Struktur entstehen, politisch verantwortlich, auch weil sie sie mit Macht durchgesetzt haben, von ihr zu Unrecht profitieren und machbare Alternativen blockieren. Die Regierungen reicher Länder verstoßen nicht bloß gegen ein moralisches Hilfsgebot, sondern durch ihr schädigendes Verhalten gegen fundamentale Gerechtigkeitsgrundsätze, wie sie in der *Universellen Erklärung der Menschenrechte* und den nachfolgenden Menschenrechtspakten festgeschrieben sind: „Wenn ein bestimmtes Menschenrechtsdefizit [...] durch das Zusammenspiel globaler und nationaler Faktoren erzeugt wird und sowohl durch globale als auch durch nationale Reformen behoben werden kann, dann liegt die Verantwortung dieses Defizits [...] bei allen, die sich an der Aufrechterhaltung der globalen [...] Grundordnung beteiligen.“ (WM, 67 f.)

Somit vertritt auch Pogge im Kern einen Menschenrechtsansatz globaler Gerechtigkeit.[205] Für ihn handelt es sich bei Menschenrechten um allgemein akzeptierte politische Ansprüche auf elementare Grundgüter (*basic goods*), die gegenüber offiziellen Garanten dieser Ansprüche erhoben werden und allen

205 Vgl. Thomas Pogge, „Menschenrechte als moralische Ansprüche an globale Institutionen“, 1998; „The International Significance of Human Rights,“ 2000; *Weltarmut und Menschenrechte*, 2008, 70–93; „The Health Impact Fund and its Justification by Appeal to Human Rights“, 2009; „Human Rights and Global Health: A Research Program“, 2005.

Menschen gleichermaßen zustehen.[206] Moralisch werden Menschenrechtsansprüche über das allgemeinmenschliche Interesse an elementaren Grundgütern begründet. Dass wir Menschenrechte aber nicht nur moralisch wichtig finden, sondern sie als Standards globaler Gerechtigkeitsansprüche einsetzen sollten, ist darin begründet, dass sie einen „widespread and enduring consensus" (Pogge 2009, 552) präsentieren.

Für Pogge dürfen Menschenrechte nicht nur nicht verletzt, sondern auch nicht *missachtet* werden. Das impliziert, dass eine Gesellschaft aktiv dafür Sorge zu tragen hat, dass der Zugang zu menschenrechtsrelevanten Gütern garantiert wird. Bereits hier verkehrt sich die negative Verantwortung, Menschenrechte nicht zu missachten, in eine positive politische Gestaltungsaufgabe – und diese positive Verantwortung reicht bis zum einzelnen Citoyen zurück: „Eine offizielle Missachtung der Menschenrechte liegt auch dann vor, wenn sich die Bevölkerung nicht in ausreichendem Maße für die Gegenstände der Menschenrechte interessiert, um sicheren Zugang zu diesen Gegenständen für alle zu gewährleisten, und in diesem Sinne ihre Regierung unterstützt, ermutigt, reformiert oder notfalls absetzt." (WM, 83) Folglich haben sich alle Bürger relativ einflussreicher Staaten für ihre Beteiligung an der Aufrechterhaltung (*involvement in upholding*) menschenrechtsschädigender Regeln, Institutionen und Politiken zu verantworten: „Die Verantwortung für die Menschenrechte einer Person fällt all denen und nur denen zu, die am selben sozialen System partizipieren. Sie tragen gemeinsam die Verantwortung dafür, dieses System so zu organisieren, dass alle Beteiligten sicheren Zugang zu den Gegenständen ihrer Menschenrechte haben" (WM, 87).

Insofern tragen Politikerinnen, Funktionäre internationaler Institutionen oder CEOs globaler Unternehmen eine besondere politische Verantwortung. Am Ende zieht sich die Verantwortungskette aber bis zu jedem Einzelnen durch, sei es, weil er durch sein Konsumverhalten Menschenrechtsverletzungen stillschweigend in Kauf nimmt, sei es, weil er sich nicht für eine Sicherung der Menschenrechte in seinem Verantwortungsbereich engagiert: „This buck", so bringt es Pogge im Original auf den Punkt, „stops with us" (Pogge 2002, 21).

d) *Vom kausalen zum politischen Verantwortungsverständnis*: Pogge begreift das Weltarmutsproblem im Zusammenhang eines global institutionalisierten Unrechtsgeschehens. So gesehen ist unsere Verantwortung gegenüber globaler Armut nicht bloß moralischer Natur, sondern eine Frage der Gerechtigkeit. Es ist

---

206 Vgl. dazu WM, Kapitel 2: „Zum Verständnis der Menschenrechte", 75–78. Für Pogge können Menschenrechte nur von offizieller Seite, „von Regierungen, Regierungseinrichtungen und deren Vertreter, vom Generalstab einer Armee im Krieg und wahrscheinlich auch von Anführern einer Guerilla-Bewegung und den Vorständen großer Unternehmen verletzt werden." (WM, 76)

Teil unserer staatsbürgerlichen Verantwortung, unsere Regierungen öffentlich an ihre Verantwortung für eine faire Außen- und Entwicklungspolitik zu erinnern und diese gemeinsame Verantwortung auch von unseren Mitbürgern einzufordern. Die Erfüllungsbedingung kosmopolitischer Verantwortung betrifft nicht bloß die Korrektur einzelner Schädigungen, sondern die Einrichtung einer effektiven und politisch praktikablen Menschenrechtsordnung.

Der vermeintliche Vorzug, Verantwortung gegenüber globaler Armut als eine Menschenrechtsmissachtung und damit als eine Verletzung negativer Pflichten in den Blick zu nehmen, bringt allerdings auch neue Probleme mit sich. Die Zuschreibung von Verantwortung beruht dann nämlich auf Aussagen über empirisch äußerst verwickelte Sachverhalte. Nehmen wir uns zum Beispiel noch einmal die als Ressourcenfluch bekannt gewordene Korrelation zwischen Rohstoffreichtum und schlechter Regierung vor. Dass das Rohstoffprivileg einen konkreten Militärputsch tatsächlich verursacht, ist schwer zu belegen. Unproblematischer wäre es zu sagen, dass es bestimmte Missstände anreizt und dadurch wahrscheinlicher macht. Damit wird aber bereits relativiert, dass ein nachvollziehbarer kausaler Zusammenhang zwischen einer kontrollierten politischen Entscheidung, der globalen Hintergrundstruktur und einem konkreten Missstand besteht. Daher ließe sich, so der gängigste Einwand, keine kausale Verantwortungskette ausmachen, jedenfalls nicht in hinreichender Eindeutigkeit, um politische oder moralische Sanktionen zu begründen.[207]

Eine tragfähige Antwort auf diesen Einwand bestünde meines Erachtens darin, Pogges Verantwortungsbegriff stärker in der Tradition politischer Verantwortung zu verorten.[208] Denn bei Lichte besehen, muss es gar nicht Pogges Anspruch sein, einen konkreten Missstand kausal auf unsere Beteiligung zurückzuführen. Im Grunde rekonstruiert er lediglich unsere politische Verantwortung gegenüber einer Weltordnung, die politisch machbar und gerechter ist als der Status Quo.

207 Eine entsprechende Kritik am Ressourcen- und Kreditprivileg übt Peter Schaber, der diesbezüglich von „Ermöglichungsbedingungen" anstelle von „Ursachen" extremer Armut spricht (2007, 147). Schaber beruft sich darin auf Jonathan Dancy und dessen Unterscheidung zwischen Gründen, die eine Handlung erklären, und Gründen, die zu den „enabling conditions" dieser Handlung gehören (Dancy 2000, 127).

208 Das würde auch den Einwand entkräften, dass Bürger reicher Gesellschaften die global Armen nicht direkt schädigen. Vgl. zu dieser verbreiteten Kritik: Steven Daskal, „Confining Pogge's Analysis of Global Poverty to Genuinely Negative Duties", 2013; Mathias Risse, „Do We Owe the Global Poor Assistance or Rectification?", 2005; und Uwe Steinhoff, „Why ‚We' Are Not Harming the Global Poor: A Critique of Pogge's Leap From State to Individual Responsibility", 2012.

Entscheidend für die Zuschreibung kosmopolitischer Verantwortung ist daher, erstens, dass sich das globale Regelsystem auf die Entscheidungen unserer Regierungen und daher ultimativ auf unsere politische Mitverantwortung zurückführen lässt, dass es, zweitens, im Rahmen dieses Regelsystem zu Missständen und Menschenrechtsverletzungen kommt, während, drittens, eine gerechtere Weltordnung politisch praktikabel wäre. Wenn wir für Zustände innerhalb unseres politischen Regelungsbereichs zuständig sind, dann hat das nicht nur eine kompensatorisch-rückwirkende Dimension, sondern ist wie jede Form politischer Verantwortung auf die Herstellung zukünftiger Gerechtigkeit gerichtet. Die eigentliche Schädigung besteht somit nicht darin, dass wir einen Missstand bzw. die ihn ermöglichenden Strukturen direkt verursacht haben, sondern darin, dass wir es versäumt haben, eine denk- und machbare politische Ordnung einzurichten, in der solche Missstände minimiert werden. Oder noch präziser: die Schädigung besteht darin, dass wir uns bereits auf eine solche Ordnung in Form eines globalen Menschenrechtsregimes verpflichtet haben, diese politische Verantwortung aber permanent missachten. Das am häufigsten verletzte Menschenrecht betrifft daher den Artikel 28 der AEMR: „Jeder hat Anspruch auf eine soziale und internationale Ordnung, in der die in dieser Erklärung verkündeten Rechte und Freiheiten voll verwirklicht werden können."

Wo aber bereits eine politische Verantwortung für das globale Menschenrechtsregime besteht, lässt sich nicht mehr klar zwischen negativen und positiven Pflichten unterscheiden. Denn die positive Pflicht, sich an der Umsetzung der entsprechenden sozialen und internationalen Ordnung zu beteiligen, und die negative Pflicht, dieses Versprechen nicht zu missachten, laufen auf ein und dasselbe hinaus. Die negative Pflicht, das globale Menschenrechtsregime nicht zu missachten, impliziert die positive Pflicht, das globale System so einzurichten, „dass Menschenrechte in ihm so vollständig wie möglich verwirklicht werden können". (2007, 101)

Im Gegensatz zum Libertarismus liegt der Bezugspunkt globaler politischer Verantwortung in der Zukunft – einer Zukunft, auf die wir uns in Menschenrechtsverträgen bereits verpflichtet haben, aber eben auch eine, die sich nicht durch die reine Unterlassung von Schädigungen realisieren lässt. Statt von einer Umstellung auf negative Pflichten zu sprechen, halte ich es daher für angemessener, Pogges Ansatz über den Begriff politischer Verantwortung zu reformulieren: Wir, Bürger relativ wohlhabender und einflussreicher Staaten, haben nicht nur eine politische Verantwortung dafür, dass in unserem Namen keine Menschenrechte verletzt werden, sondern auch dafür, dass im Rahmen unseres politischen Einflussbereichs eine soziale und internationale Ordnung eingerichtet wird, in der diese Rechte geachtet, garantiert und für jeden erfüllt werden.

Als Fußnote zu diesem Teil sei angemerkt, dass sich Pogge ausdrücklich gegen meinen Vorschlag, ihn in die Tradition politischer Verantwortung einzuordnen, ausgesprochen hat, weil er darin „das Potential kausaler Verantwortungsbegriffe unterschätzt" findet.[209] Mein Vorschlag beruht darauf, dass es auch dort notwendig ist, Zuständigkeiten für globale Ungerechtigkeiten einzuziehen, wo kausale Ursachen umstritten oder unentwirrbar bleiben. Pogge macht dagegen zwei Bedenken geltend. Einerseits ließe sich die Zuschreibung kausaler Verantwortung auch in komplexen Zusammenhängen durchhalten; andererseits zöge die politische Verantwortungskonzeption unfaire Konsequenzen nach sich. Es würden diejenigen unverhältnismäßig zur Verantwortung gezogen, die sich moralisch korrekt verhalten.

Was sein erstes Bedenken betrifft, stimme ich mit Pogge im Grunde überein. Oftmals wird die Zuschreibung kausaler Verantwortung in simplifizierter Form dargestellt. Pogge merkt dazu an, dass schon kleine Beiträge, etwa bei der Emission von Klimagasen, langfristig erhebliche Auswirkungen haben können. Auch das Argument der Ungewissheit unter Komplexitätsbedingungen nehme uns nicht die Möglichkeit, Wahrscheinlichkeiten in Betracht zu ziehen und etwa eine Verbindung zwischen einzelnen Konsumentscheidungen und der existentiellen Not in Herstellerländern zu ziehen. Und drittens seien zwar viele institutionelle und kollektive Schädigungen überdeterminiert – das heißt, eine kritische Masse entstünde mit oder ohne eigenes Zutun –, das bedeute aber nicht, dass keine kausale moralische Verantwortung vorliege: „Beim Engagement für globale Gerechtigkeit geht es [...] wesentlich um die Verantwortung, die moralische Menschen sich selbst zuschreiben, und um die Konsequenzen, die sie aus dieser Selbstzuschreibung ziehen. Und hier wird sich ein moralischer Mensch im Zweifelsfall eher mehr Verantwortung zuschreiben wollen, weil es offensichtlich sehr viel wichtiger ist, eine Untererfüllung als eine Übererfüllung der Pflicht zu vermeiden." (ebd.)

Aus diesen Gründen, argumentiere ich auch nicht dafür, dass wir die Zuschreibung kausaler Verantwortung aufgeben sollten. Ich bin aber davon überzeugt, dass es Fälle struktureller Ungerechtigkeit gibt, in denen sich eine Identifikation kausaler Verantwortung als unmöglich oder, viel entscheidender, als unpraktikabel erweist. In diesen Fällen ist die Zuschreibung weltbürgerlicher Verantwortung, so meine Antwort auf Pogges zweites Bedenken, nicht zwangsläufig unfair. Die Tatsache, dass einige ihrer politischen Verantwortung nachkommen, während andere sich dieser Verantwortung entziehen werden, bedeutet nicht, dass damit „die Anstrengungen einzelner Akteure sozusagen sozialisiert"

209 Ich gehe hier kurz auf Einwände aus Pogges Gutachten zu dieser Arbeit ein.

(ebd.) würden. Politische Verantwortung meint eine geteilte Praxis der wechselseitigen Inverantwortungsnahme, die diejenigen, die ihren *fair share* beitragen, in die Position versetzt, dies auch von anderen einzufordern. Die Verweigerung des eigenen Beitrags ist gerade deshalb doppelt tadelnswert, weil es denen, die ihrer politischen Verantwortung gerecht zu werden versuchen, eine unverhältnismäßige Last auferlegt (siehe 2.4). Zusammengefasst möchte ich festhalten, dass die Differenzen zu Pogge sehr viel geringer ausfallen, als es möglicherweise den Anschein hat. Und wo sie dennoch fortbestehen, glaube ich, dass eine stärkere Abstellung auf politische Verantwortung den praktischen Vorteil hat, dass Zuständigkeiten auf breite Schultern verteilt werden.

2.3.2 Verantwortung aus struktureller Verbundenheit: Iris Young

Bis zu ihrem Tode hat Iris Young am Manuskript von *Responsibility for Justice* (fortan RJ) gearbeitet, das 2011 posthum erschienen ist. Darin knüpft sie an vorhergehende Aufsätze an, in denen sie die Grundzüge ihrer kosmopolitischen Verantwortungskonzeption entwickelt hat.[210] Neu in dieser Schrift ist, dass Young nun – im Anschluss an Hannah Arendt – ausdrücklich von politischer Verantwortung spricht und sich gründlicher mit den wichtigsten Einwänden gegen ihre Konzeption auseinandersetzt. Da sich meine eigene Konzeption in Teilen an Young orientiert, wird mir die Darstellung ihrer Position zugleich die Gelegenheit geben, gängige Einwände aus dem libertären und glücksegalitären Spektrum abzuarbeiten.

a) *Die Totalität politischer Verantwortung*: Youngs Schrift beginnt mit einer Analyse, wie sich die Semantik des Verantwortungsbegriffs im politischen Diskurs der USA in der zweiten Hälfte des 20. Jahrhunderts verändert hat. Galt Armut in der ersten Hälfte noch als nationale Schande und somit als eine Angelegenheit der gesamtgesellschaftlichen Verantwortung, wurde sie seit den 70er Jahren zunehmend als das Resultat von persönlichen Fehlern und Einstellungen interpretiert, bis sie ganz unter das Idiom persönlicher Verantwortung fiel.[211] In der Rhetorik der Eigenverantwortung lebt der Einzelne nicht mehr gegen seinen

210 Vgl. Young, „Verantwortung und globale Gerechtigkeit. Ein Modell sozialer Verbundenheit", 2010 (orig. 2006); und Young, „Political Responsibility and Structural Injustice", 2003. Vgl. auch meine Diskussionen in Hahn, „Iris Marion Youngs Modell politischer Verantwortung", 2013; und Hahn, „The Global Consequence of Participatory Responsibility", 2009a.

211 Interessanter Weise erzählt Ludger Heidbrink (2006a) die Geschichte von persönlicher zu politischer Verantwortung gerade andersherum. Er konstatiert und problematisiert eine voranschreitende *„Sozialisierung der Verantwortung"*.

Willen in Armut, sondern hat sich bereitwillig in einer Transferexistenz eingerichtet. Kurzum, der Fokus wechselt von der gesellschaftlichen Verantwortung für die Hintergründe individuellen Scheiterns hin zur persönlichen Schuldzuweisung.

Nach Young ist diese semantische Verschiebung politisch motiviert. Sie dient dazu, den Rückbau des Sozialstaates und die Rücknahme internationaler Entwicklungshilfezusagen öffentlich zu rechtfertigen. Dabei sei es, so Young, ebenso unplausibel, Armut einseitig als Resultat persönlicher Entscheidungen zu erklären, wie es verfehlt wäre, sie allein auf gesellschaftliche Umstände zu reduzieren. Offensichtlich beeinflussen sich individuelle Entscheidungen und soziale Strukturen *auf eine unentwirrbare Weise* wechselseitig. Zur Veranschaulichung diskutiert Young das Beispiel einer allein erziehenden Mutter, die aufgrund des Zusammenspiels von falschen Entscheidungen und sozialen Faktoren obdachlos wird. Es sind zweifelsohne persönliche Entscheidungen, die zu ihrer Armut beigetragen haben. Zum Beispiel hat sie das College abgebrochen und in diesem Fall eine zu kostspielige Wohnung bezogen. Diese Entscheidungen hat sie aber vor dem Hintergrund sozial gestalteter Faktoren und Wahlmöglichkeiten getroffen. Ein Studium mit Kind stellt eine besondere Hürde dar und Wohnungen in kinderfreundlichen Wohnvierteln mit guten staatlichen Schulen sind kaum erschwinglich.

Deswegen wäre, zweitens, die Umstellung des Sozialstaats auf das Prinzip der Eigenverantwortung nur unter der Voraussetzung zu rechtfertigen, dass jeder Person die gleichen (oder für ein gutes Leben hinreichenden) Wahlmöglichkeiten offen stünden. Diese Voraussetzung ist aber unter den Bedingungen ungleicher oder sogar diskriminierender Entscheidungsstrukturen nicht gegeben. Denn, drittens, funktioniere das Prinzip der Eigenverantwortung lediglich in der idealen Theorie, in der alle Beteiligten ihrer persönlichen Verantwortung nachkommen, also nicht nur die, die Hilfe benötigen, sondern auch die, die Privilegien genießen. Die im Prinzip der Eigenverantwortung vorausgesetzte „equal opportunity society" (RJ, 23) funktioniere aber bereits dann nicht mehr, wenn einige Vermieter oder Arbeitgeber lieber kinderlose Bewerber oder Männer nähmen. Die Umstellung des öffentlichen Diskurses von politischer auf persönliche Verantwortung blendet einfach aus, dass Wahlmöglichkeiten unfair verteilt sind, und lastet dadurch ausgerechnet denjenigen, die die schwächsten sozialen Positionen bekleiden, die alleinige Verantwortung für ein Leben in Armut auf.

Ausgehend von diesen Überlegungen kritisiert Young verschiedene Spielarten des Liberalismus. Im Einzelnen grenzt sie sich gegen den Libertarismus, den Glücksegalitarismus, aber auch gegen Rawls' egalitären Liberalismus ab. Beginnen wir mit dem Libertarismus und Robert Nozick. Sein libertärer Minimalstaat ist geradezu der Gegenentwurf zur Idee einer gesamtgesellschaftlichen Verantwortung für distributive Gerechtigkeit. In Nozicks *entitlement theory* ist Ungleichverteilung gerechtfertigt, solange sie auf persönlichen Entscheidungen beruht.[212] Gesetzt dass...

a) die ursprüngliche Aneignung von Besitz unter fairen Bedingungen geschieht (*justice in acquisition*) – also keine Eigentumsrechte verletzt wurden und genügend gleichwertige Güter für alle anderen übrig blieben –,

b) die Weitergabe dieser Besitztümer freiwillig verlaufen ist (*justice in transfer*) und

c) historische Ungerechtigkeiten in Bezug auf a) und b) ausgeglichen werden (*principle of rectification of injustice*),

...seien die resultierenden Besitzverhältnisse gerecht (*justice in holdings*), und zwar auch dann, wenn es im Ergebnis deutlich besser und schlechter gestellte Personen gäbe (Nozick 2003, „The Entitlement Theory“, 150–154).

Im Kern läuft Youngs Kritik darauf hinaus, dass Nozick eine libertäre Utopie entwirft, die unter nichtidealen Bedingungen aber eine ganz und gar nichtlibertäre Gestalt annehmen müsste. Dies wird mit Blick auf globale Ungerechtigkeit besonders deutlich, da hier kaum von einer historisch gerechten Inbesitznahme von Land und Ressourcen gesprochen werden kann. Wenn wir mit Nozicks Theorie ernst machen, müssten wir nicht nur erhebliche Kompensationszahlungen leisten – etwa den amerikanischen Kontinent an die *First Nations* zurückgeben –, wir müssten auch jeden, der einen Besitz unfreiwillig, also etwa unter Not, unverschuldeter Unwissenheit, Bedrohung oder ungefragt verloren hat, kompensieren. Konsequent zu Ende gedacht, so Youngs Hauptargument, müsste der Libertarismus eine erhebliche gesellschaftliche Verantwortung akzeptieren. Der Staat müsste die Rechtmäßigkeit jeder Besitzaneignung kontrollieren, die mikrosozialen Voraussetzungen für absolut freiwillige Transaktionen schaffen und permanent strukturelle Ungerechtigkeiten ausgleichen. Unter nichtidealen Bedingungen, so der paradoxe Schluss, müsste gerade der Libertarismus starke sozialstaatliche Institutionen als notwendige Voraussetzungen für echte Freiwilligkeit und persönliche Verantwortung einfordern.

Im Gegensatz zum Libertarismus befasst sich der Glücksegalitarismus (*luck egalitarianism*) ausführlich mit den sozialen Hintergründen von Entscheidungsfreiheit. Youngs Kritik ist hier auf die Version von Ronald Dworkin gerichtet, und insbesondere darauf, dass Dworkin die persönliche Verantwortung gegenüber

212 In Nozicks einschlägigem Beispiel sind Zuschauer dazu bereit, höhere Ticketpreise in Kauf zu nehmen, um Wilt Chamberlain, den NBA-Star der 70er Jahre, zu sehen. Die sich daraus ergebende Ungleichheit ist das Produkt freiwilliger Entscheidungen, eine Vermögenssteuer wäre, in Nozicks drastischer Ausdrucksweise, „on a par with forced labor“ (2013 [1974], 169).

den eigenen Entscheidungen trennscharf von der gesamtgesellschaftlichen Verantwortung für nicht kontrollierbare Handlungsumstände absondert.[213] Diese vordergründig plausible Unterscheidung basiert für Young aber auf einer irreführenden Dichotomie zwischen Entscheidungsfreiheit und Glück. Für sie setzen persönliche Entscheidungen immer schon einen Kontext von Wahlmöglichkeiten voraus, der bestimmte Personen privilegiert und andere benachteiligt. Unter den vorliegenden Optionen wählen wir nicht einfach nur diejenigen aus, die unseren Wünschen entsprechen, sondern wir bilden bereits unsere Wünsche auf Grundlage der vorliegenden Optionen. Das bedeutet, eine ungleiche soziale Position eröffnet uns nicht nur ungleiche Entscheidungsoptionen, sie beeinflusst zudem, was sich unterschiedliche Personen wünschen und zutrauen. Ob ein Kind besser lernt, weil es sich besonders anstrengt oder weil die sozialen Voraussetzungen für dieses Kind besonders günstig sind, so dass es besser als andere den Wunsch zu lernen ausbilden konnte, lässt sich nach Young nicht getrennt voneinander beantworten. Praktisch handelt es sich um eine nur analytisch existierende Unterscheidung, die aber wiederum den politischen Sinn hat, die Gesellschaft aus der Verantwortung zu nehmen.

Young schließt sich damit einer verbreiteten Kritik am Glücksegalitarismus an, die unter anderem auf Elizabeth Anderson (1999) zurückgeht. Für Anderson tendieren Glücksegalitaristen dazu, einen mitleidigen Blick auf diejenigen zu werfen, die das ‚Unglück' hatten, benachteiligende Eigenschaften zu besitzen oder die sich in wichtigen Dingen falsch entschieden haben. Unsere gesellschaftliche Verantwortung, diese Unglücklichen zu kompensieren, beruhe allein auf ihrem persönlichen Unglück, nicht aber auf etwas, was die Gesellschaft mitzuverantworten hätte.[214] Dabei werde übersehen, dass die wenigsten Eigenschaften und Entscheidungen allein aus sich selbst heraus nachteilig sind: „If these disadvantages occur largely because of the placement of persons with those attributes in a particular social structural context, however, then it is the institutions and norms that should be critizised and changed, rather than the person who should be pitied and compensated." (RJ, 31/32)

Als Beispiel führt Young an, dass der Hurrikan Katrina nicht einfach ein Unglück gewesen sei, sondern sich erst aufgrund sozial segregierter Wohnviertel, politisch verantworteter Sicherheitsmängel und eines miserablen Gesundheits-

213 Young bezieht sich vor allem auf Dworkin, *Sovereign Virtue: The Theory and Practice of Equality*, 2000.

214 In diesem Sinne konstatiert Young: „Dworkin fails to distinguish between causes of relative disadvantage that are simply unlucky and those that result from social organization and processes." (RJ, 28)

systems desaströs auswirken konnte. Entsprechend gäbe es „a large category of circumstances beyond a single person's control that affect her life prospects, however, that are not matters of luck in these sorts of ways. They are instead traceable to the arrangement of institutional rules, the power that some individuals and groups have within institutions, the way that social processes have become materialized in the built environment, and the cultural habits that people have formed" (RJ, 33).

Persönliche Entscheidungen entstehen immer schon vor dem Hintergrund einer gesellschaftlichen Grundstruktur. Auf den ersten Blick ähnelt dies Rawls' Grundstruktur-basiertem Gerechtigkeitsansatz. In *A Theory of Justice* (1971, TJ) bestimmt Rawls den Gegenstand seiner Gerechtigkeitstheorie als „the basic structure of society".[215] Nach Rawls legt die Grundstruktur „various social positions" fest, welche die „initial chances" (TJ, 7) beeinflussen. Entsprechend beziehen sich Rawls' Gerechtigkeitsgrundsätze auf den, wie er es in *Political Liberalism* verdeutlicht, „institutional background against which these transactions and decisions take place" (PL, 1993, 283).

Für Young greift Rawls' Definition der gesellschaftlichen Grundstruktur aber zu kurz, da sie lediglich eine Auswahl politischer und wirtschaftlicher Institutionen betreffe.[216] Während die wichtigsten gesellschaftlichen Arrangements nach Maßgabe der beiden Gerechtigkeitsgrundsätze verfasst werden sollen, bleiben private Interaktionen diesem Reglement entzogen. Darin folgt auch Rawls der liberalen Unterscheidung zwischen gesellschaftlicher und persönlicher Verantwortung. Young sieht sich dagegen in der Aristotelisch-Hegelianischen Tradition, wonach unsere „responsibilities in relation to issues of justice" (RJ, 70) bei unseren persönlichen Einstellungen und Entscheidungen beginnen. Es gibt beispielsweise keine rein privaten Kaufentscheidungen, weil wir uns schon durch unser Konsumverhalten an gerechtigkeitsrelevanten sozialen Strukturen beteiligen. Die Verfassung ist zweifellos ein bedeutsames Organ dieser Struktur, aber im Grunde auch nur ein Symptom der gelebten Sittlichkeit.

Ich halte Youngs, aber auch Axel Honneths, Martha Nussbaums (2013) oder Onora O'Neills (1996) Ansicht für plausibel, dass sich die Frage der Gerechtig-

---

215 Gemeint ist „the way in which the major social institutions distribute fundamental rights and duties and determine the diversion of advantages from social cooperation. By major institutions I understand the political constitution and the principal economic and social arrangements." (TJ, 6)

216 Rawls selbst argumentiert diesbezüglich aber nicht immer eindeutig. G. A. Cohen (2000) hat darauf hingewiesen, dass Rawls' Konzeption der Grundstruktur den öffentlichen und privaten Bereich gar nicht durchgehend trennt. So betont er wiederholt, dass die Familie zu den gerechtigkeitsrelevanten Institutionen der Grundstruktur einer Gesellschaft zählt.

keit nicht auf die wichtigsten staatlichen Institutionen und ihre Repräsentanten beschränken kann. In ihrer Kritik am Liberalismus geht es Young gewissermaßen darum, die Kampfzone nach innen wie nach außen auszuweiten. Nach innen wird der Kampf um soziale Gerechtigkeit bis in persönliche Verhaltensweisen hineingetragen, etwa wenn wir auf sprachliche Feminisierungen achten. Und nach außen macht sie darauf aufmerksam, dass wir es bereits mit globalen strukturellen Prozessen zu tun haben, die nicht durch partikulare Verfassungen oder Institutionen zu regeln sind.

Zusammengenommen läuft Youngs Kritik am Liberalismus darauf hinaus, dass er die Totalität politischer Verantwortung verkennt. Er konstruiere das Ideal einer vollkommen gerechten Gesellschaft, in der es keine sozialen Statusunterschiede gibt, in der jede Person dasselbe soziale Selbstbewusstsein ausbilden kann und Chancenungleichheiten aufgrund natürlicher Unterschiede vollständig neutralisiert werden. In dieser Gesellschaft wäre jede Person weitgehend für ihre Entscheidungen persönlich verantwortlich und der Sozialstaat könnte auf eine öffentliche Versicherungsanstalt gegen Unglücksfälle zurückgebaut werden. Unter nichtidealen Bedingungen haben wir es aber mit struktureller Ungerechtigkeit zu tun, die schon die Architektur privater Entscheidungsmöglichkeiten betrifft. Unter diesen Bedingungen, so Youngs oberstes Anliegen, könne die Gesellschaft nicht so tun, als ob soziale Unterschiede die Resultate feiwilliger Entscheidungen sind, und dürfe sich daher nicht vollständig aus dem Raum persönlicher Verantwortung zurückziehen.

b) *Strukturelle Ungerechtigkeit*: Für Young bildet nicht die Grund-, sondern die Gesellschaftsstruktur (*social structure*) den ersten Gegenstand der Gerechtigkeit.[217] Ihr Begriff der Gesellschaftsstruktur weist vier Merkmalen auf: Erstens ist eine Gesellschaftsstruktur dadurch gekennzeichnet, dass sie bestimmte Handlungen zugleich ermöglicht und beschränkt. Sie stellt sie uns Auswahlmöglichkeiten („range of options“, RJ, 55) zur Verfügung, legt uns aber auch auf gesellschaftlich erschlossene Handlungspfade fest. Das zweite Merkmal einer Gesellschaftsstruktur besteht darin, dass sie jeder Person eine soziale Position zuweist, die sie in unterschiedlicher Weise verwundbar für Diskriminierung, Beherrschung oder Armut macht. Drittens betont Young, dass Gesellschaftsstrukturen keine natürlichen Gegebenheiten sind, sondern in sozialen Praktiken entstehen, über Institu-

217 Damit knüpft sie an einen Begriff an, der in der sozialwissenschaftlichen Theoriebildung des 19. und 20 Jahrhunderts eine bedeutende Rolle spielt. Unter anderem folgt sie dem Begriffsgebrauch von Anthony Giddens (1979) und Pierre Bourdieu (2005).

tionen fortlaufen und sozial sanktioniert werden.[218] Das vierte Merkmal bezieht sich darauf, dass das Handeln in Gesellschaftsstrukturen zu unbeabsichtigten und unvorhersehbaren Konsequenzen führen kann. Gesellschaftsstrukturen eröffnen großräumige Handlungsfelder, in denen Menschen miteinander interagieren und ihre eigenen Projekte verfolgen. Im Zusammenspiel vieler Akteure kann es zu Doppelwirkungen und unbeabsichtigten indirekten Negativfolgen kommen.[219] Strukturelle Prozesse, so Youngs Pointe, führen zu Konsequenzen, die zwar jeder durch sein Handeln mitverursacht, die aber keinem identifizierbaren Akteur zugeschrieben werden können.

Youngs Beschreibung der Gesellschaftsstruktur macht deutlich, dass Ungerechtigkeit ohne Verschulden vorliegen kann. Die Struktur einer Gesellschaft legt ungleiche Voraussetzungen für persönliche Entscheidungen fest. Zwar reproduziert sie sich aus dem normenkonformen Verhalten aller Beteiligten, aber diese Beteiligung ist alternativlos. Die Ungerechtigkeit liege somit nicht im Verhalten der Akteure, sondern in der Struktur selbst: „Structural injustice, then, exists when social processes put large groups of persons under systematic threat of domination or deprivation of the means to develop and exercise their capacities, at the same time that these processes enable others to dominate or to have a wide range of opportunities for developing and exercising capacities available to them.“ (RJ, 52)

Daran schließt sich die Frage an, wie sich Verantwortung für strukturelle Ungerechtigkeit zurechnen lässt. Klar ist, dass sich das Modell kausaler Folgeverantwortung oder, wie sie es nennt, das Haftbarkeitsmodell hier als ungeeignet erweist, weil niemand strukturelle Ungerechtigkeit absichtlich verschuldet – oder auch nur zu einem bestimmbaren Anteil mitverursacht.[220] Aber ließe sich

---

218 „People act within institutions where they know the rules, that is, understand that others have certain expectations of how things are done, or that certain patterns of speech and behavior have certain meanings, and that individuals will react with sanction or in other, less predictable ways if the implicitly formulated or formal rules are violated.“ (RJ, 61)

219 Als Beispiele zieht Young Erkenntnisse aus der Stauforschung und die Asiatische Währungskrise von 1997 heran, Beispiele, die zeigen sollen, wie das Zusammenspiel vieler Akteure zu unbeabsichtigten und unvorhersehbaren Resultaten führen kann. Eine gute Aufarbeitung dieses Problems findet sich in Ludger Heidbrink, *Kritik der Verantwortung. Zu den Grenzen verantwortlichen Handelns in komplexen Kontexten*, 2003, 289–295; vgl. auch: Weyma Lübbe, *Verantwortung in komplexen kulturellen Prozessen*, 1998.

220 „The primary reason that the liability model does not apply to issues of structural injustice is that structures are produced and reproduced by large numbers of people acting according to normally accepted rules and practices, and it is in the nature of such structural processes that their potentially harmful effects cannot be traced to any particular contributors to the process.“ (RJ, 100)

nicht zumindest wie bei Pogge von einer Verantwortung aus Komplizenschaft sprechen? Young diskutiert diesen Einwand in Bezug auf die Theorie der Komplizenschaft von Christopher Kutz (2000). Kutz unterscheidet zwischen Fällen, in denen wir den Beteiligten eine geteilte Absicht („participatory intentions", Kutz 2000, 74 f.) zur Schädigung unterstellen können – sein Beispiel ist die Bombardierung Dresdens –, und einem Fall, in dem wir es mit unstrukturierten kollektiven Schädigungen („unstructured collective harm", Kutz 2000, 166 f.) zu tun haben, wo also die Schädigung von den Beteiligten weder beabsichtigt, noch billigend oder fahrlässig in Kauf genommen wurde. Laut Young ist diese Konstellation typisch für globale strukturelle Ungerechtigkeit. Wir beteiligen uns an einem System, wozu es für uns keine echte Alternative gibt, in dem aber einige Beteiligten extrem schlechter gestellt werden. Der Ausdruck der Komplizenschaft sei hier aber fehl am Platz, weil er impliziere, dass die Beteiligten mit dem Ergebnis ihrer beitragenden Handlung einverstanden sind, während ihnen andere Handlungsalternativen offen gestanden hätten.[221] Verantwortung gegenüber struktureller Ungerechtigkeit rühre aber daher, dass wir ohne echte Alternative an strukturellen Prozessen teilnehmen, die tiefgreifend in das Leben der daran Beteiligten eingreifen. Young spricht in diesem Zusammenhang von Verantwortung aus sozialer Verbundenheit: „Our responsibility derives from belonging together with others in a system of interdependent processes of cooperation and competition through which we seek benefits and aim to realize projects. Within these processes, each of us can expect justice toward ourselves, and others can legitimately make claims of justice on us" (RJ, 105).

Dieses Modell einer Verantwortung aus sozialer Verbundenheit grenzt sich in fünf Punkten vom Modell kausaler Folgeverantwortung ab: Erstens soll die Zuschreibung von Verantwortung *nicht isolierend* sein, weil alle an den strukturellen Prozessen Beteiligten in der Mitverantwortung stehen. Gegenstand der Verantwortung ist, zweitens, nicht die einzelne Entscheidung, sondern eben die *Hintergrundstruktur*, unter der sich Entscheidungen bilden und in bestimmter Weise auswirken. Drittens ist die Verantwortung gegenüber struktureller Ungerechtigkeit *eher voraus- als zurückblickend*. Es geht nicht um Ursachenforschung, sondern darum, wie die Hintergrundstruktur in Zukunft gerechter gestaltet werden kann. Viertens handelt es sich um eine *geteilte Verantwortung* („shared

---

221 „In the absence of an *intend* to produce this outcome", so Young, „surely those who participate should not be found *guilty* in the same way" (RJ, 103) Im Grunde greift das Modell der Komplizenschaft aber selbst dann noch, wenn eine Person gar nicht um die Risiken und Nebenfolgen ihres Handelns weiß, es aber nach allem Ermessen wissen müsste. Zur ihrer indirekten Folgeverantwortung gehört die Pflicht, sich über die wesentlichen Zusammenhänge zu informieren.

responsibility", RF, 109 f.)[222], die sich darauf richtet, strukturelle Prozesse gemeinsam mit anderen umzugestalten, so dass sie weniger Ungerechtigkeit hervorbringen. Und schließlich, fünftens, ist diese Verantwortung nur mittels kollektiver Handlungen zu erfüllen. Sie fordert von den Beteiligten, sich mit anderen zusammenzutun, um strukturelle Reformen durchzusetzen.

d) *Kosmopolitische Verantwortung*: Nicht zufällig handelt es sich bei den fünf Merkmalen der Verantwortung aus sozialer Verbundenheit um Definitionsmerkmale politischer Verantwortung – mit dem einzigen Unterschied, dass sich die Verantwortung nicht mehr allein auf die staatliche Grundstruktur, sondern auf soziale Strukturen mit globaler Reichweite bezieht.[223] Als Beispiel für globale strukturelle Ungerechtigkeit führt Young das globale Wirtschaftsregime an. Dieses Regime hat auch solche Volkswirtschaften an den Weltmarkt angeschlossen, die nicht mit den entwickelten Ländern konkurrieren können, es hat Gene kommodifiziert, Nahrungsmittel zum Spekulationsobjekt gemacht, das geistige Eigentum der entwickelten Welt geschützt und die Ausbeutung von Bodenschätzen ohne Rücksicht auf die Schäden für Mensch und Umwelt freigegeben. Ein Fall, den Young ausführlich diskutiert, betrifft die globale Kleidungsindustrie. Die Kleidung der Bevölkerung der ersten Welt wird weitgehend unter menschenrechtsverletzenden Umständen produziert. Diese Struktur wird durch ein allgemeines Konsumverhalten in Gang gehalten. Es wäre für Young aber irreführend zu sagen, dass die Modekonsumenten, die Betreiber von Ausbeutungsbetrieben oder große Kleidungsimporteure wie KiK, C&A oder H&M schuldig für diese Missstände sind. Denn alle Akteure handeln innerhalb vorstrukturierter Bahnen, die zu einem erbitterten Wettbewerb führen. Das schließt schuldhaftes Verhalten nicht aus, aber auch dort, wo sich Schädigungen nicht nachweisen lassen oder Alternativlosigkeit vorherrscht, lassen sich in Youngs Modell Zuständigkeiten bestimmen. Denn indem alle Beteiligten nach gemeinsamen Spielregeln handeln und sie dadurch reproduzieren, trägt jeder, also nicht nur derjenige, der in dieser Struktur besser gestellt ist, eine *prima facie*-Verantwortung für faire Wettbewerbs-

222 Young übernimmt diesen Ausdruck von Larry May (*Sharing Responsibility*, 1992) und definiert ihn folgendermaßen: Eine geteilte Verantwortung meint „a responsibility I *personally* bear, but I do not bear it alone. I bear it in the awareness that others bear it with me; acknowledgement of my responsibility is also acknowledgement of the inchoate collective of which I am a part, which together produces injustice. The ground of my responsibility lies in the fact that I participate in the structural processes that have unjust outcomes". (RJ, 110)

223 „Responsibility in relation to injustice thus derives not from living under a common constitution, but rather from participation in the diverse institutional processes, that produce structural injustice." (RJ 119)

regeln und insgesamt für eine Wirtschaftsordnung, in der Menschen- und Arbeitnehmerrechte geachtet werden.

Wie aber lassen sich konkrete Zuständigkeiten identifizieren, wenn alle Akteure unschuldig sind und jeder Beteiligte dieselbe politische Verantwortung teilt? Der praktische Sinn des Verantwortungsjargons liegt ja darin, dass wir auf jemanden mit dem Finger zeigen und sagen können, wofür sie oder er zuständig ist. So ist es zwar plausibel, dass jeder, der mit struktureller Ungerechtigkeit in Verbindung steht, eine *prima-facie*-Verantwortung teilt, die konkrete Zuständigkeit bestimme sich aber, so Young, über die soziale Position, die ein Akteur innerhalb der Struktur einnimmt und ihr oder ihm unterschiedliche Möglichkeiten eröffnet, die Struktur zu beeinflussen. Diese Position wird durch vier Koordinaten bestimmt. Zuständig ist zunächst einmal jeder, der über die entsprechenden *Machtmittel* verfügt, strukturelle Prozesse zu verändern. Eine besondere politische Verantwortung fällt damit Regierungen, Funktionären und Politikern, aber auch CEOs, Reichen und Prominenten zu; sie betrifft aber auch die besonderen Einflussmöglichkeiten von Lehrern, Eltern, Bürgern mächtiger demokratischer Staaten, etc. Zweitens haben diejenigen eine besondere Verantwortung, die eine *privilegierte Position* in der Struktur ausfüllen; aber nicht etwa, weil sie unrechtmäßig profitieren, sondern weil sie aufgrund ihrer Privilegien besser in der Lage wären, sich Strukturveränderungen anzupassen.[224] Aber auch die Opfer struktureller Ungerechtigkeit selbst haben eine besondere Verantwortung, weil sie ein besonderes *Interesse* daran haben, die Struktur zu verändern, und besondere Kenntnisse mitbringen, wo der Kampf gegen Ungerechtigkeit am dringendsten und aussichtsreichsten ansetzen könnte.[225] Eine besondere Verantwortung entsteht schließlich dort, wo ein Akteur eine besondere kollektive Fähigkeit (*collective ability*) hat, weil sie oder er auf das Verhalten vorhandener Gruppen Einfluss nehmen kann: „Some agents are in positions where they can draw on the resources of already organized entities and use them in new ways for trying to promote change" (RJ, 147). Young denkt hier an Gewerkschafts- oder Kirchengruppen

224 Es ist eine interessante normative Frage, ob aus dem Profitieren selbst, also ohne Verschulden, eine besondere Verantwortung erwächst. Dem gehen Anwander/Bleisch in „Beitragen und Profitieren" (2007) nach.

225 In einer früheren Version weist Young zudem darauf hin, dass die Benachteiligten eine besondere Kenntnis der strukturellen Probleme mitbringen: „To the extent that those with significant interests in transformation and those who are harmed through structural injustices have more insight and determination in such transformative projects, their voices should have particular influence in organizations and movements that aim to change the structures." In: „Political Responsibility and Structural Injustice", 2003, 18.

sowie an Aktionärs-Vereinigungen, lässt aber Partei- und NGO-Mitglieder beiseite.[226]

e) *Inverantwortungsnahme*: Wir haben nun die wichtigsten Motive von Iris Youngs politischer Verantwortungskonzeption vor uns liegen. Ich betrachte sie als eine wichtige Ergänzung zu anderen Konzeptionen, weil sie uns erlaubt, Zuständigkeiten festzulegen, wo (praktisch) kein Verschulden nachzuweisen ist. Wir haben eine politische Verantwortung allein deswegen, weil sich innerhalb unseres politischen Regelungsbereichs moralisch inakzeptable Missstände ereignen und insofern uns politische Möglichkeiten offen stehen, die sozialen Hintergrundstrukturen zu beeinflussen. Allerdings drängen sich auch drei Kritikpunkte auf.

Erstens hat Young wenig über die Einforderbarkeit dieser Verantwortung zu sagen. Politische Verantwortung legt einen Zuständigkeitsrahmen, aber keine exakten Handlungspflichten fest. Deshalb liege es an jedem selbst herauszufinden, „what is reasonable for us to do, given our abilities and our particular circumstances" (RJ, 143). Bereits in früheren Versionen betont sie, dass es die Sache jedes Einzelnen sei zu „entscheiden, welche Handlung am Nützlichsten und welche Ungerechtigkeit am dringlichsten ist" (Young 2010, 364). Sie meint, dass wir ohnehin mehr Verantwortung teilen, „als vernünftigerweise von uns eingefordert werden kann" (ebd.). Zwar müsse jede Person „in ihren Handlungen die Absicht erkennen lassen, etwas zur Verwirklichung dieser Konsequenzen beizutragen" und sich vor anderen dafür rechtfertigen, da aber „die Handlungen einer Person auf viele moralische Forderungen treffen [...], bleibt es weitgehend eine Ermessensfrage, wie eine Person ihre Verantwortung umsetzen soll" (Young 2010, 363).

In der überarbeiteten Version in *Responsibility for Justice* formuliert sie diesen Punkt schon etwas schärfer: „We can and should be *critized* for not taking action, for not taking enough action, taking ineffective action, or taking action that is counterproductive"; und weiter setzt sie hinzu: „we also have a right and an obligation to critizise the others with whom we share responsibility." (RJ, 144) Trotzdem bleibe es auch hier im Ermessen der Einzelnen, für sich selbst zu entscheiden, mit welchen Ansätzen und Handlungen sie ihrer Verantwortung gerecht zu

---

226 An anderer Stelle macht sie dafür deutlich, dass politische Verantwortung in demokratischen Gesellschaften bis zur staatsbürgerlichen Verantwortung zurückreicht: „The imperative of political responsibility consists in watching these institutions, monitoring their effects to make sure that they are not grossly harmful, and maintaining organized public spaces where such watching and monitoring can occur and citizens can speak publicly and support one another in their efforts to prevent suffering." (RJ, 88)

werden versucht: „We should not be blamed or found at fault for what we do to try to rectify injustice, even if we do not succeed." (RJ, 143)

Bei der Zuschreibung politischer Verantwortung geht es für Young eben nicht um Schuld-, sondern um Zuständigkeitsfragen; aber wenn X im Rahmen ihrer Zuständigkeit zu wenig oder nicht das Richtige tut, wie können wir X kritisieren, ohne X zugleich zu beschuldigen, ihrer politischen Verantwortung nicht gerecht zu werden? Damit ist das Problem verbunden, dass Young von moralisch interessierten Einzelpersonen ausgeht, die für sich herausfinden möchten, worin ihre politische Verantwortung liegt. Aber wenn wir Zuständigkeiten anhand der genannten vier Parameter festlegen, wird klar, dass die größte politische Verantwortung bei Regierungen und bei den Spitzen globaler Institutionen und Unternehmen zu suchen wäre. Denn diese Akteure sind offensichtlich am ehesten in der Lage, globale Strukturen zu beeinflussen.[227] Letztlich handelt es sich dabei aber um Akteure, die nicht sonderlich motiviert sein dürften, eine Struktur zu verändern, die sie selbst durchgesetzt haben und von der sie profitieren. Zudem tragen insbesondere Regierungsvertreter eine politische Verantwortung gegenüber dem Wohl ihres eigenen Volkes. Young gibt keine plausible Antwort darauf, wie die mächtigsten Akteure auf globaler Ebene zur Verantwortung gezogen werden können. Um Staaten und globale Institutionen in die Verantwortung zu nehmen, müssen wir nicht nur klare Ziele vorgeben – wie etwa im Rahmen der Nachhaltigen Entwicklungsziele – sondern wir müssen auch festlegen, was genau sie tun sollen und welche *accountability*-Mechanismen bei Nichtbefolgung greifen.

Mein zweiter und damit zusammenhängender Kritikpunkt lautet, dass Young nichts zur Rangordnung zwischen unterschiedlich dringlichen Verantwortungsbereichen sagt. Die von ihr vorgeschlagenen Beurteilungsparameter führen eher dazu, dass sich unsere persönliche Verantwortung auf das direkte Umfeld beschränkt. Entsprechend stellt sie fest: „It is up to the agents who have a responsibility to decide what to do to discharge it within the limits of other moral considerations" (RJ, 143) Das Problem liegt hier darin, dass wir mehr Verantwortlichkeiten haben als wir erfüllen können, so dass wir uns für bestimmte Aufgaben entscheiden müssen. Strukturen lassen sich am ehesten dort beeinflussen,

---

227 Exakt dieselbe Antwort und auch eine sehr ähnliche Konzeption indirekter Verantwortung für Hintergrundstrukturen angesichts komplexer Kausalketten vertritt Elizabeth Ashford. Nach Ashford obliegt „jenen, die ohne Zwang an ungerechten Institutionen beteiligt sind [...] gemeinsam eine negative Pflicht der Gerechtigkeit, diese Institutionen zu ändern." Allerdings müssen auch bei ihr die „einzelnen Mitglieder [...] selbst entscheiden, wie sie ihren Anteil an der negativen Pflicht [...] erfüllen" (2007, 207).

wo wir über persönliche Beziehungen oder institutionalisierte Verfahren mit anderen verbunden sind. Aber schon im Falle unserer staatsbürgerlichen Verantwortung liegen die tatsächlichen Einflussmöglichkeiten zumeist, wie Julian Nida-Rümelin es ausdrückt, „unter der Wahrnehmungsschwelle des politischen Systems“ (Nida-Rümelin 2011, 146). Was nun unsere globale politische Verantwortung betrifft, wächst dieses Ohnmachtsgefühl noch. Selbst die Macht der Regierung eines reichen Landes scheint unzureichend, um strukturelle Veränderungen bewirken zu können. Es wäre daher vernünftiger, unsere begrenzten Ressourcen dort einzusetzen, wo wir das meiste erreichen können, also eher für soziale Gerechtigkeit im eigenen Staat und vor allem für unsere Familie, Freunde und Nachbarn.

Eine Rangordnung zwischen unterschiedlichen Verantwortungsbereichen allein an faktischen Einflussmöglichkeiten festzumachen, führt letztlich zu unpolitischen Haltungen. Bei der Festlegung von Zuständigkeiten müssen wir daher zusätzlich in Betracht ziehen, dass es sich bei globalen Ungerechtigkeiten um besonders schwerwiegende Menschenrechtsverletzungen handelt.[228] Die meisten werden zustimmen, dass in unsere moralischen Überlegungen auch die Dringlichkeit und das Gewicht von Missständen einfließen sollten.[229] Ich schlage daher vor, Youngs Ansatz durch einen Menschenrechtsansatz zu ergänzen, in dem Menschenrechte zwar keine Trümpfe, aber besonders gewichtige Gründe darstellen. Die um einen Menschenrechtsansatz ergänzte Version politischer Verantwortung lautet dann folgendermaßen: Insofern X mit Y und Z in sozialen Strukturen verbunden ist und wenn Y unter den vorherrschenden Strukturen erniedrigt, ausgebeutet oder diskriminiert wird, fällt X eine *prima facie*-Verantwortung dafür zu, diese Strukturen gemeinsam mit Y und Z zu verändern. X's besondere Zuständigkeit richtet sich dann nach ihrer politischen Machtposition sowie nach der Dringlichkeit und Gewichtigkeit der jeweiligen Missstände.

Zum dritten richtet sich meine Kritik darauf, dass Young keine kosmopolitische Verantwortung zurechnen kann, ohne die Konzeption kausaler Folgeverantwortung durch die Hintertür wieder einzuführen. Nach ihrer Konzeption erwächst unsere kosmopolitische Verantwortung daraus, dass wir in der Lage

---

228 Robert Goodin schlägt vor, den Grad der Verantwortung in Relation zur Schwere des jeweiligen Missstandes zu bestimmen (Goodin 1985). Ebenso weist Corinna Mieth darauf hin, dass der Grad einer Verpflichtung auch von den involvierten Gütern abhängt (Mieth 2012, Kap. 1.5.). Vgl. ebenso: Mieth 2011 und für die entsprechende Kritik an Young: Hahn 2009a.

229 Young selbst bestreitet natürlich nicht die Bedeutung fundamentaler Menschenrechte, die sie als Gründe bezeichnet, gegen die es „keine moralisch stichhaltigen Argumente gibt“ (Young 2010, 338). Aber sie diskutiert nicht die Bedeutung der Menschenrechte oder anderer moralischer Gründe bei der Priorisierung unterschiedlicher Zuständigkeiten.

sind, die strukturellen Prozesse, die zu globaler Ungerechtigkeit führen, politisch zu gestalten. Das impliziert eine kausale Verbindung zwischen unserem politischen Handeln und ungerechten Strukturen. Wenn aber gilt, dass strukturelle Prozesse zu schweren, wenn auch unbeabsichtigten Menschenrechtsverletzungen führen, und es zudem richtig ist, dass wir über unsere politischen Einflussmöglichkeiten mit diesen Prozessen verbunden sind, dann lässt sich unsere Verantwortung wie bei Pogge als eine politische Teilschuld an der Einrichtung, Aufrechterhaltung oder zumindest an der Hinnahme menschenrechtsmissachtender Strukturen beschreiben.

Über die uns entgegenwachsenden politischen Einflussmöglichkeiten kehrt die Konzeption einer *politischen* Folgeverantwortung zurück ins Bild. Auch wenn wir nicht kausal für die strukturell zustande gekommenen Menschenrechtsverletzungen in der Bekleidungsindustrie belangt werden können, machen wir uns doch zu politischen Komplizen, wenn wir unsere politischen Einflussmöglichkeiten nicht deutlicher dafür einsetzen, diese Strukturen zu verändern. Entweder wir haben die Möglichkeit, eine politische Veränderung herbeizuführen, und dann sind die innerhalb unseres Einflussbereichs vorherrschenden Missstände der Ausdruck eines schuldhaften politischen Versagens; oder aber unser politisches Handeln verläuft in denselben vorstrukturierten Bahnen, auf die wir keinen entscheidenden Einfluss nehmen können, und dann wären die Voraussetzungen für die Zurechnung politischer Verantwortung gar nicht mehr gegeben.

Diese Inkohärenz lässt sich zum Teil damit erklären, dass Young von der Praxis gegenseitiger Beschuldigung wegkommen will. Im Hintergrund steht ihre in der Auseinandersetzung mit dem Liberalismus gewonnene Einsicht, dass sich empirisch oftmals nicht sauber zwischen schuldhafter Verursachung und schuldloser Befolgung vorgegebener Optionen unterscheiden lässt. Die Konzeption einer Verantwortung ohne Schuld hat somit auch den politischen Sinn, den Streit über Komplizenschaft beizulegen, der uns davon abbringt, über gemeinsame Lösungen nachzudenken. Entsprechend betont sie, dass ihr Modell „rethorische Vorteile in der öffentlichen Diskussion" haben soll, weil es das „Be- und Entschuldigungsspiel" (*blame shifting*) beende (Young 2010, 361).

Wie Martha Nussbaum bin ich aber der Ansicht, dass Young hier das Kind mit dem Bade ausgießt.[230] Denn dass es praktisch sinnvoll sein kann, niemanden in die Ecke zu treiben und den unergiebigen Diskurs über vergangene Schuld zu beenden, ist zweifellos richtig. Es ist Teil unserer politischen Verantwortung,

---

230 Martha Nussbaum drückt ihr Unbehagen über den normativen Status dieser pragmatischen Argumente in ihrem Vorwort zu *Responsibilty for Justice* aus (RJ, xx). Darin stellt sie klar, dass eine Schuldzuweisung „also a powerful incentive to make reparations" (RJ, xxiv) sein kann.

Schlusspunkte zu setzen. Wie gesehen, sah Max Weber darin sogar das Wesen politischer Verantwortung. Aber Young macht damit die Möglichkeit zunichte, Kritik am politischen Versagen zu üben.

Insgesamt erscheint es plausibler anzuerkennen, dass es verschiedene Kontexte gibt, in denen die eine oder die andere Strategie eher angebracht ist. Für die von Pogge herausgehobenen Fehlkonstruktionen im globalen Regelsystem ist es sinnvoll, auf konkrete Regierungen und Institutionen zu zeigen, die aus nationalen Interessen oder unentschuldbarer Gleichgültigkeit schwere Ungerechtigkeiten in Kauf genommen haben. Wo die Schuldzusammenhänge unklar werden, kann es hingegen Sinn machen, die Perspektive zu wechseln, und sich über politische Verantwortung zu verständigen, die aus der geteilten Sorge für eine gemeinsame Zukunft herrührt. Aber auch hier gilt, dass die Wahrnehmung politischer Verantwortung allen geschuldet wird, die bereits ihren Teil dieser gemeinsamen Verantwortung leisten.

2.3.3 Eine Typologie globaler politischer Verantwortung

Das Problem des moralischen Kosmopolitismus bestand darin, dass unter den gegebenen Institutionen kein politischer Akteur in der Lage und damit zuständig ist, Schritte in Richtung einer Weltrepublik einzuleiten. Deshalb ist auch niemand berechtigt, dies über den moralischen Appell hinaus einzufordern. Das soll im politischen Kosmopolitismus anders sein. Er macht *bestehende* Verantwortungsverhältnisse explizit, indem er zeigt, dass das globale Menschenrechtsregime bereits auf allen Ebenen Zuständigkeiten und Praktiken der Inverantwortungsnahme angelegt hat. Vor diesem Hintergrund entsteht ein komplexes Bild kosmopolitischer Verantwortung, das ich anhand der von Hans Lenk und Matthias Maring eingeführten Strukturformel von Verantwortung erläutern werde (Lenk/Maring 1993, 229 ff.). Diese Formel unterscheidet sechs ineinander greifende Verantwortungsrelationen:[231]

> *Ein* Verantwortungssubjekt ist *für* etwas *gegenüber* einem Adressaten *vor* einer sanktionierenden Instanz *in Bezug auf* ein normatives Kriterium und *im Rahmen eines* bestimmten Verantwortungsbereichs verantwortlich.

231 Vgl. auch die erweiterte Strukturformel Valentin Becks in: *Eine Theorie der globalen Verantwortung*, 2016, 36–48.

Es ist nun nahe liegend, diese Strukturformel in Hinsicht auf unterschiedliche Ebenen politischer Verantwortung auszufüllen und dabei zunächst mit der kosmopolitischen Verantwortung einzelner Staaten bzw. ihrer Regierungen zu beginnen:

> *Regierungen* von Staaten sind verantwortlich *für* die Achtung, Sicherung und Verwirklichung von Menschenrechten, *gegenüber* allen ihrer Politik unterworfenen Personen, *vor* der Staatengemeinschaft, dem Völkerrecht und der Zivilgesellschaft, *in Bezug auf* das Ideal eines globalen Menschenrechtsregimes und *im Rahmen* ihres Hoheitsgebiets und ihres Einflussbereichs in internationalen Organisationen, Verhandlungen und Beziehungen.

Zweitens gibt es eine institutionelle Folgeverantwortung internationaler Organisationen und transnationaler Unternehmen, deren negative Pflicht nach Pogge darin besteht, Menschenrechtsverletzungen zu unterlassen und gegebenenfalls zu korrigieren:

> Internationale Organisationen und Körperschaften sind *für* ihre Komplizenschaft bei der Durchsetzung und Aufrechterhaltung menschenrechtsmissachtender Regeln, Institutionen und Praktiken, *gegenüber* allen davon Betroffenen *vor* der Staatengemeinschaft, dem Völkerrecht und der globalen Zivilgesellschaft, *in Bezug auf* die realistische Utopie eines globalen Menschenrechtsregimes und *im Rahmen* ihres internationalen Einflusses verantwortlich.

Beide hier genannten Formen globaler institutioneller Verantwortung setzen eine kosmopolitische Struktur der Inverantwortungsnahme voraus. Die politische Kontrolle und Sanktionierung dieser Verantwortung ist wiederum, drittens, Gegenstand einer globalen zivilgesellschaftlichen Verantwortung. Eine besondere Rolle spielt dabei die staatsbürgerliche Verantwortung, der eigenen Regierung ein Mandat für kosmopolitische Reformen zu geben und sie dementsprechend zu kontrollieren.[232] Daneben wächst uns aber auch zunehmend eine weltbürgerliche Verantwortung zu, globale Herrschaft über politische Initiativen mitzugestalten, etwa wenn globale Verbraucher- und Arbeitnehmerschutzinitiativen wie die *International Labour Organization* (ILO) Kontrollfunktionen gegenüber globalen Unternehmen übernehmen oder wenn NGOs als *amici curiae* in die

232 Die Idee eines staatsbasierten Kosmopolitismus besagt, dass Staaten die elementaren Bausteine einer kosmopolitischen Ordnung bilden, weil nur sie weltbürgerliche Einstellungen kultivieren, internationale Regeln schaffen und diese mit legitimer Gewalt durchsetzen können. Für unterschiedliche Versionen vgl. Robert Alexi, „Die Institutionalisierung der Menschenrechte im demokratischen Verfassungsstaat", 1998; Seyla Benhabib, *Another Cosmopolitanism*, 2007; Ryoa Chung: „The Cosmopolitan Scope of Republican Citizenship", 2003; Peter Niesen, „Kosmopolitismus in einem Land", 2012; sowie Lea Ypi, „Statist Cosmopolitanism", 2008.

Entscheidungsprozesse internationaler Schiedsgerichte einbezogen werden.[233] Auf die Strukturformel gebracht lautet die zivilgesellschaftliche Verantwortung wie folgt:

> *Jede Person* ist qua Mitglied in der nationalen und globalen Zivilgesellschaft *für* die Kontrolle und öffentliche Einforderung globaler politischer Verantwortung, *gegenüber* ihrer Regierung, globalen Institutionen und Unternehmen, *vor* ihren Mitbürgern, mit denen sie gemeinsam diese Funktion wahrnimmt, *in Bezug auf* die realistische Utopie eines globalen Menschenrechtsregimes und *im Rahmen* ihrer kollektiven Fähigkeiten und sozialen Position verantwortlich.

Es bleibt unbenommen, dass sich Personen aus freien Stücken eine weitergehende moralische Verantwortung auferlegen, und auch, dass es zusätzliche Gründe für Staaten und internationale Institutionen gibt, eine humanitäre Hilfspflicht anzuerkennen. Entscheidend für die Zurechnung politischer Verantwortlichkeiten ist es ohnehin, dass die drei genannten Typen ineinander greifen. Insbesondere die zivilgesellschaftliche Verantwortung hat im Rahmen des globalen Menschenrechtsregimes eine Verbindlichkeit herstellende Funktion. Wir sind nicht nur deswegen verpflichtet, weltbürgerliche Verantwortung wahrzunehmen, weil dies moralisch richtig ist, sondern weil andere, mit denen wir politisch in diesem gemeinschaftlichen globalen Projekt verbunden sind, das Recht haben, sie öffentlich von uns einzufordern. Um die eigene Mitverantwortung für das globale Menschenrechtsregime erfolgreich wahrnehmen zu können, müssen andere Mitglieder der Zivilgesellschaft ihrer Verantwortung ebenso gerecht werden. Gegebenenfalls sind wir daher berechtigt, andere Akteure öffentlich zu diskreditieren, ihnen den Respekt als Weltmitbürger zu verweigern und ihnen politisches Versagen, Komplizenschaft oder Gleichgültigkeit vorzuwerfen.

2.4 Grenzen kosmopolitischer Verantwortung

Wenn jeder Einzelne als Staats- und Weltbürger für die realistische Utopie eines globalen Menschenrechtsregimes zuständig ist, erscheint diese Verantwortung in mehrfacher Hinsicht grenzenlos zu sein. Nicht nur, dass sie sich auf fern liegende Orte und Jurisdiktionen bezieht, sie macht auch vor unseren persönlichen Gewohnheiten nicht halt und hat keinen, wie Rawls es einfordert, „cut-off point" (LP, 106), der endgültige und mittelfristig erreichbare Erfüllungsbedingungen

233 Vgl. Bogdandy/Venzke 2014, 243 ff.

festlegt. Diese Totalität globaler politischer Verantwortung wirft umgehend die Frage auf, ob es nicht Grenzen der Verantwortung geben müsse.

Um diesem Problem zu begegnen, setzt die realistische Utopie eines globalen Menschenrechtsregimes bei der institutionell verankerten Verantwortungsstruktur an, durch die Zuständigkeiten vorgeklärt und Einzelpersonen entlastet werden. Diese Entlastungsfunktion erweist sich unter nichtidealen Bedingungen und angesichts der Wichtigkeit zivilgesellschaftlicher Mitverantwortung als ungenügend. Kurzum, die Idee einer weltbürgerlichen Mitverantwortung verlangt von uns, lieb gewonnene Verhaltensweisen zu verändern und unser alltägliches Handeln auf den Prüfstand zu stellen. Damit sehe ich mich mit ähnlichen Kritikpunkten konfrontiert, wie sie in der Debatte gegen Peter Singer und andere Vertreter des utilitaristischen Kosmopolitismus vorgebracht wurden.[234] In Singers Sichtweise tragen Bürger relativ wohlhabender Staaten eine moralische Hilfsverantwortung, die erst dann endet, wenn es auf der Welt keine Armut mehr gibt oder der Grenznutzen erreicht ist, die Helfenden also selbst unter die Armutsgrenze zu fallen drohen (Singer 1994, 1997, 2002, 2007, 2009). Damit wird der westliche Lebensstil mit einer Radikalität in Frage gestellt, die eine Reihe von Gegenargumenten auf den Plan gerufen hat.

Die gängigsten Einwände werde ich nun abschließend entkräften, indem ich zeige, dass sie die Konzeption politischer Verantwortung nicht in gleicher Weise betreffen. Ich beginne mit dem Überforderungseinwand (i) und setze mich dann mit dem Argument moralischer Arbeitsteilung (ii) und *Fair-share*-Argumenten (iii) auseinander. Letztlich beanspruche ich aber nicht, sämtliche Probleme ausräumen zu können. Im Gegenteil, ich teile die Bedenken von Bernard Williams oder Samuel Scheffler, die in der Idee einer unbegrenzten Verantwortung einen Widerstreit mit dem Wert persönlicher Freiheit erkennen (iv). Globale Verantwortung und Freiheit, so deute ich ihre Kritik, stehen sich unter nichtidealen Bedingungen unversöhnlich gegenüber. Ich meine aber nicht, dass die Diagnose eines solchen Widerstreits überhaupt ein Argument für Freiheit und gegen Gerechtigkeit ist. Es bleibt eine nicht auszuräumende Tatsache, dass persönliche Freiheit oftmals mit unserer sozialen Verantwortung kollidiert. Dies spricht nicht gegen die Tatsache einer globalen Verantwortung, sondern gerade dafür, dass wir uns verstärkt um eine institutionelle Ordnung bemühen sollten, unter der sich beides besser vereinbaren lässt.

i) Überforderung: Der Überforderungseinwand basiert darauf, dass sich globale Gerechtigkeitspflichten entweder psychologisch oder epistemisch als

---

234 Vgl. die Diskussion (und Verwerfung) der wichtigsten Argumente durch Richard J. Arneson 2004.

unpraktikabel erweisen.[235] Beides sind für meine Gerechtigkeitstheorie ernstzunehmende Herausforderungen. Das Argument *epistemischer* Überforderung besagt folgendes: Wer persönliche Gerechtigkeitspflichten gegenüber struktureller Ungerechtigkeit einfordert, hat ein falsches Verständnis davon, was eine einzelne Person wissentlich kontrollieren kann. Das Sollen setzt hier ein kontrafaktisches Können voraus, und zwar dergestalt, dass eine normale Person weder die strukturellen Ursachen globaler Ungerechtigkeit vollständig durchschauen kann noch mit hinreichender Sicherheit weiß, wie sie diese Strukturen effektiv beeinflussen könnte. In diesem Sinne gibt Ludger Heidbrink zu Bedenken, dass die Verantwortungsrhetorik ein „Welt- und Menschenbild" voraussetze, „dass nicht mehr zeitgemäß ist, weil es von entscheidungsmächtigen und handlungsmächtigen Akteuren ausgeht, denen die Übernahme der Verantwortung für ihre Lebensführung und die gemeinwohlorientierte Gestaltung der Gesellschaft mehr oder weniger direkt zugeschrieben werden kann" (2006a, 143). Während politische Verantwortung ursprünglich eben nur Staatsmännern und ähnlich exponierten Entscheidungsträgern zugeschrieben wurde, seien einzelne Individuen und Bürger mit ihr überfordert, und zwar nicht nur, weil ihre Handlungsmacht zu gering ist, sondern schon deswegen, weil sie sich gar nicht das erforderliche Wissen über makroökonomische, gesetzgeberische oder entwicklungspolitische Zusammenhänge aneignen können und somit die langfristigen Folgen ihrer Entscheidungen uneinsehbar bleiben.[236]

Dieser Einwand wiederholt im Grunde das Bedenken gegen den moralischen Kosmopolitismus, dass einzelne Akteure ein globales Gerechtigkeitsideal weder politisch noch kognitiv in zielführende Schritte übersetzen können. Allerdings ist der Fall im Rahmen einer politischen Verantwortungskonzeption günstiger gelagert, weil es darin eben primär darum geht, bestehende Verantwortlichkeiten wahrzunehmen. Dies ist immer noch eine komplexe Verantwortung, aber eine, die sich in situativ spezifizierbare Alltagshandlungen übersetzen lässt.[237] Allgemein sind Komplexität und Ungewissheit ohnehin keine Hürden, vor die uns

---

235 Zudem gibt es eine Diskussion über materielle Überforderung. Demnach wären nicht viele Menschen in wohlhabenden Ländern in der Position zu spenden, weil ihr Wohlstand in Relation zu den realen Bedürfnisanforderungen sehr gering ausfällt. Jerome Segal errechnet in diesem Zusammenhang ein „need-required income" (NRI) für reiche Gesellschaften (Segal 1998, 177). Ähnlich spricht Robert Goodin von „relative needs", von Grundbedürfnissen, die danach berechnet werden müssen, was eine Person braucht, um in ihrer jeweiligen Gesellschaft ein achtbares Leben zu führen (Goodin 1995, 244 ff.).

236 Vgl. zum Einwand der kognitiven Überforderung in langfristigen und komplexen Entscheidungen auch Julian Nida-Rümelin 1993.

237 Vgl. Pogges Ausführungen zur situativen Spezifizität (2011, 91).

ausschließlich unsere kosmopolitische Verantwortung stellt. Vielmehr handelt es sich um ein Merkmal vieler assoziativer Verantwortungsverhältnisse (vgl. Heidbrink 2007). Wer in der Verantwortung steht, seinen Kindern eine gute Ausbildung zu ermöglichen, trifft auf ebenso widersprüchliche wie hochkomplexe pädagogische Modelle, muss Entscheidungen unter Ungewissheit treffen und findet dafür keinen vorgegebenen *cut-off point*. Epistemische Schwierigkeiten verkomplizieren die Wahrnehmung kosmopolitischer Verantwortung erheblich, sie sind aber kein Grund, uns aus bestehenden Verantwortlichkeiten zu stehlen.

In diesem Beispiel schwingt aber bereits die zweite Version des Einwandes mit, wonach Menschen *psychologisch* damit überfordert seien, sich die massenhaft auftretenden Interessen von Fremden zu Eigen zu machen.[238] Denn gerade weil unsere besondere Verantwortung gegenüber unserer Familie und Nation komplexe Dinge von uns verlangt, fehlt es an der Motivation, Verantwortung für globale Missstände zu übernehmen – zumal wenn wir weder die tiefer liegenden Ursachen dafür kennen, noch mit Sicherheit einschätzen können, was wirklich hilft. Genau deswegen setze jede Art assoziativer Verantwortung eine psychologische Identifikation mit dem Verantwortungsobjekt voraus. Für eine kosmopolitische Verantwortung fehle es aber an der erforderlichen weltbürgerlichen Solidarität.[239]

Das ist zutreffend, gilt aber eben nicht ohne Einschränkungen. Um das Identifikations- bzw. Motivationsproblem zu lösen, setzt der politische Kosmopolitismus bei der Beschreibung politisch bereits institutionalisierter Verantwortlichkeiten an. Wir nehmen unsere Verantwortung im Rahmen politischer Zugehörigkeiten wahr, eben als Teilnehmer einer politischen Gesellschaft, die Menschenrechte als Ausdruck ihrer eigenen Gerechtigkeitskonzeption anerkennt. Die Motivation dafür, Menschenrechte nicht zu missachten und sich an der gemeinsamen Verwirklichung eines globalen Menschenrechtsregimes zu beteiligen, setzt keinen globalen Verfassungspatriotismus voraus. Da es sich um eine institutionell verankerte Verantwortung handelt, die mit unserem Gerechtigkeitssinn korrespondiert und von anderen eingefordert wird, ist die kosmopoli-

---

238 Singer wird wiederholt vorgeworfen, dass er unrealistische Ideen über die Motive und das Verhalten von Menschen vertrete. Vgl. die Diskussion in Garett Cullity, *The Moral Demands of Affluence*, 2004, 90–109.

239 Vgl. etwa Craig Calhoun, „Social Solidarity as a Problem for Cosmopolitan Democracy“, 2007. Dieses Bedenken teilen kommunitaristische, nationalistische und partikularistische Autoren; beispielsweise Samuel Scheffler (2001) oder David Miller (2007). Pablo Gilabert (2005) versucht in diesem Zusammenhang zu zeigen, dass Pogges Ansatz eine Konzeption kosmopolitischer Solidarität voraussetzt.

tische Verantwortungskonzeption dem Überforderungseinwand zumindest nicht in gleicher Weise ausgesetzt wie der kosmopolitische Utilitarismus.

ii) *Moralische Arbeitsteilung*: Modelle moralischer Arbeitsteilung machen ebenfalls einen nachvollziehbaren Vorschlag, kosmopolitische Verantwortung zu begrenzen.[240] Ziel ist es, Zuständigkeiten zu ordnen, oftmals so, dass sich unsere persönliche Verantwortung stärker auf unsere Nahbeziehungen beschränkt, während der Staat die Aufgabe hat, soziale Gerechtigkeit und Freiheit für ein abgestecktes Territorium zu garantieren. Die Durchsetzung globaler Menschenrechtsnormen obliegt dann in der Hauptsache Staatenbündnissen und globalen Institutionen. Menschenrechtsverletzungen in entfernten Ländern fallen in diesem Modell nicht in unseren persönlichen Zuständigkeitsbereich. Es handele sich in der Hauptsache um eine interne Angelegenheit des jeweiligen Staates und in zweiter Linie um die Angelegenheit regionaler Menschenrechtsjurisdiktionen, des UN-Menschenrechtsregimes sowie einflussreicher Organisationen und Staaten. Verantwortung für Menschenrechte ist institutionell und territorial begrenzt, nicht persönlich und global.

Dieses Argument hat sich aber bereits als unplausibel erwiesen. Erstens bringt es ideale und nichtideale Perspektiven durcheinander. Unter nichtidealen Bedingungen werden Menschenrechtsverletzungen zu unserer Angelegenheit, weil es an robusten globalen Garanten fehlt und sich nationale und internationale Akteure nicht an ihre bestehenden Verantwortlichkeiten halten. Zweitens basiert das Ideal eines globalen Menschenrechtsregimes darauf, dass es von einer starken Zivilgesellschaft am Boden verwirklicht und politisch kontrolliert werden muss.[241] Die willkommene Entlastungs- und Koordinierungsfunktion von Institutionen stützt sich darauf, dass wir unsere staats- und weltbürgerliche Verantwortung wahrnehmen. Und drittens haben Menschenrechtsmissachtungen oftmals globale strukturelle Hintergründe, die sie zu einer globalen und persönlichen Angelegenheit machen.

iii) *Fair-share-Argumente*: Einen dritten Ansatzpunkt zur Eingrenzung kosmopolitischer Verantwortung liefert das *Fair-share*-Argument, wie es von Liam Murphy vorgetragen wurde.[242] Demnach könne jede Person nur zu dem Anteil

240 Auch dieses Modell wird der Sache nach von vielen partikularistischen Autoren bevorzugt, nicht zuletzt von John Rawls (1999). Ausdrücklich thematisiert wird es von Peter Koller (2003).

241 Darauf, dass internationale Menschenrechtsverträge erst Wirklichkeit werden, wenn sie durch die Zivilgesellschaft aufgegriffen und lokal umgesetzt werden, verweist Andrea Schapper in: *From the Global to the Local: How International Rights Reach Bangladesh's Children* (2014).

242 Murphys kollektives Wohltätigkeitsprinzip (*collective principle of beneficence*) „requires agents to promote the well-being of others up to the level of sacrifice that would be optimal under full compliance" (2003, 7).

verpflichtet werden, der bei allgemeiner Normenbefolgung ausreichte, einen in gemeinsamer Verantwortung liegenden Missstand zu beseitigen. Von einer Person mehr zu fordern, weil sich andere Parteien unverantwortlich verhalten, wäre gegenüber jeder verantwortungsbewusst handelnden Person unfair. Denn solange es Trittbrettfahrer, kriminelle oder einfach gleichgültige Teilnehmer gibt, würde diese Person für ihre Compliance-Bereitschaft quasi mit einem zusätzlichen Pflichtanteil bestraft. In Bezug auf unsere globale Verantwortung bedeutet dies, dass wir sie nur insoweit wahrzunehmen haben, wie es braucht, um globale Ungerechtigkeiten gemeinsam zu bekämpfen, vorausgesetzt, dass jeder seinen entsprechenden Beitrag leistet. Gerade weil es sich um eine nur durch kollektive Anstrengungen zu erfüllende Verantwortlichkeit handelt, so der Kern dieses Einwandes, muss ihr Maßstab die hypothetische Normenkonformität aller daran Beteiligten sein.

Indem Murphys Argument auf die ideale Annahme vollständiger Normenkonformität bezogen bleibt, verfehlt es aber den ergebnisorientierten Sinn und nichtidealen Anwendungskontext politischer Verantwortungsdiskurse. Darin soll eine gemeinsame Zuständigkeit für künftige Zustände festgelegt werden, und dies zwar nicht unabhängig davon, was andere zu leisten bereit sind, aber auch und gerade in der Erkenntnis, dass Einige zu wenig zur Beseitigung von Missständen beitragen oder diese sogar verursachen. Dies wird in einer einfachen Variation von Singers Teichbeispiel deutlich: Wenn zwei Personen an einen Teich mit zwei ertrinkenden Kindern vorbeigehen, ist zwar zunächst jede Person nur für die Rettung eines Kindes zuständig. Wenn aber die erste Person einfach weitergeht und sich zudem herausstellte, dass sie selbst eines der Kinder in den Teich geschubst hat, fordern wir trotzdem, dass die verbleibende Person beide Kinder ans Ufer zieht. Ihre Verantwortung allein relational zur Verantwortung anderer Personen zu bestimmen, statt die lebensbedrohliche Notlage des Kindes als ausschlaggebend zu betrachten, ist in diesem Fall völlig kontraintuitiv. Zwar ist es richtig, dass die Wahrnehmung politischer Verantwortung die wahrscheinliche Compliance hinreichend vieler Beteiligter erfordert, aber eben keine ideale Compliance im Sinne einer allgemeinen Normenbefolgung.

Wenn nun einige Akteure ihrer globalen politischen Verantwortung nicht nachkommen, schädigen sie damit nicht nur die Opfer, sondern treiben auch die Aufwendungskosten für diejenigen Akteure in die Höhe, mit denen sie diese Verantwortung gemeinsam tragen. Wie gesagt liegt es im Wesen politischer Verantwortung, Zuständigkeiten für unhinnehmbare Zustände festzulegen – und solange das Ziel der Beseitigung schwerer Menschenrechtsverletzungen in zumutbarer Weise erreichbar bleibt, endet die Verantwortung dafür nicht mit der Abgeltung eines fairen Anteils, sondern bei der Zumutbarkeit der erforderlichen

Beitragshandlungen.[243] David Miller sieht das anders. Für ihn gäbe es in diesem Fall zwar humanitäre Gründe, mehr Verantwortung zu übernehmen, aber eben keine *einforderbare* Gerechtigkeitspflicht.[244] Aber Millers nationalistischer Blickwinkel übersieht eben auch, dass es bereits Normen, Institutionen und Praktiken zur Zuschreibung und Wahrnehmung globaler politischer Verantwortung gibt – und dass es merkwürdig erscheint, den Anteil der eigenen Mitverantwortung aufgrund der Non-Compliance menschenrechtsmissachtender Regime klein zu rechnen, statt die gemeinsame Verantwortung von vornherein nur in Hinsicht auf die Gesamtverantwortung achtbarer Staaten zu bestimmen.[245]

iv) *Der Instrumentalisierungseinwand*: Zuletzt wird gegen Singer von unterschiedlicher Seite eingeworfen, dass sich seine Verantwortungskonzeption nicht mit der Idee personaler Autonomie verträgt, mit der Freiheit also, eigene Ideen und Vorlieben unabhängig von den Bedürfnissen anderer verfolgen zu können. Der üblicherweise gegen den Utilitarismus vorgebrachte Instrumentalisierungseinwand richtet sich auch gegen die kosmopolitische Verantwortungskonzeption (vgl. B. Williams 1979). Denn im Grunde müssten wir unser ganzes Leben in den Dienst globaler Gerechtigkeit stellen. Zumindest hätten wir uns ständig gegenüber denjenigen zu rechtfertigen, die von uns mehr politisches Engagement, fairen Konsum oder eine bessere Informiertheit erwarten. Diese Tendenz zur totalen Inverantwortungsnahme macht uns aber, wie Samuel Scheffler es ausdrückt, zu heteronomen Wesen: Wir versklaven uns am Leid und den Entscheidungen der Anderen (Scheffler, 1982, 94). Von der Freiheit, uns über unsere selbstgewählten Projekte zu definieren, bliebe dann nicht viel übrig. Damit ist die entscheidende Frage nach dem Verhältnis zwischen Gerechtigkeit und persönlicher Freiheit aufgeworfen. Wie lässt sich der Anspruch auf ideosynkratische Selbstverwirklichung mit den Forderungen politischer Verantwortung versöhnen?

In seiner Auseinandersetzung mit dem Konsequentialismus hat Bernhard Williams diese Frage aus verschiedenen Blickwinkeln diskutiert. Wie jede konsequentialistische Ethik bezieht sich die Verantwortungsethik auf Zustände in der Welt. Sie schreibt positive Verpflichtungen zur Herstellung oder Bewahrung dieser Zustände zu und anerkennt damit das, was Williams als negative Verantwortung

---

243 Stefan Gosepath unterscheidet fünf Hinsichten zur Zuschreibung und Gewichtung von Verantwortung. Relevant zur Bestimmung politischer Verantwortung sind aber vor allem die Schwere des Missstandes, die Fähigkeit, gemeinsam zu helfen, und die institutionelle Verflechtung mit dem Geschädigten bzw. den Mithelfern (Gosepath, 2007, 231 ff.).

244 In: Miller, „Taking Up the Slack? Responsibility and Justice in Situations of Partial Compliance", 2011.

245 Derselbe Vorwurf lässt sich gegen Millers Beitrag zur fairen Verteilung von Flüchtlingen erheben (Miller 2016).

bezeichnet: „Falls ich überhaupt für irgendetwas verantwortlich bin, dann muss ich ebenso für das verantwortlich sein, was ich zulasse oder nicht verhindere, wie für das, was ich selbst [...] hervorbringe“ (B. Willams 1979, 58). Diese Verbindung zwischen Verantwortung und Unterlassung ist zwingend, wenn sich unsere Verantwortung nicht allein auf Handlungen bezieht, die wir selbst kontrollieren, sondern auf Zustände in der Welt. Negative Verantwortung zu haben, bedeutet in Williams' Diktion, dass wir für Handlungen zur Rechenschaft gezogen werden, die andere begangen haben. Dies lässt sich an den besonderen Fürsorge- und Schutzpflichten, die Eltern gegenüber ihren Kindern haben, verdeutlichen. Zu fragen, ob Eltern aufgrund ihrer Rollenverantwortung instrumentalisiert werden, wäre, so Williams, eine Überlegung zu viel.[246]

In unserer Diskussion scheint der Fall aber anders zu liegen. Eine weitgehende Verantwortung für globale Gerechtigkeit ist nicht in gleicher Weise selbstevident. Insofern richtet sich Williams ursprünglich gegen den Utilitarismus gemünzter Vorbehalt auch gegen die kosmopolitische Verantwortungskonzeption. Er beruht darauf, dass Personen für die Handlungen Dritter verantwortlich gemacht werden, was wiederum mit einer fundamentalen moralischen Idee, die Williams als die Integrität der Person bezeichnet, unvereinbar erscheint. Unsere personale Integrität beruht letztlich darauf, dass wir nicht stellvertretend für andere in Haft genommen werden dürfen. Genau das ist aber der Fall, wenn wir in die politische Verantwortung für Missstände geraten, die durch das Verhalten anderer zustande gekommen sind. „Vielleicht sollten wir“, räumt Bernard Williams selbst ein, „einfach die Integrität zugunsten solcher Dinge wie dem Interesse für das Allgemeinwohl vergessen“ (B. Williams 1979, 63). Wenn wir aber die Integrität von Personen als einen unaufgebbaren Wert ansehen, kommt es zum Widerstreit zwischen politischer Verantwortung und unserem Anspruch, eine selbstbestimmte Person zu sein.

Bernard Williams hat diesen Widerstreit an mehreren einschlägigen Beispielen illustriert. Das bekannteste handelt vom Cowboy Jim, der von einer Gruppe Soldaten vor die Wahl gestellt wird, entweder wahllos einen unschuldigen Gefangenen zu erschießen und dadurch die Freilassung aller anderen Gefangenen zu bewirken, oder sich zu weigern, für welchen Fall die Soldaten damit drohen, alle Gefangenen auf der Stelle hinzurichten. Williams will dieses Dilemma nicht lösen. Er problematisiert lediglich, dass der Konsequentialismus uns dazu

---

246 Am Ende von „Person, Character, and Morality“ (1982, 17/8) meint B. Williams, dass ein Mann in einer Notlage eher seine Frau als einen Fremden retten würde und dass jede Überlegung, ob dies auch aus unparteiischer Perspektive richtig sei, „one thought too many“, sprich: überflüssig und unangemessen wäre.

erzieht, in diesem Beispiel gar kein Dilemma zu sehen. Jim hätte in diesem Fall die negative Verantwortung, alles zu tun, um möglichst viele Unschuldige zu retten. Dabei macht es keinen Unterschied, ob Jim die Handlungen Dritter in das Dilemma geraten ist, ob deren Handlungen zulässig oder unmoralisch sind und ob Jim die ihm auferlegte Verantwortung durch zulässige Handlungen erfüllen kann. All dies ist im konsequentialistischen Kalkül nebensächlich. In ihm heiligt der Zweck die Mittel, wodurch selbst unmoralische Handlungen zur moralischen Pflicht werden. Und weil, so Williams, ein Konsequentialist „auch noch etwas zum Unterschied zu sagen habe, der zwischen der Massakrierung von sieben Millionen und sieben Millionen und einem besteht", mache er damit die ganze „Kategorie des moralisch Undenkbaren" (B. Williams 1979, 56) zunichte.

Aber auch gegen diesen Einwand ist die Konzeption kosmopolitischer Verantwortung besser gewappnet als der Utilitarismus. Denn die Einforderbarkeit politischer Verantwortung steht selbst unter bestimmten Gerechtigkeitsvoraussetzungen. Zur Erinnerung: Wenn wir uns in der dilemmatischen Situation befinden, humanitäre Verbesserungen nur durch die Kollaboration in einem Unrechtsregime herbeiführen zu können, sind nach Hannah Arendt die Voraussetzungen zur Wahrnehmung politischer Verantwortung nicht mehr gegeben. Das ist ein guter Grund, sich vorrangig um die eigene Integrität zu sorgen. Jims erzwungene Wahl ist eine typische Situation, in der wesentliche Voraussetzungen für verantwortungsvolles Handeln fehlen. Der Unterschied zu anderen konsequentialistischen Ansätzen besteht darin, dass es in der politischen Verantwortungskonzeption nicht einfach darum geht, die Ergebnisse unter den bestehenden Optionen zu optimieren, sondern in erster Linie darum, die Bedingungen, unter denen sich Optionen auftun, so gerecht wie möglich zu gestalten. Jims politische Verantwortung hätte darin bestanden, gemeinsam mit anderen für eine Gesellschaft zu kämpfen, die ihre Soldaten nicht verrohen lässt. Dies ist zwar auch eine negative Verantwortung, aber eine, in der es ihrerseits um die Schaffung der Voraussetzungen für ein selbstbestimmtes Leben geht. Das bedeutet nicht, dass es keinen Widerstreit zwischen politischer Verantwortung und persönlicher Selbstbestimmung geben kann, aber dieser Konflikt stellt sich schwächer dar, als es Jims Fall suggeriert.

Gesetzt, dass wir in der Öffentlichkeit permanent unter dem Anspruch stehen, unsere kosmopolitische Verantwortung wahrzunehmen und dass wir anderen, mit denen wir diese Verantwortung teilen, Rechenschaft schulden, aus welchen Gründen könnten wir dann für uns selbst eine Grenze ziehen, um unsere Integrität als eigenständige Person zu bewahren? Samuel Scheffler hat dazu einen bemerkenswerten Vorschlag in Form eines akteurszentrierten Vorrechts (*agent-centered prerogative*) gemacht. Gemeint ist das Vorrecht jeder Person, selbst zu entscheiden, wie Eingriffe in ihre eigene Freiheit gewichten werden:

> I believe that a plausible agent-centered prerogative would allow each agent to assign a certain proportionately greater weight to his own interests than to the interests of other people. It would than allow the agent the non-optimal outcome of his choosing, provided only that the degree of its inferiority to each of the superior outcomes he could instead promote in no case exceeded [...] the degree of sacrifice necessary for him to promote the superior outcome. (Scheffler 1982, 20)

Es ist aufschlussreich, sich klar zu machen, dass der Ausdruck eines Prärogativs rechtsgeschichtlich das Privileg von Monarchen ausdrückte, in bestimmten Bereichen an der parlamentarischen Kontrolle vorbeizuregieren. Ein souveränes Vorrecht zur Abwägung zwischen Gerechtigkeitspflichten und persönlicher Freiheit muss allerdings weiter qualifiziert werden. Erstens darf die Freiheit des Einen nicht die Unfreiheit des Anderen bedeuten, was dieses Vorrecht bereits erheblich einschränkt.[247] Politische Folgeverantwortlichkeiten, die sich aus der Beteiligung an einem schädigenden Regelsystem ergeben, fielen damit bereits aus dem Gegenstandsbereich des Prärogativs heraus.

Darüber hinaus ließe sich hinterfragen, aus welcher Perspektive dieses Vorrecht überhaupt gerechtfertigt ist. Es handelt sich um eine individuelle Abwägung, ob wir gerechtfertigte Forderungen an uns ausblenden dürfen, um unseren Persönlichkeitskern zu schützen. Da es sich bei Gerechtigkeitspflichten aber um Interessen der Gesellschaft handelt, könnte man Scheffler ein ‚gesellschaftliches Vorrecht', gewissermaßen ein *societal-centered prerogative* entgegenstellen. Dieses Prärogativ würde der Gesellschaft das Vorrecht einräumen, Mindestschwellen sozialer Verantwortung einzuziehen, bis zu denen die Gesellschaft persönliche Freiheiten begrenzen darf. Auch dafür bietet es sich an, auf die Idee fundamentaler Menschenrechte zurückzugreifen. Solange nicht jedes Mitglied einen sicheren Zugang zu diesen Rechten hat, hätte die Gesellschaft das Vorrecht, diese Verantwortung auch durch Einschränkung individueller Freiheitsräume einzufordern. Vor den Augen derer, die unter extremer Armut leiden oder sich aufopferungsvoll an ihrer Beseitigung beteiligen, wäre die Inanspruchnahme idiosynkratischer Freiheiten auch dann kaum zu rechtfertigen, wenn der Einzelne sie als wichtigen Ausdruck seiner Persönlichkeit empfindet. Zumindest die Rede von einem ‚Recht', über die Gewichtung der eigenen Interessen selbst entscheiden zu dürfen, wäre nur unter den Bedingungen einer einigermaßen gerechten Gesellschaft zulässig, in der die Freiheit des Einen nicht mit dem Leid

---

247 Shelly Kagan weist in diesem Zusammenhang darauf hin, dass sich Schefflers Vorrecht nicht auf Schädigungen beziehen kann (Kagan 1984). Ähnlich spricht Murphy von einem Raum von „deontological obligations" (Murphy 2003, 7), wie dem Gebot, nicht zu töten, der von solchen Überlegungen ausgenommen bleibt.

des Anderen verbunden wäre. Unter den Bedingungen einer menschenrechtsmissachtenden Weltordnung lässt sich der Widerstreit zwischen individueller Freiheit und kosmopolitischer Verantwortung aber nicht zu einer Seite hin auflösen. Wieweit jeder Einzelne bereit ist, seiner globalen politischen Verantwortung gerecht zu werden, erfordert eine persönliche Entscheidung über die Wichtigkeit eigener Freiräume. Es bleibt aber eine Entscheidung, die von denjenigen, mit denen wir diese Verantwortung teilen, zu Recht kritisiert werden kann.

Teil 3 Menschenrechte

3.1 Ein Menschenrechtsansatz globaler Gerechtigkeit

Zielpunkt der bisherigen Argumentation ist die normative Rekonstruktion einer realistischen Utopie globaler Gerechtigkeit. In diesem Teil werde ich verdeutlichen, dass wir dabei auf die Grundstruktur eines globalen Menschenrechtsregimes stoßen. Ich sollte voranstellen, dass ein Menschenrechtsansatz Fragen globaler Gerechtigkeit weder vollständig abzuarbeiten, noch diese ein für alle mal zu klären beansprucht. Zweifellos weisen Kritiker institutionalistischer Ansätze zu Recht darauf hin, dass Gerechtigkeit nicht unabhängig von den Einstellungen einzelner Personen und ihren privaten Beziehungen betrachtet werden sollte.[248] Und wenn ich mich im Rahmen dieses Ansatzes auf die globale Sicherung fundamentaler Ansprüche konzentriere, bedeutet das nicht, dass ich egalitäre Forderungen und alternative Standards nie und nirgends für gerechtfertigt halte. Vielmehr verfolge ich auch hier einen pragmatischen Ansatz, der bei der *politischen Universalität* der Menschenrechte ansetzt. Damit ist zwar nicht gemeint, dass es einen vollständigen Konsens über die Bedeutung fundamentaler Menschenrechte gibt, wohl aber, dass die Idee der Menschenrechte so gut wie alle politischen Diskurse und sozialen Auseinandersetzungen auf der Welt durchdringt.

Seit ihrer Deklaration gibt die Idee der Menschenrechte unterschiedlichen Erfahrungen von Ungerechtigkeit eine global geteilte Ausdrucksform. Es hat sich eine eigene Sprache der Menschenrechte herausgebildet, die mittlerweile als *lingua franca* politischer Kritik und Legitimation in Gebrauch ist. Auch wenn Menschenrechte oftmals als Feigenblatt und Lippenbekenntnis missbraucht werden, zeigt sich gerade in ihrem Missbrauch der globale Geltungsanspruch. Unrechtsregime können die Idee der Menschenrechte nicht mehr von sich weisen, sondern sehen sich überall auf der Welt gezwungen, sich öffentlich über Menschenrechtsstandards zu legitimieren.[249]

Das Ideal eines globalen Menschenrechtsregimes ist auf den ersten Blick wesentlich bescheidener angesetzt als das einer egalitären Weltrepublik. Es soll

---

248 Ersteres bezieht sich auf Onora O'Neill (2002, 29 ff.); letzteres auf die oben diskutierte Kritik am Liberalismus von Iris Young und Axel Honneth, aber auch auf die feministische Kritik an der Trennung von privater und öffentlicher Gerechtigkeit (Okin 1989).

249 Instruktive Beispiele dafür sind das große Interesse Chinas an Menschenrechten oder die Tatsache, dass sich ausgerechnet diejenigen Regime, die sich in den 90er Jahren auf *Asian Values* berufen, mittlerweile selbst unter einer regionalen Menschenrechtsjurisdiktion zusammengeschlossen haben (*ASEAN Human Rights Declaration* von 2012).

DOI 10.1515/9783110538953-004

letztere auch nicht transitorisch vorbereiten. Nichtsdestotrotz denke ich, dass es am besten dazu geeignet ist, das immanente Gerechtigkeitspotential der Globalisierung aufzudecken. Die realistische Utopie eines globalen Menschenrechtsregimes wird dazu nicht unter idealen Annahmen konstruiert, sondern unter nichtidealen Voraussetzungen rekonstruiert. Dazu wird es nötig sein, die normative Rolle politischer Praktikabilitätsgründe zu klären. Der empirische Teil der Argumentation soll zeigen, dass Menschenrechtsstandards bereits im Selbstanspruch bestehender Institutionen angelegt und trotz knapper Ressourcen, kultureller Differenzen und verbreiteter Missachtung mit politischen Verantwortungsstrukturen verbunden sind. Häufig wird die Idee universeller Menschenrechte aber gerade auf Grundlage des Kriteriums politischer Praktikabilität in Frage gestellt. Wenn praktische Erfüllungsbedingungen normative Relevanz haben – was im Rahmen einer realistischen Utopie der Fall ist –, stünden insbesondere positive Leistungsrechte zur Disposition. Entsprechend wird eine intensive Debatte darüber geführt, inwiefern und mit welchem Recht soziale Menschenrechtsansprüche praktischen Einschränkungen unterliegen.

Das folgende Kapitel wird die zentralen Positionen dieser Debatte vorstellen und die stärkere Version dieses Einwandes, dass die Rede von sozialen Menschenrechten begrifflich wie praktisch irreführend sei, widerlegen (3.2). Demgegenüber argumentiere ich für eine moderate Version, nach der bestimmte Praktikabilitätseinschränkungen (*feasibility constraints*) gegenüber sozialen Menschenrechtsansprüchen gerechtfertigt werden können, nämlich einerseits auf Grundlage normativer Überlegungen über die mögliche Verrechtlichung sozioökonomischer Ansprüche und andererseits auf der Grundlage einer Meta-Reflexion über die politische Anschlussfähigkeit der Politischen Philosophie. Beide Vorbehalte eignen sich dazu, soziale Ansprüche einzuschränken, nicht aber dafür, sie kategorisch auszuschließen. Im Gegenteil, im Rahmen des globalen Menschenrechtsregimes spielen soziale und ökonomische Menschenrechte eine zentrale Rolle. Zu meinen, die Praxis der Menschenrechte beschränke sich auf negative Freiheitsrechte, verrät eine ideologische, aber keine empirisch informierte Sichtweise.

Aus diesem Fazit entwickle ich anschließend eine politische Konzeption der Menschenrechte (3.3). Damit ist gemeint, dass Menschenrechte über ihre praktischen Funktionen in internationalen Beziehungen definiert werden. Menschenrechte fungieren als globale öffentliche Gründe, die zur Legitimierung und Kritik politischer Regeln, Institutionen und Praktiken dienen. Es geht mir an dieser Stelle nicht darum zu erörtern, ob Menschenrechte aus neutraler Sicht gerechtfertigt sind, sondern wie sich diese moralisch erwünschten Funktionen am besten verstehen, fundieren und weiterentwickeln ließen. Die zentrale Herausforderung eines Menschenrechtsansatzes globaler Gerechtigkeit besteht darin, dass er unter den Voraussetzungen des moralischen Pluralismus akzeptabel sein muss. Begründete Ansichten über die angemessene Interpretation und Umsetzung von Menschenrechten weisen aber erhebliche Differenzen auf. Um transkulturelle Streitigkeiten überhaupt argumentativ führen zu können, müssen wir voraussetzen, dass es ein gemeinsames normatives Vokabular gibt, auf das sich alle Teilnehmerinnen eines transkulturellen Diskurses beziehen können. Mein Vorschlag dazu lautet, dass das globale Menschenrechtsregime selbst solche Normen zu etablieren begonnen hat; vor allem hat es eine kosmopolitische Konzeption der Menschenwürde in Gebrauch gebracht, von der ich exemplarisch zeigen werde, wie sie öffentliche Auseinandersetzungen um Gerechtigkeit strukturiert und in politische Verantwortlichkeiten übersetzt.

Im abschließenden Kapitel skizziere ich dann kurz die Grundstruktur dieses globalen Menschenrechtsregimes (3.4). Statt eine ausführliche Rekonstruktion vorzulegen, muss und kann ich hier weitgehend auf bestehende Studien verweisen. Im Rahmen meiner Untersuchung werde ich lediglich Beispiele dafür anführen können, wie die Sprache der Menschenrechte Eingang in den öffentlichen Legitimationsanspruch globaler Institutionen gefunden hat. Die begründete Hoffnung ist darauf gerichtet, dass die wichtigsten Akteure globaler Herrschaft (UN-Organe, die Weltbank, internationale Gerichte, die G 20, nationale Regierungen, transnationale Unternehmen, etc.) unter einen menschenrechtlichen Legitimationsdruck geraten, der mit bescheidenen, aber bereits existierenden Praktiken der Inverantwortungsnahme verbunden ist.

3.2 Menschenrechte zwischen Anspruch und Wirklichkeit

Der Menschenrechtsansatz, den ich in diesem Teil vorstelle, beansprucht vor allem eins: politische Anschlussfähigkeit. Er sollte uns darin behilflich sein, politische Verantwortungsträger zu identifizieren; und er sollte uns eine realistische Utopie vorgeben, in deren Rahmen wir Reformen globaler Institutionen entwickeln und begründen können. In diesem Zusammenhang habe ich bereits deutlich gemacht, was ich unter einer realistischen Utopie verstehe. Ihr entscheidendes Kriterium lautet, dass sich ein Gerechtigkeitsideal unter nichtidealen Bedingungen in transitorische politische Handlungen zurückübersetzen lassen muss. In Rawls'scher Manier sollten wir von den Akteuren ausgehen, wie sie sind, und zeigen, dass es von ihrer Position aus sowohl praktikabel als auch klug erscheint, sich für dieses Ideal zu engagieren.

Dieser pragmatische Ansatz steht im Widerspruch zu eingefleischten moralischen Argumentationsweisen. Demnach sei es moralisch unzulässig, unser Verständnis von Gerechtigkeit an kontingenten Tatsachen in der Welt anzupassen. Es sei schlicht ergreifend nicht zu rechtfertigen, Menschenrechtsansprüche aufgrund nichtidealer Bedingungen, also aufgrund von Ressourcenknappheit oder erwartbarer Nichtkonformität, zu beschränken. Denn worauf ließe sich die normative Autorität solcher Praktikabilitätseinschränkungen zurückführen? Und wenn es wirklich eines Realitätssinns bei der Konstruktion von Menschenrechtsstandards bedürfte: Wie ließen sich dann falsche Kompromisse mit der Wirklichkeit vermeiden? Am schwersten wiegt hier der Einwand, dass eine Anerkennung von Praktikabilitätsgründen zum Verzicht auf positive Menschenrechtsansprüche führen würde. Wenn das Kriterium politischer Praktikabilität ausschlaggebend ist, so die Argumentation, spräche *prima facie* alles dafür, Menschenrechtsansprüche auf negative Freiheitsrechte zu beschränken.

In diesem Kapitel werde ich gängige Begründungen zur Einschränkung positiver Menschenrechtsansprüche erörtern und deren Argumente entkräften.[250] Immerhin scheint es intuitiv plausibel zu sein, dass positive Rechtsansprüche nur dort Sinn machen, wo die beanspruchten Ressourcen auch zur Verfügung stehen, wo es legitime Prozesse zu ihrer Prüfung und Administration gibt oder wo ein entsprechender Rechtsanspruch auch faktisch durchgesetzt werden kann. In Abwesenheit eines globalen Rechts- und Sozialstaates scheint es nahe liegend, die Idee globaler positiver Leistungsrechte zu verwerfen.

Die Gegenthese, die ich in diesem Kapitel verteidige, lautet, dass Praktikabilitätsgründe positive Menschenrechtsansprüche zwar berechtigterweise einschränken, dass dies aber keinesfalls für die bestehenden wirtschaftlichen, sozialen und kulturellen Rechte gilt. Eine politische Menschenrechtskonzeption läuft nicht automatisch auf einen Menschenrechtsminimalismus hinaus.[251] Zur Stützung dieser These werde ich zunächst auf die Frage eingehen, auf welche Weise Praktikabilitätsgründe normative Relevanz erhalten (3.2.1.). Der zweite Abschnitt wird dann auf Fälle eingehen, in denen es tatsächlich gerechtfertigt ist, Men-

---

250 Unter positiven Menschenrechtsansprüchen verstehe ich alle wirtschaftlichen, sozialen oder kulturellen Rechte, die Leistungen von Seiten des Sozial- bzw. Wohlfahrtsstaates (oder eines vergleichbaren Garanten) erfordern und die in der *Allgemeinen Erklärung der Menschenrechte* (1948, Art. 22–26) deklariert und im *Internationalen Pakt über Wirtschaftliche, Soziale und Kulturelle Rechte* (1966) auch weitgehend ratifiziert wurden.

251 Als Menschenrechtsminimalismus (*substantial minimalism*) bezeichnet Joshua Cohen eine Position, die sich auf negative Rechte, insbesondere auf den Schutz der körperlichen Unversehrtheit beschränkt, und somit sozioökonomischen Menschenrechte, demokratischen Teilnahmerechten und auch weitgehenden Freiheitsrechten den Menschenrechtsstatus abspricht. Davon unterscheidet Cohen einen Begründungsminimalismus (*justificatory minimalism*), der Menschenrechte nach Maßgabe des kleinsten gemeinsamen Nenners zwischen differierenden Weltanschauungen rechtfertigt (J. Cohen 2004).

schenrechtsansprüche einzuschränken, nämlich dann, wenn ihre rechtsförmige Implementierung oder politische Institutionalisierung voraussehbar zu moralisch inakzeptablen Konsequenzen führt (3.2.2.). Abschließend werde ich meine allgemeine Sicht zum Zusammenhang von Politischer Philosophie und politischer Praxis erläutern. Die Antwort auf die praktische Frage, was wir von einer Theorie globaler Gerechtigkeit wollen, gibt uns einen Grund zweiter Ordnung, Praktikabilitätsgründe ernst zu nehmen (3.2.3.). Aber noch einmal: Im Ergebnis bleiben sozioökonomische Menschenrechtsansprüche davon unberührt.

3.2.1 Philosophischer Menschenrechtsminimalismus

Es erschließt sich nicht von selbst, warum sich Philosophinnen zuletzt mit immer dünneren Listen von Menschenrechten hervorgetan haben.[252] Eine Motivforschung führt auf die berechtigte Sorge, dass die Rhetorik der Menschenrechte zur Bemäntelung einer ressourcenhungrigen Außenpolitik missbraucht wurde. Daher sei eine Beschränkung auf die wichtigsten negativen Rechte, nicht verfolgt, getötet oder gefoltert zu werden, angebracht. Sicher spielt auch die Befürchtung eine Rolle, als politisch naiv dazustehen, weil den deklarierten Menschenrechten – genau das ist mein Punkt – bereits eine starke Utopie eingeschrieben ist. Philosophinnen standen lange unter dem Verdacht, sie würden moralische Ansprüche in inflationäre Menschenrechtslisten übertragen. Jedenfalls ist es bemerkenswert, dass führende Theoretiker damit begonnen haben, sich mit Listen von ‚eigentlichen' oder fundamentalen Menschenrechten – John Rawls spricht von „human rights proper" (LP, 1999, 80) – gegenseitig zu unterbieten.[253] Michael Ignatieff schlägt vor, den Katalog der Menschenrechte auf „the minimum conditions for any kind of life at all" (2001, 56) zu beschränken. Und selbst egalitäre Autoren wie Thomas Nagel (2010) sind dazu übergegangen, bei der Aufstellung universeller Menschenrechte den Stift anzusetzen und soziale Menschenrechte sowie gleiche Partizipationsrechte zu streichen – dies sind immerhin Rechte, die in der Praxis am häufigsten angerufen werden und die mit dem *Internationalen Pakt über Wirt-*

---

252 Die Philosophiegeschichte ist voll von Zweifeln an der Existenz von Menschenrechten. Seit der zweiten Hälfte des 20. Jahrhunderts wird diesem konzeptionellen Zweifel aber zunehmend die politische Basis entzogen. Vgl. dazu den Band von Jeremy Waldron (Hg.), *Nonsense upon Stilts*, 1987.

253 Für eine ausführlichere Diskussion (und Verteidigung) dieser Position vgl. J. Cohen (2004). Eine Übersicht gibt: Eva Brems (2009).

schaftliche, Soziale und Kulturelle Rechte (1966) seit zwei Generationen in einem völkerrechtlich verbindlichen Vertrag festgeschrieben sind.

Diese Entwicklung ist umso erstaunlicher, als soziale Menschenrechte einige der eindeutigsten und fundamentalsten menschlichen Interessen betreffen.[254] Zur Erinnerung, der Artikel 25.1 der *Allgemeinen Erklärung der Menschenrechte* besagt: „Jeder hat das Recht auf einen Lebensstandard, der seine und seiner Familie Gesundheit und Wohl gewährleistet, einschließlich Nahrung, Kleidung, Wohnung, ärztliche Versorgung und notwendige soziale Leistungen gewährleistet sowie das Recht auf Sicherheit im Falle von Arbeitslosigkeit, Krankheit, Invalidität oder Verwitwung, im Alter sowie bei anderweitigem Verlust seiner Unterhaltsmittel durch unverschuldete Umstände."

Angenommen, dass Nahrung, Unterkunft, Gesundheit, aber auch Bildung grundlegende menschliche Interessen darstellen, braucht es schon gewichtige Gründe, um einen inhaltlichen Minimalismus zu rechtfertigen. Das Hauptargument folgt hier Onora O'Neill, die erklärt, dass manche Menschenrechte lediglich Manifest-Rechte bleiben, die bestimmte Hoffnungen (*aspirations*) ausdrücken, aber im Grunde wohlmeinende Rhetorik sind.[255] Die vielfach aufgegriffene Kritik an Manifest-Rechten stützt sich auf ein begriffliches Argument. Es besagt, dass das, worauf Personen Rechte haben, mit klar bestimmbaren Pflichten korrespondieren muss. Pflichten und Adressaten bleiben aber im Fall sozio-ökonomischer Menschenrechtsansprüche notorisch unbestimmt. Daher mache es mehr Sinn, sie einer schwächeren Kategorie aspirativer Rechte zuzuordnen. Damit sind Rechte gemeint, von denen es wünschenswert wäre, sie auch institutionell zu verwirklichen, die aber in Abwesenheit effizienter globaler Institutionen keine justiziablen Menschenrechte darstellen. Wenn es niemanden gibt, der Staaten in die Verantwortung zur Gewährleistung sozialer Ansprüche nimmt und gegebenenfalls die Bereitstellung der entsprechenden Güter übernimmt, bleiben soziale Menschenrechte wohlmeinende Wünsche.

Kosmopolitisten versuchen, dieser Kritik an Manifest-Rechten entgegenzutreten. Henry Shue hat gezeigt, dass die zugrunde liegende Unterscheidung zwischen negativen Freiheitsrechten und positiven Leistungsrechten zu kurz greift, da letztendlich beide Arten von Ansprüchen nicht nur negativ beachtet (*respect*),

---

254 David Beetham weist darauf hin, dass es auch politisch-strategische Gründe sind, aus denen sozioökonomische Menschenrechte von Regierungen des globalen Nordens als Ansprüche zweiter Klasse erachtet werden (Beetham 1995).

255 „It is plausible to think", schreibt O'Neill, „that rights not to be killed or to speak freely are matched by and require universal obligations not to kill or not to obstruct free speech; but a universal right to food cannot be simply matched by a universal obligation to provide an aliquot morsel of food" (2000, 135).

sondern auch proaktiv geschützt (*protect*) und durch positive Maßnahmen verwirklicht (*fulfil*) werden müssen. Jeder Menschenrechtsanspruch ist mit positiven Pflichten von Seiten des Staates und sekundärer Gewährleister verbunden.[256]

Ebenfalls mit Blick auf Art. 25 der *Universellen Erklärung der Menschenrechte* gibt Thomas Pogge zu bedenken, dass die darin genannten positiven Ansprüche „in konkreten sozialen Kontexten spezifische Folgen haben" (2011, 91). Für Pogge haben soziale Menschenrechte „situational specificity" (Pogge 2002, 69), stehen also je nach Kontext mit klar zu bestimmenden Verantwortlichkeiten im Zusammenhang. Und Joel Feinberg, der den Ausdruck ‚Manifest-Rechte' erst in die Debatte eingeführt hat, weist im gleichen Zuge darauf hin, dass soziale Menschenrechtsansprüche äußerst wirkungsvoll darin sind, erforderliche Handlungen und Verantwortlichkeiten zu definieren: Für ihn handelt es sich bei Manifest-Rechten um Ansprüche gegenüber „hypothetical future beings", in denen sich die Überzeugung ausdrückt, „that they ought to be recognized by states as potential rights and consequently as determinants of present aspirations and guides to present policies" (Feinberg 1973, 67).

Ich denke, dass die kosmopolitische Kritik am inhaltlichen Minimalismus der Menschenrechte richtig und notwendig ist. Auch halte ich das begriffliche Argument, dass die Rede von einem Recht notwendig inhaltlich bestimmte Pflichten und institutionelle Garanten impliziert, für verfehlt. Umgangssprachlich werden Menschenrechte nicht allein als juridische Rechte verstanden, sondern ebenso als moralische und politische Forderungen. Die Kritik an sozialen Menschenrechten ließe sich besser so verstehen, dass es sich um einen Versuch handelt, den Begriff von Menschenrechten auf juridische Rechte zu beschränken, weil damit die korrespondierenden Pflichten klar definiert und die entsprechenden Durchsetzungsmechanismen effektiv geregelt sind. So gesehen drückt die Kritik an sozialen Menschenrechten kein begriffliches, sondern bloß ein praktisches Anliegen aus. Es ist praktisch sinnvoll, die Sprache der Menschenrechte von der Sprache moralischer Rechte abzusondern. Menschenrechte wären dann vor allem eins,

---

256 Henry Shues Argumentation gründet darauf, dass sich das Problem unspezifischer Pflichten auch in Hinblick auf die klassisch liberalen Freiheitsrechte stellt. Denn diese vermeintlich nur negativen Rechte setzen ebenfalls ein ganzes Gerüst positiver Verpflichtungen voraus. Das Recht auf körperliche Unversehrtheit fordert den Staat nicht nur dazu auf, gewaltsame Übergriffe zu unterlassen. Er muss Übergriffen auch polizeilich nachgehen, Gerichte unterhalten oder Maßnahmen zur Gewaltprävention ergreifen. Dieses vermeintlich negative Recht auf eine legitime Weise zu realisieren, setzt daher weitgehende Maßnahmen, vor allem aber ein Bündel liberaler, politischer und sozialer Grundrechte voraus, die nötig sind, um Rechte überhaupt als ein gleichberechtigtes Rechtssubjekt wahrnehmen zu können (Shue 1996, 160).

nämlich Rechtsansprüche bzw. politische Ansprüche, bestimmte Rechtsvoraussetzungen zu schaffen.

In dieser ernstzunehmenden Sorge um die praktische Relevanz von Menschenrechtsansprüchen liegt die eigentliche Herausforderung für sozioökonomische Forderungen. Bevor ich dem nachgehe, gilt es sich zu vergegenwärtigen, dass bestimmte Praktikabilitätsgründe immer schon für die Formulierung von Menschenrechtsansprüchen konstitutiv sind. Es gibt beispielsweise kein Menschenrecht auf Unsterblichkeit, auch wenn dies äußerst wünschenswert wäre. Der Gegenstand eines solchen Rechtes steht schlicht außerhalb dessen, was wir realistischer Weise hoffen können. Denkbare Gegenstände von Menschenrechtsansprüchen sind von Anfang an dadurch limitiert, dass es biologische, physikalische oder logische Grenzen gibt. Es gibt keinen Rechtsanspruch darauf, jung zu bleiben, frei von Schwerkraft zu sein oder die Zukunft vorhersagen zu können, auch wenn solche Ansprüche möglicherweise fundamentalste Interessen berühren. Wir können in diesem Zusammenhang von ‚strikter Unpraktikabilität' (*strict infeasibility*) sprechen.[257]

Aber inwieweit gilt das auch für Praktikabilitätsgründe, die zwar prinzipiell veränderbar sind, auf absehbare Zeit aber zu den unverfügbaren Gegebenheiten unseres Handelns zählen? Solche Gründe betreffen die natürlichen Umstände der Gerechtigkeit, eingefleischte Einstellungen und Überzeugungen oder die Einteilung der Welt in Nationalstaaten. Könnten diese politischen Tatsachen nicht ebenso Gründe abgeben, durch die Menschenrechtsansprüche gleichsam wie durch naturgesetzliche Tatsachen beschränkt werden?

Eine pragmatische Sichtweise besteht darin, beständigen politischen Tatsachen eine konstitutive Rolle bei der Bestimmung vertretbarer Menschenrechtsansprüche zuzusprechen. Schließlich mache es wenig Sinn, einem Anspruch, der in der vorhersehbaren Zukunft nicht erfüllt werden kann und der somit etwas praktisch, wenn auch nicht prinzipiell, Unerreichbares fordert, den Status eines Menschenrechts zuzusprechen. Ein solcher Anspruch könnte gegenüber niemandem geltend gemacht werden; dabei sei es gerade die rechtliche Einforderbarkeit, die wir politisch mit der Idee der Menschenrechte verbinden wollen. Wie es in der Steinzeit nicht einmal ein Menschenrecht auf körperliche Unversehrtheit gegeben hat, weil niemand da war, in dessen Verantwortung dieses ‚Recht' gelegen hätte, so gäbe es heute kein global adressierbares Menschenrecht auf einen minimalen Lebensstandard, jedenfalls nicht außerhalb funktionierender nationaler oder regionaler Jurisdiktionen.

---

257 Eine ähnliche Unterscheidung findet sich bei Pablo Gilabert (2008, 665).

In seinem Aufsatz „Human Rights, Real and Supposed" (1967) hat Maurice Cranston federführend argumentiert, dass es praktische Tatsachen gibt, die uns bei der Formung von Menschenrechtsansprüchen genauso wie naturgesetzliche Tatsachen einschränken. O'Neills Kritik vorwegnehmend schreibt er: „Rights bear a clear relationship to duties. And the first test of both is that of practicality. It is not my duty to do what is physically impossible for me to do. [...] What is true of duties is equally true of rights. If it is impossible for a thing to be done, it is absurd to claim it as a right." (Cranston 1967, 169)

Daraus zieht Cranston die Konsequenz, dass es streng genommen keine sozialen Menschenrechtsansprüche gibt. Denn während negative Freiheitsrechte allein durch Unterlassungshandlungen erfüllt werden können, erheben soziale Menschenrechte in aller Regel Ansprüche, die angesichts der schweren Armut in Asien, Afrika oder Südamerika als unpraktikabel gelten müssen. In diesen Regionen ist das Menschenrecht auf bezahlten Urlaub praktisch genauso fehlplaziert wie ein Menschenrecht auf Unsterblichkeit.[258] Cranstons Herausforderung besteht darin, dass soziale Menschenrechte im Gegensatz zu klassischen Freiheits- und Partizipationsrechten nur dort gelten, wo die notwendigen politischen Voraussetzungen und Ressourcen vorhanden sind, um ein solches Recht zu gewährleisten. In diesem Sinne wäre es irreführend, von *universell gültigen* Menschenrechten auf Nahrung, Gesundheitsfürsorge oder Bildung zu sprechen.

Ein offenkundiges Gegenargument besteht darin, Cranstons Gleichsetzung politischer oder wirtschaftlicher Möglichkeiten mit naturgesetzlichen Tatsachen zu hinterfragen. Denn zweifellos ist der Unterschied zwischen strikter und politischer Praktikabilität normativ von Bedeutung. Während sich naturgesetzliche Tatsachen zu keiner Zeit verändern, macht der Hinweis auf ungünstige Erfüllungsbedingungen lediglich deutlich, dass ein ansonsten berechtigter Anspruch hier und jetzt nicht erfüllt werden kann. Die globale Realisierung sozioökonomischer Menschenrechte ist nicht prinzipiell unmöglich. Die Welt ist veränderbar und sie verändert sich. Das lässt sich an Cranstons eigener Einschätzung am besten verdeutlichen. Er geht nämlich davon aus, dass die Indische Regierung nicht über die Ressourcen verfügt, „that would guarantee each one of the 480 million inhabitants [1967!, HH] of India a standard of living adequate for the health and well-being of himself and his family" (Cranston 1967, 170). Aus heutiger Sicht ist

258 Der Anspruch auf bezahlten Urlaub wird häufig herangezogen, um soziale Menschenrechtsansprüche zu diskreditieren. Dabei stehen mit diesem Recht äußerst wichtige Interessen wie Gesundheit, Bildung, die Möglichkeit, eine Familie zu gründen, oder sich um die wesentlichen Dinge in seinem Leben selbst zu kümmern, auf dem Spiel. Für sehr viele Arbeiter auf der Welt ist das Recht auf bezahlten Urlaub ein fundamentales und häufig verletztes Anliegen.

dies sicherlich kein hinreichender Grund, um soziale Menschenrechtsansprüche gegenstandslos zu machen. Denn bereits heute wäre Indien durchaus in der Lage, die fundamentalsten sozialen Leistungen für seine 1,2 Milliarden Einwohner (Stand 2010) zur Verfügung zu stellen, eine Entwicklung, die zeigt, dass sich das, was uns aus politischen oder anderen Gründen als unpraktikabel vorkommt, rapide verändern kann. Die Beschränkung von Menschenrechtsansprüchen aufgrund politischer Erfüllungsbedingungen ist lange nicht so gut begründet wie ihre Einschränkung vor dem Hintergrund strikter Unpraktikabilität.

Der Zweck einer realistischen Utopie der Menschenrechte liegt ohnehin nicht darin, den Status Quo zu zementieren, sondern darin, eine Reformperspektive für die Zukunft zu eröffnen. So jedenfalls hat Amartya Sen sein Argument gegen Cranston aufgebaut. In „Elements of a Theory of Human Rights" (2004) verteidigt Sen seine Sichtweise, nach der die Idee der Menschenrechte nicht von Machbarkeitserwägungen abhängt. Er konzipiert Menschenrechte als moralische Ansprüche, die uns verpflichten, „to work towards enhancing their actual realization, if necessary through expanding their feasibility" (Sen 2004, 348). Dass es heute unmöglich ist, Menschenrechte überall und vollständig zu realisieren, „suggests the need to work towards changing the prevailing circumstances to make unrealized rights realizable, and ultimately, realized" (ebd, 348).[259] Hier wechselt die Passungsrichtung des Arguments. Anstatt die Idee sozioökonomischer Menschenrechtsansprüche aufgrund einer unzulänglichen Praxis zu verwerfen, verpflichtet uns die moralische Existenz dieser Ansprüche dazu, die entsprechende Praxis zu verändern.[260] Nicht die Realität spricht gegen die Norm, sondern die unverändert richtige Norm gegen die veränderbare Realität.

Sens Antwort auf Cranston ist nachvollziehbar, aber noch nicht das letzte Wort in der Debatte. Man könnte beispielsweise Sen fragen, ob Menschen zu allen Zeiten Menschenrechte besaßen. Der Grund, warum es seltsam wäre zu sagen, dass Steinzeitmenschen nicht nur moralische Ansprüche, sondern tatsächlich Menschen*rechte* besaßen, hat damit zu tun, dass die Rede von Rechten nur unter bestimmten institutionellen Voraussetzungen Sinn macht, sei es, wo Menschenrechtsansprüche bereits als juridische Rechte positiviert wurden, sei es, wo sie

---

259 Sen macht überdies deutlich, dass sich eine Beschränkung von Menschenrechtsansprüchen aufgrund politischer Praktikabilitätserwägungen auch auf „liberties, autonomies and even political rights" (2004, 348) auswirken müsste.

260 In Bezug auf internationale Gerechtigkeit argumentiert Allen Buchanan analog zu Sen: „The infeasibility objection wrongly assumes that principles of justice have no useful role to play prior to the point at which they can be implemented. This is not the case. Principles of justice can play a role in helping us to determine what sorts of institutions we need to build in order to be able to achieve justice." (2000, 713).

bereits Gegenstand politischer Verantwortung sind. In jedem Fall evoziert der Anspruch, ein Recht zu haben, die mögliche Realisierung dieses Anspruchs. Deswegen suchen wir weiter nach einer Erklärung dafür, wie die Einschränkung von Menschenrechtsansprüchen aus praktischen Erwägungen heraus gerechtfertigt werden könnte. Sicher ist lediglich, dass der bloße Hinweis auf praktische Gegebenheiten unzureichend ist, weil Menschenrechte Ziele formulieren, die von uns eine Veränderung dieser Gegebenheiten fordern.

An dieser Stelle ist es erneut hilfreich, zwischen rechtfertigenden und erklärenden Gründen zu unterscheiden. Wenn wir erklären wollen, aus welchen Gründen wir Verantwortung für Menschenrechte zurechnen, haben wir die gegebenen politischen Voraussetzungen zu analysieren. Wenn es hingegen darum geht, bestimmte Menschenrechtsansprüche moralisch zu rechtfertigen, spielen Machbarkeitseinwände eine untergeordnete Rolle. Eine entsprechende Auftrennung der Fragestellungen hat auch Pablo Gilabert im Sinn, der sich in „The Feasibility of Socio-Economic Rights“ seinerseits die Frage stellt, ob ein Anspruch ein Menschenrecht begründen kann, „if its fulfilment is infeasible“ (Gilabert 2009, 669). Dazu differenziert er zwischen zwei verschiedenen Bedeutungen von „‚ought‘ involved in human right statements“ (ebd.), nämlich ein „‚ought‘ of moral desirability“ und ein „‚ought‘ of obligation“ (ebd., 662). Während Menschenrechte als moralische Wünsche langfristige Ideale definieren, geht es in der Frage der Verpflichtung darum, bestehende Verantwortungsverhältnisse zu identifizieren: „If human rights connect with obligations“, so Gilabert, „then the feasibility condition kicks in“ (ebd., 669).

Dieser Vorschlag klingt nach einer eleganten Lösung. Auf die moralische Rechtfertigung von Menschenrechtsansprüchen haben Praktikabilitätsgründe keinen Einfluss, in der Frage, wer in einer entsprechenden Verantwortung steht, aber durchaus. Aber so plausibel diese Unterscheidung erscheinen mag, lässt sie sich doch nicht durchhalten. Es sind insbesondere drei Beobachtungen, die mich an Gilaberts Auftrennung zwischen Begründungs- und Verpflichtungsfragen zweifeln lassen. Die erste Beobachtung besteht darin, dass soziale Menschenrechtsansprüche weit weniger fordern als eine egalitäre Konzeption sozialer Gerechtigkeit. Menschenrechte formulieren lediglich Schwellenwerte (*thresholds*) für ein würdevolles Leben, zielen aber weder auf soziale Gleichheit noch auf ein gutes Leben. Wenn allein strikte Praktikabilitätsgründe die Grenze des Wünschbaren markierten, warum ist sozialen Menschenrechtsansprüche dann nicht die Idee vollkommener Gerechtigkeit eingeschrieben? Warum gibt es dann kein Recht auf *höhere* Bildung oder auf eine *optimale* Gesundheitsversorgung? Die Antwort lautet, dass es sich um Minimalbedingungen handelt, in denen wir bestimmte Machbarkeitseinschränkungen von Anfang an und mit guten Gründen akzeptieren.

Eine zweite Beobachtung ist die, dass sich soziale Menschenrechtsansprüche auf bestimmte Domänen beschränken. Auch hier gilt, dass sich dies nicht mit strikter Unpraktikabilität erklären lässt. Wenn Menschenrechtskataloge die wichtigsten Ansprüche auf ein Leben in Würde versammeln, warum schreiben wir dann nicht jede moralische Forderung hinein? Warum gibt es kein Menschenrecht, nicht beleidigt, betrogen oder ignoriert zu werden? Warum gibt es kein Menschenrecht auf absolute Chancengleichheit? Und warum keines, nicht gemobbt und auch in privaten Interaktionen nicht diskriminiert zu werden? Statt die Domäne von Menschenrechten auf alle Bereiche der Moral auszudehnen, beschränkt sich ihr Geltungsbereich lediglich auf die spezifischen Formen der Entwürdigung, die mit den Mitteln des modernen Rechtsstaats unterbunden werden können.

Damit hängt drittens zusammen, dass soziale Menschenrechte Forderungen beinhalten, die nicht ewig gültig sind, sondern auf spezifische historische Gefährdungen reagieren. Dazu gehört das Recht auf Versicherungsschutz gegen Arbeitslosigkeit, ebenso das Recht, eine Gewerkschaft zu gründen und eben auch das Recht auf bezahlten Urlaub (AEMR, Art. 23–25). Ein kurzer Blick auf die deklarierten Rechte genügt, um zu sehen, dass die meisten Generationen von Menschenrechten ihrer jeweiligen Epoche entstammen. Vereinfacht gesagt entstehen Menschenrechte zunächst als Schutzrechte eines erstarkten Bürgertums gegenüber absolutistischen Staatsapparaten. Zu sozialen Ansprüchen entwickeln sie sich in den sozialen Auseinandersetzungen des frühkapitalistischen Zeitalters, um dann die Erfahrungen mit dem Totalitarismus und insbesondere mit den humanitären Greueltaten in der ersten Hälfte des 20. Jahrhunderts in sich aufzunehmen. Heute kommen Minderheiten- und Gruppenrechte hinzu, sowie Ansprüche, die aus der Bürgerrechtsbewegung stammen oder mit den besonderen Gefährdungen und Risiken neuer Technologien und Umweltgefährdungen zu tun haben. Offensichtlich bilden sich in der Liste der erklärten Menschenrechte kontingente politische Herausforderungen und konkrete soziale Kämpfe ab. Die Menge der Menschenrechte ist deutlich kleiner als die der moralischen Rechte. Woran, wenn nicht an praktischen oder funktionalen Beschränkungen, sollte das liegen?

3.2.2 Zur normativen Relevanz von Praktikabilitätsgründen

Wie hängen pragmatische und moralische Gründe in Bezug auf Menschenrechte zusammen? In der Beantwortung dieser Frage ist zwischen einem externen und einem internen Zusammenhang zu unterscheiden. Der externe Zusammenhang resultiert aus der metatheoretischen Überlegung, was wir von einer Theorie der Menschenrechte wollen. Er ist Gegenstand des nächsten Abschnitts. Hier geht es erst einmal darum, auf einen internen Zusammenhang zwischen moralischen und pragmatischen Gründen aufmerksam zu machen. Demnach sind Menschenrechtsansprüche nur dann moralisch gerechtfertigt, wenn sie sich auch praktisch in akzeptabler Weise realisieren lassen.

Praktikabilitätsgründe sind konstitutiv an der Konstruktion von Menschenrechtsansprüchen beteiligt, allerdings nicht in der Art, dass sie eine eigenständige normative Autorität erhalten. Das ist wichtig zu betonen, weil ich damit einer grundsätzlichen Kritik am Konstruktivismus entgehe, wie sie vor allem von G. A. Cohen vorgebracht wurde. In „Facts and Principles" (2003) attackiert G. A. Cohen die Überzeugung, dass Tatsachen an der Konstruktion normativer Grundsätze konstitutiv beteiligt sind. Der mit Rawls identifizierte Konstruktivismus behaupte „that all sound principles are, as I shall say, *fact-sensitive*, by which I mean neither more nor less than facts form at least part of the grounds for affirming them" (G. A. Cohen 2003, 213). Dass Tatsachen in der Welt auf normative Grundsätze Einfluss nehmen, wäre für G. A. Cohen nur dann zulässig, wenn sich in diesen Fakten wiederum ein faktenindifferentes Prinzip ausdrückt: „A principle can reflect or respond to a fact only because it is also a response to a principle that is not a response to a fact." (G. A. Cohen 2003, 214)

Ich stimmte damit grundsätzlich nicht überein, weil ich der Überzeugung bin, dass Fakten auch an unseren grundsätzlichsten Prinzipien mitschreiben. An dieser Stelle geht es mir aber nicht darum, den Konstruktivismus zu verteidigen. Zugunsten einer möglichst anschlussfähigen Argumentation nehme ich daher an, dass G. A. Cohen Recht hat und dass die normative Autorität von Praktikabilitätsgründen auf moralische Grundsätze zurückgeführt werden muss. Dazu hilft es, dass G. A. Cohen in *Rescuing Justice and Equality* noch einmal genauer zwischen normativen Grundsätzen (*fundamental normative principles*) und Regeln (*rules/regulations*) unterscheidet (2008, 276).[261] Regeln müssen in Kenntnis der Welt konstruiert werden, während Grundprinzipien die Regelbildung anleiten. Welche Fakten inwieweit bei der Regelbildung eine Rolle spielen dürfen, muss eigens begründet werden, und der Grund ihrer normativen Autorität ergibt sich allein aus dem Prinzip, nicht aus der Relevanz der Fakten selbst: „Whenever a fact *F* confers support on a principle *P*, there is an explanation why *F* supports *P*,

261 Darin begibt sich Cohen auf eine Rettungsmission, in der es darum geht, egalitäre Prinzipien gegen Praktikabilitätsgründe zu verteidigen. G. A. Cohens Widerpart ist auch hier Rawls' Konstruktivismus. Für eine Replik auf G. A: Cohen, die zwischen internen und externen – über die äußeren Anwendungsbedingungen von Grundprinzipien entscheidenden – Arten von Gründen unterscheidet vgl.: Thomas Pogge, „Cohen to the Rescue!", 2008.

that is, an explanation of how *F* represents a reason to endorse P." (G. A. Cohen 2008, 217)

Zusammengefasst sind Fakten konstitutiv für Regeln, die berechtigte Geltung faktensensitiver Regeln gründet aber auf einem faktenindifferenten Grundsatz. Menschenrechte sind ein gutes Beispiel für ein faktensensitives Regelsystem, Menschenwürde, Handlungsfähigkeit oder Autonomie sind hingegen Kandidaten für Grundsätze, auf denen die normative Autorität dieser Regeln beruht. Wenn wir Menschenrechte als anwendungsbezogene Regeln betrachten, lässt sich auch mit G. A. Cohen erklären, dass sie durch politische und juridische Bedingungen eingeschränkt sind. Nur ist der Grund dieser Einschränkung nicht die Normativität der politischen Tatsachen selbst, sondern der Umstand, dass es moralische Gründe gibt, die bei der Ausgestaltung von Menschenrechtsregeln relevanten Tatsachen zu beachten.

Ich habe dieses Argument in Auseinandersetzung mit James Griffin weiterentwickelt. In „On Human Rights" (2008) verficht Griffin einen moralischen Menschenrechtsansatz, dessen Konstruktionsprinzipien er als „personhood" und „agency" bezeichnet (Griffin 2008, 33).[262] Gleichwohl betont auch Griffin die konstitutive Rolle, die Praktikabilitätsgründe (*practicalities*) bei der Bildung von Menschenrechtsregeln spielen.[263] Unserer Frage, inwieweit sich Praktikabilitätsgründe auf soziale Menschenrechtsansprüche auswirken, hat er sich aber in einem vorbereitenden Aufsatz gewidmet. In „Welfare Rights" (2000) gibt Griffin zu bedenken, dass selbst relativ wohlhabende Nationen Schwierigkeiten haben, alle Wohlfahrtsrechte vollständig zu erfüllen. Im Einklang mit Cranston und anderen Minimalisten bringt er die *ought-implies-can*-Regel ins Spiel: „one cannot make a duty of what is impossible. One would have a claim on welfare, only if others have a duty to supply it [...] Countries should meet welfare obligations to the extent that they can; more than that they are not obliged to do." (Griffin 2000, 35)

Wie Sen ist Griffin aber auch davon überzeugt, dass soziale Menschenrechtsansprüche Ziele für politische Reformen darstellen. Ganz gleich, unter welch wid-

262 Von Handlungsfähigkeit (*agency*) als Grundsatz von Menschenrechtsregeln spricht auch Alan Gewirth (1982, 45–52); und im Anschluss daran Otfried Höffe (1998, 34).

263 „What we are after are the existence conditions for a human right. Its existence must depend, to some extent, upon the concept's being determinate enough in sense to yield human rights with enough content for them to be an effective, socially manageable claim on others. [...] The practicalities ground gives us a further reason to confine human rights to normal human agents, not agents generally. Practicalities are needed to determine the content of many human rights, and the considerations they introduce may well be special to human life." (Griffin 2008, 37–38).

rigen Umständen diese Ansprüche erhoben werden, Knappheit oder schlechte Organisation berühren lediglich die konkrete Erfüllung sozialer Grundregeln, nicht aber ihre normative Geltung.[264] Und trotzdem räumt er ein, dass sich eine bestimmte Art von „feasibility doubts" gegenüber moralischen Rechtsansprüchen rechtfertigen lässt: „One cannot, in the sense relevant to obligations, meet a demand if the demand is beyond the capacity of the sort of people that on other especially important grounds one would want there to be." (Griffin 2000, 36)

Anders gesagt sollten wir nur das von einer Person fordern, was dieser Person möglich wäre, wenn sie die Art von Person wäre, die sie insgesamt gesehen sein sollte. Was Griffin damit im Sinn hat, ist, dass es gute (moralische) Gründe gibt zu wollen, dass Personen bestimmte Charaktereigenschaften ausbilden, die sie darin hindern, immer unparteiisch zu handeln. Personen, wie wir sie als wertvoll erachten, sind in der Lage, besondere Beziehungen zu ihrer Familie und ihren Freunden einzugehen, und sich selbst als ein Zweck an sich selbst zu achten, statt sich bloß als Mittel zur Wohlfahrt anderer zu verstehen. Ein Stück weit sind Eigennutz und Parteilichkeit moralisch begründet; denn weil besondere Beziehungen und Freiheit zu einem vollen menschlichen Leben hinzugehören, dieses Leben aber ein Wert an sich selbst darstellt, haben wir eben auch einen moralischen Grund, das, was „any redistributive welfare programme can require" (Griffin 2000, 36), auf die damit vereinbaren Maßnahmen zu beschränken.

Griffin zieht daraus die Konsequenz, dass das, was wir im Namen sozialer Gerechtigkeit einzufordern berechtigt sind, nicht bloß durch strikte Unpraktikabilität beschränkt ist. Weitere Einschränkungen ergeben sich daraus, dass wir moralisch relevante Vorstellungen darüber teilen, wie Personen sein sollten bzw. wie wir „should want them to be" (Griffin 2000, 37). Wie Griffin zumindest andeutet, ergibt sich daraus ein Argument gegen egalitäre Wohlfahrtsrechte. Ein gleiches Grundeinkommen wäre in diesem Sinne unpraktikabel, aber nicht, weil es kaum durchzusetzen wäre, sondern weil es eine Organisation des öffentlichen Lebens voraussetzt, die mit einer bestimmten normativen Idee der Person als eines für sich selbst sorgenden und sich dafür selbst achtenden Wesens unvereinbar wäre.

Mir geht es an dieser Stelle aber gar nicht darum, Griffins exaktes Argument gegen egalitäre Wohlfahrtsrechte zu verteidigen. Im Gegenteil, weder teile ich eins zu eins sein normatives Ideal der Person, noch seine genauen Bedenken, wie eine egalitäre Gesellschaftsordnung dieses Ideal beschädigen könnte. Ich bin eher an der grundsätzlichen Struktur seines Argumentes interessiert. Demnach

---

264 Deswegen folgert Griffin, dass „even for poorer governments the claims are determinate: namely, do what, with present resources, you can to raise your citizens to the minimum." (2000, 35)

kann sich ein Ideal, das für sich selbst wünschenswert und prinzipiell realisierbar wäre, dennoch aus Sicht zusätzlicher normativer Ideen, die mit seiner Realisierung zusammenhängen, als unpraktikabel herausstellen. Praktikabilitätsgründe allein rechtfertigen keine Einschränkungen machbarer moralischer Ziele. Sie werden aber normativ relevant, wenn ihre Beachtung selbst aus moralischen Gründen gefordert ist.

Im Übertrag auf soziale Menschenrechtsansprüche bedeutet das, dass sie, wenn sie nicht auf moralisch akzeptable Weise realisiert werden können, unpraktikabel werden. Das ist dann der Fall, wenn sich ein Menschenrecht nur auf eine Weise implementieren ließe, von der wir vor dem Hintergrund ebenfalls hineinspielender Werte einen moralischen Grund haben, sie abzulehnen – zum Beispiel, weil seine Implementierung inhumane Institutionen und umfangreiche Übergriffe ins Private erforderlich machte. Die Art von politischen Institutionen, die wir aus moralischen Gründen bevorzugen, schränkt den Bereich rechtfertigbarer Menschenrechtsansprüche erheblich ein. Das lässt sich an einer Reihe unkontroverser Fälle verdeutlichen. Wir verlangen beispielsweise zu Recht, dass sich der Staat nicht in unsere Partnerwahl einmischt. Kafkaeske Bürokratien sind ebenso zu vermeiden, wie paternalistische Regeln, aufgeblähte Sicherheitsdienste oder überzogene Strafregister. Die zur rechtlichen Durchsetzung vieler moralischer Ansprüche erforderlichen Institutionen wären totalitär, erniedrigend, entmündigend, kaum zu kontrollieren oder zu teuer (was wiederum nur deswegen einen Grund darstellt, weil dadurch an anderen, moralisch relevanten Zielen gespart werden müsste).

Die Eingriffstiefe einer totalitären Menschenrechtsordnung überschritte das, was wir einem Staat oder internationalen Institutionen vernünftigerweise zugestehen sollten. Auch deswegen ist es kein praktikables Menschenrecht, nicht belogen oder gemobbt zu werden. Und deswegen konzentrieren sich soziale Menschenrechtsansprüche auf praktikable Regelungsbereiche und Mindeststandards. Kurzum, wir haben berechtigte und von der Praxis geprägte Vorstellungen davon, was Staaten kontrollieren dürfen und welche moralischen Ansprüche sich in angemessener Weise als Rechtsansprüche realisieren lassen.

Diese Überlegungen führen zu dem Schluss, dass zu weitgehende Menschenrechtsforderungen mit unseren vernünftigen Vorstellungen von Staaten und globalen Institutionen kollidieren. Ich möchte aber noch einmal betonen, dass derartige Beschränkungen nicht mit knappen materiellen oder motivationalen Ressourcen allein gerechtfertigt werden. Die normative Arbeit wird durch eine bestimmte Idee davon geleistet, welche Befugnisse wir politischen und rechtlichen Menschenrechtsgaranten anvertrauen sollten, und daraus ergeben sich eben eine Reihe praktischer Einschränkungen. Der interne Zusammenhang zwischen moralischen und praktischen Gründen besteht darin, dass wir moralische

Gründe nicht allein für die Berücksichtigung allgemeinmenschlicher Interessen haben, sondern auch dafür, dass die politisch-rechtliche Implementierung dieser Interessen als Menschenrechte unter den gegebenen Verhältnissen dem Kriterium moralischer Akzeptabilität entsprechen muss.

3.2.3 Theorie als Praxis

Ein externer Zusammenhang zwischen moralischen und praktischen Gründen ergibt sich aus dem praktischen Anspruch, eine realistische Utopie der Menschenrechte zu entwickeln. Das Kriterium politischer Praktikabilität wird normativ relevant, wenn es um die Ausarbeitung einer politisch anschlussfähigen Menschenrechtskonzeption geht. Die Einzelheiten meiner politischen Konzeption der Menschenrechte werde ich im folgenden Kapitel erläutern. Sie bestimmt Menschenrechte nicht als moralische Ansprüche, sondern als Regeln, die in der politischen Praxis bestimmte Aufgaben ausfüllen.

Dieser Ansatz geht auf Charles Beitz' *On the Idea of Human Rights* (2009, fortan IHR) zurück, worin er sich ausführlich mit dem Status politischer Praktikabilitätsgründe auseinandersetzt. Ihm geht es darum, eine Alternativkonzeption in Abgrenzung zu naturrechtlichen und kontraktualistischen Menschenrechtsansätzen zu entwickeln. Mit ‚praktisch' ist zunächst gemeint, dass er die Frage, was Menschenrechte sind, durch eine Beschreibung ihrer politischen Funktionen beantwortet. Er analysiert die „functional role of human rights in international discourse and practise" (IHR, 103) und bezieht sich dabei auf das in der Praxis vorhandene Material, also auf die bekannten Deklarationen, Verträge und vor allem auf politische Handlungen, die sich auf die Idee der Menschenrechte berufen. Kurzum, statt Menschenrechte als Realisierungen einer moralischen Idee zu begreifen, betrachtet er Menschenrechte „as we find them in international political life" (IHR, 202).

Im Ergebnis fasst Beitz Menschenrechte als politische Legitimationsstandards, ...

1 ... deren Aufgabe darin besteht, dringende individuelle Interessen gegenüber typischen Gefährdungen (*standard threats*) zu schützen (IHR, 109),

2 ... deren Achtung, Sicherung und Umsetzung in der Primärverantwortung von Staaten liegt,

3 ... die aber, sollte der zuständige Staat dazu nicht in der Lage oder willens sein, in die Sekundärverantwortung internationaler politischer Akteure fallen und somit ultimativ zu einer internationalen Angelegenheit („a matter of international concern", IHR, 128) werden.

In diesem Modell ist zunächst einmal jedes Interesse, das als besonders dringend anerkannt wird, ein „candidate human right“ (IHR, 139). Von den Kandidaten qualifizieren sich aber nur diejenigen für ein Menschenrecht, die zwei Praktikabilitätsfilter erfolgreich durchlaufen haben. Da Menschenrechte zunächst in die Zuständigkeit von Staaten fallen, eignen sich nur solche Kandidaten, die durch typische staatliche Handlungen effektiv geachtet, geschützt und verwirklicht werden können – und wie ich bereits oben argumentiert habe, fallen nicht alle wichtigen Interessen in die Regelungskompetenz von Staaten, wie wir sie vernünftigerweise befürworten. Für Beitz ist auf dieser Ebene vor allem „the feasibility of implementing the protection in typical circumstances, and the likely cost of making the protection effective“ (IHR, 110) zu berücksichtigen.

Auf der zweiten, internationalen Ebene greift ein zusätzlicher Filter. Um nicht boß ein Grundrechtsanspruch, sondern ein universell gesichertes Menschenrecht zu sein, muss von einem Menschenrechtskandidaten auch gezeigt werden, dass es sich um „a suitable object of international concern“ (IHR, 140) handelt.[265] Seine Machbarkeit („requirement of feasibility“, IHR, 140) hänge davon ab, „that first-level failures to satisfy its requirements are amenable to correction or remediation by means of some sequence of action that could be carried out by political agents outside the society in question.“ (IHR, 140) Außerdem sollte es internationale Akteure geben, die „in virtue of their location, capabilities, and resources” (IHR, 140) in der Position sind, diese Handlungen auszuführen. Und schließlich sollten die verantwortlichen externen Akteure selbst rationale Gründe haben „to bear the burdens that would be imposed by taking these actions“ (IHR, 140). Zusammengenommen begründen dringende Interessen nur dann ein Menschenrecht, wenn wir angemessene internationale Maßnahmen identifizieren können, die geeignet sind, Staaten von der Verletzung dieser Interessen abzuhalten, und wenn wir zudem internationale politische Akteure benennen können, die in der Lage (und willens) sind, diese Maßnahmen zu ergreifen.

Dies sind äußerst selektive Einschränkungen. Da jede Form internationaler Einmischungspolitik mit erheblichen ökonomischen, politischen und letztlich auch moralischen Kosten verbunden sein dürfte, ist es für die internationale Gemeinschaft politisch oftmals nicht rational einzuschreiten. In Abwesenheit einer robusten globalen Menschenrechtsjurisdiktion ist die Kritik, es handele sich bei sozialen Menschenrechten um Manifest-Rechte, durchaus berechtigt. Um

265 Dazu erklärt Beitz weiter: „Whatever its importance regarded from the perspective of potential beneficiaries and however appropriate it would be as a requirement for domestic institutions, a protection can not count as a human right if it fails to satisfy a requirement of this kind.“ (IHR, 140)

diese Konsequenz zu vermeiden, führt Beitz aber eine wichtige Unterscheidung ein. Er versteht Menschenrechte als *pro tanto*-Gründe. Im Gegensatz zu Entscheidungsgründen (*conclusory reasons*)[266] übertrumpfen *pro tanto*-Gründe nicht automatisch andere wichtige Gründe. Um Menschenrechtsansprüche zu rechtfertigen, wäre es vollkommen hinreichend, dass eine systematische Verletzung von Fundamentalinteressen vorliegt, die bei international zuständigen Akteuren Handlungsbereitschaft auslöst. Dass deren Beurteilung der politischen Lage sie möglicherweise dazu führt, auf die dazu erforderlichen Maßnahmen zu verzichten, ist dabei nicht entscheidend. Ausschlaggebend ist, dass Menschenrechtsansprüche auf internationale Zuständigkeiten und eine verbreitete Bereitschaft, sie zu erfüllen, stoßen.

Gegen die Auffassung, dass berechtigte Menschenrechtsansprüche bereits auf internationale Resonanz stoßen, liegt erneut der Einwand auf der Hand, dass sich politische Verhältnisse ändern und dass Menschenrechtsansprüche dieser Entwicklung nicht hinterherlaufen, sondern sie anstoßen sollen. Der demokratische Wohlfahrtsstaat erschien vielen Menschen bis kurz vor seiner Verwirklichung als eine haltlose Utopie. Die Geschichte zeigt uns aber, dass Umwälzungen möglich sind. Dass sich das, was politisch möglich ist, im Laufe der Zeit verändert, ist aber kein schlagendes Argument gegenüber dem Kriterium politischer Praktikabilität, sondern allenfalls gegen die Überzeugung, dass Menschenrechtsstandards unveränderlich sind. Es ist vollkommen kohärent zu sagen, dass eine angemessene Menschenrechtsliste mit neuen Risiken, aber auch mit neuen politischen Möglichkeiten Schritt halten muss. Für grundlegende soziale und ökonomische Interessen, sogenannte „anti-poverty rights" (IHR, 161 ff.), gelte nach Beitz bereits heute, dass sie alle politischen Praktikabilitätsfilter passieren. Auf der staatlichen Ebene lassen sich grundlegende sozio-ökonomische Interessen im Rahmen akzeptabler wohlfahrtsstaatlicher Maßnahmen realisieren, auf internationaler Ebene gibt es Adressaten, die für die Kontrolle und Durchsetzung dieser Verantwortung zuständig zeichnen. Trotzdem hat die weitgehende Anerkennung von Praktikabilitätsgründen einen Preis. Substantiellere Gerechtigkeitsforderungen werden praktisch ausgeschlossen; schon gar nicht, so Beitz, gäbe es ein Menschenrechtsanspruch auf Demokratie.

Der Vorzug seiner politischen (oder praktischen) Konzeption der Menschenrechte liegt in ihrer politischen Anschlussfähigkeit. Aber in Bezug auf welchen Standard ist es besser, Menschenrechte anschlussfähig zu konzipieren, wenn

266 *Pro tanto*-Gründe geben uns Gründe, die unter günstigen Umständen ausschlaggebend werden; Entscheidungsgründe hingegen „require us to act, regardless of the other considerations in play" (IHR, 116/117).

dies bedeutet, dass wir wichtige moralische Anliegen nicht mehr in Form eines Menschenrechtsanspruchs formulieren sollen? Diese Frage rührt auch am Kern meiner eigenen Konzeption. Ich meine, dass es für die Einbeziehung politischer Praktikabilitätsgründe normative Gründe gibt, die sich aus der Beantwortung der Frage ergeben, was wir von einer Theorie der Menschenrechte wollen. Der zweite Weg, dem Kriterium politischer Praktikabilität normative Relevanz zuzusprechen, besteht wie angedeutet darin, die Wahl eines politisch praktikablen Ansatzes selbst moralisch zu rechtfertigen. Meines Erachtens bietet ein Menschenrechtsansatz globaler Gerechtigkeit die unter den gegebenen Voraussetzungen bestmögliche Umsetzung der kosmopolitischen Moraldoktrin.[267] Die kosmopolitische Moraldoktrin ist durch drei formale Gesichtspunkte gekennzeichnet:[268]

a) *Legitimatorischer Individualismus*: Von letzter moralischer Wichtigkeit sind Individuen – und nicht Familien, Nationen oder religiöse Gemeinschaften. Rechtfertigungen müssen sich daher auf das Wohl des Einzelnen berufen, während das Wohl von Gruppen nur als Voraussetzung für das Wohl des Einzelnen relevant ist.
b) *Universalismus*: Der Status ultimativer moralischer Wichtigkeit kommt *allen* lebenden Menschen gleichermaßen zu – und nicht nur Männern, Christen oder Landsleuten. Grundsätzlich sind alle Menschen moralisch zu berücksichtigen, wenn auch nicht unbedingt in gleicher Weise.
c) *Allgemeinheit der Verpflichtung*: Der universelle moralische Status von Personen bringt Verantwortlichkeiten von globaler Reichweite mit sich – nicht nur besondere Verantwortlichkeiten gegenüber Angehörigen der eigenen Nation oder des eigenen Kulturkreises.

Im Grunde buchstabiert die kosmopolitische Moraldoktrin lediglich das aufgeklärt-humanistische Selbstverständnis aus, wie es vor dem Hintergrund unterschiedlichster Moralansätze auf breite Zustimmung stößt.[269] Sie alle konvergieren im Kerngedanken einer Moral der universellen Achtung und Berücksichtigung.[270]

---

267 In diesem Zusammenhang ist es bemerkenswert, dass Kosmopolitisten der ersten Stunde wie eben Charles Beitz oder Thomas Pogge mittlerweile selbst einen Menschenrechtsansatz vertreten. Sowohl Beitz (1979), als auch Pogge (1989) begannen damit, Rawls' Prinzipien sozialer Gerechtigkeit auf die globale Arena zu übertragen, bevor sie auf einen Menschenrechtsansatz einschwenkten.

268 Vgl. dazu: Thomas Pogge (2012, 212); Henning Hahn (2009, 95 ff.); Simon Caney (2005, 3).

269 Der von mir bevorzugt Begründungsweg findet sich in: Hahn, *Moralische Selbstachtung*, 2008.

270 Valentin Beck führt in diesem Zusammenhang den Nachweis, dass die Moral der universellen Achtung von allen Hauptsträngen der normativen Ethik (Naturrecht, Anthropologie, Kantia-

An dieser Stelle geht es mir daher ausdrücklich nicht darum, eine weitere Begründung durchzuexerzieren, sondern darum zu argumentieren, dass diejenigen, die gemeinsam auf dem Boden der kosmopolitischen Moral stehen, gute Gründe haben, einen Menschenrechtsansatz globaler Gerechtigkeit zu wählen.

Im Gegensatz zur normativen Ethik besteht das Projekt der Politischen Philosophie darin, uns die Welt als einen Ort verstehbar zu machen, in dem wir im Einklang mit unseren moralischen Überzeugungen handeln können. Sie entwickelt eine realistische Utopie, eine Gerechtigkeitserzählung, die Erfahrungen globaler Armut, Beherrschung und Ausbeutung auf eine Weise Ausdruck verleiht, dass sie mit den Möglichkeiten politischer Handlungsfähigkeit verbunden bleiben. Diese pragmatistische Grundidee umfasst folgende Schritte:

i. Jede Praxis muss sich vor der kosmopolitischen Moraldoktrin rechtfertigen, wonach alle Menschen universelle Achtung und Berücksichtigung verdienen.
ii. Eine Gerechtigkeitstheorie zu konzipieren, ist selbst eine Praxis, in der es u. a. darum geht, einen geteilten Standpunkt in Bezug auf politische Machtverhältnisse und einen idealen Fluchtpunkt für machbare Reformen freizulegen.
iii. Der externe Grund für die Einbeziehung politischer Praktikabilitätsgründe betrifft somit die Verantwortung der Theoretikerin selbst. Sie sollte eine mögliche Gerechtigkeitsordnung innerhalb bestehender Verantwortungsstrukturen rekonstruieren, eine kosmopolitische Ordnung, zu der man sich in zumutbarer Weise und im Einklang mit seinen kosmopolitischen Überzeugungen beizutragen in der Lage sieht.[271]
iv. Auf der moralischen Seite ist es daher Aufgabe der Politischen Philosophie zu zeigen, wie die Idee der Menschenrechte mit der kosmopolitischen Moraldoktrin übereinstimmt. Die realistische Utopie eines globalen Menschenrechtsregimes versucht, das Ideal globaler Gerechtigkeit mit pluralen Moralauffassungen und politischen Praktikabilitätsgründen zu versöhnen. Dazu lässt sie die Welt als einen Ort in Erscheinung treten, in dem sich die Möglichkeit einer einigermaßen gerechten Ordnung bereits angelegt findet, einer

nismus, Utilitarismus, Konstruktivismus, Diskursethik) in einem überlagernden Konsens geteilt wird (Beck 2016, 203–237).

271 Damit versuche ich, eine Anforderung an die Politische Philosophie einzulösen, die Thomas Pogge in einem für das Verständnis seiner Theorieentwicklung äußerst instruktiven Aufsatz folgendermaßen ausdrückt: „We have failed to organize our moral values so that our morality reflects, and can effectively achieve, what by its own lights matters“ (Pogge 1990, 649).

Ordnung, die aus Sicht unterschiedlicher Moralauffassungen begrüßenswert ist.

vi. Auf der politisch-praktischen Seite ist es Aufgabe der Politischen Philosophie zu zeigen, dass die realistische Utopie eines globalen Menschenrechtsregimes auf eine hinreichende Zustimmung stößt – hinreichend, um politische Handlungen im globalen Maßstab zu motivieren. Indem sie die Wirklichkeit des globalen Menschenrechtsregimes nachzeichnet und gemeinsame Interessen, bestehende Handlungspfade und Praktiken der Inverantwortungsnahme rekonstruiert, arbeitet sie schließlich selbst daran, die Hoffnung auf die Möglichkeit globaler Gerechtigkeit freizusetzen.

Ich muss einräumen, dass diese Argumentation auf starken Annahmen beruht. Sie gründet unter anderem auf der Behauptung, dass die Art und Weise, wie wir die Welt theoretisch beschreiben, eine Auswirkung auf die Praxis hat. Auch gibt es, wie gesagt, andere begründete Antworten darauf, was wir von einer Theorie der Gerechtigkeit wollen und um welche Art von Praxis es sich dabei handelt. Mein Punkt ist lediglich der, dass politische Praktikabilitätsgründe normativ relevant werden, sobald wir die Theorie als eine politische Praxis verstehen, deren Ziel es ist, globale Missstände als Ungerechtigkeiten erfahrbar zu machen, deren Korrektur in unsere politische Handlungsfähigkeit und damit in unsere gemeinsame Verantwortung fällt.

Ich fasse zusammen. In diesem Kapitel haben wir ein differenzierteres Verständnis davon gewonnen, wie sich Vorbehalte gegenüber der politischen Praktikabilität berechtigter Weise auf positive Menschenrechtsansprüche auswirken. Knappe Ressourcen, mangelhafte Verrechtlichung oder der Unwillen der entsprechenden Akteure *allein* sind keine hinreichenden Gründe, um positive Menschenrechtsansprüche zu beschränken. Ihre Berechtigung erwächst entweder aus moralischen Anforderungen an die für ihre Umsetzung erforderlichen Institutionen und Praktiken oder aus dem praktischen Anspruch, ein politisch anschlussfähiges Verständnis von Menschenrechten zu gewinnen. Einerseits kann es moralische Ansprüche geben, die wir nicht in Rechtsansprüche übertragen wollen, weil wir moralische Vorbehalte gegenüber der Art von Institutionen haben, die nötig wären, um diese Rechtsansprüche zu vollstrecken. Und zweitens ist es legitim, ja im Grunde moralisch geboten, die Theorie der Menschenrechte selbst als eine Praxis zu betrachten, die die Wahrnehmung politischer Machbarkeiten verändern kann. Auf beiden Wegen lassen sich Praktikabilitätsgründe erklären, ohne ihnen eine eigenständige normative Relevanz zusprechen zu müssen. Ein Menschenrechtsminimalismus lässt sich aber auf keinem dieser Wege verteidigen.

3.3 Die politische Konzeption der Menschenrechte

Die Idee der Menschenrechte gründet ursprünglich in der Naturrechtslehre. Demnach sind Menschenrechte moralische Rechte, die jeder Person von Natur aus, das heißt aufgrund der Tatsache ihres bloßen Menschseins und ungeachtet ihrer besonderen Eigenschaften und gesellschaftlichen Situierung, zukommen. Wenn sich die Präambel der *Allgemeinen Erklärung der Menschenrechte* auf die „Anerkennung der angeborenen Würde und gleichen und unveräußerlichen Rechte aller Mitglieder der Gemeinschaft der Menschen" beruft, dann klingt darin ihr naturrechtliches Erbe noch deutlich nach.

Auf der anderen Seite definieren Menschenrechtsdokumente konkrete Rechtsansprüche gegenüber modernen politischen Institutionen. Rechte auf Altersversicherung oder zur Gründung von Gewerkschaften formulieren keine Anrechte, die wir bereits aus dem Naturzustand mitbringen. James Nickel fasst diese Diskrepanz zwischen Ewigkeitsanspruch und Konkretheit der Menschenrechte wie folgt zusammen: „Human rights are specific and problem-oriented (...). Historic bills of rights often begin with a list of complaints about the abuses of previous regimes or eras. Bills of rights may have preambles that speak grandly and abstractly of life, liberty, and the inherent dignity of persons, but their lists of rights contain specific norms addressed to familiar political, legal, or economic problems."[272] Wenn die Präambel der *Allgemeinen Erklärung der Menschenrechte* von „barbarischen Handlungen" spricht, artikuliert sich darin ihr historischer Ursprung am Ende des Zweiten Weltkriegs, insbesondere der Zivilisationsbruch des Holocausts.

Zusammengefasst stellen Menschenrechte hybride Gebilde dar, die moralische Grundlagen haben, aber auch auf ihre rechtsförmige Positivierung hin angelegt sind und spezifischen politischen Kämpfen entspringen.[273] Wie wir schon festgestellt haben, ist die Menge naturrechtlich begründbarer Ansprüche daher nicht mit der Menge juridisch und politisch umsetzbarer Menschenrechte identisch. Dennoch wird oftmals an der Überzeugung festgehalten, dass moralische Gründe einen vorgeordneten Status in diesen Überlegungen genießen. Ich bezeichne dies als den konventionellen Ansatz.[274] Konventionelle Ansätze

---

272 James Nickel, „Human Rights", in: *The Stanford EncycLPedia of Philosophy*, 2013. (http://plato.stanford.edu/archives/sum2013/entries/rights-human [21.03.2014, HH])

273 Zur Multidimensionalität bzw. ‚Janusköpfigkeit' von Menschenrechten vgl.: Habermas (1998, 177); Georg Lohmann (1998); Rainer Forst (2007).

274 Konventionelle oder moralische Konzeptionen vertreten etwa Alan Gewirth (1982), Stefan Gosepath (1998a, 148 ff.), Martha Nussbaum (2007), Otfried Höffe (1999), Thomas Nagel (2002), Ernst Tugendhat (1993, 336–363); James Griffin (2001). John Tasioulas spricht diesbezüglich vom

beginnen mit der moralischen Begründung von Menschenrechten, die dann auf die Wirklichkeit angewendet werden. Es handelt sich bei ihnen um präpolitische Ansprüche, die ungeachtet ihrer politischen Realisierungschancen universell gültig sind.

Ich sollte auch hier voranstellen, dass ich es in bestimmten Zusammenhängen für sinnvoll halte, einen konventionellen Ansatz zu vertreten, etwa dann, wenn wir uns vergewissern, wofür wir für uns selbst oder als relativ homogene Gruppe stehen. Es ist wichtig, gemeinsame Grundsätze auf der Basis gemeinsamer moralischer Gründe zu rechtfertigen. Transkulturelle oder sogar globale Rechtfertigungsversuche müssen das Faktum des moralischen Pluralismus aber ernster nehmen. Global gesehen ist es äußerst umstritten, welches die gemeinsamen Gründe sind und zu welchen Ansprüchen sie führen. Für eine global akzeptable Gerechtigkeitstheorie wäre es daher wenig hilfreich, Menschenrechte aus einem universellen Moralprinzip herzuleiten, das einigen Adressaten äußerst plausibel erscheint, aber nicht universell anerkannt wird.[275]

Mein Menschenrechtsansatz wird daher nicht bei universellen Moralprinzipien, sondern bei der politischen Universalität der Menschenrechte ansetzen. Unterstützung findet diese Sichtweise von Seiten politischer (bzw. praktischer) Konzeptionen der Menschenrechte.[276] Mein Menschenrechtsansatz folgt damit dem *political turn* in der jüngsten Theoriebildung. Zur besseren Einordnung dieser Entwicklung werde ich im ersten Abschnitt auf die dieser Entwicklung zugrunde liegenden Motive eingehen (3.3.1.). Im zweiten Abschnitt fasse ich dann die wichtigsten Elemente von John Rawls' Menschenrechtsansatz zusammen, da er diese Wende angestoßen hat (3.3.2.). Die Kritik daran, auf die ich im dritten Abschnitt eingehe, hat zwar zur Abkehr von Rawls, nicht aber zu einer Abkehr von der politischen Menschenrechtskonzeption selbst geführt (3.3.3.). Im Gegenteil, Autoren wie Charles Beitz haben sie zu einer ernstzunehmenden Position weiterentwickelt. Nur ein Problem, dem ich mich im vierten Abschnitt zuwende, hat nach wie vor Bestand. Ich nenne es das Paradox selbstreferenzieller Begründung

„standard picture", wonach Menschenrechte politischen Institutionen vorausgehen (Tasioulas 2007).

275 Christine Chwaszcza erklärt dazu programmatisch: „Normative theory of international relations is not a case for the framework of ‚applied ethics'" (2011, 14).

276 Wenn ich von einer politischen und nicht von einer praktischen Konzeption spreche, folge ich Joseph Raz' Ausdrucksweise. Im Gegensatz zu Raz und im Anschluss an Beitz verstehe ich aber unter einer politischen Konzeption eine, die Menschenrechte in ihren politischen Funktionen und nicht bloß als Rechte versteht. Für Raz hingegen besteht das Wesen der politischen Konzeption darin, „that it regards human rights as rights which are to be given institutional recognition, rights which transcend private morality" (2007, 22).

(3.3.4.). Denn auch wenn Menschenrechte universell anerkannte Regeln darstellen, benötigen wir doch ein tiefer liegendes Prinzip, an dem wir angemessene Interpretationen von Menschenrechten von unangemessenen unterscheiden können. Dabei stoßen wir aber wieder nur auf die Praxis der Menschenrechte. In einem fünften Schritt diskutiere (und verwerfe) ich einen Vorschlag von Pablo Gilabert, das Prinzip der Menschenrechte in den normativen Voraussetzungen des interkulturellen Diskurses über Menschenrechte zu suchen (3.3.5.). Dagegen folge ich im sechsten Abschnitt Jürgen Habermas' Vorschlag, dass das globale Menschenrechtsregime in der Idee der Menschenwürde längst eine gemeinsame Grundnorm etabliert hat (3.3.6.). Weil diese Idee bei ihm neu, und seine Position zu Menschenrechten besonders einflussreich ist, werde ich bei dieser Gelegenheit herausstellen, dass sich Habermas in der Auseinandersetzung mit globalen Gerechtigkeitsfragen selbst auf eine politische Menschenrechtskonzeption zubewegt. Daran schließt sich dann die Rekonstruktion der kosmopolitischen Konzeption der Menschenwürde an, die ich im siebten Abschnitt vorstelle (3.3.7.). Meine These lautet dabei nicht, dass sich Menschenrechte im Rückgriff auf den fundamentalen Wert der Menschenwürde universell begründen und bestimmen lassen. Eher vertrete ich die Ansicht, dass die Sprache der Menschenrechte eine bestimmte Idee der Menschenwürde in den politischen Gerechtigkeitsdiskurs eingeführt hat. Abschließend werde ich diese These am Beispiel des Arabischen Frühlings erläutern (3.3.8.).

3.3.1 Anforderungen an eine transkulturelle Theorie der Menschenrechte

Politische Menschenrechtskonzeptionen gehen davon aus, dass Menschenrechte nicht auf moralische Rechte reduzierbar sind. Stattdessen bilden Menschenrechte eine normative Sphäre *sui generis*. Es handelt sich um politisch und juridisch anerkannte Regeln, die als notwendige (wenn auch nicht unbedingt hinreichende) Bedingungen für die Legitimität politischer Normen, Institutionen und Praktiken fungieren. Diese politische Sichtweise gewinnt an Zuspruch.[277] Sie resultiert aus der Erfahrung, dass konventionelle Ansätze im transkulturellen Diskurs kaum weiterführen, und hat mit einem bestimmten Verständnis davon zu tun, was wir von einer Theorie der Menschenrechte wollen. Im Einzelnen sollte sie den folgenden drei Kriterien genügen: dem Kriterium transkultureller Recht-

277 Eine politische Konzeption der Menschenrechte vertreten: Charles Beitz (2009), Christine Chwaszcza (2010 und 2011), Attracta Ingram (1994), Peter Jones (1994); Joseph Raz (2010), Bernard Williams (2006).

fertigbarkeit (i), dem Kriterium der Gegenstandstreue (ii) und dem Kriterium der Zurechenbarkeit (iii).

i) Das *Kriterium transkultureller Rechtfertigbarkeit* qualifiziert Theorien der Menschenrechte danach, ob sie an eine Vielzahl ethischer Sichtweisen, religiöser Weltanschauungen und identitätsstiftender Narrative angeschlossen werden können. Das Vokabular jeder moralischen Menschenrechtsbegründung bleibt aber notwendig einem partikularen Sinnhorizont verhaftet. Es transportiert Vorstellungen, Begriffe und Unterscheidungen, die zwar Universalität beanspruchen, sich aber nicht gleich gut in unterschiedliche kulturelle Selbstverständnisse einfügen. Eine global akzeptable Theorie der Menschenrechte sollte dem moralischen und weltanschaulichen Pluralismus mehr Gewicht einräumen. Sie hat zu akzeptieren, dass die eigenen Gründe, auch wenn darin die Interessen und Standpunkte des Anderen so gut es geht berücksichtigt werden, nicht unsere gemeinsamen Gründe sind. Politische Konzeptionen gehen mit diesem Kriterium konform, indem sie sich mit dem *Konsens* über gemeinsame Regeln begnügen, gleichzeitig aber eine Pluralität moralischer Gründe anerkennen, die vor dem Hintergrund unterschiedlicher Überzeugungen für diese Regeln sprechen.[278]

ii) Das *Kriterium der Gegenstandstreue* übernehme ich von John Tasioulas (2009). Es besagt, dass eine Theorie der Menschenrechte ihren Gegenstand zunächst einmal so beschreiben sollte, wie er sich in der politischen und völkerrechtlichen Praxis darstellt. Statt Menschenrechte mit grundlegenden moralischen Ansprüchen gleichzusetzen und dabei ihre praktische Rolle in Recht und Politik zu ignorieren, setzen politische Menschenrechtsansätze gezielt bei der Beschreibung ihrer praktischen Funktionen an. Sie verstehen Menschenrechte, wie sie in den Kodifizierungen, Deklarationen und Verträgen formuliert sind, und definieren sie anhand ihrer spezifisch *politischen Funktionen.*

iii) Damit hängt, drittens, das *Kriterium der Zurechenbarkeit* zusammen. Konventionelle Ansätze begreifen Menschenrechte als moralische Rechte, die wir institutionell realisieren sollten, die aber unabhängig von ihrer Institutionalisierung existieren. Politische Konzeptionen bestreiten den Sinn davon, etwas als ein Recht oder auch nur als ein politisches Instrument der Kritik zu bezeichnen, für das sich nicht bereits institutionalisierte Formen politischer Verantwortung benennen lassen. So handelt es sich bei Menschenrechten zwar um normative Ansprüche, die eine Veränderung der Wirklichkeit inten-

---

278 John Rawls stellt ähnliche Überlegungen an in Bezug auf die „burdens of judgment" und dem „fact of reasonable pluralism" (1993, 24 ff. und 54ff).

dieren, aber auch dieser normative Überschuss sollte sich an einem realistischen Portrait des politisch Möglichen orientieren. Die Aufgabe einer Theorie der Menschenrechte besteht in den Worten Allen Buchanans auch darin, eine „practicable route from where we are now to at least a reasonable approximation of the state of affairs that satisfies its principles“ (Buchanan 2004, 61) zu benennen.[279] Der konventionelle Ansatz trennt den Aspekt der moralischen Begründung von Menschenrechten von dem ihrer politischen Umsetzung ab. Dadurch erschafft er eine unüberbrückbare Distanz zwischen dem, was Menschenrechte sein sollen, und dem, was sie sind bzw. in absehbarer Zeit sein könnten.

Für den politischen Ansatz existieren Menschenrechte dort, wo sich eine Verantwortungsstruktur für ihre Beachtung, ihren Schutz und die Erfüllung der mit ihnen verbundenen sekundären Pflichten gebildet hat. Moralische Rechte gelten voraussetzungslos und überall, Menschenrechte aber gelten nur dort, wo die institutionellen Voraussetzungen erfüllt sind, um die erforderlichen kollektiven Handlungen zu organisieren und *politische Verantwortung* einzufordern.

Das bedeutet nicht, dass Menschenrechtsansprüche von ihrer faktischen Durchsetzung abhingen (das wäre allerdings absurd); es bedeutet aber, dass die Rechtfertigbarkeit von Menschenrechten von der Identifikation verantwortlicher Adressaten abhängt, die über politischen Einfluss verfügen. Diese Unterscheidung zwischen Menschenrechten und moralischen Rechten ist nicht analytisch, sondern wiederum pragmatisch begründet. Eine brauchbare Theorie der Menschenrechte sollte uns dabei helfen zu bestimmen, wer im Falle einer Menschenrechtsverletzung für was und wem gegenüber zur Verantwortung gezogen werden kann.[280] Demnach gab es in der Steinzeit keine und im 19. Jahrhundert keine global geltenden sozialen Menschenrechte; demnach lässt sich aber seit der zweiten Hälfte des 20. Jahrhunderts die Entwicklung eines globalen Menschenrechtsregimes beobachten.

---

279 Buchanan erläutert in dieser Passage die Differenz zwischen „feasibility“, „accessibility“ und „moral accessibility“. Mein Kriterium politischer Praktikabilität wäre hier mit dem, was er als „accessibility“-Bedingung einführt, gleichzusetzen.

280 Vgl. Andrew Kuper, *Global Responsiblities: Who has to Deliver on Human Rights?*, 2005.

3.3.2 Menschenrechte als Interventionsgründe: John Rawls

Zusammengenommen machen politische Ansätze einen innovativen Vorschlag, wie Menschenrechte konzeptionalisiert, spezifiziert und gerechtfertigt werden können. Sie definieren Menschenrechte über ihre praktischen Funktionen in Recht und Politik, bestimmen ihren Inhalt in Hinsicht auf diese Funktionen und rechtfertigen sie als verbindliche Regeln, die auf einem gemeinsamen Nenner zwischen unterschiedlichen Ideen des Guten beruhen. In *The Law of Peoples* (1999, fortan LP) hat John Rawls erstmals die Grundzüge einer politischen Menschenrechtskonzeption vorgestellt. Darin definiert er Menschenrechte in Bezug auf ihre aktuellen Funktionen im Völkerrecht (i); bestimmt ihren Inhalt in Relation zu diesen Funktionen (ii) und rechtfertigt sie als Bestandteil eines hypothetischen Völkerrechtsvertrags (iii).

i) *Funktionale Definition*: Für Rawls besteht die charakteristische Rolle von Menschenrechten darin, völkerrechtlich verbindliche Regeln zur Legitimierung staatlicher Souveränität festzulegen. Ein Staat, der Menschenrechte missachtet, verliert seine externe Legitimitation, das heißt, er gilt nach außen nicht mehr als ein respektables Mitglied der Völkergemeinschaft. Weil dies vor allem den Verlust seines Rechts auf Nichteinmischung bedeutet, bezeichnet John Tasioulas Rawls' Position zugespitzt als „*Coercive Intervention Account*" (Tasioulas 2009, 940). Die ultimative völkerrechtliche Funktion von Menschenrechten liege darin, Gründe für internationale Einmischung bis hin zur Internationalen Schutzverantwortung und Humanitären Interventionen zu liefern. Menschenrechte funktionieren, so Rawls, als „justifying reasons for war and its conduct" (LP, 79).

Allerdings klingt darin schon durch, dass Rawls die völkerrechtliche Funktion der Menschenrechte durchaus variabel versteht. Menschenrechte definieren die Grenze internationaler Toleranz, aber auch den Tatbestand von Kriegsverbrechen, die Bedingungen sozialer Kooperation und Zugangsvoraussetzungen für die Mitgliedschaft in internationalen Institutionen.[281] Dass Rawls eine differenzierte Definition der Menschenrechte vertritt, wird in den folgenden Textpassagen deutlich:

1. Their fulfilment is a necessary condition of the decency of a society's political institutions and of its legal order (§§ 8–9). [Toleranzbedingung, HH]

281 Zur Verteidigung hat Samuel Freeman (2006, 35 f. und 2007, 435 ff.) darauf hingewiesen, dass Menschenrechte bei Rawls als Voraussetzungen sozialer Kooperation definiert werden. In ähnlicher Weise verteidigt David Reidy Rawls' Menschenschenrechtsminimalismus als einen ebenso realistischen wie umfassenden Ansatz (2006).

2. Their fulfilment is sufficient to exclude justified and forceful intervention by other peoples, for example, by diplomatic and economic sanctions, or in grave cases by military force. [Bedingung der Nichteinmischung, HH]
3. They set the limit of pluralism among peoples. [Mitgliedschaftsbedingung, HH] (LP, 79 f.)

Trotz dieser Differenzierungen ist Tasioulas' Zuspitzung aber nicht unangebracht. Erklärt sie doch am besten, warum Rawls einen inhaltlichen Menschenrechtsminimalismus vertritt.[282]

ii) *Inhaltlicher Minimalismus*: Gerade weil Menschenrechte staatliche Souveränität einschränken, fällt Rawls' Liste rechtfertigbarer Menschenrechtsansprüche äußerst dünn aus. Wie Seyla Benhabib anmerkt, ist beispielsweise der Art. 18 der *Allgemeinen Erklärung der Menschenrechte* zur Gedanken- Gewissens- und Religionsfreiheit „viel egalitärer und viel kompromissloser gegenüber existierenden Staaten als Rawls' Recht auf eine ‚unvollständige Gewissensfreiheit'" (Benhabib 2010, 407). Bei Rawls fehlen grundlegende soziale, ökonomische und die meisten der politischen und bürgerlichen Rechte. Denn für ihn bilden Menschenrechte lediglich „a special class of urgent rights" (LP, 79), darunter „the right to life (to the means of subsistence and security); to liberty (to freedom from slavery, serfdom, and forced occupation, and to a sufficient measure of liberty of conscience to ensure freedom of religion and thought); to property (personal property); and to formal equality as expressed by the rules of natural justice (that is, that similar cases be treated similarly)." (LP, 75)

iii) *Konsensuelle Rechtfertigung*: Rawls verzichtet darauf, Menschenrechte aus einem zugrunde liegenden Prinzip – wie Würde, Autonomie, grundlegende Bedürfnisse, dringende Interessen oder Handlungsfähigkeit – abzuleiten. Stattdessen führt sein kontraktualistisches Darstellungsverfahren einen bestehenden interkulturellen Konsens vor Augen. So liege die *Charter of the Law of Peoples* (Rawls 1999, 37) mitsamt ihren Bestimmungen zu Menschenrechten gleichermaßen im Interesse von liberalen und nicht-liberalen Völkern. Entscheidend ist, dass liberale und achtbare hierarchische Völker je eigene, in ihrer spezifischen politischen Kultur verankerte Gründe haben, diesem Vertrag zuzustimmen. Damit erfüllt Rawls' Konzeption das Kriterium transkultureller Rechtfertigbarkeit: „Human rights, as thus understood, cannot be rejected as peculiarly liberal or special to the Western tradition. They are not politically parochial." (LP, 65)

282 Vgl. dazu: Alistair Macleod (2006) und James Nickels (2006).

3.3.3 Revisionen im politischen Camp

Zusammengefasst definiert Rawls Menschenrechte als Legitimationskriterien staatlicher Souveränität, vertritt einen inhaltlichen Minimalismus und konstruiert eine konsensuelle Rechtfertigung in Form eines fiktiven Völkerrechtsvertrags. In dieser Fassung ist insbesondere Rawls' inhaltlicher Minimalismus auf massive Kritik gestoßen. Ich teile diese Kritik. Sie führt mich aber nicht zur Zurücknahme, sondern zur Fortentwicklung des politischen Ansatzes. Entsprechend lassen sich drei interne Weiterentwicklungen im politischen Camp verzeichnen. Erstens schien es nötig, die politische Funktion von Menschenrechten differenzierter zu betrachten (i), in der Folge wurde der substantielle Minimalismus durch eine gegenstandsgetreuere Inhaltsbestimmung ersetzt (ii) und schließlich musste dem Relativismus-Vorwurf entgegengetreten werden, wonach Rawls' politischer Konstruktivismus lediglich die bestehenden Konventionen abbilde (iii).

i) *Funktionale Differenzierung*: Die Praxis der Menschenrechte kennt mehr Akteure als Staaten (bzw. die internationale Gemeinschaft) und mehr Funktionen als die, staatliche Souveränitätsansprüche und ultimativ die Einmischung in die inneren Angelegenheiten eines Staates zu begründen. Eine entsprechende Ausdifferenzierung kündigt sich bereits bei den Autoren an, die direkt an Rawls anknüpfen. In „Human Rights Without Foundations" (2007) definiert Raz die Funktion von Menschenrechten darin, dass sie der Souveränität von Staaten Grenzen ziehen, „in that their actual or anticipated violation is a (defeasible) reason for taking action against the violator in the international arena". (Raz 2007, 9) Aber Raz macht deutlicher, als Rawls es getan hat, dass Menschenrechtsverletzungen nicht unbedingt starke Formen der Einmischung und ultimativ militärische Interventionen rechtfertigen. In Tasioulas Worten vertritt Raz damit einen „Broad Intervention Account" (Tasioulas 2009, 943), der zunächst einmal das Arsenal an politischen Reaktionen auf Menschenrechtsverletzungen erweitert.

Der Durchbruch zu einer differenzierten Beschreibung vollzieht sich dann in Charles Beitz' *The Idea of Human Rights* (IHR, 2009). Indem er, wie oben gezeigt, die „functional role of human rights in international discourse and practice" (IHR, 103) zum Ausgangspunkt seiner Theorie nimmt, kommt er zu einer differenzierteren Betrachtung relevanter Akteure. Entscheidend ist, dass auch nichtstaatliche Akteure Adressaten von Menschenrechtsansprüchen sein können. Menschenrechte sind Gründe, die NGOs aktivieren, Monitoring-Verfahren bei den Vereinten Nationen auslösen, Weltbankkredite konditionieren, die Vergabepolitik von Sportveranstaltungen durch internationale Sportverbände beeinflussen, globale Unternehmensverantwortung definieren, etc. Wenn wir die Praxis der Menschenrechte nicht nur im völkerrechtlichen Kontext, sondern etwa auch im Kontext der Globalisierungskritik betrachten, wird deutlich, dass Menschenrechte zur universellen Währung politischer Kritik bzw. Legitimierung aufgestiegen sind. Thomas Pogge bezeichnet sie entsprechend als „globally sharable minimal standards of institutional assessment" (2009, 552) und Christine Chwaszcza, die schon vor Beitz die „practical role of human rights" (2011, 16) bzw. ihre „functional role" (2011, 22) analysiert, definiert sie als „higher order norms that articulate standards of legitimacy for sociopolitical and legal institutions" (2010, 333).

ii) *Gegenstandstreue*: Rawls' inhaltlicher Minimalismus hängt unmittelbar mit ihrer Funktion zusammen, Gründe für die Einmischung in staatliche Souveränität bereitzustellen. Bernard Williams sieht das ähnlich („Human Rights and Relativism" 2006). Für ihn sind stabile politische Ordnungen die Grundvoraussetzung für alle weiteren politischen Güter wie Sicherheit, Vertrauen, soziale Kooperation und Gerechtigkeit. Darum könnten Menschenrechte nicht ihrerseits Kriterien der Gerechtigkeit sein; ihre Funktion bestehe darin, politischen Ordnungen Legitimität zu verschaffen, damit sich darin partikulare Gerechtigkeitsvorstellungen ausbilden können. In Folge dieser Funktionsanalyse kommt auch Williams zu einer minimalen Liste von „most basic human rights", die sich auf die häufigsten Formen politischen Machtmissbrauchs beziehen, darunter Folter, willkürliche Hinrichtungen, religiöse Unterdrückung oder politische Zensur (B. Williams 2006, 62 f.), Diese Liste enthält keine positiven Leistungsansprüche, die für Williams nicht in die „governmental responsibility" fallen, sondern „simply aspirations" darstellen.[283]

Und auch Joseph Raz knüpft an den in der Auseinandersetzung mit Cranston eingeführten Einwand an, dass wir nicht von universellen Rechten sprechen sollten, wo es an verantwortlichen Adressaten fehle: „Individuals have them [human rights, HH] only when the conditions are appropriate for governments to have duties to protect the interests which the rights protect" (Raz 2007, 18). Da etwas, was nicht praktikabel ist, auch nicht Pflicht sein darf, teilt Raz die Auffassung, dass wir auf die Rede von *universellen* sozialen Menschenrechten verzichten sollten. Das Recht auf Bildung, so sein Beispiel, „lacks universality for it exists only where the social and political organization of a country makes it appropriate to hold the state to have a duty to provide education" (Raz 2007, 18).

---

283 Im Ganzen heißt es bei Williams: „I think that it may be unfortunate that declarations of human rights have, though for understandable reasons, included supposed rights of this kind. Since in many cases governments cannot actually deliver what their peoples are said to have a right to, this encourages the idea that human rights represent simply aspirations..." (2006, 64).

Joshua Cohen macht dagegen deutlich, dass eine politische Konzeption der Menschenrechte nicht automatisch auf einen inhaltlichen Minimalismus hinausläuft. Er definiert Menschenrechte als „entitlements that serve to ensure the bases of membership" (Cohen 2006, 226).[284] Zudem konstatiert er ein „broad agreement about the practical role of human rights as global, public standards" (J. Cohen 2004, 195). Zwar seien Menschenrechte „less demanding than standards that we endorse for our own society" (J. Cohen 2004, 210), zu den universellen Voraussetzungen politischer Mitgliedschaft zählen für ihn aber auch soziale Ansprüche wie das Recht auf einen minimalen Lebensstandard oder das Recht auf Gesundheitsversorgung.

In ähnlicher Weise attestiert Christine Chwaszcza, „that the substantive content of human rights requirements is primarily determined by the practical purpose and the organizational structure of the institutions under consideration" (2011, 25). Daraus folgt, dass die internationale Verantwortung anders gelagert ist als die innerstaatliche. Sozioökonomische Menschenrechte seien zwar nicht mit distributiven Gerechtigkeitsprinzipien gleichzusetzen, aber im Resultat anerkennt auch sie „human rights requirements to promote conditions that meet needs of subsistence", Anforderungen, die an die Performance internationaler Institutionen – aber auch an innerstaatliche Import- oder Handelsregulierungen – angelegt werden (Chwaszcza 2011, 158).

Einen weiteren Weg, soziale Menschenrechte im Rahmen einer politischen Konzeption zu erklären, haben wir in der vorhergehenden Auseinandersetzung mit Charles Beitz bereits kennen gelernt. Indem er die Beschreibung ihrer Funktionen in der internationalen Politik breiter anlegt, löst er die Verklammerung zwischen der politischen Konzeption und dem inhaltlichen Minimalismus der Menschenrechte wieder auf. Sein Punkt ist der, dass es ein ganzes System international und global agierender Akteure gibt, die schon heute für globale Armut (UNICEF), Gesundheit (WHO), Ernährung (Welthungerhilfe) oder Arbeitnehmerrechte (ILO) zuständig sind. Gemeinsam mit der Staatengemeinschaft sorgen diese Akteure für die internationale Responsivität, die aus dem begründeten Anspruch an Staaten erst ein politisch (wenn auch eben nicht rechtsverbindlich) realisiertes Menschenrecht macht.

Allerdings vertreten sowohl Cohen als auch Beitz die Ansicht, dass politische Konzeptionen keinen Platz für ein Menschenrecht auf Demokratie lassen. Cohen stellt fest, dass Menschenrechte – ähnlich der Rawls'schen Konsultationshierar-

---

284 Eine ähnliche Definition gibt auch Mathias Risse, der Menschenrechte als Mitgliedschaftsrechte in der globalen politischen Ordnung definiert (Risse 2012, 209–231).

chie[285] – keine „full equality of political rights“, sondern lediglich „some form of political accountability“ erfordern (J. Cohen 204, 210 f.). Aber auch wenn es richtig ist, dass die deklarierten Menschenrechte kein Menschenrecht auf Demokratie festschreiben, ließe sich hier durchaus anhand der Beitz'schen Praktikabilitätsfilter gegen Beitz argumentieren. Denn erstens artikuliert der Wunsch nach politischer Mitbestimmung ein wichtiges moralisches Interesse gegenüber typisch modernen Gefährdungen von Beherrschung, Missachtung und Diskriminierung; zweitens handelt es sich um ein Interesse, das klarer Weise in den Verantwortungsbereich von Staaten fällt und von ihnen realisiert werden kann; und drittens lassen sich internationale Akteure benennen, die im Rahmen ihrer internationalen Zuständigkeiten gezielt Demokratisierungsprozesse unterstützen. Das Recht auf Demokratie ist ein Menschenrechtskandidat, der zunehmend auch auf die erforderliche Responsivität stößt. Ich werde diesen Punkt unten wieder aufnehmen, wenn ich die Funktion von Menschenrechten im Arabischen Frühling diskutiere (3.3.8.). Schon jetzt lässt sich aber festhalten, dass eine politische Menschenrechtskonzeption das Kriterium der Gegenstandstreue erst dann erfüllt, wenn sie auch die in der *Allgemeinen Erklärung der Menschenrechte* deklarierten und im *Internationalen Pakt über soziale, wirtschaftliche und kulturelle Rechte* präzisierten sowie mit politischer Verantwortung ausgestatteten sozioökonomischen Rechte berücksichtigt.

iii) *Begründungsrelativismus*: Oben habe ich selbst für eine Interpretation geworben, nach der Rawls' politischer Konstruktivismus gar keinen Begründungsansatz liefert, sondern lediglich den liberalen Gerechtigkeitssinn mit der Möglichkeit einer internationalen Völkerrechtsordnung versöhnen will.[286] Die Kritik lautet entsprechend, dass der politische Konstruktivismus eine verkappte Form des Relativismus vertritt.[287] Mit Blick auf Rawls' Menschenrechtsansatz lässt sich diese Kritik weiter erhärten. Zeigt er doch lediglich, welche Rechte dem außenpolitischen Interesse liberaler Völker entspringen bzw. wo ihre wohlüberlegten Toleranzgrenzen liegen. Der Vorwurf an politische Konzeptionen lautet insgesamt, dass sie Menschenrechtsregeln relativ zu vorherrschenden Gerech-

---

285 Dagegen argumentiert Pablo Gilabert in: „Is There a Human Right to Democracy? A Response to Joshua Cohen“, 2012a.

286 Deutlich wird dies auch in John Rawls, „Justice as Fairness. Political, not Metaphysical“, 1985.

287 Die Frage, ob Rawls' politischer Konstruktivismus überhaupt einen moralischen Begründungsansatz oder einen pragmatischen Ansatz zur Lösung politischer Probleme darstellt, wird von Michael Buckley (2010) im zweiten Sinne beantwortet. Für eine systematische Begründung des politischen Konstruktivismus vgl. Catriona McKinnon (2002).

tigkeitsüberzeugungen konstruieren und damit auf einen unabhängigen Beurteilungsstandpunkt verzichten.

Es lassen sich drei Arten unterscheiden, wie politische Konzeptionen auf diesen Vorwurf reagiert haben. Die erste besteht darin, ihn zu akzeptieren. Ein betontes Achselzucken gegenüber der Begründungsfrage kommt von Bernard Williams (2006), der die Suche nach einer moralischen Fundierung der Menschenrechte für überflüssig hält. Für ihn steht außer Frage, dass es sich bei Menschenrechten um Konventionen handelt – aber eben um äußerst brauchbare Konventionen, deren Begründung sich als Frage in der Praxis gar nicht stellt. Denn dort sei der Vorwurf einer Menschenrechtsverletzung eine politische Anklage, die für eindeutige Fälle schwersten Machtmissbrauchs reserviert bleibe: „The charge that a practice violates fundamental human rights is ultimate, the most serious of political accusations. In their most basic form, violations of human rights are very obvious, and so is what is wrong with them." (B. Williams 2006, 72) Wer Menschenrechte sagt, beruft sich auf einen augenfälligen Konsens über die Verurteilung von Gräueltaten und nicht auf tiefer liegende Prinzipien.

Aber auch Williams muss zugestehen, dass es uneindeutige Fälle gibt und dass wir konzeptionelle Klarheit brauchen, um in diesen Grenzfällen über gerechtfertigte Ansprüche zu entscheiden. Sein eigenes Beispiel ist der Status von Frauen im arabischen Kulturraum. Er geht davon aus, dass sich arabische Frauen häufig mit ihren traditionellen Rollen identifizieren, so dass sich von außen kaum unterscheiden lässt, ob es sich um klare Fälle von Unterdrückung oder um tolerierbare Formen kultureller Identität handele. Auch wenn Frauen keinen gleichen politischen Status genössen, bedeutete dies nicht notwendig, dass sie unterdrückt sind und ein falsches Bewusstsein ausgebildet haben.

Die Frage ist nun, unter welchen Bedingungen es Sinn macht, in diesem und ähnlichen Fällen von einer Menschenrechtsverletzung zu sprechen. Dabei steht im Vordergrund, dass dieser Vorwurf nicht nur als moralische Missbilligung, sondern als politische Einmischung wahrgenommen wird. Wer von Menschenrechtsverletzungen spricht, fährt schwere Geschütze auf, weil er keine einzelnen Verfehlungen kritisiert, sondern die Legitimität der politischen Ordnung insgesamt in Frage stellt. Deswegen rät Williams, die Sprache der Menschenrechte mit politischem Gespür (2006, 72) einzusetzen. Um abzuwägen, ob es angemessen ist, Menschenrechte ins Feld zu führen, benötigen wir einen politisch sensitiven „pragmatism" (2006, 73). Und dies sei keine Sache der moralischen, sondern der politischen Urteilskraft, in der es um erwartbare Konsequenzen, aber nicht um prinzipielle Gründe gehe.

Pace Williams hat diese Auffassung aber deutliche Schwachstellen. Denn auch wenn er zu Recht die Bedeutung politischer Urteilskraft hervorhebt, bleibt es doch die Aufgabe politischer Entscheidungsträger, ihre Einschätzung öffentlich zu vertreten. Und dazu braucht es öffentlicher Gründe, Gründe, die nicht in Relation zu einer strategischen Position entwickelt, sondern von allen Beteiligten anerkannt werden. Ein zweiter Weg, mit dem Relativismus-Einwand umzugehen, besteht deshalb darin zuzugestehen, dass Menschenrechte von kontingenten Realisierungsbedingungen abhängen, aber trotzdem eine fundamentale moralische Begründungsebene einzuziehen. Der Unterschied zur konventionellen Konzeption besteht dann immer noch darin, dass politische Praktikabilitätsgründe eine für die Konstruktion von Menschenrechtsansprüchen co-konstitutive Bedeutung haben. Wir sind dieser Sichtweise bereits bei Joseph Raz (2007), Charles Beitz (2009) oder auch in James Griffins *practicality*-Kriterium begegnet.[288] Obwohl Raz seinen Artikel mit „Human Rights Without Foundations" überschreibt, definiert er Menschenrechte anfänglich als „moral rights held by individuals" (Raz 2007, 23). Das heißt, er bestreitet gar nicht, dass Menschenrechte *auch* moralische Entitäten sind, sondern behauptet lediglich, dass damit ihr voller Sinn als politische Ansprüche noch nicht hinreichend erklärt ist. Dazu müssen moralische Rechte analog zu Beitz zwei Praktikabilitätsfilter durchlaufen. Den ersten Filter passieren nur solche Interessen, die in die Verantwortung bestehender Rechtsstaaten fallen: „Individuals have them only when the conditions are appropriate for governments to have the duties to protect the interests which the right protects." (Raz 2007, 23) Der zweite Praktikabilitätsfilter selektiert danach, ob sich der Menschenrechtskandidat an einen international zuständigen Akteur adressieren lässt. Gesetzt nämlich, dass ein Staat „immunity from interference regarding these matters" (Raz 2007, 24) genießt, wäre es nach Raz nicht mehr sinnvoll, von Menschenrechtsansprüchen zu sprechen.

Die Parallelen zu Beitz' Filtersystem sind nicht zu übersehen – nur dass die minimale Begründungsbasis bei Beitz durch allgemeinmenschliche Interessen gebildet wird.[289] Aber selbst in dieser minimalistischen Begründung kann ich Raz und Beitz zunächst nicht folgen. Grund ist das Kriterium transkultureller Rechtfertigbarkeit. Jeder minimalistische Begründungsansatz, in dem Menschenrechte „den Kern einer universellen dünnen Moral" bilden (Michael Walzer),[290] krankt bereits daran, dass er diesen Kern in relativ dicken Begriffen artikulieren muss,

288 Griffin verbindet im Grunde die moralische und politische Konzeption: „According to my account, there are two grounds for human rights: personhood and practicalities" (2008, 192.)

289 Wie oben ausgeführt, anerkennt auch Beitz eine moralische Basis, die er als dringende individuelle Interessen gegenüber typischen Gefährdungen (*standard threats*) beschreibt (2009, 109).

290 Für Michael Walzer bilden Menschenrechte „den Kern einer universellen dünnen Moral" (1996, 24).

das heißt in einem Vokabular, an das nicht alle Diskursteilnehmerinnen gleichermaßen anschließen können.

Um hier nicht missverstanden zu werden: Ich denke schon, dass es eine quasi-anthropologische Basis für rechtfertigbare Menschenrechtsansprüche gibt. Überall auf der Welt begegnen Menschen typisch modernen Gefährdungen und Risiken, weil sie eine typisch moderne Lebensform teilen, in Rechtsstaaten leben, Marktteilnehmerinnen sind oder ein und dieselbe natürliche Umwelt teilen. In dem Moment aber, in dem wir damit beginnen, diese Gefährdungen in Begriffen von Interessen, Bedürfnissen, Fähigkeiten oder Autonomiebedingungen auszudrücken, situieren wir sie in einem besonderen Bedeutungskontext. Mit dem präferierten Vokabular verschieben sich die darin erfassten Erfahrungen und der interkulturelle Streit schwelt so lange weiter, bis sich eine transkulturelle begriffliche Übereinstimmung herausgebildet hat. Es ist diese Versöhnung in einem ein gemeinsames Selbstverständnis ausdrückenden Begründungsvokabular, an dem ich hier stärker interessiert bin als an der Begründungsfrage selbst.

Hinzu kommt, dass jeder akzeptable Konsens unvernünftige bzw. intolerable Sichtweisen von vornherein ausschließen muss. Das heißt, dass wir bereits eine relativ dicke Vorstellung über das Spektrum tolerierbarer Ansichten voraussetzen müssen. Wir suchen keinen Konsens mit denen, die einigen Gruppen von Menschen die Achtung verweigern. Vielmehr wird unsere Konsensbereitschaft durch die moralische Grundposition – hier: die kosmopolitische Moraldoktrin – vorqualifiziert. Zwar lässt sich im transkulturellen Diskurs kein minimaler Konsens über die letzten Gründe dieser Ausgangsmoral feststellen, aber auf Grundlage unterschiedlicher Moralvorstellungen lassen sich Regeln ableiten, die aus hinreichend vielen Perspektiven teilenswert erscheinen. Vor dem Hintergrund des moralischen Pluralismus und der Notwendigkeit, einen transkulturellen Konsens ausfindig zu machen, scheint es daher zielführender zu sein, den Streit über moralische Gründe auszusetzen und sich auf gemeinsame Handlungsregeln – hier: Menschenrechte – zu einigen.

Dieser Vorschlag entspricht Rawls' Idee eines überlagernden Konsenses und führt uns zur dritten und meines Erachtens tragfähigsten Antwort auf den Relativismus-Vorwurf (Rawls 1993, 133.172). Gesucht wird ein Konsens über Menschenrechte, der nicht einfach nur einen *modus vivendi* – also einen strategischen Kompromiss – wiedergibt, sondern eine qualifizierte Zustimmung, die in tiefsten, wenn auch unterschiedlichen Überzeugungen gründet. Aus liberaler Perspektive spiegeln sich in den Menschenrechten Werte wie Freiheit, Autonomie und Gleichheit wider; und gerade weil sie unsere Werte ausdrücken, sollten wir auch ihre Aneignung aus der Sicht anderer moralischer Wertesysteme, religiöser Erzählungen oder kultureller Traditionen begrüßen.

Eine Reihe von Autoren hat die Figur des überlagernden Konsenses auf Menschenrechte übertragen.[291] Pablo Gilabert weist beispielsweise darauf hin, dass die Universalität der Menschenrechte davon abhängt, dass sie an unterschiedliche identitätsstiftende Narrative angeschlossen werden: für Deutsche an die Ungeheuerlichkeit des Holocaust, für Amerikaner an den Unabhängigkeitskampf und für arabische Gesellschaften an das Unrecht des Kolonialismus und eine bestimmte Auslegung der Scharia (Gilabert 2011, 453). In diesem Sinne ist jede genealogische Erzählung, die die Idee der Menschenrechte in der konfuzianischen, islamischen oder christlichen Tradition wiederentdeckt, zu begrüßen. Die tragfähigste Antwort auf den Relativismus-Vorwurf lautet daher, dass die Geltung von Menschenrechten auf einem transkulturellen überlagernden Konsens beruht, einem Konsens, der jeweils in tief liegenden moralischen Überzeugungen wurzelt.

3.3.4 Menschenrechte ohne Grund?

Bis hierher habe ich für eine funktionale Definition geworben, die Menschenrechte sie als universell anerkannte Standards zur Kritik bzw. Legitimierung politischer Macht versteht. Zudem wurde betont, dass der politische Menschenrechtsansatz mit Ansprüchen auf soziale Sicherheit und politische Teilnahme vereinbar ist. Und schließlich diente mir Rawls' Idee eines überlagernden Konsenses dazu, den Relativismus-Vorwurf zu entkräften. Menschenrechte sind Regeln, über die ein breiter Konsens besteht und die in verschiedenen moralischen oder religiösen Überzeugungen gründen.

Ein nicht unerhebliches Problem ist aber noch übrig geblieben. Der globale Konsens über gemeinsame Regeln hilft nämlich wenig, wenn die Auslegung und Umsetzung dieser Regeln umstritten bleiben. Dieses Problem stellt sich umso dringlicher, wenn es darum geht, Grenzen internationaler Toleranz festzulegen und Machtansprüche weltweit zu qualifizieren. Die Kontroversen betreffen ...

a) ...die angemessene Interpretation und Implementierung von Menschenrechtsregeln in partikularen Rechtsräumen.
b) ...die progressive Erweiterung des globalen Menschenrechtsregimes, zum Beispiel in Reaktion auf neue ökologische oder technische Herausforderungen.

291 Valentin Beck (2016); Jack Donnelly (2013); Joshua Cohen (2004); Jeffrey Flynn (2014); Stefan Gosepath (2005).

c) ...den Interpretationsspielraum bestehender Regeln, etwa bei positiven Ansprüchen auf Bildung, Gesundheit, etc.
d) ...das institutionelle Design des globalen Menschenrechtsregimes und die Details politischer Reformen.

Die Sprache der Menschenrechte artikuliert einen transkulturellen Konsens über allgemeine Regeln. Ins Eingemachte geht es aber erst, wenn geklärt werden muss, was diese praktisch in einem bestimmten Konflikt bedeuten. Solche Konflikte müssen letztlich politisch entschieden werden. Eine nützliche Aufgabe der Politischen Philosophie besteht aber darin, auf die Voraussetzungen politischer Diskurse zu reflektieren und darin ein gemeinsames Reservoir öffentlicher Gründe und damit eine Basis für die Versöhnung konfligierender Standpunkte explizit zu machen. Öffentliche Gründe sind Gründe, die von allen Teilnehmerinnen eines politischen Diskurses über gemeinsame Angelegenheiten akzeptiert werden. Sie bilden eine, so abermals Rawls, „Basis der öffentlichen Rechtfertigung", die aus der „politischen Kultur" einer Gesellschaft, also ihren Verfassungsdokumenten, politischen Ritualen und ihrer gemeinsamen Geschichte, herrührt (vgl. Rawls 2003, 59). Ein nahe liegendes Beispiel sind Verfassungsprinzipien, in Deutschland etwa die Grundrechtsnorm der Menschenwürde. Wer am öffentlichen Diskurs teilnimmt, muss diese Grundnorm öffentlicher Rechtfertigung anerkennen und die eigene Überzeugung in Einklang mit der Würdenorm bringen. Die Rekonstruktion globaler öffentlicher Gründe soll uns in ähnlicher Weise dabei helfen, kulturelle Divergenzen über die Bedeutung von Menschenrechten zu überwinden, indem sie die Zahl rechtfertigbarer Positionen verkleinern und weltanschauliche Kontroversen auf die gemeinsame Praxis einer argumentativen Klärung verlagern.

Wenn wir nach globalen öffentlichen Gründen suchen, die den transkulturellen Diskurs in dieser Art integrieren könnten, stoßen wir auf dieselben Menschenrechte, über deren Bedeutung wir uns eigentlich verständigen wollten. Ich nenne dies das *Paradox der Selbstreferenzialität*. Einerseits sind Menschenrechte Regeln, für die wir eine begründete Auslegung suchen. Anderseits sind Menschenrechte aber auch die einzigen zur Verfügung stehenden Kandidaten für global anerkannte Grundnormen. Keine Regierung, keine Institution und keine Politik kann heute Legitimität beanspruchen, wenn sie sich in Widerspruch zu den Menschenrechten setzt. Insofern stellt die Sprache der Menschenrechte das erste, und vorerst einzige Bezugssystem für globale öffentliche Gründe zur Verfügung. Um zu bestimmen, was eine Regel meint, benötigen wir aber einen Grund, der nicht zugleich Regel ist, sondern den Geist dieser Regeln zum Ausdruck bringt. Das Paradox besteht darin, dass wir eine unabhängige Norm benötigen, an der sich eine Regelauslegung als begründet bzw. unbegründet erweist, dass wir aber außerhalb der universell anerkannten Sprache der Menschenrechte kein transkulturell geteiltes Vokabular für eine solche Norm finden.

3.3.5 Autonomie als globale Norm

Die verbleibende Herausforderung für eine politische Menschenrechtskonzeption besteht nun darin, das Paradox der Selbstreferenzialität aufzulösen. Dazu werde ich die gesuchte Grundnorm aus der bestehenden Menschenrechtspraxis herauskonstruieren. Ein entsprechender Vorschlag kommt von Pablo Gilabert, der sich in „Humanist and Political Perspectives of Human Rights" (2011) zu dem Schluss kommt, dass globale Normen in der Praxis der Menschenrechte selbst angelegt sein müssen.[292] Gilabert untersucht dazu den Diskurs, den wir über das richtige Verständnis von Menschenrechtsregeln über unseren eigenen Kulturraum hinaus führen. Dieser Diskurs könne weder im Rekurs auf Menschenrechte, noch im Rekurs auf solche moralischen Normen geführt werden, die faktisch nicht von Mitgliedern anderer Kulturen geteilt werden.[293] Dafür setze die Praxis eines politischen Diskurses aber selbst, so Gilaberts diskursethische Pointe, bereits geteilte moralische Normen voraus: „Humanist concerns are already operative within the international practice of discussion on human rights in a way that seems, on reflection, correct." (Gilabert 2011, 451)

Als die im Diskurs immer schon praktisch anerkannte Norm identifiziert Gilabert die Achtung vor der Autonomie der Person.[294] Denn immer wenn jemand in die Praxis wechselseitiger Rechtfertigung einsteigt, bestätige er damit implizit

---

292 Deswegen plädiert Gilabert für einen Begründungsminimalismus, der Elemente des konventionellen – oder in seiner Begriffssetzung „humanistischen" – Ansatzes kombiniert: „We can see the ideal of justificatory minimalism as grounded in a combination of normative and empirical assumptions. The empirical assumption is that the modern world displays a depth of cultural diversity such that it is highly unlikely that public reasoning will yield converging results on ultimate philosophical foundations. The normative assumption is that political structures should track the reasoned consent of those they affect." (Gilabert 2011, 451)

293 Seyla Benhabib unterscheidet zwischen Rawls' öffentlicher Vernunft und ihrem Begriff eines ‚öffentlichen Vokabulars', mit dem sie „eine geteilte normative Sprache [bezeichnet, HH], in der alle zivilgesellschaftlichen und staatlichen Institutionen ihre moralischen und politischen Forderungen ausdrücken, und zwar nicht nur innerhalb, sondern oft auch außerhalb nationaler Grenzen." (Benhabib 2010, 404)

294 Ein weitere Beispiel für diese Position präsentiert Christine Chwaszcza, die in Menschenrechtsdiskursen einen normativen Kern erkennt, den sie als „principle of individualism", „principle of equity" und „liberty" bzw. „autonomy" zusammenfasst. Dieser Kern könne nicht weiter gerechtfertigt werden, weil er eben erst die Standards öffentlicher Rechtfertigung aufstelle (2011,

die Autonomie seines Gegenübers, sein, wie Rainer Forst formuliert, Recht auf Rechtfertigung.[295] Daraus schlussfolgert Gilabert: „A call for robust, but still relatively ‚minimal', practices of public justification makes sense precisely because our respect for the autonomy of others demands that we justify our shared institutions on substantive moral premises they can accept, while being mindful that we should not expect such justification to yield convergence on even deeper moral premises that are just too contentious for everyone to acknowledge (at least in the short term)." (Gilabert 2011, 451)

Ich teile Gilaberts Annahme, dass wir in Angelegenheiten, die uns alle betreffen, nicht auf eine Übereinstimmung in Grundsätzen verzichten können. Und ich halte es auch für vielversprechend zu untersuchen, ob sich diese Grundsätze nicht bereits in die universelle Menschenrechtspraxis eingeschrieben haben. Was mich aber nicht restlos überzeugt, ist Gilaberts Behauptung, dass wir dabei auf Autonomie als eine praktisch anerkannte Norm stoßen. Dieser Begriff ist in zweierlei Hinsichten problematisch. Auf der einen Seite ist Autonomie ein ganz und gar formales Konzept. Manche meinen, dass die politische Autonomie mit anspruchsvollen demokratischen Verfahren zusammenhängt, andere behaupten, dass ein konsularischer Republikanismus nach Kant oder eine Konsultationenhierarchie nach Rawls dazu hinreicht. Unterschiede darin, wie der Autonomiebegriff inhaltlich gefüllt wird, spiegeln zum Teil dieselben Differenzen wider, die wir auf Grundlage gemeinsamer Gründe überbrücken wollten.

Der ausschlaggebende Einwand lautet jedoch, dass der Autonomiebegriff im transkulturellen Diskurs nicht als eine neutrale oder allseits geteilte Norm wahrgenommen wird.[296] Die Tatsache, dass der Autonomiebegriff aus der politischen Kultur des Westens kommt und mit dem amerikanischen *way of life* assoziiert wird, macht ihn für die transkulturelle Versöhnung ungeeignet. Ich bezweifle nicht, dass die Sache, die der Autonomiebegriff ausdrückt, für jeden Menschen auf der Welt fundamental wichtig ist; es ist aber zu beobachten, dass es in transkulturellen Rechtfertigungspraktiken eine Scheu davor gibt, den Wunsch nach einem menschengerechten Leben als Wunsch nach ‚Autonomie' auszudrücken. Bezeichnend ist, dass der Autonomiebegriff in der durch die politische Kultur der

27 f.) Allerdings räumt sie selbst ein, dass dieser normative Kern einen westlichen Bias („liberal baggage", 2011, 35) mit sich herumträgt.

295 Vgl. Rainer Forst, „Das grundlegende Recht auf Rechtfertigung. Zu einer konstruktivistischen Konzeption von Menschenrechten", 2007, 291–327; und ders., „Die Rechtfertigung der Menschenrechte und das grundlegende Recht auf Rechtfertigung", 2011. Ansätze zu einer diskursethischen Menschenrechtskonzeption finden sich zudem in: Kenneth Baynes, „Discourse Ethics and the Political Conception of Human Rights", 2009.

296 Vgl. dazu auch die Kritik von Franziska Dübgen (2014, 150 f.).

Menschenrechte geprägten Sprache, ihren Deklarationen und Pakten, kaum auftaucht.

Auf der Suche nach globalen öffentlichen Gründen sollten wir mit dem Vokabular beginnen, das in transkulturellen Menschenrechtsdiskursen tatsächlich aufgerufen und von Menschenrechtsaktivistinnen im Munde geführt wird. Dabei drängt sich der Begriff der Menschenwürde geradezu auf, weil er im globalen Menschenrechtsregime omnipräsent ist.[297] Ich denke nicht, dass Menschenwürde die einzige in diesem Regime etablierte Norm darstellt. Die Idee gleicher Rechte und überhaupt die eines Rechts auf Rechte sind weitere Kandidaten. Auch lassen sich gegen den Würdebegriff ähnliche Einwände wie gegen den Autonomiebegriff erheben: Seine inhaltliche Bestimmung ist relativ offen und politisch handelt es sich um einen westlich geprägten Begriff. Es bleibt ein offener Prozess, inwieweit er sich ganz von seinen Bezügen zum römischen Recht, zur christlichen Tradition oder zur Kantischen Philosophie losmachen kann. Schon jetzt aber gilt, dass der Bedeutungsgehalt der Würdenorm innerhalb der politischen Kultur der Menschenrechte – dem Wortlaut der Deklarationen, Pakte und internationalen Rechtssprechungen – deutlich spezifiziert wird.

3.3.6 Eine Statuskonzeption der Menschenwürde: Jürgen Habermas

Oftmals wird Jürgen Habermas' Beitrag zur Theorie der Menschenrechte mit der Gleichursprünglichkeitsthese aus *Faktizität und Geltung* (1992) gleichgesetzt. Dabei hat sich sein Verständnis in den Folgejahren stetig weiterentwickelt. Bevor ich auf den Zusammenhang zwischen Menschenwürde und Menschenrechten in Habermas' jüngsten Veröffentlichungen zurückkomme, lohnt es sich, diese Ent-

---

297 In den letzten Jahren ist das Verhältnis zwischen Menschenrechten und Menschenwürde ausführlicher diskutiert worden, als ich es hier leisten kann. Mein viel spezifischerer Zugang – die Rekonstruktion der Würdenorm innerhalb der politischen Kultur und Rechtfertigungspraktiken des globalen Menschenrechtsregimes – schließt vor allem an Charles Beitz, Seyla Benhabib, Jürgen Habermas und Jeremy Waldron an. Vgl. zur umfassenden Diskussion: Charles Beitz, „Human Dignity in the Theory of Human Rights", 2013; Heiner Bielefeldt, *Auslaufmodell Menschenwürde?*, 2011; George Kateb, *Human Dignity*, 2011; Christoph Menke/Arnd Pollmann, *Philosophie der Menschenrechte*, ³2012; Georg Lohmann, „Die rechtsverbürgende Kraft der Menschenrechte: Zum menschenrechtlichen Würdeverständnis nach 1945", 2010; Darrel Moellendorf, „Menschenwürde, Gleichheit und globale Gerechtigkeit", 2010; Martha Nussbaum, *Frontiers of Justice*, 2007, 291 ff.; Michael Rosen, *Dignity: Its History and Meaning*, 2012; Peter Schaber, *Menschenwürde*, 2012, und *Instrumentalisierung und Würde*, 2012; Jeremy Waldron, *Dignity, Rank, and Rights*, 2012, Franz Josef Wetz, „Menschenwürde und Menschenrechte", 2008.

wicklung ein Stück weit nachzuvollziehen. Denn je stärker sich Habermas mit der Rolle von Menschenrechten in der internationalen Arena auseinandersetzt, desto weiter schwenkt er selbst in Richtung einer politischen Menschenrechtskonzeption ein. Am Ende skizziert er die Idee eines republikanischen Kosmopolitismus, in dem Menschenrechte als rechtsformierende Verfassungsregeln fungieren, die nur noch in einem derivativen Sinne an deliberative Verfahren zurückgebunden sind.

Ich beginne zunächst damit, Habermas' These von der Gleichursprünglichkeit von Demokratie und Menschenrechten aus *Faktizität und Geltung* noch einmal vor Augen zu führen (a). In seinen anschließenden Schriften interessiert sich Habermas dann zunehmend für die Funktion der Menschenrechte in internationalen Auseinandersetzungen (b) und als Legitimationsstandards globaler Herrschaft (c). Vor diesem Hintergrund komme ich auf seinen jüngsten Vorschlag zurück, das Prinzip der Menschenwürde als die moralische Grundnorm der Menschenrechte zu betrachten (d). Dies entspricht, mit einigen Korrekturen, meiner eigenen Sichtweise.

a) *Die Gleichursprünglichkeit von Demokratie und Menschenrechten:* Um Habermas' Ansatz in *Faktizität und Geltung* (1992, fortan FG) zusammenzufassen, bietet es sich an, die oben eingeführte Einteilung in die Definition von Menschenrechten (i), ihre inhaltliche Bestimmung (ii) und ihre Rechtfertigung (iii) beizubehalten.

i) Auch Habermas vertritt eine *funktionale Definition* der Menschenrechte. Ihre Rolle besteht darin, Legitimationsstandards für die Herrschaft des Rechts bereitzustellen. Die Idee der Menschenrechte tritt somit erst mit dem Aufkommen des modernen Rechtsstaats in die Welt. Die damit verbundenen Freiheitseinschränkungen machen es erforderlich, so Habermas, ein internes Sicherungssystem in Form von Verfassungsgrundsätzen einzubauen. Anders gesagt vertritt er eine Grundrechte-basierte Menschenrechtskonzeption. Menschenrechte sind juridische Verfassungsrechte, die „die Bürger einander zuerkennen müssen, wenn sie ihr Zusammenleben mit Mitteln des positiven Rechts legitim regeln wollen" (FG, 155). Ihre funktionale Rolle besteht darin, die bürgerliche Freiheit gegenüber dem Staat im Medium des Rechts aufrechtzuerhalten.

ii) *Inhaltlich* sollen sich aus dieser Definition alle drei Generationen subjektiver Freiheits-, politischer Teilnahme- und sozialer Teilhaberechte ableiten lassen. *Subjektive Freiheitsrechte* räumen jedem Bürger alle miteinander vereinbaren Freiheitsbefugnisse ein, also die klassischen liberalen Freiheitsrechte auf Unversehrtheit, Nichtschädigung, Freizügigkeit, Eigentum, Privatsphäre, etc. (FG, 159). *Politische Rechte* garantieren gleiche Möglichkeiten zur Teilnahme an politischen Willensbildungs- und Gesetzgebungsprozessen. Sie sind Voraussetzungen der politischen Autonomie, in öffentlichen Angelegenheiten über uns selbst bestimmen zu können. Dazu zählen ein allgemeines Wahlrecht, Versammlungsfreiheit sowie die öffentliche Meinungs- und Gedankenfreiheit (FG, 156). Hingegen lassen sich *soziale Rechte* nach Habermas bloß in abgeleiteter Form rechtfertigen, insofern sie die notwendigen Fähigkeiten zur Wahrnehmung subjektiver und politischer Rechte gewährleisten. Hierzu zählen ein verfassungsgemäßes Recht auf einen minimalen Lebensstandards, Gesundheitsfürsorge und Bildung.

iii) Was schließlich die *Rechtfertigung* dieses Grundrechtekatalogs betrifft, unterscheidet Habermas zwischen einer liberalen und einer republikanischen Begründungstradition. Für den Liberalismus ist Herrschaft freiheitsfunktional gerechtfertigt. Sie ist legitim, wenn sie das größtmögliche System subjektiver Freiheitsräume gewährleistet. Im Republikanismus wird Herrschaft dadurch legitimiert, dass sie den Willen aller davon Unterworfenen repräsentiert. Kurzum, der Liberalismus begründet Menschenrechte mit privater Autonomie und identifiziert sie vor allem mit subjektiven Freiheitsrechten, während der Republikanismus sie als Voraussetzungen öffentlicher Autonomie rechtfertigt und daraus einen Vorrang demokratischer Mitbestimmungsrechte ableitet.

Habermas will zwischen beiden Positionen vermitteln. Seine Gleichursprünglichkeitsthese unterstellt, dass sich Volkssouveränität (=Demokratie) und Menschenrechte (=liberale Freiheitsrechte) wechselseitig voraussetzen.[298] Denn subjektive Freiheitsrechte ließen sich allein mittels demokratisch kontrollierter Verfahren in legitimer Weise bestimmen und durchsetzen; und demokratische Grundrechte setzen bereits Rechtsstaatlichkeit und damit auch subjektive Freiheitsrechte voraus, weil diese erst den Status gleicher Rechtspersonen erzeugen, auf dem die Möglichkeit von Rechtsverhältnissen überhaupt und somit auch die von demokratischen Grundrechten basiert.[299] Dieses Zusammenspiel zwischen subjektiven und politischen Grundrechten bezeichnet Habermas als das System der Rechte: „Die logische Genese dieser Rechte bildet einen Kreisprozess, in dem sich der Kode des Rechts und der Mechanismus für die Erzeugung legitimen Rechts, also das Demokratieprinzip, gleichursprünglich konstituieren“ (FG, 155).

---

298 Verkomplizierend kommt hinzu, dass Habermas Menschenrechte auf subjektive Freiheitsrechte beschränkt, an anderer Stelle aber mit Menschenrechten den gesamten Katalog der AEMR bezeichnet. In der Formel von der Gleichursprünglichkeit von Demokratie und Menschenrechten werden aber allein subjektive Freiheitsrechte als Menschenrechte verstanden.

299 An anderer Stelle wird Habermas deutlicher: „Der gesuchte interne Zusammenhang zwischen Menschenrechten und Volkssouveränität besteht dann darin, dass das Erfordernis der rechtlichen Institutionalisierung einer staatsbürgerlichen Praxis des öffentlichen Gebrauchs kommunikativer Freiheiten eben durch die Menschenrechte selbst erfüllt wird.“ (Habermas 1996, 300)

Trotz seiner funktionalen Definition von Menschenrechten als Legitimationsstandards zwangsbewehrter Rechtsverhältnisse vertritt Habermas in *Faktizität und Geltung* keine politische Menschenrechtskonzeption. Denn ähnlich wie in konventionellen Ansätzen wird diese Funktion aufgrund eines moralischen Standards, nämlich des Autonomieprinzips, gerechtfertigt. Wie an Gilabert bereits thematisiert, meint Habermas, dass das Autonomieprinzip auf einem universalpragmatischen Konsens aller Diskursteilnehmer gründet. Der universalpragmatische Konsens besteht darin, dass wir in Diskursen – das ist die Form kommunikativen Handelns, die auf Verständigung hin angelegt ist – immer schon universelle moralische Normen voraussetzen. Diese sprachpragmatisch von jeder Diskursteilnehmerin anerkannten Diskursprinzipien beziehen sich vor allem darauf, dass jede Diskursteilnehmerin gleichberechtigt am Diskurs über gemeinsame Normen teilnehmen darf.[300]

Aber wie in der Auseinandersetzung mit Gilabert gilt auch hier, dass sich das Autonomieprinzip nicht als Grundlage eines interkulturellen Diskurses eignet, weil ihm ein westlicher Bias eingeschrieben bleibt. Bei Habermas ist dies zunächst kein Problem, weil er sich in *Faktizität und Geltung* auf die Legitimation rechtsstaatlicher Zwangsverhältnisse in liberalen Demokratien beschränkt.[301] Die internationale Funktion von Menschenrechten als Kriterien internationaler Toleranz oder als Legitimationsbedingungen globaler Herrschaft bleibt an dieser Stelle weitgehend unberücksichtigt. Wenn wir seinen Ansatz auf die globale Arena übertrügen, liefe sein Grundrechte-basiertes Menschenrechtsverständnis auf die Utopie einer demokratischen Weltrepublik hinaus, eine Utopie, die sich aber, wie Habermas an anderer Stelle selbst einräumt, „vor der asymmetrischen Machtverteilung und der unbeherrschten Komplexität einer Weltgesellschaft von großem sozialen Gefälle nur blamieren" (Habermas 2004, 125) kann.[302]

b) *Interkulturelle Gültigkeit*: Habermas' Beiträge der letzten Jahre lassen sich allesamt so deuten, dass er nach überzeugenden Wegen sucht, die internationale und globale Gültigkeit von Menschenrechten im Rahmen seiner Konzeption zu erklären. Meine Interpretation wird nachvollziehen, wie er sich dazu einer politischen Konzeption der Menschenrechte annähert. Farid Abdel-Nour weist darauf

300 Im Kontext der Rechtsphilosophie wird dieses Diskursprinzip zum Demokratieprinzip (D), wonach nur solche Normen „Gültigkeit beanspruchen [dürfen, HH], die in praktischen Diskursen die Zustimmung aller Betroffenen finden könnten" (Habermas 1996, 59).

301 Georg Lohmann (2006) zählt Habermas auch deswegen zur republikanischen Seite.

302 Nach Habermas sollten wir nach einem Ideal suchen, zu dem wir, wie er es an anderer Stelle ausgedrückt hat, die „Aktoren und Handlungen, die die Normen befolgen bzw. erfüllen können, mindestens hinzudenken" können. Ansonsten nähmen Normen „einen im schlechten Sinne ‚utopischen' Charakter an." (Habermas 1983, 71)

hin, dass dies genau in dem Moment geschieht, wo sich Habermas in die Rolle eines „Western participant in a cross-cultural discussion of human rights" (Abdel-Nour 2004, 163) hineinversetzt, er also vor der Frage steht, aus welchen Gründen Gesellschaften, in denen starke religiöse oder traditionelle Überzeugungen vorherrschen, die Gültigkeit universeller Menschenrechte anerkennen sollten.

Im Hintergrund steht die Debatte um Asiatische Werte, zu der Habermas in „Zur Legitimation durch Menschenrechte" (1998) Stellung bezieht. In dieser Debatte wurde der Universalismus der Menschenrechte aus (vorgeblich) konfuzianischer Sicht angezweifelt.[303] Tenor war, dass der Vorrang individueller Freiheitsrechte lediglich die individualistische Weltsicht des Westens transportiere, dem stärker kollektivistischen Selbstverständnis asiatischer Gesellschaften aber notwendig fremd bliebe.[304] Im Gegenzug versucht Habermas zu erläutern, warum Menschenrechte auch in diesen Gesellschaften wichtige politische Funktionen erfüllen. Zur Übersicht stelle ich sein Argument in vier Einzelschritten dar:

i. *Der Grund für die Anerkennung der Menschenrechte ist politischer und nicht moralischer Natur.* Noch vor wenigen Generationen mag gegolten haben, dass arabische oder asiatische Gesellschaften durch traditionelle Herrschaftsformen integriert werden konnten. Das gilt heute nicht mehr. Mittlerweile sind diese Gesellschaften „den Herausforderungen der gesellschaftlichen Moderne auf ähnliche Weise ausgesetzt, wie seinerzeit Europa, als es die Menschenrechte und den demokratischen Verfassungsstaat gewissermaßen erfunden hat." (Habermas 1998, 181) Die Herausforderung, vor denen moderne asiatische und arabische Gesellschaften stehen, besteht darin, marktwirtschaftliche Produktionsprozesse erfolgreich zu organisieren, pluralistische Gesellschaften zu stabilisieren und friedlich mit anderen Gesellschaften zusammenzuleben.

ii. *Um marktwirtschaftlich organisierte und pluralistische Gesellschaften zu integrieren, gibt es zur Herrschaft des Rechts keine funktionale Äquivalenz.* Alle modernen Rechtsstaaten führen die Herrschaft des Rechts aus „denselben funk-

---

303 Bezeichnend ist, dass der Ausdruck ‚asiatische Werte' ursprünglich dazu diente, die Idee der Menschenrechte mit konfuzianischen und hinduistischen Vorstellungen zu versöhnen. Die Administrationen Singapurs und Malaysias haben ihn aber immer wieder dazu benutzt, um sich gegen eine menschenrechtsbasierte Einmischungspolitik zu immunisieren. Erhellend dazu: Amartya Sen, „Human Rights and Asian Values: What Kee Kuan Yew and Le Peng don't Understand About Asia", 1997.

304 Gleichwohl setzt Habermas auch in diesem Text die autonomiefunktionale Verschränkung von Menschenrechten und Demokratie aus *Faktizität und Geltung* voraus: „Der gesuchte interne Zusammenhang zwischen Menschenrechten und Volkssouveränität besteht dann darin, dass die Menschenrechte die Kommunikationsbedingungen für eine vernünftige politische Willensbildung institutionalisieren." (Habermas 1998, 175)

tionalen Gründen“ (Habermas 1998, 185) ein. Rechtssicherheit sei nämlich „eine notwendige Bedingung für einen auf Berechenbarkeit, Zurechenbarkeit und Vertrauensschutz angewiesenen Verkehr“. (Habermas 1998, 185) Im Resultat entstehen in Südostasien eine bürgerliche Mittelschicht und mit ihr individualistische Lebensstile. Über kurz oder lang stehen diese Gesellschaften daher vor denselben Integrationsproblemen, „die alle hochkomplexen Gesellschaften zu bewältigen haben“ (Habermas 1998, 188). Für diese politischen Aufgaben braucht es nicht nur zwangsbewehrte Rechtsverhältnisse, sondern eben auch eine *legitimierte* Herrschaft des Rechts, um „jene abstrakte Form von staatsbürgerlicher Solidarität“ (Habermas 1998, 188) zu erzeugen, die nötig sei, um post-traditionale, ethnisch gemischte und weltanschaulich pluralistische Gesellschaften (wie eben auch in Malaysia, Singapur oder auch China) zusammenzuhalten. Das Recht fordert, so Habermas, „nicht nur faktische Anerkennung, sondern beansprucht, Anerkennung zu verdienen“ (Habermas 1998, 171).

iii. *Um den Herausforderungen der Moderne zu begegnen, haben sich in allen modernen Gesellschaften rechtsstaatliche Strukturen herausgebildet.* Die Herrschaft des Rechts, genauso wie der Geltungsanspruch der Menschenrechte, sind mittlerweile transkulturelle Tatsachen. Deswegen besteht die Begründungsfrage nicht darin, ob die Herrschaft des Rechts im Allgemeinen und Menschenrechte im Besonderen gerechtfertigt sind, sondern lediglich, wie sie sich mit den unterschiedlichen Selbstverständnissen zusammenschließen lassen: „Diese modernen Ausgangsbedingungen [...] stellen [...] ein Faktum dar, das uns keine Wahl lässt und deshalb einer retrospektiven Rechtfertigung weder bedarf noch fähig ist. Im Streit um die angemessene Interpretation der Menschenrechte geht es nicht um die Wünschbarkeit der ‚human condition‘, sondern um eine Interpretation der Menschenrechte, die der modernen Welt *auch aus Sicht anderer Kulturen gerecht* wird.“ (Habermas 1998, 181 f.) Auch Habermas zeigt sich im transkulturellen Diskurs somit als Versöhnungsphilosoph.

iv. *Die Herrschaft des Rechts steht unter besonderen Legitimationsanforderungen.* Mit dem modernen Rechtsstaat hat sich eine Herrschaftsform herausgebildet, mit der spezifische Gefährdungen der Beherrschung, Missachtung und Exklusion einhergehen. Um die Herrschaft des Rechts zu legitimieren, müssen im Rechtsmedium selbst Sicherungen eingebaut werden. Genau diese Funktion erfüllen Menschenrechte in Form freiheitlicher Grundrechte. Ihre inhaltliche Ausgestaltung ergibt sich direkt aus den besonderen Gefährdungen der Moderne und insbesondere aus den Missbrauchsformen moderne Rechtsstaaten, vor denen nur der Träger politischer und freiheitlicher Grundrechte geschützt ist.

Zusammengenommen haben alle modernen Gesellschaften dieselben funktionalen Gründe, Menschenrechte in ihren Verfassungen festzuschreiben. Es bleibt aber das Problem, dass es eine internationale Kontroverse über ihre angemessene Interpretation und Umsetzung gibt. Die Begründungsaufgabe ist erst dann abgeschlossen, wenn wir über einen Standort verfügen, von dem aus ihre regionale Umsetzung wechselseitig kritisierbar wird. Die Kontroverse über die richtige Interpretation und Aneignung von Menschenrechten, „findet", so Habermas, „heute ohnehin im Rahmen einer Weltgesellschaft statt, in der sich die kollektiven Aktoren ungeachtet ihrer verschiedenen kulturellen Traditionen wohl oder übel auf Normen des Zusammenlebens einigen müssen" (Habermas 1998, 191).

Auffällig ist, dass sich Habermas mit einer diskursethischen Auflösung des Begründungsproblems zurückhält.[305] Ihm wurde wiederholt vorgehalten, dass die idealisierte Annahme symmetrischer und auf Verständigung angelegter Diskurse tatsächliche weltanschauliche Differenzen (und Machtgefälle) verharmlose.[306] Deswegen skizziert er hier eine alternative Route, die den globalen Konsens über Menschenrechte nicht voraussetzt, sondern zu ihm hinführt. Letztlich würden die Funktionserfordernisse der Moderne „eine reflexive Umformung herrschender dogmatischer Überlieferungen [anstoßen, HH], die mit Ausschließlichkeitsanspruch auftreten" (Habermas 1998, 191). Ähnlich wie in der Geschichte des Christentums „wandeln sich unter dem Reflexionsdruck der modernen Lebensumstände die traditionalen Weltbilder überhaupt in ‚reasonable comprehensive doctrines'" (ebd.).[307] Die Notwendigkeit gesellschaftlicher und transkultureller Kooperation soll dazu führen, dass plurale Auffassungen den Standards des öffentlichen Vernunftgebrauch unterliegen. Dieser Prozess der Selbstaufklärung beginne in den „intellektuellen Schichten" (1998, 191) und führe mittelfristig dazu, dass religiöse Wahrheiten „mit öffentlich anerkanntem Wissen in Übereinstimmung gebracht" (1998, 191) werden. Allerdings werde die Anpassung fundamentalistischer Selbstverständnisse an moderne Lebensverhältnisse nicht reibungslos verlaufen. Es handelt sich wohl auch hier um eine zweckoptimistische Darstellung, in der Absicht, eine realistische Utopie der Menschenrechte zu

305 Erst in der Schlussbetrachtung deutet er an, dass „die hermeneutische Reflexion auf die Ausgangslage eines Menschenrechtsdiskurses zwischen Teilnehmern verschiedener kultureller Herkunft uns auf normative Gehalte aufmerksam [macht, HH], die in den stillschweigenden Präsuppositionen eines jeden auf Verständigung abzielenden Diskurses enthalten sind" (1998, 192). Dazu zählt Habermas Aufrichtigkeit und die bekannten diskursethischen Symmetriebedingungen wie wechselseitige Anerkennung, Perspektivenübernahme und Lernbereitschaft.

306 Vgl. die Darstellung in Jeffrey Flynn, *Reframing the Intercultural Dialogue on Human Rights*, 2014, 137–141.

307 Rawls' Konzeption umfassender vernünftiger Lehren definiert Habermas als „ein reflexiv gewordenes ethisches Welt- und Selbstverständnis, das Spielraum lässt für die vernünftiger Weise zu erwartenden Dissense mit anderen Glaubensüberzeugungen, mit denen jedoch eine Verständigung über Regeln der gleichberechtigten Koexistenz möglich ist" (1998, 192).

entwickeln. Jedenfalls gründet die praktische Universalität der Menschenrechte hier nicht mehr nur auf dem Fundamentalwert der Autonomie, sondern auf rationalen Funktionsanforderungen der Moderne.

c) *Die postnationale Konstellation*: Neben dem Problem ihrer transkulturellen Geltung widmet sich Habermas auch zunehmend der Frage, inwieweit Menschenrechte die Rolle kosmopolitischer Verfassungsgrundsätze ausfüllen können. Dabei geht es ihm ausdrücklich darum, eine „begriffliche Alternative zur Weltrepublik" (2005, 226) zu entwickeln. Auf eine Formel gebracht, tritt er für eine Verrechtlichung ohne Verstaatlichung ein, für eine menschenrechtskonforme Konstitutionalisierung des Völkerrechts, die ohne globalen Rechtsstaat durchgesetzt werden muss. Auch bei Habermas nimmt diese Suche nach einer politischen Alternative zum juridischen Kosmopolitismus ihren Ausgang bei Kant.[308]

In „Hat die Konstitutionalisierung des Völkerrechts noch eine Chance?" (2004) versucht er, Kants „Idee des weltbürgerlichen Zustandes aus der begrifflichen Verklammerung mit der konkreten Gestalt einer Weltrepublik zu lösen" (2004, 116). Für Habermas setzt Kants Idee des Weltbürgerrechts weiter das Ordnungsmodell einer Weltrepublik voraus. Denn ohne eine zusätzliche politische Substanz, so Habermas, bräuchte es „eine supranationale Macht jenseits rivalisierender Staaten, welche der völkerrechtlich konstituierten Staatengemeinschaft die zur Durchsetzung ihrer Regeln erforderlichen Sanktionsmöglichkeiten und Handlungskapazitäten verschafft" (2004, 131).

In Abgrenzung dazu entwickelt er den Entwurf eines republikanischen Kosmopolitismus.[309] Ihm geht es darum, das Völkerrecht zu stärken und seine Legitimität aus demokratischen Prozessen innerhalb einzelner Republiken zu ziehen. Entscheidend ist, dass das bestehende Völkerrecht keine ‚herrschaftskonstituierende', sondern lediglich eine ‚gewaltenformierende' Funktion ausübe. Es begründe keinen globalen Souverän, sondern stecke der Weltgesellschaft einen öffentlichen Rechtfertigungsrahmen, innerhalb dessen sich souveräne Einheiten und globale Institutionen zu verantworten haben. Habermas schwebt dazu ein Mehrebenenmodell vor, das in Sachen Friedens- und Gerechtigkeitssicherung

308 Wie Habermas seinen Kosmopolitismus in der Auseinandersetzung mit Kant entwickelt, zeigen: Fine/Smith (2003).

309 Um schwächere von stärkeren Varianten des Kosmopolitismus abzugrenzen, übernehme ich Michael Zürns Unterscheidung zwischen kosmopolitischem Föderalismus und kosmopolitischer Demokratie (Zürn 2011, 89 f.). Habermas' Modell entspricht darin einem ‚kosmopolitischen Föderalismus', der lediglich grundlegende politische Funktionen, nämlich Friedenssicherung und Menschenrechtsschutz, auf die globale Ebene verlagert. Zusätzlich fordert er die Gründung bzw. Verstärkung globaler Institutionen zur Bewältigung weltinnenpolitischer Herausforderungen in der Umwelt- oder Fiskalpolitik.

eine Arbeitsteilung zwischen Staaten, der internationalen (hier: transnationalen) Gemeinschaft und globalen (hier: supranationalen) Institutionen vorsieht:[310]

> Im Lichte der Kantischen Idee kann man sich eine politische Verfassung der dezentrierten Weltgesellschaft [...] als ein Mehrebenensystem vorstellen, dem *im Ganzen* der staatliche Charakter fehlt. Nach dieser Vorstellung würde auf *supranationaler Ebene* eine angemessen reformierte Weltorganisation die lebenswichtigen, aber genau spezifizierten Funktionen der Friedenssicherung und der Menschenrechtspolitik wirksam und nicht selektiv erfüllen können, ohne die staatliche Gestalt einer Weltrepublik annehmen zu müssen. Auf einer mittleren, transnationalen Ebene würden die großen global handlungsfähigen Aktoren die schwierigen Probleme einer nicht nur koordinierenden, sondern gestaltenden Weltinnenpolitik, insbesondere die Probleme der Weltwirtschaft und der Ökologie im Rahmen von ständigen Konferenzen und Verhandlungssystemen bearbeiten. (Habermas 2004, 134)

Fraglos handelt es sich bei Habermas' Mehrebenenmodell um eine realistische Utopie, die das Gerechtigkeitsideal an gegebene politische Voraussetzungen anpasst.[311] Einzelne Gesellschaften politisch zu integrieren und nach Prinzipien sozialer Gerechtigkeit zu reglementieren, bleibt weiter Sache des Staates. Dort, wo transnationale Herausforderungen gemeinsam geregelt werden müssen, bildet sich eine Ebene der Weltinnenpolitik, auf der die „großen global handlungsfähigen Aktoren" (Habermas 2004, 134) wechselseitige Verträge aushandeln – zum Beispiel zur Einrichtung eines internationalen Emmissionshandels auf Ebene der UN-Klimakonferenz. Die oberste Ebene bildet schließlich ein „sanktioniertes Friedens- und Menschenrechtsregime" (Habermas 2004, 159). An der Spitze dieses Regimes sieht Habermas eine stark reformierte Organisation der Vereinten Nationen, in deren Charta er bereits den Verfassungsentwurf für eine kosmopolitische Weltgesellschaft findet, die das Ziel internationaler Friedenssicherung mit dem Schutz fundamentaler Menschenrechte verbindet.[312]

310 In der Summe sieht Habermas die Möglichkeit und Legitimität eines politischen Mehrebenensystems gegeben, „das im Ganzen keine staatliche Qualität annimmt, aber auf der supranationalen Ebene auch ohne eine gewaltmonopolisierende Weltregierung Frieden und Menschenrechte sichern sowie auf transnationaler Ebene Probleme einer Weltinnenpolitik bearbeiten kann." (Habermas 2004, 143)

311 Eine Konkretisierung und Erläuterung seines Mehrebenenmodells gibt Habermas in: „Kommunikative Rationalität und grenzüberschreitende Politik", 2007, 450 ff.

312 Reformbedürftig sei diese Verfassung allerdings in Hinsicht auf a) die Zusammensetzung des Sicherheitsrats und den Beschlussmodus; b) die Einrichtung einer unabhängigen rechtlichen Instanz, die entscheidet, „wann die UNO zum Eingreifen berechtigt und verpflichtet ist" (2004, 172); c) die Verbesserung der Finanzausstattung der Exekutive; d) die Anerkennung des Internationalen Strafgerichtshofs und die Umsetzung des humanitären Interventionsrechts; e)

Habermas' Mehrebenenmodell wirft allerdings die Frage auf, ob es überhaupt noch mit der republikanischen Begründungslinie vereinbar ist. Müssten globale Herrschaftsorgane nicht direkt demokratisch legitimiert sein? Worauf sonst basiert der Anspruch des UN-Sicherheitsrates, grundlegende Menschenrechte gewaltsam zu schützen und somit auch ein bestimmtes Verständnis von Menschenrechten zu sanktionieren? Mit der Verabschiedung von der Idee einer demokratischen Weltrepublik hat er sich den direkten demokratischen Legitimierungsweg verbaut. Nahe liegend erschiene es daher, die Legitimation globaler Herrschaft auf Menschenrechte und die darin enthaltenden Grundsätze umzustellen. In Entgegnung auf Martha Nussbaum unterstreicht Habermas jedoch, dass demokratische Legitimation nicht durch die Berufung auf Menschenrechte ersetzt werden kann. Deren Bestimmung, Interpretation und Durchsetzung sei weiterhin nur dann legitim, wenn sie über deliberative Verfahren mit tatsächlichen Interessen und Bedürfnissen in Verbindung blieben.

Diese Verschränkung von Menschenrechten und demokratischen Verfahren lässt sich für Habermas auch im globalen Konstitutionalisierungsprozess wieder finden – wenn auch nur in einem derivativen Sinne. So ließe sich zumindest von einem demokratischen Ursprung der Menschenrechte sprechen, da diese ursprünglich aus „demokratischen Lernprozessen" (Habermas 2004, 139) hervorgegangen seien. Der Menschenrechtsbezug der Charta der Vereinten Nationen ist für sich selbst kein hinreichendes Legitimationskriterium, aber insofern die Menschenrechte selbst sozialen Auseinandersetzungen entsprungen sind, deren Teilnehmer sich kommunikativ über ihre wichtigsten Interessen und Grundfreiheiten verständigt haben, blieben sie indirekt an die legitimationsstiftende Kraft demokratischer Beteiligung zurückgebunden. „Die globale Menschenrechtspolitik", so bringt Peter Niesen Habermas' Gedanken auf den Punkt, „wahrt den Anschluss, nicht nur weil sie über gewählte Vertreter autorisiert ist, sondern auch, weil sie an die Lernprozesse erinnert, die im Kampfe um gleiche Rechte sozusagen stellvertretend bereits in nationalstaatlichen Demokratien abgelaufen sind" (Niesen 2007, 21).

Auf internationaler Ebene, also auf der Ebene, auf der Probleme der Weltinnenpolitik über internationale Abkommen geregelt werden, greife ebenfalls eine derivative Legitimation, die Habermas aus der Beteiligung der Weltöffentlichkeit bzw. der globalen Zivilgesellschaft ableitet. Bereits in „Die postnationale Konstellation" (1998a) geht er dazu über, demokratische Legitimation von rechtsstaatlichen Wahl- und Repräsentationsverfahren zu lösen und sie stattdessen

die Repräsentationsmöglichkeiten der Weltöffentlichkeit; und f) die klare Beschränkung ihrer Aufgaben auf die Friedens- und Menschenrechtssicherung.

anhand der „allgemeinen Zugänglichkeit eines deliberativen Prozesses" (Habermas 1998a, 166) zu definieren. Für dieses weite Verständnis partizipatorischer Legitimation wäre es hinreichend, dass die globale Zivilgesellschaft Informationen verbreitet, Aufmerksamkeit herstellt und Meinungsbildung im globalen Maßstab organisiert.[313] Die „Beteiligung von Nicht-Regierungsorganisationen an den Beratungen Internationaler Verhandlungssysteme" könne allerdings nur dann Legitimität herstellen, wenn es ihnen „auf diesem Wege gelingt, transnationale Entscheidungsprozesse der mittleren Ebene für nationale Öffentlichkeiten transparent zu machen und mit Entscheidungsprozessen dieser unteren Ebene zu koppeln" (Habermas 2004, 167). Das heißt, die legitimierende Funktion der in internationalen Verhandlungen, Gerichten und Institutionen mit am Tisch sitzenden Zivilgesellschaft besteht weniger darin, globale öffentliche Interessen zu repräsentieren, als darin, Informationen über globale Herrschaftsprozesse in die nationalen Öffentlichkeiten zurückzutragen, wo sich dann in bewährten demokratischen Verfahren eine politische Willensbildung vollziehen kann.[314] Habermas' republikanischer Kosmopolitismus betraut die globale Zivilgesellschaft nicht mit einem direkten Mandat, sondern sieht sie lediglich als verlängertes Organ national konstituierter Öffentlichkeiten.[315]

An dieser Stelle sind kritische Rückfragen an Habermas zu richten. Mit Blick auf die Vereinten Nationen, in der echte Demokratien in der Minderheit sind, steht die „mittelbare ‚Rückendeckung' durch demokratische Meinungs- und Willensbildung" (Habermas 2004, 140) in weiter Ferne. Wie bei Rawls lebt Habermas' Modell von der idealen Voraussetzung einer Welt bestehend aus mehr oder weniger demokratischen Staaten.[316] Und was die Ebene der Weltinnenpolitik

---

313 Habermas folgt darin weitgehend den Arbeiten von Hauke Brunkhorst (2002 und 2002a). Siehe zur Idee einer globalen Zivilgesellschaft auch John Kean (2003) und Julian Nida-Rümelin (1998).

314 Habermas präzisiert diesen Gedanken in: „Kommunikative Rationalität und grenzüberschreitende Politik" (2007, 448).

315 In diesem Modell leitet sich die Legitimität des globalen Menschenrechtsregimes aus seinen demokratischen Ursprüngen ab, während die Rechtmäßigkeit internationaler Abkommen davon abhängt, dass sie über die Vermittlung der globalen Zivilgesellschaft weiter unter demokratischer Kontrolle stehen. Aufgearbeitet wird diese Idee von James Bohman (2004).

316 Auch dass die Menschenrechte frühen demokratischen Bewegungen entstammen, spricht möglicher Weise gerade dagegen, diesen Rechten unter den heutigen Voraussetzungen eine besondere Bedeutung gegenüber neueren Generationen einzuräumen. Diesem Defizit versucht Habermas an anderer Stelle dadurch zu begegnen, dass die Rechtsauslegung der Generalversammlung der Vereinten Nationen einer, wenn auch weichen Kontrolle der Weltöffentlichkeit obliegt und zusätzlich durch ein internes System von Einspruchs- und Klagerechten aufgefangen werden könnte (vgl. Habermas 2007, 454).

betrifft, ist zu bezweifeln, ob das wild wuchernde Netz von Nichtregierungs- und Lobbyorganisationen die Legitimationslücke zwischen internationalen Verhandlungen und demokratischen Verfahren tatsächlich schließen kann. Darum, und weil Habermas von der unwahrscheinlichen Bereitschaft der mächtigsten Nationen ausgehen muss, ihre Privilegien im Weltsicherheitsrat abzugeben, ist Habermas' republikanischer Kosmopolitismus immer noch sehr idealistisch. Unter den Voraussetzungen, dass nicht alle Staaten demokratisch sind, muss die Funktion der globalen Zivilgesellschaft auch darin liegen, unterdrückte Interessen in internationalen Verhandlungen und globalen Herrschaftsorganen zu repräsentieren. Die schlechte Nachricht besteht darin, dass diese Repräsentation lückenhaft bleibt und die entsprechenden Diskurse asymmetrisch verlaufen. Die gute Nachricht lautet jedoch, dass sich im Zuge des globalen Menschenrechtsregimes auch eine neue Basis für eine globale Übereinstimmung in Grundsätzen zu bilden begonnen hat. Genau das zeigt Habermas in seinem jüngsten Beitrag zum Verhältnis von Menschenrechten und Menschenwürde.

d) *Menschenrechte und Menschenwürde*: In „Das Konzept der Menschenwürde und die realistische Utopie der Menschenrechte" (2010) hat Habermas seinen Menschenrechtsansatz noch einmal auf ein neues Fundament gestellt, indem er einen „begrifflichen Zusammenhang" (Habermas 2010, 344) zwischen Menschenrechten und Menschenwürde konstatiert. Obwohl der Begriff der Menschenwürde erst spät in Menschenrechtsdokumenten auftaucht – sichtbar ändert sich das erst mit der *Charta der Vereinten Nationen* und der *Allgemeinen Erklärung der Menschenrechte* von 1948 – würden Menschenrechtsforderungen der Sache nach schon immer aus Verletzungen der Menschenwürde hervorgehen: „Menschenrechte sind immer erst aus dem Widerstand gegen Willkür, Unterdrückung und Erniedrigung entstanden." (Habermas 2010, 344) Deswegen bezeichnet er Menschenwürde als die „moralische Quelle" (Habermas 2010, 345) der Menschenrechte. So sei es falsch, den Würdebezug in den jüngeren Menschenrechtsdokumenten als eine nachträgliche Moralisierung zu bewerten. Vielmehr formulierten Menschenrechte von Anfang an „genau den Teil einer aufgeklärten Moral, der ins Medium des zwingenden Rechts übersetzt und in der robusten Gestalt von effektiven Grundrechten politische Wirklichkeit erlangen kann" (Habermas 2010, 348). Menschenwürde funktioniert hier als ein „Scharnier" (Habermas 2010, 347) zwischen Recht und Moral, und weil der Menschenwürdebegriff in dieser Funktion „als moderner Rechtsbegriff" (Habermas 2010, 350) überall auf der Welt Eingang in Verfassungen, Chartas und Verträgen gefunden hat, verliert er auch allmählich seinen ursprünglich westlichen Bias.

Als Verfassungsgrundsatz ist Menschenwürde zwar weltanschaulich neutral, aber nicht inhaltsleer. Sie hat einen klar umrissenen Bedeutungskern, der sich aus mindestens drei Quellen speist. Zum einen wird der Bedeutungsgehalt des

Würdebegriffs mit konkreten Unrechtserfahrungen angereichert.[317] Hierher gehört die Beherrschung durch Kolonialstaaten, die Unterdrückung durch totalitäre Systeme, die Entrechtung als Flüchtling oder Minderheit, sowie Erfahrungen von Ausbeutung, Ausgrenzung, Missachtung oder Verelendung.[318] Zweitens gewinnt das Prinzip der Menschenwürde in den internationalen Menschenrechtsverträgen, Rechtsdokumenten und nationalen Konstitutionen an Kontur. In nationalstaatlichen Jurisdiktionen wird der Würdebegriff durch den Verfassungstext weiter mit Inhalt gefüllt. Der deutsche Grundrechtskatalog, die Schweizer Bundesverfassung oder auch die neu verabschiedete tunesische Verfassung anerkennen Menschenwürde als ihr Grundprinzip und lassen sich somit selbst als spezifische Auslegungen oder Summen davon verstehen, was zu einem Leben in Würde dazu gehört.

Drittens gewinnt die rechtliche Konzeption der Menschenwürde in der geltenden Rechtsprechung weiter an Bedeutung.[319] Auf internationaler Ebene tragen regionale Menschenrechtsgerichtshöfe, internationale Tribunale und deren Urteilsbegründungen dazu bei, einen globalen öffentlichen Bedeutungskern der Würdenorm festzuschreiben. Kurzum, mit der Verankerung des Menschenwürdeprinzips in zentralen Rechtstexten, sind anerkannte Verfahren und repräsentative Interpretationen verbunden, die einen bestimmten Bedeutungskern geschaffen haben.

Ich schließe mich darin Habermas an. Das juridische Konzept der Menschenwürde ist mittlerweile zu einer globalen öffentlichen Norm gereift, auf die sich nicht nur die *Allgemeine Erklärung der Menschenrechte* (1948) und die *Charter of Fundamental Rights of the European Union* (2010) berufen, sondern eben auch die *Cairo Declaration on Human Rights in Islam* (1990) – die in ihrer Präambel ein „dignified life in accordance with the Islamic Shari'ah" zu ihrem Grundsatz erhebt – oder die *ASEAN Human Rights Declaration* (2012) – die den entsprechenden Artikel aus der *Allgemeinen Erklärung der Menschenrechte* kopiert, wonach alle Menschen „frei und gleich an Würde und Rechten geboren sind". Mit der Durchsetzung des globalen Menschenrechtsregimes hat sich der Würdebegriff von seinem genuin westlichen Bedeutungsgehalt abgelöst und die universelle

---

317 George Kateb (2011, 37) spricht in diesem Zusammenhang von der Erfahrung eines existentiellen Verlustes („existential loss"), die dem Menschenwürdebegriff zugrundeliege.

318 Die Position, dass sich der Bedeutungsgehalt von Menschenwürde aus Erfahrungen der Entwürdigung ergibt, ist weit verbreitet. Vgl. dazu Hans Joas, Die Sakralität der Person, darin: „Gewalt und Menschenwürde. Wie aus Erfahrungen Menschenrechte werden", 2011.

319 Habermas hat hier Urteile des Bundesverfassungsgerichts (wie die Einkassierung des „Luftsicherungsgesetzes") vor Augen, durch die der Bedeutungsgehalt der Menschenwürde als Instrumentalisierungsverbot bzw. als Unaufwägbarkeit des Einzelnen gestärkt wurde.

Funktion übernommen, moralische Forderungen in international adressierbare Rechtsansprüche zu verwandeln.[320]

Worin ich mich aber von Habermas unterscheide, ist sein Grundrechtebasiertes Menschenrechtsverständnis, zu dem er in diesem Aufsatz entschieden zurückkehrt. Demnach sind Menschenrechte in erster Linie Rechtsansprüche, die auf ihre Positivierung in Form nationaler Verfassungsgrundsätze angewiesen sind. Ich verstehe Habermas' Vorschlag so, dass er eine Status-Konzeption der Menschenwürde verteidigt.[321] Im modernen Rechtsstaat hängt die Menschenwürde mit dem Status zusammen, gleichberechtigter Bürger einer demokratischen Gesellschaft zu sein. Menschenwürde hat in verschiedenen Kontexten verschiedene Bedeutungen; aber die rechtliche Menschenwürde, die als Prinzip der Menschenrechte fungiert, meint eine Form von Selbstachtung, die auf dem Bewusstsein gründet, eine gleichberechtigte Rechtsperson und zudem Co-Autor dieser Rechte zu sein. „Der Begriff der Menschenwürde", so Habermas, „überträgt den Gehalt einer Moral der gleichen Achtung für jeden auf die Statusordnung von Staatsbürgern, die ihre Selbstachtung daraus schöpfen, dass sie von allen Bürgern als Subjekte gleicher einklagbarer Rechte anerkannt werden." (Habermas 2010, 350)

Es ist kaum zu bestreiten, dass die Verwirklichung von Menschenrechten letztlich davon abhängt, dass sie in staatlichen Rechtsordnungen implementiert werden. Ebenso halte ich es für plausibel, die zur rechtlichen Grundnorm erhobene Idee der Menschenwürde als einen Anspruch auf einen besonderen Status zu beschreiben, ein Status, den Personen als anerkannte Träger gleicher und einklagbarer Grund- und Bürgerrechte erfahren. Staaten sind folglich die Primäradressaten von Menschenrechtsansprüchen. Dies entspricht Habermas' Ideal eines republikanischen Kosmopolitismus, einer Welt aus Demokratien, denen die Legitimierung weltinnenpolitischer und völkerrechtlicher Grundsätze obliegt. Dass ein solches Ideal wünschenswert ist, bedeutet aber nicht, dass Menschenrechte unter nichtidealen Bedingungen keine weiteren Funktionen in der globalen Arena ausüben. Wo ihre Verrechtlichung schwach ist und ihre demokratische

---

320 Darüber hinaus lautet der Art. 5 der *Afrikanischen Charta der Menschenrechte und Rechte der Völker*: „Jedermann hat Anspruch auf Achtung seiner Menschenwürde und auf Anerkennung seiner Rechtspersönlichkeit." (Evans/Murray 2002)

321 Jeremy Waldron (2012) unterscheidet zwischen einer Status-Konzeption der Menschenwürde und Menschenwürde als einer moralischen Idee. Die Status-Konzeption, der Waldron anhängt, definiert Menschenwürde als das Privileg, eine Rechtsperson zu sein, die einen gleichen Rechtsschutz genießt, selbst Klagerechte hat, ihr Recht öffentlich vertreten und einfordern kann und in der Lage ist, rechtliche Forderungen freiwillig zu erfüllen. Menschenwürde ist demzufolge sowohl der Grund der Menschenrechte als auch ihr Inhalt.

Rückbindung fehlt, ist die Idee der Menschenrechte trotzdem politisch wirksam. Menschenrechte aktivieren mediale Aufmerksamkeit, führen Entwicklungshilfeorganisationen ins Feld, qualifizieren den öffentlichen Legitimationsanspruch globaler Institutionen, geben globalisierungskritischen Bewegungen eine weltweit verstandene Sprache und markieren Ziele für die Reform multilateraler Handelsankommen. Daher schließe ich mich zwar Habermas' Vorschlag an, dass das globale Menschenrechtsregime eine Statuskonzeption der Menschenwürde verbreitet hat, ich lehne aber seinen Grundrechte-basierten Blick auf das Verhältnis von Menschenrechten und Menschenwürde ab. Auch in Staaten, in denen Menschenrechte missachtet werden, haben Menschen eine Würde, die sie aus ihrem Status beziehen, ein Träger kosmopolitischer Menschenrechte zu sein.

3.3.7 Menschenwürde als ein kosmopolitischer Status

Habermas' Vorschlag zum wechselseitigen Begründungsverhältnis von Menschenrechten und Menschenwürde aufgreifend, lässt sich ein erster Zwischenstand geben: Ich definiere Menschenrechte über ihre politische Funktionen, Herrschaft zu legitimieren, Ungerechtigkeit vor der Weltöffentlichkeit öffentlich anzuprangern und Bereitschaft für Reformen zu mobilisieren. Weder behaupte ich, dass Menschenrechte zur Legitimation von Herrschaft in jedem Fall hinreichen, noch will ich in Abrede stellen, dass Menschenrechte Rechte sind, die in Form positivierter Grundrechte (Habermas) und effektiver Völkerrechtsprinzipien (Rawls) realisiert werden sollten. In Abwesenheit einer robusten Völkerrechtsordnung und in Hinsicht auf menschenrechtsmissachtende Regime treten aber ihre weiter gefassten politischen Funktionen in den Vordergrund. Auch unter den gegebenen, nichtidealen Bedingungen fungieren Menschenrechte als politisch verantwortete Aspirationen. Ihre genaue Interpretation und Umsetzung muss in asymmetrischen Diskursen verhandelt und durch Institutionen sanktioniert werden, die dazu nicht über eine polizeiliche, sondern lediglich über eine „semantische Macht“[322] verfügen. Die Hoffnung auf eine dennoch gelingende Einbindung in das globale Menschenrechtsregime ist darauf gestützt, dass mit dem Begriff der Menschenwürde eine universelle Grundnorm der Menschenrechte eingeführt wurde. „No other ideal“, so bringt es Oscar Schachter auf den Punkt, „seems so clearly accepted as a universal social good.“ (Schachter 1983, 849)

322 Ich entnehme diesen Begriff der Studie von Bogdandy/Venzke (2014, 154).

Wenn ich im Folgenden von einer kosmopolitischen Würdekonzeption spreche, dann in dem Sinne, dass sich mit der Praxis der Menschenrechte ein *globales Statusbewusstsein* entwickelt hat. Seitdem die Präambel der *Charta der Vereinten Nationen* das Ziel ausgegeben hat, den „Glauben an die Grundrechte des Menschen, an Würde und Wert der menschlichen Persönlichkeit" wiederherzustellen, markiert der Würdebegriff das normative Zentrum des globalen Menschenrechtsregimes. Das Tempo, mit dem dieses Regime die Idee der Menschenwürde verbreitet, ist aus historischer Sicht erstaunlich.[323] Anton De Baets bringt diese Entwicklung folgendermaßen auf den Punkt: „Indeed, the Universal Declaration is nothing but an attempt to render the concept of ‚human dignity' operational. This is announced in the very first line of the preamble and repeated several times. It is likewise mentioned in the 1945 United Nations Charter, the preamble of the two 1966 Covenants emanating from the Universal Declaration, and virtually all human-rights declarations, conventions, and international court statutes. In addition, three-quarters of the constitutions of the world's 193 states use the concepts of ‚human dignity' or ‚personal dignity' explicitly." (De Baets 2007, 71)

Weitere Referenzen finden sich in fast allen regionalen Menschenrechtserklärungen, in den *Genfer Konventionen über die menschliche Behandlung von Zivilisten und Kriegsgefangenen in Kriegszeiten* (1949) sowie in ihren ergänzenden Protokollen (1977), in einer Reihe von Erklärungen der Vereinten Nationen, darunter der *UNESCO Declaration on the Human Genome and Human Rights* (1997), und schließlich in den Statuten und Urteilsbegründungen internationaler Gerichtshöfe wie etwa dem *European Court of Human Rights* (1959)[324] – unter dessen Jurisdiktion auch Russland und die Türkei fallen – und nicht zuletzt dem 2002 ins Leben gerufenen *Internationalen Strafgerichtshof* in Den Haag.

Es ist nicht zu viel gesagt, dass das Menschenrechtsregime auf vielen Ebenen ein Verständnis von Menschenwürde als einem kosmopolitischen Statusbewusstseins verbreitet hat.[325] Das Bewusstsein, eine Person zu sein, die eine

323 Eine skeptischere Darstellung findet sich in: Beitz (2013, 261 ff.). Darin macht er darauf aufmerksam, dass der Würdebegriff erst zum Ende des Zweiten Weltkriegs in die Sprache der Menschenrechte eindringt und durch kontingente Entwicklungen in die *Charta der Vereinten Nationen* Eingang gefunden hat.

324 Die *Europäische Menschenrechtskonvention* weist den Würdebezug erst im anhängenden Protokoll 13 zur Abschaffung der Todesstrafe auf.

325 Auch Rainer Forst (2009) argumentiert, dass der Würdebegriff in der Praxis der Gesellschaftskritik allgegenwärtig ist. Während Forst aber den Inhalt der Würde im Rahmen seiner Theorie eines Rechts auf Rechtfertigung ausbuchstabiert, schlage ich vor, ihre Bedeutung unmittelbar aus der Praxis der Menschenrechte zu rekonstruieren.

unabsprechbare Würde und damit einen Anspruch auf rechtliche Achtung und politische Berücksichtigung geltend machen kann, ist längst nicht mehr auf den globalen Norden beschränkt. Dabei ist es zweitrangig, ob die Menschenwürde damit die moralische Grundlage der Menschenrechte bildet, in dem Sinne, dass sich Menschenrechte aus einem vorgängig bestimmten Würdeprinzip ableiten ließen.[326] Entscheidend ist, dass mit dem Würdebegriff ein kosmopolitischer Status verbunden wird, der im Kontext des globalen Menschenrechtsregimes kulturübergreifend eingeführt, klar definiert und weltweit verbreitet wurde. Entsprechend unterscheidet Beitz zwischen „human dignity as a ground of human rights (i.e., as a value from which particular rights can be „derived") and human dignity as a value advanced by a public practice of human rights" (Beitz 2013, 288). Im Rahmen meines Begründungsminimalismus ist es hinreichend, allein auf letztere Konzeption abzustellen, um einen geeigneten Kandidaten für eine globale öffentliche Norm zu rekonstruieren. Dieses Phänomen einer kosmopolitischen Statuskonzeption der Menschenwürde lässt sich folgendermaßen zusammenfassen:

> Die Menschenwürde als ein kosmopolitischer Status gründet auf dem Bewusstsein, ein Anrecht auf fundamentale Freiheiten, Mitbestimmungsrechte und die Sicherung von Grundbedürfnissen zu haben, ein Anrecht, das jeder Mensch gegenüber dem Staat, auf dessen Territorium er weilt, oder – sollte dieser dazu nicht in der Lage oder unwillens sein – gegenüber der Völkergemeinschaft und der globalen Zivilgesellschaft geltend machen kann.

Die kosmopolitische Statuskonzeption der Menschenwürde bringt einen Einstellungswechsel zum Ausdruck. Sie verändert die Art, wie Personen bestimmte Missstände oder Übergriffe erfahren, nämlich als eine Verweigerung ihnen zustehender Anrechte (*entitlements*). Menschenrechtsverletzungen bedeuten eine Entwürdigung, weil sie den allen Menschen zugeschriebenen Status, universelle Rechtsträger zu sein, missachten. Damit handelt es sich nicht bloß um ein Verbrechen gegen das Opfer, sondern um eine Ungerechtigkeit von globalem Ausmaß, weil es zugleich eine Missachtung der Idee universeller Menschenrechte und Menschenwürde bedeutet. Diesen mit der Verbreitung des globalen Menschenrechtsregimes verbundenen Bewusstseinswandel fasst Charles Beitz folgendermaßen zusammen: „This empowerment is in part a result of the change

---

326 Franz Josef Wetz wendet sich in diesem Zusammenhang dagegen, Würde als Grund der Menschenrechte zu verstehen, aus denen sich einzelne Rechte ableiten: „Näher betrachtet verhält es sich sogar umgekehrt: Erst die Gewährleistung liberaler Freiheitsrechte, politischer Teilhaberechte und sozialer Wohlfahrtsrechte ermöglicht ein menschenwürdiges Dasein. Vor diesem Hintergrund wird es dann denkbar, dass Menschen keine Würde haben." (Wetz 2008, 84)

in self-conception that the practice of human rights can induce among those who participate in it: they are encouraged to conceive of themselves, and to act, as ‚makers of claims'." (Beitz 2013, 288 f.)[327]

Entscheidend für den kosmopolitischen Einstellungswandel ist, dass mit dem globalen Menschenrechtsregime zugleich auch eine kosmopolitische Verantwortungsstruktur in die Welt getreten ist. Das bedeutet nicht, dass diese Struktur stark genug ist, um Menschenrechtsansprüche immer und überall effektiv zu schützen; wohl aber bedeutet es, dass die in den Menschenrechten artikulierten Anrechte in die benennbare und einforderbare Verantwortung internationaler Akteure fallen.[328] Wenn eine Gruppe von Menschen in irgendeinem Land der Welt glaubhaft machen kann, in ihrer Würde als Menschenrechtsträger verletzt zu werden, macht sie damit den Vorfall zu einer internationalen Angelegenheit. Die kosmopolitische Semantik der Menschenwürde bewirkt, dass die lokal erhobene Forderung nicht nur in einen internen Rechtsanspruch transformiert wird, sondern in einen Anspruch gegenüber der Weltöffentlichkeit. Wer von Entwürdigung und Menschenrechten spricht, will die Aufmerksamkeit der Weltgemeinschaft, wenn der eigene Rechtskontext versagt.[329]

Das bedeutet ebenfalls nicht, dass sich Kontroversen um die Bedeutung und Umsetzung dieser Ansprüche begriffsanalytisch auflösen ließen. Zwar schließt die Statuskonzeption der Menschenwürde eindeutige Formen der Entwürdigung wie Folter, Sklaverei, Entrechtung oder Ausbeutung aus. Die entscheidenden Streitpunkte betreffen aber allesamt solche Fragen, in denen es strittig bleibt, ob eine menschenrechtsrelevante Würdeverletzung vorliegt. Denn auch wenn sich der Bereich akzeptabler Differenzen aufgrund des vorgeklärten Inhalts des Würdeprinzips eingrenzen ließe, bleibt es doch richtig, dass der konkrete Sinn dieses Prinzips in politischen Auseinandersetzungen festgelegt werden muss.

Immerhin kann uns aber die Tatsache, dass wir über eine globale öffentliche Norm verfügen, dabei behilflich sein, diese politischen Prozesse in einer bestimmten Weise zu strukturieren. Seitdem die Idee universeller Menschenrechte in der Welt ist, erscheinen singuläre Erlebnisse wie die Zerstörung einer

---

327 Später nennt er noch eine zweite Funktion, die der Würdebegriff in der Praxis der Menschenrechte erfüllt. Er diene zur Erklärung, warum wir bestimmte Gefährdungen wie Folter, Entrechtung oder vergleichbare Formen der Entwürdigung (sprich: unsere Rechtsvertrauens) unter einen besonderen Menschenrechtsschutz stellen (Beitz 2013, 289).

328 So bereits Menno T. Kamminga (1992).

329 Die politische Wirklichkeit von Menschenrechtsansprüchen endet weder beim Staat, noch bei regionalen Menschenrechtsjurisdiktionen. Zu meinen, die Bedeutung von Menschenrechten könnte letztinstanzlich auf regionaler Ebene verhandelt werden, widerspricht ihrem universellen Sinn. Vgl. Marie-Luisa Frick (2013).

Moschee in Ayodhya (Indien), Übergriffe auf koptische Siedlungen in Ägypten oder die Haftbedingungen in amerikanischen Foltergefängnisse in Litauen, Irak, Polen oder Thailand nicht als kriminelle Rechtsbrüche, sondern als Menschenrechtsverletzungen, für die internationale Akteure wie im letzten Fall der *Europäische Gerichtshof*, *Interright*, weitere NGOs sowie die deutsche Außenpolitik Mitverantwortung tragen.

Hinzu kommt, dass die Idee der Menschenwürde erfahrungsstrukturierend wirkt; das bedeutet, dass durch die weltweit verbreitete Semantik der Menschenwürde einzelne Vorfälle von Bedrängnis, Ohnmacht oder Leid nun als eine entwürdigende Menschenrechtsverletzung erfahren werden, als eine Erniedrigung, die aus dem Vorenthalten berechtigter Ansprüche entsteht. Die Erfahrung der Entwürdigung setzt somit bereits ein erlerntes Rechtsbewusstsein voraus. Dass Folter beispielsweise nicht nur schmerzvoll ist, sondern eine besonders schlimme Form der Entwürdigung darstellt, hat damit zu tun, dass sie nicht nur den Körper, sondern zugleich auch den Status der Person als Subjekt unverbrüchlicher Rechte angreift (Sussman 1995). Menschenrechtsverletzungen werden nicht nur deswegen skandalisiert, weil Gefängnis, Folter oder Armut schlecht sind, sondern weil dadurch das Recht auf Freiheit, Unversehrtheit und Subsistenz vorenthalten und damit wiederum das Vertrauen in den Status der Menschenwürde für alle verletzt wird.

Trotzdem lässt sich sagen, dass die kosmopolitische Statuskonzeption der Menschenwürde einen permissiven Türsteher am Portal der Menschenrechte abgibt (vgl. Kateb 2011, 28 ff.). Die Semantik der Menschenwürde reicht weiter als der Skopus geltender Menschenrechtskataloge, so dass über das Würdeprinzip immer wieder neue Kandidaten in das globale Menschenrechtsregime eingeführt werden.[330] Menschenrechtsinitiativen argumentieren grundsätzlich damit, dass die Würde des Menschen auf dem Spiel steht, wenn es zum Beispiel keinen Rechtsanspruch auf genetische Unverfügbarkeit oder palliative Versorgung gibt.[331] Diese durch das Würdeprinzip freigesetzte politische Dynamik macht es

---

330 Diesbezüglich schrieb Habermas dem Würdeprinzip eine „Entdeckerfunktion" zu: „Im Lichte historischer Herausforderungen werden jeweils andere Bedeutungsaspekte der Menschenwürde aktualisiert; diese aus verschiedenen Anlässen spezifizierten Züge der Menschenwürde können dann ebenso zu einer weitgehenderen Ausschöpfung des normativen Gehalts verbürgter Grundrechte wie zur Entdeckung und Konstruktion neuer Grundrechte führen." (Habermas 2010, 346)

331 In der von der WHO unterstützten Forderung nach einem Menschenrecht auf den Zugang zu palliativen Behandlungsmethoden heißt es: „Palliative care is fundamental to health and human dignity and is a basic human right." (http://www.opensocietyfoundations.org/sites/default/files/palliative-care-human-right-20110524.pdf. [11.03.2014, HH])

möglich, Forderungen nach mehr Demokratie oder egalitärer Teilhabe als Menschenrechtsansprüche zu formulieren. Seyla Benhabib nennt dies die „jurisgenerative Kraft" kosmopolitischer Normen (Benhabib 2011, 125). Was damit gemeint ist, werde ich im folgenden Abschnitt anhand des Arabischen Frühlings veranschaulichen. Insbesondere die Tunesische Revolution gibt ein Beispiel dafür, wie die Idee der Menschenwürde soziale Konflikte strukturiert und möglicherweise dazu führt, dass sich unser Menschenrechtsverständnis erweitert.

3.3.8 Das Beispiel der arabischen Würde-Revolution

Mit der These vom praktischen Universalismus der Menschenrechte wende ich mich gegen die Behauptung, dass sie ein ausschließlich liberales Werteverständnis transportieren. Einer der stärksten Anwälte dieses Einwandes ist Samuel Huntington (1996), der den Beginn eines neuen Zeitalters zivilisatorischer Konflikte ausgerufen hat. Nach dem Untergang des Ostblocks würden die neuen Bruchlinien an den Grenzen transnationaler Zivilisationen (oder Kulturkreise) verlaufen, die sich durch ihre Philosophie, ihre Grundwerte, sozialen Beziehungen, Gebräuche und ihre generellen Sichtweisen auf das Leben unterschieden (Huntington 1996, 50–57). Auch unter den Bedingungen der Globalisierung sei eher eine Verschärfung dieser Konflikte zu erwarten. Neue Entfremdungs- und Ausgrenzungserfahrungen würden den Rückgriff auf religiöse und fundamentalistische Identitätsangebote weiter forcieren, Identitäten, die in Abgrenzung zu anderen formiert werden.[332] Es ist nicht zu übersehen, dass es dieser Tage schwerer fällt, Huntington zu widersprechen, als es noch vor wenigen Jahren der Fall war.

Was den Westen als Zivilisation nach Huntington kennzeichnet, ist sein moralischer Universalismus, die Herrschaft des Rechts, die Anerkennung von Menschenrechten und die Achtung von Individualismus, Pluralismus und Demokratie, welche ihm zufolge „die politische Form der Westlichen Kultur" bildet (Huntington 1996, 71). Nach außen gelten diese Werte aber nicht universell.[333] Um potentielle Konflikte mit dem arabisch-sinischen Raum nicht unnötig zu verschärfen, sei es daher wichtig zu verstehen, dass der interne Universalis-

---

332 Gegen Huntingtons exkludierenden Identitätsbegriff argumentiert Sen in: *Die Identitätsfalle: Warum es keinen Krieg der Kulturen gibt*, 2007.

333 Carola von Villiez (2005, 195) spricht dagegen von einer „globalen Menschenrechtskultur", die einen für alle Gesellschaften geltenden Legitimationsstandard eingeführt hat und vor allem ein Recht, über die Interpretation und Umsetzung der Menschenrechte mit zu entscheiden, impliziere.

mus von Demokratie und Menschenrechten keine externe Einmischungspolitik begründet. Denn: „Was für den Westen Universalismus ist, ist für den Rest der Welt Imperialismus“ (Huntington 1996, 262). Die hier angestellten Überlegungen treten in direkten Widerspruch zu Huntingtons Analyse, dass Menschenrechte und Demokratie zivilisatorische Eigenschaften des Westens sind. Aus heutiger Sicht stellt das Erstarken kultureller Identitäten keinen Widerspruch, sondern eine Komplementärerscheinung zur Ausbreitung einer globalen Zivilisation dar. Trotz Fundamentalismus und Nationalismus hat sich die globale Annäherung der Lebensverhältnisse über neue Medien und Märkte noch einmal beschleunigt. Vor allem steht die Weltgemeinschaft vor gemeinsamen Herausforderungen, die eine koordinierte Weltinnenpolitik erfordern.

Die Möglichkeit einer universalen Zivilisation hat Huntington noch explizit zurückgewiesen. Für ihn ist das „kulturelle Zusammenrücken der Menschheit und die zunehmende Akzeptanz von gemeinsamen Werten, Überzeugungen, Orientierungen, Praktiken und Institutionen durch Völker in der ganzen Welt“ (Huntington 1996, 76) eine unbegründete Hoffnung, weil die so genannten kosmopolitischen Werte lediglich von einer kosmopolitischen Elite – Huntington spricht von der „Davos-Kultur“ (Huntington 1996, 78) – geteilt werden. Dem ist entgegenzusetzen, dass sich das kosmopolitische Bewusstsein nicht mehr allein auf Herrschafts- und Wirtschaftseliten konzentriert, sondern in allen Metropolen der Welt anzutreffen ist. Wer heute durch Peking, Kairo oder Tunis spaziert, wird Huntingtons Schätzung, dass nur 1% der Weltbevölkerung kosmopolitische Werte teilen, nach oben korrigieren müssen. Die Überzeugung, über unveräußerliche Menschenrechte zu verfügen, und das damit verbundene Bewusstsein, dass einem ein menschenwürdiges Leben zusteht, sind weltweit verbreitet.[334] Die Arabische Würde-Revolution ist ein gutes Beispiel dafür, wie das globale Menschenrechtsregime Protesten überall auf der Welt eine politische Ausdrucksform gibt.

Zur Einordnung des Arabischen Frühlings wurde viel geschrieben. Es ist plausibel, die Aufstände in Nordafrika und dem Nahen Osten als zweite Phase der Dekolonialisierung zu verstehen: Nach dem Rückzug der Kolonialmächte befreien sich diese Gesellschaften nun auch nach innen von postkolonialen Despotien (vgl. Pappé 2011). Allerdings hat der Ausdruck ‚Arabischer Frühling‘ für viele Protestierende selbst noch einen postkolonialen Beigeschmack, weil er eine Erfindung westlicher Medien ist und die Idee einer unreifen arabischen Kultur evoziert. Stattdessen schlägt die ägyptischstämmige Politikwissenschaftlerin

---

334 Ein weiterer Autor, der im globalen Menschenrechtsregime und seinem Prinzip der Menschenwürde eine praktisch anerkannte Legitimationsgrundlage findet, ist Darrel Moellendorf (2010, 303).

Maytha Alhassen vor, von einer Würde-Revolution zu sprechen. Sie erklärt: „I have found a focus on ‚karâma', dignity, as the most unifying demand present in these uprisings and resistance movements. What is truly remarkable and distinctly ‚revolutionary' about these movements is the almost consistent focus all the movements have on karâma." (Alhassen 2013) Ebenso argumentiert Nader Hashemi: „the concept of *karâma* (dignity) is useful in understanding the recent events in the Middle East" (Hashemi 2013, 209). Zumindest für Tunesien und Marokko lässt sich belegen, dass die vereinende Parole der Protestbewegung auf ein Leben in Würde und Freiheit gerichtet war.[335]

Komplexe historische Ereignisse wie die jüngsten Revolutionen in Nordafrika und dem Mittleren Osten erfordern komplexe Erklärungsansätze, die soziale, wirtschaftliche, historische und politische Faktoren berücksichtigen. Im Kontext der bisherigen Betrachtung ist es aber nahe liegend, die Aufstände in der arabischen Welt auch als ein Beispiel für die kosmopolitische Konzeption der Menschenwürde und ihre proteststrukturierende Funktion zu betrachten. In dieser Perspektive handelte es sich bei der tunesischen Revolution nicht einfach um ein regionales Geschehen, sondern um ein Beispiel für die globale Würde-Revolution.

Entzündet hat sich die tunesische Revolution an einem ebenso kontingenten wie lokalen Ereignis. Es war die herablassende Haltung lokaler Behörden, die den Obsthändler Mohamed Bouazizi in die Verzweiflungstat trieb, sich selbst im Protest zu verbrennen. Darin kulminierte eine Erfahrung, die unter dem Ben-Ali-Regime weit verbreitet war, nun aber mit der zur Verfügung stehenden politischen Semantik als ein Akt der Entwürdigung und damit als eine nicht hinnehmbare Menschenrechtsverletzung begriffen wurde. Dass die tunesische Revolution in eine kosmopolitische Würde-Revolution eingebettet ist, zeigt sich dabei in dreierlei Hinsicht:

Erstens hat sich der Protest von Anfang an in der Sprache der Menschenrechte artikuliert. Die Forderung auf ein Leben in Menschenwürde bezog sich nicht auf den traditionellen arabischen Rechtsbegriff ‚karâma', sondern direkt auf das im Zuge des globalen Menschenrechtsregimes eingeführte Prinzip der Menschenwürde. Der tunesische Philosoph Salah Mosbah spricht in diesem Zusammenhang von einer globalen Konzeption („un concept global", Mosbah 2012, 106) der Menschenwürde, die ihr Vokabular nicht mehr partikularen Narrativen, sondern der universellen Sprache der Menschenrechte entnimmt.

335 In Anlehnung an Habermas argumentiert Salah Mosbah, der Bezug zu Würde (*karâma*) beinhalte bereits „les deux autres valeurs de liberté et justice sociale" (2012, 106).

Zweitens zeigte der Protest, dass es nicht allein um eine innere Angelegenheit ging. Die Parole der Menschenwürde zielte auch darauf, den Protest international zu legitimieren, und diente dazu, die Legitimität des Ben-Ali-Regimes vor den Augen der Weltöffentlichkeit anzufechten. Damit richtete sich der ursprünglich lokale Protest an die politische Verantwortung der Weltgemeinschaft. Die kosmopolitische Idee der Menschenwürde erlaubt es den Protestierenden, ihre Erfahrungen von Unterdrückung und Erniedrigung in allgemeine Rechtsansprüche zu verwandeln und sie dann zu einer internationalen Angelegenheit zu machen. In den englischsprachigen Plakaten, die nach *dignity*, *liberty* und *human rights* riefen, drückte sich das Bewusstsein aus, Ansprüche geltend zu machen, die in die Zuständigkeit internationaler Akteure fallen.

Drittens handelte es sich auch insofern um eine kosmopolitische Würde-Revolution, als darin international akzeptierte Standards der Toleranz und Nichteinmischung verschoben wurden. Häufig wird argumentiert, dass undemokratische Regime toleriert werden sollen, solange sie grundlegende Freiheits- und rudimentäre Mitbestimmungsrechte achten. Das Recht auf Demokratie sei kein fundamentales Menschenrecht und rechtfertige daher auch nicht die Einmischung in die inneren Angelegenheiten eines Landes. Diese Ansicht zum Verhältnis von Demokratie und Menschenrechten wurde in der Arabischen Würde-Revolution in Frage gestellt. Das Recht auf Menschenrechte und der Wunsch, über öffentliche Belange als Gleicher mitzubestimmen, wurden in der Forderung nach einem Leben in Würde in eins zusammengeschlossen. Die Protestanten forderten Demokratie, weil sie die Bevormundung im Ben-Ali-Regime und ihre Machtlosigkeit gegenüber Willkür, Korruption und Bürokratie *vor dem Hintergrund ihres kosmopolitischen Rechtsbewusstseins* als demütigend empfanden. So gesehen verlief die Arabische Würde-Revolution nicht nur in den durch das globale Menschenrechtsregime vorgezeichneten Bahnen, sondern trug selbst dazu bei, die Entwicklung dieses Regimes voranzutreiben.

3.3.9 Bausteine einer kosmopolitischen Menschenrechtskonzeption

Damit ist es Zeit für ein Fazit. Zu Beginn dieses Kapitels habe ich versucht, die wichtigsten Defizite politischer Menschenrechtskonzeptionen zu korrigieren, nämlich ihren funktionalen Reduktionismus, inhaltlichen Minimalismus und Begründungsrelativismus. In revidierter Fassung setzt sich meine kosmopolitische Menschenrechtskonzeption aus drei Elementen zusammen, die ich als funktionalen Pluralismus (i), inhaltlichen Realismus (ii) und qualifizierten Konsens (iii) bezeichne.

i) *Funktionaler Pluralismus*: Eine funktionale Definition der Menschenrechte hat zu berücksichtigen, dass Menschenrechte in verschiedenen politischen und rechtlichen Kontexten unterschiedliche politische Funktionen erfüllen. In Form von Grundrechten qualifizieren Menschenrechte die Legitimität staatlicher Rechtscodes; im Völkerrecht definieren Menschenrechte Standards internationaler Toleranz, Kriterien für die Schutzverantwortung der internationalen Gemeinschaft und ultimativ Legitimationskriterien für Humanitäre Interventionen. Hinzu kommt ihre politische Rolle als globale öffentliche Gründe. In dieser Funktion dienen sie als Leitwährung politischer Legitimität bzw. als global anerkanntes Vokabular der Macht- und Globalisierungskritik.

ii) *Inhaltlicher Realismus*: Der Inhalt der Menschenrechte ist durch anerkannte Dokumente wie den Text der *Allgemeinen Erklärung der Menschenrechte,* ratifizierte Pakte, regionale Menschenrechtserklärungen und Grundrechtsordnungen vorformuliert. Diesbezüglich zielt der inhaltliche Minimalismus philosophischer Konzeptionen, sei es in Form politischer oder libertärer Ansätze, an der praktischen Realität der Menschenrechte vorbei. Die Aufgabe der Politischen Philosophie besteht nicht darin zu ergründen, ob es soziale, ökonomische, politische und kulturelle Rechte geben solle – denn diese sind längst Teil der politischen Kultur, internationaler Verträge und regionaler Rechtssprechung –, sondern sie besteht darin, sie mit moralischen Überzeugungen zu versöhnen, gebotene Erweiterungen zu prüfen und Reformen kritisch zu begleiten.

iii) *Qualifizierter Konsens*: Menschenrechte gründen in einem überlagernden Konsens zwischen divergierenden ethischen und religiösen Sichtweisen. Sie bilden keinen bloß strategischen Kompromiss, sondern lassen sich in den tiefsten Überzeugungen der Beteiligten verankern. Dieser Konsens bezieht sich nicht auf die Gründe, aus denen Menschenrechte akzeptiert werden, sondern lediglich auf ihre Funktion als universelle Regeln, an deren Geltung alle Mitglieder moderner Gesellschaften bzw. der internationalen Staatengemeinschaft interessiert sind. Dieses Konsensmodell stößt aber schnell an seine Grenzen. Mein entsprechender Vorschlag läuft darauf hinaus, dass wir in der Sprache der Menschenrechte auf eine globale Norm stoßen, an der sich alle öffentlichen Rechtfertigungspraktiken auszurichten haben. Es ist eine zutiefst veränderte Diskurssituation, wenn wir miteinander in Bezug auf gemeinsame Gründe und Prinzipien sprechen, und zwar auch dann, wenn wir diese Gründe für abweichende Positionen einsetzen. Denn hier entwickelt sich nicht nur ein gemeinsames Vokabular, sondern mit ihm auch ein gemeinsamer Erfahrungshorizont. Jede Hoffnung auf die kompromissbildende Kraft transkultureller Diskurse ist darauf gegründet, dass wir auf einem gemeinsamen Vorverständnis aufbauen, so dass es sich lohnt, über die verbleibenden Differenzen zu sprechen.

3.4 Empirische Spuren

Im Ergebnis schlage ich vor, das globale Menschenrechtsregime als eine realistische Utopie globaler Gerechtigkeit zu rekonstruieren. Dieses Regime hat einen utopischen Kern, der es in eine kritische Distanz zur politischen Wirklichkeit bringt. Es handelt sich aber auch um einen realistischen Vorschlag, weil es auf allen Ebenen Institutionalisierungen aufweist. Bevor ich es im Grundriss darstelle, ist es an der Zeit, den Regime-Begriff gründlicher zu definieren. Der federführend von Robert O. Keohane und Joseph S. Nye (1977) entwickelte Begriff eines internationalen Regimes meint ein durch völkerrechtliche Verträge verbindlich gemachtes System von Normen, das internationale und globale Interaktionen in bestimmten Regelungsbereichen steuert.[336] Jack Donnelly, dessen Darstellung ich hier unter anderem folge, definiert ein internationales Regime „as norms and decision-making procedures accepted by international actors to regulate an issue area. States (and other relevant actors) accept certain normative or procedural constraints as legitimate, thereby partially replacing ‚original' national sovereignty with international authority."[337]

Auch das globale Menschenrechtsregime beruht nicht auf einer obersten Gewalt, auch nicht auf seiner Implementierung in partikularen Verfassungen, sondern darauf, dass die auf allen Ebenen beteiligten Akteure ...

a) gemeinsame *Grundprinzipien* teilen (die Idee gleicher, unveräußerlicher und universeller Menschenrechte und die Leitnorm der allgemeinen Menschenwürde),
b) sich *normativen Regularien* unterstellen (durch die Ratifizierung der aus der *Allgemeinen Erklärung der Menschenrechte* hervorgegangenen Pakte und Erklärungen),
c) diese Normen in *konkrete Regeln und Verhaltensvorschriften* überführen (Grundrechte, regionale Menschenrechtsjurisdiktionen, Verhaltensrichtlinien einzelner Institutionen und Unternehmen),
d) diese Regeln in *Verfahrensprozeduren* umsetzen (Menschenrechtsgerichtshöfe, Beschwerdeverfahren, Monitoring-Verfahren), und sie sich

---

336 Die Standarddefinition bezeichnet ein Regime als „networks of rules, norms, and procedures that regularize behavior and control its effects" (Keohane/Nye 1977, 19). Vgl. auch Krasner (1983).

337 Jack Donnelly (1991, 313). Vgl. auch Donnelly („International Human Rights: A Regime Analysis", 1986) und Bayefsky (*The UN Human Rights Treaty System: Universality at the Crossroads* 2001).

e) wechselseitig zur Verantwortung ziehen (in Form von Interventionsandrohungen, Klageverfahren, Anhörungen vor dem Menschenrechtsrat, Ausschluss aus internationalen Gremien, öffentlichen Reputationsverlusten, politischem Protest oder zivilem Ungehorsam).

Die Wirkungsweise eines internationalen Regimes beruht auf seiner Netzwerkstruktur. Der Menschenrechtsrat der Vereinten Nationen regiert nicht von oben auf regionale Jurisdiktionen, Staaten und einzelne Institutionen herunter. Ebenso wenig handelt es sich um ein *bottom up*-Modell, in dem das Menschenrechtsregime allein auf persönlicher Verantwortung aufbaut. Die normative Kraft des globalen Menschenrechtsregimes ist vielmehr heterarchisch verteilt.[338] Sie beruht auf Praktiken wechselseitiger Unterstützung und Inverantwortungsnahme, die eine Beteiligung aller Ebenen erfordert. Die kosmopolitische Alternative zur Weltrepublik liegt darin, Akteure auf allen Ebenen stärker in dieses selbstregulierende Regime einzubinden, es effizienter zu machen und wo möglich ergänzende Institutionen einzuziehen.[339]

Manche halten diesen Vorschlag für zu zaghaft, andere für zu optimistisch. Unter letzteren finden sich diejenigen, die der Rhetorik von Menschenrechten nicht trauen, die in ihnen postkoloniale Machtinstrumente erkennen oder die Ära der Menschenrechte bereits zu Ende gehen sehen.[340] Im nüchternen Blick auf die Welt sei es mit der praktischen Universalität der Menschenrechte nicht weit her. Bezeichnender Weise haben die USA den *Internationalen Pakt über soziale, wirtschaftliche und kulturelle Rechte* nicht ratifiziert und China nicht den *Internationalen Pakt über bürgerliche und politische Rechte*. Zudem hätten sich internationale Organisationen wie der UN-Menschenrechtsrat und der *Internationale Strafgerichtshof* als realpolitische Rohrkrepierer erwiesen, deren Legitimität zweifelhaft sei und deren notwendige Machtanleihen bei den großen Staaten neue Abhängigkeiten schaffe. Zudem blende die Rede von einem globalen Menschenrechtsregime aus, dass wir es eher mit einer Regionalisierung von Menschenrechtsregimen zu tun haben, eine Tendenz, die wir eher begrüßen sollten,

---

338 Vgl. zum Begriff einer „Heterarchie asymmetrischer Zusammenhänge" als alternatives kosmopolitisches Ordnungsschema: Andreas Niederberger, *Demokratie unter Bedingungen der Weltgesellschaft?*, 2009, 426 ff.

339 Mit Michael Zürn (2011, 87f) ließe sich die realistische Utopie eines globalen Menschenrechtsregimes auch als ‚kosmopolitischer Pluralismus' bezeichnen. Gemeint ist, dass Kosmopolitisten darauf verzichten, sich auf eine ideale globale Grundstruktur festzulegen. Zürn nennt diesbezüglich vor allem John Dryzek (*Deliberative Global Politics*, 2006).

340 Stephen Hopgood sieht im globalen Menschenrechtsregime eine letzte sich im Niedergang befindliche Phantasmagorie des Westens (*The Endtimes of Human Rights*, 2013).

weil sich Menschenrechten in Asien oder in der Arabischen Welt nur dadurch Geltung verschaffen ließe. An die Seite eines globalen Menschenrechtsempires, das durch Europäer und Nordamerikaner dominiert wurde (Hopgood 2013), trete derzeit ein asiatisches Menschenrechtsregime, ein arabisches, usw.

Diese Einwände sprechen allesamt bedenkenswerte Punkte an, die sich auf eine Reihe richtiger Beobachtungen stützen. Ich frage mich aber, worin die praktische Absicht liegt, das empirische Material in dieser ‚realistischen' Weise auszuwerten. Bestenfalls geht es darin um die Sorge vor den Missbrauchsmöglichkeiten der Menschenrechtsidee. Manchmal erschöpft sich der praktische Sinn realistischer Darstellungsweisen aber schon darin, ein möglichst abgeklärtes Urteilsvermögen auszustellen, um sich im vorauseilenden Gehorsam dem Vorwurf weltpolitischer Naivität zu entziehen. Schlimmstenfalls dient die Rhetorik des Realismus dann dazu, unsere politische Mitverantwortung gegenüber Menschenrechtsverletzungen zu kaschieren. Letztlich ist es jedenfalls so, dass wir vor globalen Gerechtigkeitsherausforderungen stehen, die der Realismus geflissentlich übersieht, und dass wir auf gemeinsame Risiken zusteuern, die auch im Rahmen einer realistischen Konzeption nach globalen Ordnungsmodellen verlangen.

Gegen die vermeintlich wertneutrale Perspektive realistischer Ansätze ist meine Rekonstruktion eines globalen Menschenrechtsregimes ausdrücklich in kosmopolitischer Absicht angelegt. Ich möchte noch einmal betonen, dass dies nicht die einzige rechtfertigbare Absicht sein braucht, eine Gerechtigkeitstheorie zu konzipieren. Das utopische Denken hat den Sinn, lieb gewonnene Sichtweisen zu irritieren und den Eindruck politischer Alternativlosigkeit herauszufordern. Und der Machtrealismus ist unverzichtbar, um das utopische Denken auf den Boden der Tatsachen zurückzuholen. Hier geht es aber darum, eine realistische Utopie vorzulegen, die Möglichkeiten zum politisch verantwortlichen Handeln eröffnet.[341] In den Beispielen, die ich herausgreife, geht es mir darum, das globale Menschenrechtsregime als eine emergente Ordnung darzustellen, die auf alle politischen Verhältnisse übergreift.[342] Meine kursorische Darstellung startet bei den Vereinten Nationen (i), geht dann auf globale Institutionen (ii), internationale Foren (iii) und global agierende NGOs (iv) ein, um dann die Ver-

341 Für eine Gesamtdarstellung kann und muss ich auf die umfangreichen Arbeiten von Jack Donnelly (1986 und 2002), Michael Goodhart (2012); Carl Wellman (1998); und vor allem auf die beeindruckende Studie von Philip Alston/Ryan Goodman (2012) verweisen.

342 Alston/Goodman stellen nicht nur dar, wie das Menschenrechtsregime auf staatliche und internationale Governancestrukturen einwirkt, sondern auch, wie es nicht-staatliche Akteure wie globale Unternehmen oder internationale NGOs reglementiert (2012, 1461–1515).

antwortung des internationalen Wirtschaftsregimes und globaler Unternehmen (v) sowie regionaler Menschenrechtsjurisdiktionen (vi) zu skizzieren. Die Darstellung mündet schließlich bei der besonderen Verantwortung wohlhabender Nationalstaaten (vii), politischer Parteien (viii) und ultimativ bei der staats- und weltbürgerlichen Verantwortung einzelner Personen (ix).

i. Das *globale Menschenrechtssystem der Vereinten Nationen* erfüllt im Wesentlichen drei Aufgabenbereiche. Erstens erarbeitet es die spezifischen Menschenrechtserklärungen und bereitet entsprechende Abkommen vor.[343] Diese Texte prägen das globale Menschenrechtsverständnis und setzen weltweit akzeptierte Legitimationsstandards für politische Regeln, Institutionen und Praktiken.[344] Zweitens setzen die Vereinten Nationen Monitoring-Verfahren, Berichterstatter, Arbeitsgruppen und Experten ein, deren Aufgabe darin besteht, weltweit Daten über die Menschenrechtssituation zu sammeln und zu bewerten. Und drittens bieten die Vereinten Nationen Hilfe bei der rechtlichen und politischen Umsetzung von Menschenrechten an und organisieren die Menschenrechtsbildung weltweit.[345]

Die sichtbarste Funktion des UN-Menschenrechtsregimes besteht aber darin, schwere Menschenrechtsverletzungen vor den UN-Sicherheitsrat zu bringen und einzelne Menschenrechte durch Erklärungen zu ergänzen und allgemeinverbindlich zu interpretieren (vgl. Bailey 1994). Das zentrale Organ ist hier der *UN Menschenrechtsrat* (UNHRC), der 2006 die *UN-Menschenrechtskommission* ablöste. Gemäß der Resolution der Generalversammlung 60/251 fallen dem UNHRC folgende Aufgabe zu: Er soll den Schutz und die Umsetzung der Menschenrechte fördern, neue Konzepte und Politiken entwickeln, neue Menschenrechtsstandards ausarbeiten, Menschenrechtsverletzungen verhindern, die Menschen-

343 Darunter fallen der *International Covenant on Economic, Social and Cultural Rights* (ICESCR); der *International Covenant on Civil and Political Rights* (ICCPR); die *International Convention on the Elimination of All Forms of Racial Discrimination* (ICERD); die *Convention on the Elimination of All Forms of Discrimination against Women* (CEDAW); die *Convention against Torture and Other Cruel, Inhuman or Degrading Treatment or Punishment* (CAT); die *Convention on the Rights of the Child* (CRC); und die *International Convention on the Protection of the Rights of All Migrant Workers and Members of their Families*.

344 Vgl. auch dazu Alston/Goodman (2012, 685–761).

345 Im Zusammenhang mit der Diskussion zum inhaltlichen Minimalismus ist es noch einmal bemerkenswert, dass die Vereinten Nationen ausdrücklich eine Verantwortung für die Realisierung politischer und sozioökonomischer Rechte anerkennen. Entsprechend ist mit dem *Internationalen Pakt für wirtschaftliche, soziale und kulturelle Rechte* ein eigenes Organ, der *UN Ausschuss über wirtschaftliche, soziale und kulturelle Rechte*, eingerichtet worden, der eng mit NGOs zusammenarbeitet und mittlerweile in einem Zusatzprotokoll die Möglichkeit von Individualbeschwerden eingeführt hat.

rechtsarbeit der UNO koordinieren und die Umsetzung von Menschenrechtsstandards weiterverfolgen.[346] Dazu fertigt er periodische Menschenrechtsberichte über alle UN-Mitgliedsstaaten an, setzt länderspezifische Arbeitsgruppen und Sonderberichterstatter ein, geht Beschwerden nach und wird von einem externen Fachgremium beraten.[347]

Die wesentliche Kritik an diesem Gremium lautet, dass es ein Spielball staatspolitischer Interessenspolitik bleibt. Der globale Norden moniert, dass eine Allianz von Staaten aus Nordafrika und dem Nahen Osten, toleriert von China und Russland, das Gremium dazu nutzt, sich gegen Menschenrechtsvorwürfe zu immunisieren, Israel zu verurteilen und Menschenrechtsverletzungen in anderen Teilen der Welt zu ignorieren. Staaten des globalen Südens kritisieren hingegen, dass die leitenden administrativen Posten im UNHRC von den USA und ihren Bündnispartnern besetzt werden. Die Legitimität dieses wichtigen Gremiums hängt damit von entscheidenden Reformen ab, die langfristig zu einer stärkeren Unabhängigkeit von einzelnen Länderinteressen führen. Die kurzfristig wichtigsten Reformziele lauten, dass auf Mitgliedsstaaten mehr Druck ausgeübt wird, ihre eigene Menschenrechtsbilanz zu verbessern, dass sie eine eigenständigere Finanzierung erhält, dass es zivilgesellschaftliche Akteure stärker integriert und unter Aufsicht der Öffentlichkeit tagt.

ii. Zur Stabilisierung des globalen Menschenrechtsregimes ist es ein entscheidender Schritt, *globale Institutionen* stärker als zentrale Organe in dieses Regime einzubinden. Eine entsprechende Entwicklung bahnt sich zurzeit (trotz erheblicher Widerstände) bei der Weltbank und dem Weltwährungsfonds (IWF) an. Der IWF stand lange Zeit und zu Recht im Fokus der Globalisierungskritik, weil er mit seinen Strukturanpassungsprogrammen eine schädigende neoliberale Wirtschaftsagenda durchsetzte.[348] Entwicklungsländer, die Geld vom IWF erhielten, mussten dafür ihren oft ohnehin schon ineffektiven Verwaltungsapparat verschlanken, soziale Handelsbarrieren abbauen, staatliche Unternehmen privatisieren und Freihandelszonen einrichten, in denen Arbeitnehmerrechte verletzt wurden. Das primäre Ziel des Weltwährungsfonds bestand darin, wirtschaftliche Stabilität und Entwicklung herzustellen – ungeachtet seiner eigenen Menschenrechtsbilanz. Deswegen besteht die Kernforderung aus Sicht der realistischen Utopie eines globalen Menschenrechtsregimes darin, Menschenrechtskonditio-

---

346 Vgl. http://www.un.org/Depts/german/gv-60/band3/ar60251.pdf. [19.02.2017, HH]

347 Zusammengesetzt ist das UNHRC aus 47 Mitgliedstaaten, die regionalen Ländergruppen zugeordnet sind und von der UN-Generalversammlung auf drei Jahre gewählt werden.

348 Vgl. dazu den globalisierungskritischen Klassiker von Joseph E. Stiglitz, *Globalization and Its Discontents*, 2002, 89 ff.

nalitäten einzuziehen und zum Beispiel Auswirkungen auf die Menschenrechte bei der Kreditvergabe durch die *International Development Association* zu beachten.

Der IWF hat ein gewaltiges Potential, einen positiven Einfluss auf die Menschenrechtssituation in armen Ländern zu nehmen. Ein erster Schritt von einer rein fiskalisch motivierten hin zu einer menschenrechtsorientierten Kreditvergabepolitik ist mit der Einführung der *Poverty Reduction Strategy Papers* (PRSP) bereits erfolgt, mit denen die Vorgaben der Milleniums-Entwicklungsziele der Vereinten Nationen Eingang in die Politik des IWF fanden. Entwicklungsländer können Hilfen von IWF und Weltbank nur unter der Bedingung beantragen, dass sie unter Einbindung der lokalen Zivilgesellschaft Strategien zur Beseitigung schwerer Armut vorlegen. Erstmalig wurde das übliche Verteidigungsargument von Weltbank und IWF nicht mehr gelten gelassen, dass es sich um politisch neutrale Institutionen handele, die sich auf ihre fiskalpolitischen Funktionen zu konzentrieren hätten. Letztlich ist der IWF ein UN-Organ und als solches der UN-Charta verpflichtet. Entsprechend wird der IWF zu Recht dafür kritisiert, wenn er ohne weitere Bedingungen Geld an Länder freigibt – und damit vorhandene Machtbasen festigt –, die Menschenrechte verletzen, oder wenn er selbst Programme auflegt, deren Konditionen sich schädigend auf die Menschenrechtsbilanz in den Kreditnehmerländern auswirken. Aus Sicht der realistischen Utopie eines globalen Menschenrechtsregimes sollte der IWF den Menschenrechtsgedanken in seine Zielvereinbarungen aufnehmen. Dazu sollte er seinen ökonomistischen durch einen menschenrechtsbasierten Entwicklungsbegriff ergänzen.[349]

Zweitens lässt sich am Beispiel der Weltbank besonders gut zeigen, wie sich eine ursprünglich rein fiskalpolitisch programmierte Institution zunehmend über Menschenrechtsstandards legitimiert.[350] Unter Berufung auf ihre politische Neutralität vergab die Weltbank wiederholt Kredite an menschenrechtsmissachtende Regime (etwa 1967 an die Apartheidsregierung in Südafrika). Zum Ende des zwanzigsten Jahrhunderts und unter dem Druck von NGOs und der UN-Menschenrechtskommission begann sich aber die rein fiskalpolitisch angelegte Kreditvergabepolitik der Weltbank zu verändern. Zum einen werden Menschenrechtskonditionen zunehmend als internationale Rechtsstandards und nicht

---

349 Die realistische Utopie eines globalen Menschenrechtsregimes ist mit einem „rights-based approach to development" vereinbar, wie ihn das *United Nations Development Program* (UNDP) in den 1990er Jahren übernommen hat.

350 Vgl. Daniel D. Bradlow, „The World Bank, the IMF, and Human Rights", 2006; Andrew Clapham, *Human Rights Obligations of Non-State Actors*, 2006, 137–160; Mac Darrow. *Between Light and Shadow: The World Bank, the International Monetary Fund and International Human Rights Law*, 2006; McNeill/StClair, *Global Poverty, Ethics and Human Rights*, 2009, 105–112.

mehr bloß als politische Ziele angesehen, gegenüber denen sich die Weltbank neutral zu verhalten habe. Und zweitens erfährt der Entwicklungsbegriff der Weltbank langsam die notwendige Revision nach Maßgabe von Menschenrechtsstandards.[351] 2006 erklärte der Senior Vizepräsident der Weltbank Roberto Danino in einem viel beachteten Rechtsgutachten: „The articles of agreement permit, and in some cases require, the Bank to recognize the human rights dimensions of its development policies and activities since it is now evident that human rights are an intrinsic part of the Bank's mission".[352]

Im Ergebnis wird das Entwicklungsziel der Weltbank heute nicht mehr unabhängig von Menschenrechtsstandards definiert. Auf ihrer Internetplattform tritt die Weltbank als Kooperationspartner des UN-Menschenrechtsregimes auf, sie anerkennt offen einen menschrechtssensitiven Entwicklungsbegriff und definiert ihre Aufgabe darin, ihre Mitglieder bei der Verwirklichung von Menschenrechten zu unterstützen.[353] Die Menschenrechtskonditionalität bei der Kreditvergabe und die Übernahme eines menschenrechtsbasierten Entwicklungsbegriffs sind aber nur erste Schritte zur Einbindung in das kosmopolitische Menschenrechtsregime. Begrüßenswert wäre, dass die Menschenrechtsbilanz globaler Institutionen in ähnlichen Monitoring-Verfahren überprüft wird, wie dies bei Staaten oder UN-Organen wie der WHO bereits der Fall ist.

iii. *Globale Foren* und *Gerichte* werden als Organe globaler Herrschaft immer wichtiger.[354] Dabei handelt es sich entweder um informelle Zusammentreffen wie beim Weltwirtschaftsforum in Davos oder um die gezielte Steuerung der Weltinnenpolitik wie bei den offiziellen Treffen der Gruppe der zwanzig wichtigsten Industrie- und Schwellenländer (G20) oder anlässlich der Münchener Sicherheitskonferenz. Die G20 steht außerhalb des UN-Regimes und ist weder durch faire Repräsentation noch durch eine sonderlich positive Menschenrechtsbilanz legitimiert.[355]

---

351 Bahnbrechend waren hier u. a. der Bericht *Human Rights and Development: The Role of the World Bank* (1998), die Erklärung zum *UN Common Understanding on a Human Rights Based Approach to Development* (2003) sowie der *World Development Report: Equity and Development* (2006).

352 Roberto Danino, „Legal Opinion on Human Rights and the Work of the World Bank", 2006, 9 (zitiert nach Safarty, 2012, 63).

353 Siehe: https://openknowledge.worldbank.org/bitstream/handle/10986/12800/9780821396216.pdf [11.03.2017, HH].

354 Auf die rechtssetzende Gewalt internationaler Gerichte und ihr sich daraus ergebendes Legitimationsdefizit haben Bogdandy/Venzke (2014) verwiesen. Vgl. auch Broomhall (2003).

355 Der Jahresbericht von Amnesty international stellt 2009 fest, dass die G20 Teilnehmer im Schnitt eine schlechtere Menschenrechtsbilanz aufweisen als Länder außerhalb des Forums.

Es ist erforderlich und möglich, dieses globale Herrschaftsorgan über seine mächtigsten Mitgliedsstaaten stärker in das globale Menschenrechtsregime einzubinden. Die Legitimität der G20 hängt entscheidend von der Einführung von *Accountability*-Mechanismen ab. Dazu sollte sich die G20 eine formale Charta oder Satzung mit einem klaren Menschenrechtsbezug geben. Mittelfristig wird die Legitimität der G20 davon abhängen, dass es ihr gelingt, die Zivilgesellschaft stärker zu beteiligen, die Sicht armer Länder zu repräsentieren und die Arbeitsbeziehungen mit der UN zu intensivieren.

iv. *Global operierende NGOs* sind ein unverzichtbarer Bestandteil des globalen Menschenrechtsregimes (vgl. Korey 1998). Auf der einen Seite gibt es eine Reihe von NGOs, die spezifische Agenden wie Klima, Umwelt, Ernährung oder Gesundheit verfolgen und sich dabei über Menschenrechtsstandards legitimieren. Von besonderem Interesse sind diejenigen NGOs, in deren Agenda es direkt um Menschenrechte geht. Dabei ist eine interessante Entwicklung festzustellen. Befassten sich *Amnesty International* oder *Human Rights Watch* zunächst mit der Dokumentation von Menschenrechtsverletzungen der ersten und zweiten Generation, haben sie ihre Arbeit zunehmend auf soziale, ökonomische und kulturelle Menschenrechte ausgedehnt.[356] Für *Amnesty International* hat sich dieser Wandel erst um die Jahrtausendwende vollzogen. Auf der internationalen Ratstagung (2001) wurde offiziell eine Ausweitung des Mandats auf den Einsatz für wirtschaftliche, soziale und kulturelle Rechte beschlossen. Bezeichnend ist, dass Salil Shetty, Generalsekretär von Amnesty International, die Erweiterung des operativen Menschenrechtsverständnisses von Amnesty International mit dem Würdebegriff begründet: „With threats to justice and dignity lying at the heart

---

Der Bericht erfasst die Menschenrechtssituation in 159 Ländern in Bezug auf Rassendiskriminierung, religiöse Übergriffe, rechtliche Ungerechtigkeit und politische Verfolgung. Laut des Berichts halten 42% der G20 Staaten politische Gefangene gegenüber 30% der Nichtmitglieder. In der Vorstellung des Berichts kommt der stellvertetende Generalsekretär von Amnesty International, Claudio Cordone, zu dem Schluss, dass der „claim to global leadership" der G20 Staaten inakzeptabel ist. In diesem Zusammenhang wies er darauf hin, dass die Statuten des Internationalen Strafgerichtshofs von sieben der G20 Staaten nicht unterzeichnet wurden. (http://en.ria.ru/society/20100527/159177765.html [30.03.2017, HH])

356 *Human Rights Watch* beantwortet die Frage „Does Human Rights Watch address social, cultural, and economic rights?" auf ihrer Webseite folgendermaßen: „While Human Rights Watch and most other international human rights organizations have historically focused on civil and political rights, we have increasingly taken on social, cultural, and economic rights in our research and reporting. We have given particular attention to health, education, and housing. As our strength lies in pressuring policymakers to change their practices, our approach has been to target arbitrary or discriminatory government policies that result in the violation of economic, social, or cultural rights." (http://www.hrw.org/node/75138 [11.03.2017]).

of major challenges facing humanity, the human rights landscape we work in is shifting significantly, as is the global power balance.“[357]

Im Sinne der politischen Konzeption der Menschenrechte ist es ein begrüßenswerter Durchbruch, dass global operierende Menschenrechtsorganisationen Verantwortung für den vollständigen Menschenrechtskatalog übernehmen. *Amnesty International, Human Rights Watch* oder *Terre des Hommes* füllen zentrale Funktionen im globalen Menschenrechtsregime aus; sie ergänzen das Monitoring-Verfahren der Vereinten Nationen, beteiligen sich an internationalen Verhandlungen und organisieren öffentliche Aufmerksamkeit. Aufgrund ihrer wichtigen politischen Funktion im globalen Menschenrechtsregime tragen sie eine besondere Verantwortung, die sie gelegentlich selbst zum Gegenstand der Kritik macht. NGOs sind oftmals selbst intransparent und undemokratisch organisiert, sie werden aus europäischen bzw. nordamerikanischen Zentralen gesteuert und konkurrieren um mediale Aufmerksamkeit und Funding. Im globalen Menschenrechtsregime können sich NGOs nicht nur als Subjekt des Menschenrechtsregimes, sondern sie müssen sich auch verstärkt als globale Herrschaftsorgane legitimieren. Dazu müssen sie ihrerseits bessere Einsichtsmöglichkeiten (*transparancy*) und Rechtfertigungsmechanismen (*accountability*) zulassen.

v. Eine zunehmende Einbindung in das kosmopolitische Menschenrechtsregime lässt sich auch in Hinsicht auf *globale Unternehmen und das WTO-Regime* diagnostizieren. Die Mitwirkung von Unternehmen läuft unter dem Label sozialer Unternehmensverantwortung (Corporate Social Responsibility, CSR).[358] Damit ist eine Praxis der Selbstverpflichtung gemeint, die immerhin anzeigt, dass Unternehmen unter öffentlichem Legitimationsdruck stehen und sich genötigt sehen, darauf zu reagieren. Mittlerweile unterstehen Unternehmen CSR-Ratings, die angesichts der globalen Konkurrenz um Arbeitskräfte und Konsumentenvertrauen an Bedeutung zunehmen und in die auch die Menschenrechtsbilanz des Unternehmens eingeht.[359] Menschenrechtsnormen stehen im wichtigsten Leitfaden zur Bemessung sozialer Unternehmensverantwortung, ISO 26000, ganz oben. Hervorzuheben ist dabei die Arbeit der *Global Reporting Intitiative* (GRI), die Nachhaltigkeitsberichte von Unternehmen, Banken, Staaten und anderen NGOs

---

357 In: archive.is/YxOeq [11.12.2013, HH].

358 Vgl. dazu die hervorragende Arbeit von Christian Neuhäuser, *Unternehmen als moralische Akteure*, Berlin 2011; sowie Blowfield/Murray (2008).

359 Eine Übersicht bietet die Studie „Who is Who in Corporate Social Responsibility Rating?“ der Bertelsmann-Stiftung, die einleitend feststellt: „Almost all of the analysed evaluation models are geared towards international norms and conventions like the UN Declaration on Human Rights…“ (http://www.fundacionseres.org/Lists/Informes/Attachments/769/Who%20is%20who%20in%20Corporate%20Social%20Responsibility%20Rating.pdf [11.03.2017, HH]

unter anderem in Bezug auf Menschenrechtsstandards aufstellt (vgl. Rieth 2009). Nichtsdestotrotz ist die Einbindung von Unternehmen in das globale Menschenrechtsregime ausbaufähig. Das betrifft insbesondere die Kontrollmöglichkeiten von Verbrauchern, die Option von Unternehmen, sich in der jeweils für sie günstigsten Jurisdiktion anzusiedeln, und ihre legale Möglichkeit, Waren zu handeln, deren Produktion nicht den Arbeitsstandards der *International Labor Organization* (ILO) entspricht. Um dies zu ändern, bedarf es einer Einbindung globaler Unternehmen in das Monitoring-Verfahren der Vereinten Nationen. Zudem ist zu überlegen, inwieweit sich Börsenzulassungen, Unternehmensbesteuerungen oder Einfuhrzölle an Menschenrechtsstandards ausrichten lassen. Denkbar ist auch die verpflichtende Einführung eines Siegels, der Menschenrechtsstandards in der gesamten Produktionskette nachweist.

Was für einzelne Unternehmen gilt, trifft in ähnlicher Weise auch für das WTO-Regime und die darin zustande gekommenen Verträge GATT (*General Agreement on Tariffs and Trade*, 1947), GATS (*General Agreement on Tariffs and Services*, 1994) und TRIPS (*Agreement on Trade-Related Aspects of Intellectual Property Rights*, 1994) zu. Diese Abkommen werden von Globalisierungskritikern im Namen der Menschenrechte kritisiert, aber auch von Seiten der WTO sind sie mit Bezug auf Menschenrechtsstandards intern korrigiert und nach außen legitimiert worden.[360] Susan Ariel Aaronson fasst diesen Prozess folgendermaßen zusammen: „WTO members increasingly seek to reconcile their trade and human rights objectives. Trade policymakers have introduced human rights concerns in trade policy reviews and trade disputes, negotiated waivers of WTO obligations to protect human rights, and discussed human rights issues during both the Doha and Uruguay Rounds of trade talks." (Aaronson 2007, 3)

Ein für globale Institutionen typisches Gerechtigkeitsproblem liegt darin, dass die Arbeit der WTO und die Verhandlungen über internationale Abkommen von wenigen mächtigen Staaten dominiert werden. Ein gutes Beispiel dafür, wie sich die ungleiche Verhandlungsmacht auswirkt, ist das *TRIPS Agreement* (1994), das alle WTO-Mitglieder verpflichtet, die darin enthaltenen Bestimmungen zum Schutz geistigen Eigentums zu beachten und in heimisches Patentrecht zu über-

360 Inzwischen gibt es einen institutionalisierten Austausch zwischen der WTO und den Menschenrechtsorganen der Vereinten Nationen. Diese Zusammenarbeit wurde durch den Kimberley-Prozess angebahnt, der den Handel mit Blutdiamanten eindämmen soll. Dies hat einen Präzedenzfall dafür geschaffen, dass der Freihandel mit Gütern, die unter menschenrechtsverachtenden Bedingungen produziert werden oder von denen menschenrechtsverletzende Gruppierungen profitieren, über internationale Handelsabkommen eingeschränkt werden kann. Erste Kandidaten für vergleichbare Prozesse wären weitere Konfliktmineralien wie etwa die Coltan-Gewinnung im Kongo, über die sich lokale Milizen finanzieren.

tragen. Dieses Abkommen und seine Erläuterung in der Doha-Erklärung (2001) sind auf vielstimmige Kritik gestoßen. Insbesondere erschwert es die Erforschung und Produktion preiswerter Generika, was die Versorgung mit lebenswichtigen Medikamenten in armen Ländern erheblich verschlechtert. Auch wenn die Doha-Erklärung Ausnahmen in Härtefällen macht – Hans Morton Haugen spricht in diesem Zusammenhang von „human rights provisions" (Haugen 2009, 352 f.) – ist damit die Kritik am TRIPS-Abkommen noch nicht verstummt. Ein Fortschritt liegt aber darin, dass die Kritik am Verhalten der mächtigsten Staaten nun an den Statuten des TRIPS-Abkommens selbst festgemacht werden kann. Dadurch, dass sich die WTO über Menschenrechtsstands legitimiert, exponiert sie sich gegenüber Forderungen, diese Standards in allen ihren Aktivitäten zu beachten und sich weiter in das globale Menschenrechtsregime einzufügen.

vi. *Regionale Menschenrechtsjurisdiktionen* übersetzen Menschenrechtsnormen in einzelne Rechtskulturen und implementieren dabei zuverlässige Verfahren und Sanktionen. Ihre Erfolgsgeschichte beginnt bei der *Europäischen Konvention zum Schutze der Menschenrechte und Grundfreiheiten* (1950/in Kraft 1953), führt über die *Amerikanische Menschenrechtskonvention* (1978) und die *Afrikanische Charta der Menschenrechte und der Völker* (1981/in Kraft 1988) bis hin zur *Arabischen Menschenrechtscharta* (1994/reformiert 2004), der *Grundrechtscharta der Europäischen Union* (2010) und der *ASEAN Menschenrechtserklärung* (2012). Zudem wurden regionale Menschengerichtshöfe eingerichtet, die diese Erklärungen rechtswirksam sanktionieren. Hierzu gehören der *Europäische* (1959, 1998), *Interamerikanische* (1979) und *Afrikanische Gerichtshof für Menschenrechte* (2004).[361]

Aus Sicht des globalen Menschenrechtsregimes müssen regionale Menschenrechtsjurisdiktionen im globalen Menschenrechtsregime eingebettet bleiben. Es ist begrüßenswert, dass sie zu regional akzeptierten Umsetzungen beitragen und auf kulturelle Besonderheiten eingehen. Trotzdem bleiben sie gegenüber allen Ebenen des globalen Menschenrechtsregimes rechenschaftspflichtig. Die *ASEAN Menschenrechtserklärung* wurde beispielsweise schon bei ihrer Einführung sowohl von Seiten der Vereinten Nationen als auch von NGOs dafür kritisiert, dass sie völkerrechtlich anerkannte Menschenrechtsstandards unterbietet. Andersherum gilt aber auch, dass regionale Jurisdiktionen einen progressiven Nutzen haben, indem sie unterschiedliche Geschwindigkeiten bei der Entwicklung des Menschenrechtsregimes ermöglichen. Hervorzuheben sind

361 Vgl. Janis/Kay/Bradley (Hg.), *European Human Rights Law*, 1995; Tom Farer, „The Rise of the Inter-American Human Rights Regime", 1997; Evans/Murray (Hg.): *The African Charter on Human and People's Rights*, 2002.

hier das ausdrückliche Demokratiegebot der *Amerikanischen Menschenrechtskonvention* oder die Anerkennung weitgehender sozioökonomischer Ansprüche in der *Europäischen Sozialcharta* (1961/reformiert 1996). Aber auch die wesentlich behutsamere Übernahme von Menschenrechtsstandards in der *Cairo Declaration on Human Rights in Islam* (1990) oder der *ASEAN Menschenrechtserklärung* (2012) setzt einen progressiven Prozess in Gang, weil eine Gesellschaft in dem Moment, da sie die Idee universeller Menschenrechte grundsätzlich anerkennt, gegenüber Forderungen nach vollen Teilnahme- und Teilhaberechten in die Defensive gerät.

vii. Auch im globalen Menschenrechtsregime tragen *Staaten* die Primärverantwortung für die Realisierung von Menschenrechten. Die Legitimität und Wirksamkeit eines solchen Regimes hängt maßgeblich davon ab, dass Menschenrechte über demokratische Prozesse kodifiziert und mit staatlicher Gewalt durchgesetzt werden. Auf internationaler und globaler Ebene gibt es kein funktionales Äquivalent zum demokratischen Rechtsstaat. Staaten tragen aber nicht nur eine innenpolitische, sondern eben auch eine außenpolitische Verantwortung dafür, dieses Regime zu realisieren. Die Einbindung globaler Institutionen und Foren in dieses Regime hängt stark davon ab, dass die mächtigsten Staaten ihre sicherheits-, wirtschafts- und entwicklungspolitischen Ziele mit Menschenrechtsstandards harmonisieren.

Beispielhaft dafür ist das BMZ-Strategiepapier „Menschenrechte in der deutschen Entwicklungspolitik“ (2011).[362] Der Menschenrechtsansatz in der deutschen Entwicklungspolitik sieht die Kooperationspartner in anderen Ländern als „Pflichtenträger“, „die es gilt zu befähigen, ihren menschenrechtlichen Pflichten nachzukommen“. Umgekehrt werden aus „den bedürftigen Zielgruppen [...] Rechtsinhaber, die es gilt in die Lage zu versetzen, ihre Rechte effektiv einzufordern“.[363] Das Konzeptpapier erwähnt im übrigen auch, dass Deutschland durch die Menschenrechtsverträge zu Achtung, Schutz und Gewährleistung der

---

362 Ausdrücklich bezieht sich das Strategiepapier nicht nur auf fundamentale Menschenrechte, sondern auf alle Pakte und Erklärungen, die Deutschland unterzeichnet hat – also auch auf ökonomische, soziale und kulturelle Rechte. Das Papier bekennt sich auch zum „Übereinkommen über die Rechte von Wanderarbeitern und ihrer Familien“ (1990), das von keiner Industrienation einschließlich von Deutschland ratifiziert wurde. (https://www.bmz.de/de/mediathek/publikationen/archiv/reihen/strategiepapiere/Strategiepapier303_04_2011.pdf [11.03.2017, HH])

363 Ebd., 7. Weiter heißt es darin: „Menschenrechte sind Leitprinzip deutscher Entwicklungspolitik. Sie sind maßgeblich für die Ziele Programme und Vorgehensweise der deutschen Entwicklungspolitik in der Zusammenarbeit mit Partnerländern und auf internationaler Ebene. Menschenrechte sind eine universelle Grundlage für ein Leben in Würde, Gleichberechtigung und Freiheit, gelten für alle Menschen gleichermaßen und sichern die ‚Freiheit von Furcht und Not‘, wie es die Allgemeine Erklärung der Menschenrechte von 1948 ausdrückt.“ (Ebd., 3)

Menschenrechte verpflichtet ist, also keineswegs nur negative Pflichten anerkennt, sondern ausdrücklich Maßnahmen zu ergreifen hat, die „die volle Verwirklichung der Menschenrechte zum Ziel haben" (6) – und dies nicht nur auf dem eigenen Territorium, sondern auch „im Rahmen ihres Handelns in Internationalen Organisationen und im Ausland" (5).

viii. Der *nationalen Zivilgesellschaft* kommt bei der kosmopolitischen Inverantwortungsnahme von Regierungen eine tragende Rolle zu.[364] Nahe liegend ist es, mit nationalen Menschenrechtsinstituten zu beginnen. Das *Deutsche Institut für Menschenrechte* verfolgt die Aufgabe, öffentliche Dialoge über Menschenrechtsfragen anzustoßen und die Umsetzung der verschiedenen Menschenrechtsabkommen über eine unabhängige Monitoring-Stelle zu überwachen.[365] Es wurde im März 2001 auf Empfehlung des Deutschen Bundestages gegründet und setzt die „Pariser Prinzipien" für nationale Menschenrechtsinstitute um, die die Vereinten Nationen 1993 verabschiedeten.[366] Seine Aufgaben umfassen die öffentliche Bildungsarbeit, die Unterstützung von Forschung und die Zusammenarbeit mit anderen Menschenrechtsinstituten und internationalen Menschenrechtsorganisationen. Ein in diesem Zusammenhang herauszuhebender Schwerpunkt des *Deutschen Instituts für Menschenrechte* sind Kampagnen zur Erweiterung bestehender Menschenrechtskonventionen. Beispiel ist hier die *Initiative für ein Recht auf Inklusion*, an dem sich erneut zeigen lässt, dass Erweiterungsvorschläge als eine Frage der Menschenwürde ins Spiel gebracht werden: „Wie alle anderen Menschenrechte fußt das Recht auf Inklusion auf der universellen Menschenwürde: Weil alle Menschen mit der gleichen und unveräußerlichen Würde ausgestattet sind, haben wir alle die gleichen Rechte und den Anspruch darauf, dass der Staat sie umsetzt."[367]

Im Rahmen des globalen Menschenrechtsregimes liegt die Aufgabe nationaler Menschenrechtsinstitute darin, die Idee universeller Menschenrechte lokal umzusetzen und weiter zu verbreiten. Diese Verantwortung teilen aber politische Parteien, Kirchengemeinden, Vereine oder staatliche Bildungseinrichtungen.

---

364 Ein gutes Beispiel ist auch hier die Studie von Andrea Schapper (2014), die am Beispiel von Bangladesch zeigt, was von internationalen Menschenrechtsprogrammen in der sozialen Realität von Kindern, ihren Familien und lokalen Gemeinschaften ankommt; vorausgesetzt, dass internationale Verträge vor Ort durch zivilgesellschaftliche Akteure realisiert werden.

365 Das Leitbild des *Deutschen Instituts für Menschenrechte* formuliert weitgehende sozioökonomische Ansprüche und beruft sich darin auf das Prinzip der Menschenwürde (http://www.institut-fuer-menschenrechte.de/de/das-institut/leitbild.html)

366 Weitere Informationen finden sich auf den Seiten des *National Human Rights Institutions* unter http://www. nhri.net/ [11.03.2017].

367 Vgl. http://www.inklusion-als-menschenrecht.de/ [14.12.2013, HH].

Auch Universitäten sind zivilgesellschaftliche Institutionen, denen eine besondere Verantwortung für das globale Menschenrechtsregime zukommt, nämlich erstens als Bildungsanstalt, die die Idee der Menschenrechte verbreitet, zweitens als Forschungsinstitution, die zu Menschenrechten forscht und mit Universitäten des globalen Südens kooperiert, und drittens als Wirtschaftsbetrieb, der beispielsweise in seinen Lieferketten Menschenrechtsstandards beachten sollte.[368]

ix. Das globale Menschenrechtsregime funktioniert als ein Netzwerk, in dem nicht nur Institutionen, sondern jede *einzelne Person* einen Knotenpunkt verkörpert. Das gilt in zweierlei Hinsicht. Zum einen sind wir als politische Personen in kosmopolitische Verantwortungsstrukturen eingebunden. Unsere staatsbürgerliche Verantwortung erschöpft sich nicht darin, Repräsentanten auszuwählen und zu kontrollieren. Vielmehr verlangt sie ein aktives Engagement, unser Wissen und unsere öffentliche Stellung einzusetzen. Und sie verpflichtet uns im Rahmen unserer Möglichkeiten und in Abwägung zu anderen Verantwortlichkeiten dazu, Parteien, Initiativen oder Petitionen, die eine entsprechende Reformagenda propagieren, aktiv zu unterstützen.

Neben der staatsbürgerlichen tragen wir aber auch eine weltbürgerliche Verantwortung für das globale Menschenrechtsregime. Diese politische Verantwortung besteht vor allem darin, entgegenwachsende politische Einflussmöglichkeiten wahrzunehmen, Initiativen zu unterstützen oder uns ihnen anzuschließen. Hierzu gehört aber auch, sich zu vergegenwärtigen, dass vermeintlich private Handlungen eine politische Dimension haben, insofern sie zu den strukturellen Ursachen globaler Ungerechtigkeit beitragen. Das betrifft nicht nur unsere Kaffee-, sondern auch unsere Handy-Marke, unsere Alters- und Vermögensanlage, unseren Kreuzfahrturlaub auf *sweat ships*, etc. Wünschenswert ist es, dass uns diese Verantwortung stärker durch Institutionen abgenommen wird. In ihrer Abwesenheit bilden aber die subtilen Praktiken zwischenmenschlicher Inverantwortungsnahme den Stoff, der das globale Menschenrechtsregime zusammenhält.

3.5 Schlussbemerkung: Politische Philosophie und Politik

Ich möchte meinen Gedankengang in eine Bemerkung münden lassen, die daran ansetzt, wie Jonathan Wolff (2011) in erhellender Weise von seinen ersten Erfahrungen als ‚philosophischer Experte' berichtet. Als Mitglied einer mehrheitlich

368 Zu Initiativen für faire Belieferungsketten von Kleidung mit Universitätslogos vgl. McGrath (2002).

aus Naturwissenschaftlern zusammengesetzten Expertenrunde zur Tierethik wird er wie jeder Teilnehmer gebeten, über den Stand der Forschung zu referieren. Der Stand war natürlich der, dass es nicht einmal ansatzweise von einem Konsens zu berichten gab. Einige Ethiker argumentieren, dass Tiere zu essen, mit Kannibalismus gleichzusetzen sei, während andere ihnen den Status von Gegenständen zuschrieben. Die Uneinigkeit ist aber nicht Wolffs größtes Problem:

> Now, I was perfectly happy to report disagreement, just as the scientists reported disagreement about such things as the feasibility of replacing some current experiment with computer modelling, or the degree to which fish feel pain. However I was far less comfortable reporting the views giving rise to these disagreements. For in the whole, philosophers seemed to defend views that were so far from current practice as to seem, to the non-philosopher, quite outrageous. The idea that society can adopt any of the views put forward seemed almost laughable. To put it mildly, from the point of view of public policy the views were unreasonable and unacceptable. (Wolff 2011, 2)

Noch vor einigen Jahren hätte Wolff wohl ein ähnliches Unbehagen beschlichen, hätte er in einem politischen Ausschuss den Stand der Theorie globaler Gerechtigkeit darlegen müssen. Er hätte von begrifflichen Vorbehalten gegenüber sozialen Menschenrechten zu berichten oder davon, dass einflussreiche Ansätze die Dimension globaler Herrschaft nicht einmal ansatzweise erfasst haben. Auf der anderen Seite hätte er Argumente zu erläutern, die für die Einrichtung einer demokratischen Weltrepublik, egalitäre globale Verteilungsprinzipien oder offene Grenzen ins Feld geführt werden. Diese Vorschläge klingen von einem *Public-Policy*-Standpunkt aus betrachtet ähnlich befremdend wie der Vorschlag besagter Tierethiker, den Verzehr tierischer Proteine mit Gefängnis zu bestrafen.

Das ist eine ernüchternde Bilanz. Niemand wird bestreiten, dass es gute moralische Gründe gibt, Armutsflüchtlinge aufzunehmen, gerechte globale Institutionen aufzubauen und im Übrigen auch dafür, unseren Fleischverzehr zu hinterfragen. Mein Punkt ist aber der, dass in der Gerechtigkeitstheorie die Verhältnismäßigkeit zur politischen Praxis gewahrt bleiben muss. Die Verantwortung der Politischen Philosophie besteht darin, etwas wahrnehm- und umsetzbares zur Kritik bestehender Institutionen zu sagen, sich in begründeter Weise zu den auf dem Tisch liegenden Optionen zu positionieren oder im Verbund mit anderen Disziplinen selbst politisch praktikable Vorschläge zu entwickeln.

Im Vorwort habe ich meine Sichtweise so erläutert, dass ich die Anforderungen an eine globale Gerechtigkeitstheorie in Analogie zu den Problemen transitorischer Gerechtigkeit betrachte. Statt die Perspektive eines moralischen Strafgerichtshofs einzunehmen, der die Welt aus Sicht eines entfernt liegenden Gerechtigkeitsideals als ungerecht abqualifiziert, plädiere ich gewissermaßen dafür, vom Standpunkt eines Teilnehmers an einem globalen öffentlichen Forum zu argumentieren, der erst einmal grundsätzlich die Möglichkeit globaler Gerechtigkeit aufzeigt und damit die politische Handlungsfähigkeit restauriert. In dieser Perspektive geht es vor allem darum, eine Sichtweise auf globale Gerechtigkeit darzulegen, die uns mit der politischen Welt versöhnt und dabei aus Sicht hinreichend vieler Beteiligter als moralisch teilenswert erscheint.

Diese Arbeit ist insgesamt in einem Stadium der Theoriebildung entstanden, in dem unter dem Stichwort ‚nichtideale Theorie' eine Neubesinnung auf die Praktikabilität der Politischen Philosophie zu verzeichnen ist. Eine solche Entwicklung ist zweifellos ebenfalls mit Vorbehalten zu betrachten, Vorbehalte, die sich auch gegen meinen Ansatz erheben lassen. Einerseits bleibt der Übergang von Anschlussfähigkeit zur Anbiederung an den Status Quo fließend, so dass sich ein Versöhnungsversuch mit den politischen Möglichkeiten schnell zum Komplizen globaler Ungerechtigkeit machen könnte. Andererseits wartet die Politik nicht eben darauf, von Philosophen belehrt zu werden, weswegen wir uns nicht einfach in der Rolle von Politikberatern einrichten können. Dies sind zutreffende Einwände. Und trotzdem käme es auf den Versuch an, eine sprachliche und sachliche Nähe zur politischen Öffentlichkeit zurückzugewinnen. Dazu ist auch diese Arbeit in ihrer akademischen Stilart nicht geeignet. Vielleicht kann sie aber nach innen dazu beitragen, den Sinn für eine gesellschaftspolitische Funktion der Politischen Philosophie zu stärken, und nach außen, normative Grundlagen der Globalisierungskritik zu festigen. Mag sein, dass die realistische Utopie eines globalen Menschenrechtsregimes dazu an vielen Stellen ergänzt und korrigiert werden muss. Ich bin aber zuversichtlich, dass sie in die richtige Richtung weist.

Literatur

Aaronson, Susan Ariel (2007): „Sleeping in Slowly: How Human Rights Concerns are Penetrating the WTO", in: World Trade Review 6, 1–37.

Abdel-Nour, Farid (2004): „Farewell to Justification: Habermas, Human Rights, and Universalist Morality", in: Philosophy and Social Criticism 30, 73–96.

Alexy, Robert (1998): „Die Institutionalisierung der Menschenrechte im demokratischen Verfassungsstaat", in: Gosepath/Lohmann (Hg.): Philosophie der Menschenrechte, Frankfurt/Main, 244–264.

Alhassan, Maytha (2013): „Please Reconsider the Term ‚Arab Spring'", in: Huffington Post, September 18.

Alston, Philip/Ryan Goodman (Hg.) (2012): International Human Rights, Oxford: Oxford University Press.

Alston, Philip/James Crawford (Hg.) (2002): The Future of UN Human Rights Treaty Monitoring, Cambridge: Cambridge University Press.

Alston, Philip/Ryan Goodman/Henry J. Steiner (Hg.) (2000): International Human Rights in Context, Oxford: Oxford University Press.

Anderson, Elizabeth (1999): „What is the Point of Equality?", in: Ethics, 109, 287–377.

Anwander, Norbert/Barbara Bleisch (2007): „Beitragen und Profitieren. Ungerechte Weltordnung und ungerechte Verstrickung", in: Bleisch/Schaber (Hg.): Weltarmut und Ethik, Paderborn, 171–194.

Apel, Karl-Otto (1990): Diskurs und Verantwortung: Das Problem des Übergangs zur postkonventionellen Moral, Frankfurt/Main.

Appiah, Kwame Anthony (2006): Cosmopolitanism: Ethics in a World of Strangers. New York: W.W. Norton.

Archibugi, Daniele/David Held (Hg.) (1995): Cosmopolitan Democracy. An Agenda for a New World Order, Cambridge, UK: Polity.

Arendt, Hannah (2006 [1963]): On Revolution, London: Penguin.

Arendt, Hannah (2000 [1945]): „Organized Guilt and Universal Responsibility", in: Peter Baehr (Hg.): The Portable Hannah Arendt, New York: Penguin Books, 146–156 (Orig. in: Jewish Frontier, January 1945, 19–23).

Arendt, Hannah (1989): „Was heißt persönliche Verantwortung unter einer Diktatur", in: Dies.: Nach Ausschwitz. Essays und Kommentare, herausgegeben von Geisel/Bittermann, Berlin, 81–97 (engl.: „Personal Responsibility under Dictatorship", in: Dies.: Responsibility and Judgement, herausgegeben von Jerome Kohn, New York: Random House, 2003, 17–48).

Arendt, Hannah (o.J. [1968]): „Kollektive Verantwortung", in: Heinrich Böll Stiftung (Hg.): Debatte: Politik und Moderne, Bd. IV, 4–16 (engl.: (1987): „Collective Responsibility", in: Amor Mundi: Boston College Studies in Philosophy, 26, 43–50).

Arendt, Hannah (1966 [1951]): The Origins of Totalitarianism, New York: Harcourt Brace.

Arendt, Hannah (1963): Eichmann in Jerusalem. A Report on the Banality of Evil, New York: Viking Press.

Arneson, Richard J. (2004): „Moral Limits on the Demand on Beneficience", in: Chatterjee (Hg.): The Ethics of Assistance: Morality and the Distant Needy, Cambridge, UK: Cambridge University Press, 33–58.

Arneson Richard J. (1999): „Egalitarianism and Responsibility", in: Journal of Ethics, 3, 225–247.

Ashford, Elizabeth (2007): „Unsere Pflichten gegenüber Menschen in chronischer Armut", in: Bleisch/Schaber (Hg.): Weltarmut und Ethik, Paderborn, 195–212.
Bailey, Sydney D. (1994): The UN Security Council and Human Rights, New York: St. Martin's Press.
Barry, Christian/Thomas Pogge (Hg.) (2006): Global Institutions and Responsibilities: Achieving Global Justice, Malden, Mass.: Blackwell.
Bayefsky, Anne F. (2001): The UN Human Rights Treaty System: Universality at the Crossroads, Ardsley, NY: Transnational.
Bayefsky, A. (2001): The UN Human Rights Treaty System: Universality at the Crossroads, Springer.
Bayertz, Kurt (1995): Verantwortung. Prinzip oder Problem?, Darmstadt.
Baynes, Kenneth (2009): „Discourse Ethics and the Political Conception of Human Rights", in: Ethics and Global Politics, 2, 1–21.
Baynes, Kenneth (2000): „Rights as Critique and the Critique of Rights", Political Theory, 28, 451–68.
Beck, Valentin (2016): Eine Theorie der globalen Verantwortung. Was wir Menschen in extremer Armut schulden, Berlin: Suhrkamp.
Beetham, David (1995): „What Future for Economic and Social Rights?", in: Political Studies, 43, 41–60.
Beitz, Charles (2013): „Human Dignity in the Theory of Human Rights. Nothing but a Phrase?", in: Philosophy and Public Affairs, 41, 259–290.
Beitz, Charles (2009): The Idea of Human Rights, Oxford: Oxford University Press 2009.
Beitz, Charles (2001): „Human Rights as Common Concern", in: American Political Science Review 95, 2, 269–82.
Beitz, Charles (2000): „Rawls's Law of Peoples", in: Ethics, 91, 207–27.
Beitz, Charles (1979): Political Theory and International Relations. Princeton, NJ: Princeton University Press.
Benhabib, Seyla (2011): Dignity in Adversity: Human Rights in Troubled Times, Cambridge: Polity.
Benhabib, Seyla (2010): „Gibt es ein Menschenrecht auf Demokratie? Jenseits von Interventionspolitik und Gleichgültigkeit", in: Broszies/Hahn, Globale Gerechtigkeit, Frankfurt/Main, 404–438.
Benhabib, Seyla (2006): Another Cosmopolitanism, Oxford: Oxford University Press.
Benhabib, Seyla (2008): Die Rechte der Anderen, Frankfurt/Main.
Berlin, Isaiah (2002), „Two Concepts of Liberty", in: Ders.: Four Essays on Liberty, New York, Oxford University Press, 166–218.
Bielefeldt, Heiner (2011): Auslaufmodell Menschenwürde? Warum sie in Frage steht und warum wir sie verteidigen müssen, Freiburg.
Blake, Michael (2002): „Distributive Justice, State Coercion, and Autonomy", in: *Philosophy and Public Affairs* 30, 257–296.
Bleisch, Barbara/Peter Schaber (Hg.) (2007): Weltarmut und Ethik, Paderborn.
Bleisch, Barbara (2010): Pflichten auf Distanz: Weltarmut und individuelle Verantwortung, Berlin.
Blowfield, Michael/Alan Murray (2008): Corporate Responsibility: A Critical Introduction. New York: Oxford University Press.

Boerefijn, Ineke (1999): The Reporting Procedure under the Covenant on Civil and Political Rights: Practice and Procedures of the Human Rights Committee, Antwerp: Intersea; Oxford: Hart Pub.

Bogdandy, Armin von/Ingo Venzke (2014): In wessen Namen? Internationale Gerichte in Zeiten globalen Regierens, Berlin.

Bohlken, Eike (2011): Die Verantwortung der Eliten. Eine Theorie der Gemeinwohlpflichten, Frankfurt/Main.

Bohman, James (2004): „Republican Cosmopolitanism", in: The Journal of Political Philosophy, 12, 336–352.

Bohman, James/Matthias Lutz-Bachmann (Hg.) (2002): Weltstaat oder Staatenwelt? Für und wider die Idee einer Weltrepublik, Frankfurt/Main.

Bohman, James (1997): „The Public Spheres of the World Citizen", in: Ders. (Hg.): Perpetual Peace: Essays on Kant's Cosmopolitan Ideal, Boston: MIT Press, 179–200.

Bohman, James/Matthias Lutz-Bachmann (1997): Perpetual Peace: Essays on Kant's Cosmopolitan Ideal, Cambridge, Mass: MIT Press.

Boot, Martijn (2012): „The Aim of a Theory of Justice", in: Ethical Theory and Moral Practice, 15, 7–21.

Bourdieu, Pierre (2005): The Social Structures of the Economy, Cambridge, UK: Polity.

Bozdag, Cigdem/Manfred G. Schmidt/Laura Suna (2010): Demokratietheorien: Eine Einführung, Opladen.

Bradlow, Daniel (1996): „The World Bank, the IMF, and Human Rights", in: Transnational Law and Contemporary Problems, 6, 47–90.

Brandt, Reinhard (2011): „Das Problem der Erlaubnisgesetze im Spätwerk Kants", in: Otfried Höffe (Hg.): Immanuel Kant: Zum ewigen Frieden (Klassiker Auslegen Bd. 1), Berlin, 47–60.

Brandt, Reinhard (2011): „Vom Weltbürgerrecht", in: Otfried Höffe (Hg.): Immanuel Kant: Zum ewigen Frieden (Klassiker Auslegen Bd. 1), Berlin, 95–106.

Brems, Eva (2009): „Human Rights: Minimum and Maximum Perspectives", in: Human Rights Law Review, 9, 343–372.

Brock, Gillian/Harry Brighouse (Hg.) (2005): The Political Philosophy of Cosmopolitanism. Cambridge, UK: Cambridge University Press, 2005.

Brock, Gillian/Darrel Moellendorf (Hg.) (2005): Current Debates in Global Justice. Berlin: Springer.

Brock, Gillian (2010): „Recent Works on Rawls's Law of Peoples: Critics versus Defenders", in: American Philosophy Quarterly, 47, 85–101.

Brooks, Thom (Hg.) (2007): The Global Justice Reader, Oxford: Blackwell.

Broomhall, Bruce (2003): International Justice and the International Criminal Court: Between Sovereignty and the Rule of Law, Oxford: Oxford University Press.

Broszies, Christoph/Henning Hahn (Hg.) (2010): Globale Gerechtigkeit. Schlüsseltexte zur Debatte zwischen Kosmopolitismus und Partikularismus, Berlin.

Brunkhorst, Hauke (2002): Von der Bürgerfreundschaft zur globalen Rechtsgenossenschaft, Frankfurt/Main.

Brunkhorst, Hauke (2002a): „Globalizing Democracy without a State", in: Millenium, Journal of International Studies, 31, 675–690.

Brunner, Reinhard/Franz-Josef Deiters (Hg.) (1993): Das Politische der Philosophie. Über die gesellschaftliche Verantwortung politischen Denkens, Mössingen-Talheim.

Buchanan, Allan (2010): Human Rights, Legitimacy, and the Use of Force, Oxford: Oxford University Press.

Buchanan, Allan (2006): „Taking the Human out of Human Rights“, in: Martin/Reidy (Hg.): Rawls's Law of Peoples. Oxford: Blackwell, 150–168.

Buchanan, Allan (2004): Justice, Legitimacy, and Self-Determination, Oxford: Oxford University Press.

Buchanan, Allan (2000): „Rawls's Law of Peoples: Rules for a Vanished Westphalian World“, in: Ethics, 110, 697–721.

Buckley, Michael (2010): „The Structure of Justification in Political Constructivism“, in: Metaphilosophy, 41, 669–689.

Byrd, Sharon B. (1995): „The State as a Moral Person“, in: Hoke Robinson (Hg.): Proceedings of the Eights International Kant Congress, Milwaukee, 171–189.

Calhoun, Craig (2007): „Social Solidarity as a Problem for Cosmopolitan Democracy“, in: Benhabib/Petranovich/Shapiro (Hg.): Identities, Affiliations and Allegiances, Cambridge, UK: Cambridge University Press, 285–302.

Caney, Simon (2005): Justice beyond Borders. A Global Political Perspective, Oxford: Oxford University Press.

Caney, Simon (2002): „Cosmopolitanism and the Law of Peoples“, in: Journal of Political Philosophy, 10, 95–123.

Carens, Joseph (2012): „Fremde und Bürger: Weswegen Grenzen offen sein sollten“, in: Cassee/Goppel (Hg.): Migration und Ethik, Münster, 23–46.

Carson, Thomas (1988): „Perpetual Peace: What Kant Should Have Said“, in: Social Theory and Practice 14, 173–214.

Castillo, Monique (2011): „Moral und Politik: Misshelligkeit und Einhelligkeit“, in: Otfried Höffe (Hg.): Immanuel Kant: Zum ewigen Frieden (Klassiker Auslegen Bd. 1), Berlin, 139–156.

Cavallar, Georg (2002): The Rights of Strangers. Theories of International Hospitality, the Global Community, and Political Justice since Vitoria, Burlington.

Cavallar, Georg (1992): Pax Kantiana: systematisch-historische Untersuchung des Entwurfs ‚Zum ewigen Frieden‘ (1795) von Immanuel Kant, Wien 1992.

Celikates, Robin (2010): „Ziviler Ungehorsam und Demokratie. Konstituierende vs. konstituierte Macht?“, in: Bedorf/Röttgers (Hg.): Das Politische und die Politik, Berlin, 274–300.

Celikates, Robin (2009): Kritik als soziale Praxis: Gesellschaftliche Selbstverständigung und kritische Theorie, Frankfurt/Main.

Cheneval, Francis (2002): Philosophie in weltbürgerlicher Absicht. Über die Entstehung und die philosophischen Grundlagen des supranationalen und kosmopolitischen Denkens der Moderne, Basel 2002.

Chung, Ryoa (2003): „The Cosmopolitan Scope of Republican Citizenship“, in: Critical Review of International Social and Political Philosophy, 6, 135–154.

Chwaszcza, Christine (2010): „The Concept of Rights in Contemporary Human Rights Discourse“, in: Ratio Juris, 23, 333–364.

Chwaszcza, Christine (²2011): Moral Responsibility and Global Justice: A Human Rights Approach, Baden-Baden: Nomos.

Chwaszcza, Christine/Wolfgang Kersting (Hg.) (1998): Politische Philosophie der Internationalen Beziehungen, Frankfurt/Main.

Clapham, Andrew (2006): Human Rights Obligations of Non-State Actors, Oxford: Oxford University Press.

Cohen, G.A. (2001): „Where the Action is: On the Side of Distributive Justice", in: Ders.: If You're an Egalitarian, How Come You are so Rich?, Cambridge, Mass.: Harvard University Press, 134–147.
Cohen, G. A. (2008): Rescuing Justice and Equality. Cambridge, MA: Harvard University Press.
Cohen, G.A. (2003): „Facts and Principles", in: Philosophy and Public Affairs, 31, 211–245.
Cohen, Joshua (2010): „Philosophy, Social Science, Global Poverty", in: Jagger (Hg.): Thomas Pogge and His Critics, Cambridge, UK: Polity, 18–45.
Cohen, Joshua (2010): The Arc of the Moral Universe and Other Essays, Cambridge, Mass: Harvard University Press.
Cohen, Joshua (2006): „Is there a Human Right to Democracy?", in: Sypnowich (Hg.): The Egalitarian Conscience. Essays in Honor of G.A. Cohen, Oxford: Oxford University Press, 226–248.
Cohen, Joshua (2004): „Minimalism About Human Rights: The Most We Can Hope For?" in: Journal of Political Philosophy, 12, 190–213.
Cohen, Joshua/Martha Nussbaum (1996): For Love of Country: Debating the Limits of Patriotism, Boston, Mass.: Beacon Press.
Cranston, Maurice (2001 [1967]): „Human Rights, Real and Supposed", in: Hayden (Hg.): The Philosophy of Human Rights, St. Paul, Mn: Paragon House, 163–173.
Cullity, Garrett (2004): The Moral Demands of Affluence, Oxford: Oxford University Press.
Dallmayr, Fred (2003): „Cosmopolitanism. Moral and Political", in: Political Theory, 31, 421–442.
Dancy, Jonathan (2000): Practical Reality, Oxford: Oxford University Press.
Darrow, Mac (2003): Between Light and Shadow: The World Bank, the International Monetary Fund and International Human Rights Law, Portland, Or.: Hart Publishing.
Daskal, Steven (2013): „Confining Pogge's Analysis of Global Poverty to Genuinely Negative Duties", in: Ethical Theory and Moral Practice, 16, 369–391.
Davis, Kevin R. (1991): „Kantian ‚Publicity' and Political Justice", in: History of Philosophy Quarterly, 8, 409–421.
De Baets, Anton (2007): „A Successful Utopia: The Doctrine of Human Dignity", in: Historein, 7, 71–85.
Deitelhoff, Nicole (2007): Überzeugung in der Politik. Grundzüge einer Diskurstheorie internationalen Regierens, Frankfurt/Main.
De Greiff, Pablo/Ciaran Cronin (Hg.) (2001): Global Justice and Transnational Politics. Cambridge, MA: MIT Press.
Dodson, Kevin (1993): „Kant's Perpetual Peace: Universal Civil Society or League of States?", in: Southwest Philosophical Studies, 15, 1–9.
Donnelly, Jack (³2003): Universal Human Rights in Theory and Practice, Ithaca, NY: Cornell University Press.
Donnelly, Jack (1991): „Progress in Human Rights", in: Adler/Crawford (Hg.): Progress in Post-War International Relations, New York: Columbia University Press, 312–358.
Donnelly, Jack (1986): „International Human Rights: A Regime Analysis", in: International Organization 40, 599–642.
Doyle, Michael (2011): „Die Stimme der Völker", in: Höffe (Hg.): Immanuel Kant: Zum ewigen Frieden, Berlin, 157–174.
Doyle, Michael (1983): „Kant, Liberal Legacies, and Foreign Affairs", in: Philosophy and Public Affairs, 12, 205–235 und 323–353.

Dryzek, John (2006): Deliberative Global Politics: Discourse and Democracy in a Divided World, Cambridge: Polity.
Dübgen, Franziska (2014): Was ist gerecht? Kennzeichen einer transnationalen solidarischen Politik, Frankfurt/Main.
Dworkin, Ronald (2000): Sovereign Virtue: The Theory and Practice of Equality, Cambridge, MA: Harvard University Press.
Eberl, Oliver/ Peter Niesen (2011): Immanuel Kant: Zum ewigen Frieden, Berlin.
Eberl, Oliver (2008): Demokratie und Frieden: Kants Friedensschrift in den Kontroversen der Gegenwart, Baden-Baden.
Erman, Eva/Niklas Möller (2013): „Three Failed Charges against Ideal Theory", in: Social Theory and Practice, 39, 19–44.
Estlund, David M. (2009): „Utopophobia: Concessions and Aspirations in Democratic Theory", Chapter XIV, in: Ders.: Democratic Authority. A Philosophical Framework, Princeton: Princeton University Press, 258–276.
Evans, Malcom/Rachel Murray (Hg.) (2002): The African Charter on Human and People's Rights: The System in Practice, 1986–2000, Cambridge, UK: Cambridge University Press.
Farer, Tom J. (1997): „The Rise of the Inter-American Human Rights Regime", in: Human Rights Quarterly, 19, 510–546.
Feinberg, Joel (1980): „Duties, Rights, and Claims", in: Ders.: Rights, Justice, and the Bounds of Liberty, Princeton: Princeton University Press, 135–140.
Feinberg, Joel (1973): Social Philosophy, Englewood Cliffs, NJ: Prentice-Hall.
Feinberg, Joel (1968): „Collective Responsibility", in: Journal of Philosophy, 65, 674–688.
Ferrara, Allessandro (2007): „Political Cosmopolitanism and Judgement", in: European Journal of Social Theory, 10, 53–66.
Fichte, Johann Gottlieb (1971 [1796]): „Von Kant zum ewigen Frieden", in: Fichtes Werke, Bd. VIII, Vermischte Schriften und Aufsätze, herausgegeben von Hermann Immanuel Fichte, Berlin 1971, 427–436.
Fine, Robert, (2003): „Kant's Theory of Cosmopolitanism and Hegel's Critique", in: Philosophy & Social Criticism, 29, 609–630.
Fine, Robert/Will Smith (Hg.) (2003): „Jürgen Habermas's Theory of Cosmopolitanism", in: Constellations, 10, 469–487.
Flynn, Jeffrey (2014): Reframing the Intercultural Dialogue on Human Rights: A Philosophical Approach, New York: Routledge.
Føllesdal, Andreas/Thomas Pogge (Hg.) (2005): Real World Justice: Grounds, Principles, Human Rights, and Social Institutions, Dordrecht: Springer.
Forst, Rainer (2011): „Die Rechtfertigung der Menschenrechte und das grundlegende Recht auf Rechtfertigung", in: Ders.: Kritik der Rechtfertigungsverhältnisse, Frankfurt/Main, 53–92.
Forst, Rainer (2009): „Der Grund der Kritik. Zum Begriff der Menschenwürde in sozialen Rechtfertigungsordnungen", in: Jaeggi/Wesche (Hg.): Was ist Kritik?, Frankfurt/Main, 150–164.
Forst, Rainer (2007): „Das grundlegende Recht auf Rechtfertigung. Zu einer konstruktivistischen Konzeption der Menschenrechte", in: Ders., Das Recht auf Rechtfertigung, Frankfurt/Main, 291–327.
Frankfurt, Harry (1971): „Freedom of the Will and the Concept of a Person", in: Journal of Philosophy 68, 5–20.
Fraser, Nancy/Axel Honneth (2003): Redistribution or Recognition? A Political-Philosophical Exchange, London: Verso.

Freeman, Samuel (2007): Rawls (Routledge Philosophers), Abingdon: Routledge.
Freeman, Samuel (2006): „The Law of Peoples, Social Cooperation, Human Rights, and Distributive Justice", in: Social Philosophy and Policy, 23, 29–68.
Freyenhagen, Fabian/Jörg Schaub (2010): „Hat hier jemand gesagt, der Kaiser sei nackt? Eine Verteidigung der Geussschen Kritik an Rawls' idealtheoretischem Ansatz", in: Deutsche Zeitschrift für Philosophie, 58, 457–477.
Frick, Marie-Luisa (2013): „Relativismus und Menschenrechte", in: Erwägen-Wissen-Ethik, 2, 159–172.
Frost, Mervyn (1996): Ethics in International Relations: A Constitutive Theory, Cambridge, UK: Cambridge University Press.
Galston, William A. (2010): „Realism in Political Theory", in: European Journal of Political Theory, 9, 385–411.
Geismann, Georg (1997): „Kants Weg zum Frieden. Spätlese von Seels ‚Neulese' des Definitivartikels zum Völkerrecht", in: Hariolf Oberer (Hg.), Kant: Analysen – Probleme – Kritik III, Würzburg 1997, 333–362.
Geismann, Georg (1983), „Kants Rechtslehre vom Weltfrieden", in: Zeitschrift für philosophische Forschung, 37, 363–388.
Gerhardt, Volker ([3]2011): „Der Thronverzicht der Philosophie. Über das moderne Verhältnis von Philosophie und Politik bei Kant", in: Höffe (Hg.): Immanuel Kant: Zum ewigen Frieden, Berlin, 123–138.
Gerhardt, Volker (2007): Partizipation. Das Prinzip der Politik, München.
Gerhardt, Volker (1995): Immanuel Kants Entwurf ‚Zum ewigen Frieden'. Eine Theorie der Politik, Darmstadt.
Geuss, Raymond (2010): „Realismus, Wunschdenken, Utopie", in: Deutsche Zeitschrift für Philosophie, 58, 419–429.
Geuss, Raymond (2009): „Bürgerliche Philosophie und der Begriff der ‚Kritik'", in: Jaeggi/Wesche (Hg.): Was ist Kritik? Frankfurt/Main,165–192.
Geuss, Raymond (2008): Philosophy and Real Politics, Princeton: Princeton University Press.
Gewirth, Alan (1996): The Community of Rights, Chicago: The University of Chicago Press.
Gewirth, Alan (1982): Human Rights: Essays on Justification and Application, Chicago: The University of Chicago Press.
Giddens, Anthony (1979): Central Problems in Social Theory: Action, Structure, and Contradiction in Social Analysis, Berkeley: University of California Press.
Gilabert, Pablo (2012): „Comparative Assessments of Justice, Political Feasibility, and Ideal Theory", in: Ethical Theory and Moral Practice, 15, 39–56.
Gilabert, Pablo (2012a): „Is There a Human Right to Democracy? A Response to Joshua Cohen", in: Latin American Journal of Philosophy, 1, 1–37.
Gilabert, Pablo (2011): „Humanist and Political Perspectives on Human Rights", in: Political Theory, 39, 439–467.
Gilabert Pablo (2008): „The Feasibility of Basic Socioeconomic Human Rights", in: The Philosophical Quarterly, 59, 659–681.
Gilabert, Pablo (2008a): „Global Justice and Poverty Relief in Nonideal Circumstances", in: Social Theory and Practice 34, 411–438.
Gilabert, Pablo (2005): „The Duty to Eradicate Poverty: Positive or Negative?", in: Ethical Theory and Moral Practice, 7, 537–550.

Gilbert, Margaret (2010): „Wer ist zu verurteilen? Kollektive moralische Verantwortung und ihre Auswirkung auf Gruppenmitglieder“, in: Gerber/Zanetti (Hg.): Kollektive Verantwortung und Internationale Beziehungen, 31–65.
Goodhart, Michael (2012): Human Rights: Politics and Practice, Oxford: Oxford University Press.
Goodin, Robert E. (1995): Utilitarianism as a Public Philosophy, Cambridge, UK: Cambridge University Press.
Goodin, Robert E. (1995a): „Political Ideals and Political Practice“, in: British Journal of Political Science, 25, 37–56.
Goodin, Robert E. (1985): Protecting the Vulnerable: A Reanalysis of Our Social Responsibilities. Chicago: University of Chicago Press.
Gosepath, Stefan (2007): „Notlagen und institutionell basierte Hilfspflichten“, in: Bleisch/Schaber (Hg.): Weltarmut und Ethik, 213–246.
Gosepath, Stefan (2006): „Verantwortung für die Beseitigung von Übeln“, in: Heidbrink/Hirsch (Hg.): Verantwortung in der Zivilgesellschaft, Frankfurt/Main, 387–408.
Gosepath, Stefan (2005): „Universalität der Menschenrechte: Ein Erklärungsansatz“, in: Studien zu Grund- und Menschenrechten, 11, 21–27.
Gosepath, Stefan (2004): Gleiche Gerechtigkeit. Grundlagen eines egalitären Egalitarismus, Frankfurt/Main.
Gosepath, Stefan/Jean-Christoph Merle (Hg.) (2002): Weltrepublik, Globalisierung und Demokratie, München.
Gosepath, Stefan (2001): „The Global Scope of Justice“, in: Pogge (Hg.): Global Justice, Oxford: Blackwell, 145–168.
Gosepath, Stefan (1999): „Praktische Rationalität. Eine Problemübersicht“, in: Ders. (Hg.): Motive, Gründe, Zwecke. Theorien praktischer Rationalität, Frankfurt/Main, 7–53.
Gosepath, Stefan/ Georg Lohmann (Hg.) (1998): Philosophie der Menschenrechte, Frankfurt/Main.
Gosepath, Stefan (1998a): „Zu Begründungen sozialer Menschenrechte“, in: Gosepath/Lohmann: Philosophie der Menschenrechte, Frankfurt/Main, 146–187.
Griffin, James (2001): „First Steps in an Account of Human Rights“, in: European Journal of Philosophy, 9, 306–327.
Griffin, James (2008): On Human Rights, Oxford: Oxford University Press.
Griffin, James (2000): „Welfare Rights“, in: The Journal of Ethics, 4, 27–43.
Griffin, James (2001): „Discrepancies Between the Best Philosophical Account of Human Rights and the International Law of Human Rights“, in: Proceedings of the Aristotelian Society, 101, 1–28.
Habermas, Jürgen (2010): „Das Konzept der Menschenwürde und die realistische Utopie der Menschenrechte“, in: Deutsche Zeitschrift für Philosophie, 58, 343–357.
Habermas, Jürgen (2007): „Kommunikative Rationalität und grenzüberschreitende Politik“, in: Herborth/Niesen (Hg.): Anarchie der kommunikativen Freiheit. Jürgen Habermas und die Theorie der internationalen Politik, Frankfurt/Main, 406–459.
Habermas, Jürgen (2005): „Eine politische Verfassung für die pluralistische Weltgesellschaft?“, in: Kritische Justiz, 38, 222–247.
Habermas, Jürgen (2004): „Hat die Konstitutionalisierung des Völkerrechts noch eine Chance?“, in: Ders.: Der gespaltene Westen, Frankfurt/Main , 123–193.
Habermas, Jürgen (1998): „Zur Legitimation durch Menschenrechte“, in: Ders.: Die postnationale Konstellation“, Frankfurt/Main, 170–192.

Habermas, Jürgen (1998a): „Die postnationale Konstellation“, in: Ders.: Die postnationale Konstellation, Frankfurt/Main, 91–169.
Habermas, Jürgen (1996): „Kants Idee des ewigen Friedens – aus dem historischen Abstand von 200 Jahren“, in: Ders.: Die Einbeziehung des Anderen, Frankfurt/Main, 192–236.
Habermas, Jürgen (1996a): „Versöhnung durch öffentlichen Vernunftgebrauch“, in: Ders.: Die Einbeziehung des Anderen. Studien zur politischen Theorie, Frankfurt/Main, 65–94.
Habermas, Jürgen (1996b): „Über den internen Zusammenhang von Rechtsstaat und Demokratie“, in: Ders.: Die Einbeziehung des Anderen, Frankfurt/Main, 293–308.
Habermas, Jürgen (1996c): „Eine genealogische Betrachtung des kognitiven Gehalts der Moral“, in: Ders., Die Einbeziehung des Anderen, Frankfurt/Main, 11–64.
Habermas, Jürgen (1992): Faktizität und Geltung. Beiträge zur Diskurstheorie des Rechts und des demokratischen Rechtsstaats, Frankfurt/Main.
Habermas, Jürgen (1983): „Diskursethik – Notizen zu einem Begründungsprogramm“, in: Ders., Moralbewusstsein und kommunikatives Handeln, Frankfurt/Main, 53–127, hier 71.
Habermas, Jürgen (1976 [1962]): „Publizität als Prinzip der Vermittlung der Politik mit der Moral (Kant)“, in: Batscha (Hg.): Materialien zu Kants Rechtsphilosophie, Frankfurt/Main, 175–190.
Hahn, Henning (2013): „Menschenrechte als globale öffentliche Gründe“, in: Erwägen-Wissen-Ethik, 2, 212–215.
Hahn, Henning (2013): „Minervas Eule hat Verspätung. Eine Kritik an Rawls' Menschenrechtsminimalismus“, in: Brunozzi/Dhouib/Pfannkuche (Hg.), Transkulturalität der Menschenrechte. Arabische, chinesische und europäische Perspektiven, Freiburg: Alber, 91–114.
Hahn, Henning (2013): „Iris Youngs Modell politischer Verantwortung“, in: Conrade/Niesen (Hg.): Gerechtigkeit und Inklusion. Impulse aus dem Werk von Iris M. Young. Baden-Baden: Nomos, 77–92.
Hahn, Henning (2012): „Axel Honneths fehlende Perspektive globaler Gerechtigkeit. Eine affirmative Kritik“, in: Streckhardt (Hg.): Die Neugier des Glücklichen: Eine Festschrift für den Gründer des Kollegs Friedrich Nietzsche, Weimar, 182–193.
Hahn, Henning (2012): „Die politische Konzeption der Menschenrechte“, in: Dhouib (Hg.): Kultur, Identität, Menschenrechte. Transkulturelle Perspektiven. Weilerswist, 60–75.
Hahn, Henning (2012): „Justifying Feasibility Constraints on Social Human Rights“, in: Ethical Theory and Moral Practice, 15, 143–157.
Hahn, Henning (2009): Globale Gerechtigkeit. Eine philosophische Einführung, Campus: Frankfurt/Main.
Hahn, Henning (2009a): „The Global Consequence of Participatory Responsibility“, in: Journal of Global Ethics, 5, 43–56.
Hahn, Henning (2008): Moralische Selbstachtung. Zur Grundfigur einer sozialliberalen Gerechtigkeitstheorie, Berlin.
Hardimon, Michael (1994): Hegels' Social Philosophy, The Project of Reconciliation, Cambridge, UK: Cambridge University Press.
Hardt, Michael/Antonio Negri (2001): Empire, Cambridge, Mass.: Harvard University Press.
Hashemi, Nader (2013): „The Arab Spring Two Years On: Reflections on Dignity, Democracy, and Devotion“, in: Ethics and International Affairs, 27, 207–221.
Haugen, Morten Hans (2009): „Human Rights and TRIPS Exclusion and Exception Provisions“, in: The Journal of World Intellectual Property, 11, 345–374.

Heins, Volker (2008): „Redistribution, Recognition, and Global Justice“, in: Journal of Global Ethics, 4, 141–153.
Hegel, Georg Wilhelm Friedrich (2000 [1820]): Grundlinien der Philosophie des Rechts, in: Werke in 20 Bänden, Bd. 6, Frankfurt/Main.
Held, David (2011): Cosmopolitanism. Ideals and Realities, Cambridge, UK: Polity.
Held, David (1995): Democracy and the Global Order: From the Modern State to Cosmopolitan Governance, Stanford, CA: Stanford University Press.
Heidbrink, Ludger (2007): Handeln in der Ungewissheit, Paradoxien der Verantwortung, Berlin.
Heidbrink, Ludger (2006): „Grenzen der Verantwortungsgesellschaft: Widersprüche der Verantwortung“, in: Ders./Alfred Hirsch (Hg.): Verantwortung in der Zivilgesellschaft. Zur Konjunktur eines widersprüchlichen Prinzips, Frankfurt/Main, 129–150.
Heidbrink, Ludger (2003): Kritik der Verantwortung. Zu den Grenzen verantwortlichen Handelns in komplexen Kontexten, Göttingen.
Hirsch Hadorn, Gertrude (2000): „Verantwortungsbegriff und kategorischer Imperativ der Zukunftsethik bei Hans Jonas“, in: Zeitschrift für philosophische Forschung, 54, 218–237.
Hobbes, Thomas (1984 [1651]): Leviathan oder Stoff, Form und Gewalt eines bürgerlichen und kirchlichen Staates, Frankfurt/Main.
Höffe, Otfried ([3]2011a): „Einleitung: Der Friede – ein vernachlässigtes Ideal“, in: Ders. (Hg.): Immanuel Kant: Zum ewigen Frieden (Klassiker Auslegen Bd. 1), Berlin, 1–18.
Höffe, Otfried ([3]2011b): „Völkerbund oder Weltrepublik?“, in: Ders. (Hg.): Immanuel Kant: Zum ewigen Frieden (Klassiker Auslegen Bd. 1), Berlin, 77–94.
Höffe, Otfried ([3]2011c): „Ausblick: Die Vereinten Nationen im Lichte Kants“, in: Ders. (Hg.): Immanuel Kant: Zum ewigen Frieden (Klassiker Auslegen Bd. 1), Berlin, 175–194.
Höffe, Otfried (2010): „Für und Wider eine Weltrepublik“, in: Broszies/Hahn (Hg.): Globale Gerechtigkeit, Frankfurt/Main, 242–262.
Höffe, Otfried (2007): „Kants universaler Kosmopolitismus“, in: Deutsche Zeitschrift für Philosophie, 55, 179–191.
Höffe, Otfried (2001): ‚Königliche Völker‘. Zu Kants kosmopolitischer Rechts- und Friedenstheorie, Frankfurt/Main.
Höffe, Otfried (1999): Demokratie im Zeitalter der Globalisierung, München.
Höffe, Otfried (1998): „Transzendentaler Tausch. Eine Legitimationsfigur für Menschenrechte?“, in: Gosepath/Lohmann (Hg.): Philosophie der Menschenrechte, Frankfurt/Main, 29–47.
Höffe, Otfried (1993): Kategorische Rechtsprinzipien: Ein Kontrapunkt der Moderne, Frankfurt/Main.
Hohfeld, Wesley Newcomb (1913): „Some Fundamental Legal Conceptions as Applied in Judicial Reasoning“, in: Yale Law Journal, 23, 16–59.
Honneth, Axel (2011): Das Recht der Freiheit. Grundriss einer demokratischen Sittlichkeit, Berlin.
Honneth, Axel (2007): „Die Unhintergehbarkeit des Fortschritts. Kants Bestimmung des Verhältnisses von Moral und Geschichte“, in: Ders.: Pathologien der Vernunft. Geschichte und Gegenwart der kritischen Vernunft, Frankfurt/Main, 9–27.
Honneth, Axel (2001): Leiden an Unbestimmtheit. Eine Reaktualisierung der Hegelschen Rechtsphilosophie, Stuttgart.
Honneth, Axel (2007): „Eine soziale Pathologie der Vernunft. Zur intellektuellen Erbschaft der kritischen Theorie“, in: Pathologien der Vernunft. Geschichte und Gegenwart der kritischen Theorie, Frankfurt/Main, 28–56.

Honneth, Axel (1994): „Pathologien des Sozialen. Tradition und Aktualität der Gesellschaftskritik“, in: Ders.: Das Andere der Gerechtigkeit. Aufsätze zur praktischen Philosophie, Frankfurt/Main, 11–69.
Honneth, Axel (1992): Kampf um Anerkennung: Zur moralischen Grammatik sozialer Konflikte, Frankfurt/Main.
Hopgood, Stephen (2013): The Endtimes of Human Rights, Ithaca: Cornell University Press.
Horn, Christoph (2014): Nichtideale Normativität: Ein neuer Blick auf Kants politische Philosophie, Berlin.
Horton, John (2010): „Realism, Liberal Moralism and a Political Theory of Modus Vivendi“, in: European Journal of Political Theory, 9, 431–448.
Huntington, Samuel P. (1996): Kampf der Kulturen, Die Neugestaltung der Weltpolitik im 21. Jahrhundert. Aus dem Amerikanischen von Holger Fliessbach, München.
Ignatieff, Michael (2001): Human Rights as Politics and Idolatry, Princeton: Princeton University Press.
Ingram, Attracta (1994): A Political Theory of Rights, Oxford: Oxford University Press.
Jacob, Thomas (2010): „Föderalität ohne Zwangsgewalt. Der foedus amphictyonum im Kontext der Völkerrechtslehre Kant“, in: Archiv für Rechts- und Sozialphilosophie, 96, 309–321.
Jaeggi, Rahel (2013): Kritik von Lebensformen, Berlin.
Jaeggi, Rahel (2009): „Was ist Ideologiekritik?“, in: Dies./Wesche (Hg.) (2009): Was ist Kritik? Philosophische Positionen, Frankfurt/Main, 266–295.
Jaeschke, Walter (2008): „Vom Völkerrecht zum Völkerrecht. Ein Beitrag zum Verhältnis von Philosophie und Rechtsgeschichte“, in: Deutsche Zeitschrift für Philosophie, 56, 277–298.
James, Aaron (2005): „Constructing Justice for Existing Practice: Rawls and the Status Quo“, in: Philosophy and Public Affairs, 33, 281–316.
Janis, Mark W./Richard S. Kay/Anthony W. Bradley (Hg.) (1995): European Human Rights Law: Texts and Materials, Oxford: Oxford University Press.
Jaspers, Karl (1961): The Question of German Guilt, New York: Capricorn Books.
Jonas, Hans (1984 [1979]): Das Prinzip Verantwortung. Versuch einer Ethik für die technologische Zivilisation, Frankfurt/Main.
Jones, Charles (1999): Global Justice: Defending Cosmopolitanism. New York: Oxford University Press.
Jones, Peter (1994): „International Human Rights: Philosophical or Political?“, in: Caney/George/Jones (Hg.): National Rights, International Obligations, Boulder: Westview, 183–204.
Kagan, Shelly (1984): „Does Consequentialism Demands Too Much?“, in: Philosophy and Public Affairs, 13, 239–54.
Kamm, Frances (2011): Sen on Justice and Rights: A Review Essay, in: Philosophy and Public Affairs, 39, 82–104.
Kant, Immanuel Gesammelte Schriften, hrsg. v. d. Königlichen Preußischen Akademie der Wissenschaften, Berlin 1902 ff., darin:
– Der Streit der Fakultäten [1798], AA VII, 1–116.
– Die Metaphysik der Sitten. Erster Teil: Metaphysische Anfangsgründe der Rechtslehre [1797], AA VI, 203–372.
– Zum Ewigen Frieden. Ein philosophischer Entwurf [1795], AA VIII, 341–386.
– Über den Gemeinspruch: Das mag in der Theorie richtig sein, taugt aber nicht für die Praxis [1793], AA VIII, 273–313.
– Die Religion innerhalb der Grenzen der bloßen Vernunft [1793] AA VI, 1–202.

– Kritik der Urteilskraft [1790], AA V, 165–485.
– Kritik der praktischen Vernunft [1788], AA V, 1–163.
– Grundlegung zur Metaphysik der Sitten [1785], AA IV, 385–463.
– Idee zu einer allgemeinen Geschichte in weltbürgerlicher Absicht [1784], AA VIII, 15–31.
– Kritik der reinen Vernunft [1781/7], A: AA IV, 1–252, B: AA III, 1–552.

Kamminga, Menno T. (1992): Inter-State Accountability for Violations of Human Rights, Philadelphia: University of Pennsylvania Press.

Kaufmann, Matthias (2000): „Kein ewiger Friede für Kant. Ein Rückblick auf einige Literatur zu 200 Jahren Zum ewigen Frieden", in: Allgemeine Zeitschrift für Philosophie, 25, 271–280.

Kaufmann, Matthias (2000a): „Wie gegründet ist Kants Hoffnung auf Frieden im Jahr 2000?", in: Allgemeine Zeitschrift für Philosophie, 25, 167–187.

Keohane, Robert O./Joseph S. Nye (1977): Power and Interdependence: World Politics in Transition, Boston: Little Brown.

Kerbo, Harold R. (2005): World Poverty: The Roots of Global Inequality and the Modern World System, New York: McGraw-Hill.

Kersting, Wolfgang (2011): „Die bürgerliche Verfassung in jedem Staate soll republikanisch sein", in: Otfried Höffe (Hg.): Immanuel Kant: Zum ewigen Frieden (Klassiker Auslegen Bd. 1), Berlin, 61–76.

Kersting, Wolfgang (^{3}2007): Wohlgeordnete Freiheit. Immanuel Kants Rechts- und Staatsphilosophie, Paderborn.

Kleingeld, Pauline (2012): Kant and Cosmopolitanism. The Philosophical Ideal of World Citizenship, Cambridge: Cambridge University Press.

Kleingeld, Pauline (2008): „Kant on Histiography and the Use of Regulative Ideas", in: Studies in History and Philosophy of Science, 39, 523–528.

Kleingeld, Pauline (2004): „Approaching Perpetual Peace: Kant's Defence of a League of States and his Ideal of a World Federation", in: European Journal of Philosophy, 12, 304–325.

Kleingeld, Pauline (1999): „Kant, History, and the Idea of Moral Development", in: History of Philosophy Quarterly, 16, 59–80.

Kleingeld, Pauline (1997): „Kants Politischer Kosmopolitismus", in: Jahrbuch für Recht und Ethik, 5, 333–348.

Kleingeld, Pauline (1995): Fortschritt und Vernunft: Zur Geschichtsphilosophie Kants, Würzburg.

Kleinlein, Thomas (2012): Konstitutionalisierung im Völkerrecht: Konstruktion und Elemente einer idealistischen Völkerrechtslehre, Heidelberg/Dordrecht/London/New York.

Klemme, Heiner F. (Hg.) (2000): Immanuel Kant: Über den Gemeinspruch: Das mag in der Theorie richtig sein taugt aber nicht für die Praxis – Zum ewigen Frieden. Ein philosophischer Entwurf, Hamburg.

Koller, Peter (2005): „Soziale und globale Gerechtigkeit", in: Neumaier/Sedmak/Zichy: Gerechtigkeit, Auf der Such nach einem Gleichgewicht, Frankfurt/Main, 89–120.

Koller, Peter (2003): „Soziale Gerechtigkeit. Begriff und Begründung", in: Erwägen-Wissen-Ethik, 14, 237–250.

Korsgaard, Christine (2008): „Realism and Constructivism in Twentieth-Century Moral Philosophy", in: Dies. (2008): The Constitution of Agency, Oxford: Oxford University Press, 302–326.

Korey, William (1998): NGOs and the Universal Declaration of Human Rights: „A Curious Grapevine", New York: St. Martins.

Krasner, Stepen D. (1983): "Structural Causes and Regime Consequences: Regimes as Intervening Variables", in: Ders.: International Regimes, Ithaca, NY: Cornell University Press, 1–21.

Kukhatas, Chandran (2003): „On Sen on Comparative Justice", in: Critical Review of International Social and Political Philosophy 16, 196–204.

Kuper, Andrew (2005) (Hg.): Global Responsibilities: Who Must Deliver on Human Rights? New York: Routledge.

Kuper, Andrew (2006): Democracy Beyond Borders: Justice and Representation in Global Institutions, New York: Oxford University Press.

Kutz, Christopher (2000): Complicity. Ethics and Law for a Collective Age, Cambridge, UK: Cambridge University Press.

Kymlicka, Will (1989): Liberalism, Community, and Culture, Oxford: Clarendon Press.

Laberge, Pierre (2011): „Von der Garantie des ewigen Friedens", in: Otfried Höffe (Hg.), Immanuel Kant: Zum ewigen Frieden (Klassiker Auslegen Bd. 1), Berlin, 107–122.

Landier, August/Vinay B. Nair (2009): Investing for Change: Profit From Responsible Investment, Oxford: Oxford University Press.

Lange, Margaret (2011): Defending a Liberalism of Freedom. John Rawls's Use of Hegel. Ann Arbor: ProQuest.

Lenk, Hans (1998): Konkrete Humanität: Vorlesungen über Verantwortung und Menschlichkeit, Frankfurt/Main.

Lenk, Hans/Matthias Maring (1993): „Verantwortung – Normatives Interpretationskonstrukt und empirische Beschreibung", in: Eckensberger/Gähde (Hg.): Ethische Norm und empirische Hypothese, Frankfurt/Main, 222–243.

Lohmann, Georg (2013): „Warum nicht eine relative Begründung der Universalisierung der Menschenrechte!", in: Erwägen-Wissen-Ethik, 24, 263–266.

Lohmann, Georg (2010): „Die rechtsverbürgende Kraft der Menschenrechte: Zum menschenrechtlichen Würdeverständnis nach 1945", in: Zeitschrift für Menschenrechte, 4, 46–63.

Lohmann, Georg (2008): „Universalismus und Relativismus der Menschenrechte. Zur interkulturellen Verständigung über die Menschenrechte", in: Düllo/Standke (Hg.): Culture, Discourse, History. Bd. 1: Theorie und Praxis der Kulturwissenschaften, Berlin, 205–219.

Lohmann, Georg (2006): „Liberal and Republican Understanding of the Relationship between Democracy and Human Rights", in: Baleva/Brown/Eekhout (Hg.): DARE in ACTION. Vision and Practice for Democracy and Human Rights Education in Europe, Berlin, 11–14.

Lohmann, Georg (2000): „Soziale Menschenrechte und die Grenzen des Sozialstaats", in: Wolfgang Kersting (Hg.): Politische Philosophie des Sozialstaats, Weilerswist, 351–371.

Lohmann, Georg (1998): „Menschenrechte zwischen Moral und Politik", in: Gosepath/Lohmann (Hg.): Philosophie der Menschenrechte, Frankfurt/Main, 62–95.

Lübbe, Weyma (1998): Verantwortung in komplexen kulturellen Prozessen, Freiburg/München.

Ludwig, Bernd (2005): „Zum Frieden verurteilt? Was ‚garantiert' die Natur in Kants Traktat vom Ewigen Frieden?", in: Jahrbuch für Recht und Ethik, 13, 275–286.

Lutz-Bachmann, Matthias (1997): „Kant's Idea of Peace and the Philosophical Conception of a World Republic", in Bohman/Lutz-Bachmann (Hg.): Perpetual Peace: Essays on Kant's Cosmopolitan Ideal, Cambridge, Mass: MIT Press, 59–77.

Macleod, Alistair (2006): „Rawls's Narrow Doctrine of Human Rights", in: Martin/Reidy (Hg.): Rawls's Law of Peoples, Oxford: Blackwell, 134–149.

Martin, Rex (2006): „Rawls on International Distributive Justice", in: Martin/Reidy (Hg.): Rawls's Law of Peoples, Oxford: Blackwell, 226–242.
May, Larry (1992): Sharing Responsibility, Chicago: Chicago University Press.
Mandle, Jay R. (2002): Globalization and the Poor, Cambridge, UK: Cambridge University Press.
Mandle, Jon (2006): Global Justice, Cambridge, UK: Polity Press.
McGrath, Molly (2002): Students Against Sweatshops: The Making of a Movement, London: Verso.
McNeill, Desmond/Asuncíon Lera StClair (Hg.) (2009): Global Poverty, Ethics and Human Rights. The Role of Multilateral Organizations, New York: Routledge, 105–112.
McKinnon, Catriona (2002): Liberalism and the Defence of Political Constructivism, New York: MacMillan.
Menke, Christoph (2010): „Weder Rawls noch Adorno? Raymond Geuss' Programm einer ‚realistischen' Philosophie", in: Deutsche Zeitschrift für Philosophie, 58, 445–455.
Menke, Christoph/Arnd Pollmann (^{3}2012): Philosophie der Menschenrechte zur Einführung, Hamburg.
Merle, Jean-Christophe (2005): Globale Gerechtigkeit/Global Justice, Stuttgart.
Merkel, Reinhard/Roland Wittmann (Hg.) (1996): ‚Zum ewigen Frieden'. Grundlagen, Aktualität und Aussichten einer Idee von Immanuel Kant, Frankfurt/Main.
Mertens, Thomas (2005): „International or Global Justice? Evaluating the Cosmopolitan Approach", in: Føllesdal/Pogge (Hg.): Real World Justice, Dordrecht, 85–113.
Mieth, Corinna (2012): Positive Pflichten. Über das Verhältnis von Hilfe und Gerechtigkeit in Bezug auf das Weltarmutsproblem, Berlin.
Mieth, Corinna (2011): On Human Rights and the Strength of Corresponding Duties, in: Ernst/Heilinger (Hg.): The Philosophy of Human Rights. Justification and Universality, Berlin/New York 2011, 159–184.
Miller, David (2016): Strangers in Our Midst. The Political Philosophy of Immigration, Harvard: Harvard University Press.
Miller, David (2011): „Taking Up the Slack? Responsibility and Justice in Situations of Partial Compliance", in: Knight/Stemplowska (Hg.): Responsibility and Distributive Justice, Oxford: Oxford University Press, 230–245.
Miller, David (2007): National Responsibility and Global Justice, Oxford: Oxford University Press.
Miller, David (2004): „National Responsibility and International Justice", in: Chatterjee (Hg.): The Ethics of Assistance: Morality and the Distant Needy, Cambridge, UK: Cambridge University Press, 123–146.
Miller, David (2003): „Holding Nations Responsible", in: Ethics, 114, 240–68.
Miller, David (2000): Citizenship and National Identity, Cambridge: Polity Press.
Miller, David (1999): Principles of Social Justice, Cambridge, MA: Harvard University Press.
Miller, David (1987/8): „The Ethical Significance of Nationality", in: Ethics, 98, 647–62.
Miller, David (1995): On Nationality. New York: Oxford University Press.
Mills, Charles W. (2010): "Realizing (Through Racializing) Pogge", in: Alison M. Jagger (Hg.): Thomas Pogge and His Critics, Cambridge/Malden, 151–174.
Mills, Charles W. (2005): „Ideal Theory as Ideology", in: Hypatia, 20, 165–184.
Moellendorf, Darrel (2010): „Menschenwürde, Gleichheit und globale Gerechtigkeit", in: Broszies/Hahn (Hg.): Globale Gerechtigkeit, Frankfurt/Main, 302–328.
Moellendorf, Darrel (2003): „Transcendental Institutionalism and Global Justice", in: Critical Review of International Social and Political Philosophy, 16, 162–178.

Moellendorf, Darrel/Thomas Pogge (2008) (Hg.): Global Justice: Seminal Essays, St. Paul, Mn: Paragon House.
Moellendorf, Darrel (2002): Cosmopolitan Justice, Boulder, CO: Westview Press.
Morsink, Johannes (2009): Inherent Human Rights: Philosophical Roots of the Universal Declaration, Philadelphia: University of Pennsylvania Press."
Mosbah, Salah (2012): „Les Valeurs de la Révolution tunisienne. La longue histoire de la lutte pour la Dignité/‚karâma'", in: Eutopias, 4, 105–115.
Murphy, Liam (2003): Moral Demands in Nonideal Theory, Oxford: Oxford University Press.
Murphy, Liam (1998): „Institutions and the Demands of Justice", in: Philosophy and Public Affairs, 27, 551–570.
Nagel, Thomas (2010): „Das Problem globaler Gerechtigkeit", in: Broszies/Hahn (Hg.): Globale Gerechtigkeit, Berlin, 104–145.
Nagel, Thomas (2002): „Personal Rights and Public Space", in: Ders.: Concealment and Exposure & Other Essays, Oxford: Oxford University Press.
Neuhäuser, Christian (2011): Unternehmen als moralische Akteure, Berlin 2011.
Nickel, James ([2]2007): Making Sense of Human Rights, Malden, MA: Blackwell.
Nickel, James (2006): „Are Human Rights Mainly Implemented by Intervention?" in: Martin/ Reidy (Hg.): Rawls's Law of Peoples, Oxford: Blackwell, 263–277.
Nickel, James (2005): „Poverty and Rights", in: Philosophical Quarterly, 5, 385–402.
Niederberger, Andreas (2009): Demokratie unter Bedingungen der Weltgesellschaft? Normative Grundlagen legitimer Herrschaft in einer globalen politischen Ordnung, Berlin.
Niesen, Peter (2012): „Kosmopolitismus in einem Land", Frankfurt/Main: Campus.
Niesen, Peter (2007): „Anarchie der Freiheit. Ein Problemaufriss", in: Herborth/Niesen (Hg.): Anarchie der kommunikativen Freiheit. Jürgen Habermas und die Theorie der internationalen Politik, Frankfurt/Main, 7–25.
Nietzsche, Friedrich ([2]1988 [1874]): Vom Nutzen und Nachteil der Historie für das Leben, in: Colli/Montinari (Hg.): Friedrich Nietzsche: Kritische Studienausgabe, Bd. 1, Berlin/New York, 243–334.
Nida-Rümelin, Julian (2011): Verantwortung, Stuttgart.
Nida-Rümelin, Julian (1998): „Zur Philosophie einer globalen Zivilgesellschaft", in: Chwaszcza/ Kersting (Hg.): Politische Philosophie der internationalen Beziehungen, Frankfurt/Main, 223–243.
Nida-Rümelin (1993): Kritik des Konsequentialismus, München.
Nili, Shmuel (2013): „Rigorist Cosmopolitanism: A Kantian Alternative to Pogge", in: Politics, Philosophy, and Economics, 12, 260–287.
Nozick, Robert (2013 [1974]): Anarchy, State, and Utopia, mit einem Vorwort von Thomas Nagel, Oxford: Basil Blackwell.
Nussbaum, Martha (2007): Frontiers of Justice, Cambridge, MA: Harvard University Press.
Nussbaum, Martha (2000): Women and Human Development: The Capabilities Approach. Cambridge, UK: Cambridge University Press.
Nussbaum, Martha (1996): „Patriotism and Cosmopolitanism", in: Cohen/Nussbaum (Hg.): For Love of Country: Debating the Limits of Patriotism, Boston: Beacon Press, 3–20.
Okin, Susan Moller (1989): Gender, Justice, and the Family, New York: Basis Books.
O'Neill, Onora (2000): Bounds of Justice. New York: Cambridge University Press.
O'Neill, Onora (1996): Towards Justice and Virtue. A Constructive Account of Practical Reasoning, Cambridge, UK: Cambridge University Press.

O'Neill, Onora (1987): „Abstraction, Idealization and Ideology in Ethics“, in: Royal Institute of Philosophy Lecture Series, 22, 55–69.
O'Neill, Onora (1975): „Lifeboat Earth“, in: Philosophy and Public Affairs, 4, 273–292.
Pappé Ilan (2011): „Reframing the Israel-Palestine Conflict. Interview mit Frank Barat“, in: New Internationalist, April 1.
Pettit, Philip (2010): „A Republican Law of Peoples“, in: European Journal of Political Theory, 9, 70–94.
Phillips, Michael (1985): „Reflections on the Transition From Ideal to Non-Ideal Theory“, in: Noûs, 19, 551–570.
Pogge, Thomas (2011): Weltarmut und Menschenrechte. Kosmopolitische Verantwortung und Reformen, Berlin.
Pogge, Thomas (2010): „‚Armenhilfe‘ ins Ausland“, in: Broszies/Hahn (Hg.): Globale Gerechtigkeit, Berlin 263–301.
Pogge, Thomas (2010a): „Responses to the Critics“, in: Jagger (Hg.): Thomas Pogge and His Critics, Cambridge, UK: Polity, 175–249.
Pogge, Thomas (2009): „The Health Impact Fund and Its Justification by Appeal to Human Rights“, in: Journal of Social Philosophy, 40, 542–569.
Pogge, Thomas (2008): „Cohen to the Rescue!“, in: Ratio, 21, 454–475.
Pogge. Thomas (2007): „Anerkannt und doch verletzt durch internationales Recht: Die Menschenrechte der Armen“, in: Bleisch/Schaber (Hg.): Weltarmut und Ethik, Paderborn, 95–138.
Pogge, Thomas (2006): „Do Rawls's Two Theories of Justice Fit Together?“, in: Martin/Reidy (Hg.): Rawls's Law of Peoples, Oxford: Blackwell, 206–25.
Pogge, Thomas (2005): „Human Rights and Global Health: A Research Program“, in: Metaphilosophy, 36, 182–209.
Pogge, Thomas (2004): „The Incoherences Between Rawls's Theories of Justice“, in: Fordham Law Review, 72, 101–121.
Pogge, Thomas (2000): „The International Significance of Human Rights“, in: Journal of Ethics, 4, 45–69.
Pogge, Thomas (2000a): „The Moral Demands of Global Justice“, in: Dissent, 37–43.
Pogge, Thomas (1998): „Kant's Theory of Justice“, in: Nida-Rümelin/Vossenkuhl (Hg.): Ethische und politische Freiheit, Berlin, 78–108.
Pogge, Thomas (1998): „Menschenrechte als moralische Ansprüche an globale Institutionen“, in: Gosepath/Lohmann (Hg.): Philosophie der Menschenrechte, Frankfurt/Main, 378–400.
Pogge, Thomas (1994): John Rawls, München.
Pogge, Thomas (1994): „An Egalitarian Law of Peoples“, in: Philosophy and Public Affairs, 23, 195–224.
Pogge, Thomas (1992): „Cosmopolitanism and Sovereignty“, in: Ethics, 103, 48–75.
Pogge, Thomas (1990): „The Effects of Prevalent Moral Conceptions“, in: Social Research, 55, 649–663.
Pogge, Thomas (1989): Realizing Rawls, Ithaca und London: Cornell University Press.
Popper, Karl (1962 [1945]): The Open Society and Its Enemies. Volume 1: The Spell of Plato, Princeton: Princeton University Press.
Rawls, John (2010): „Das Recht der Völker“, in: Broszies/Hahn (Hg.): Globale Gerechtigkeit, Berlin, 55–103.
Rawls, John (2005 [1993]): Political Liberalism. Expanded Edition, New York: Columbia University Press.

Rawls, John (2003 [2001]): Gerechtigkeit als Fairness. Ein Neuentwurf, Frankfurt/Main.
Rawls, John (2000): Lectures on the History of Moral Philosophy, Cambridge MA: Harvard University Press.
Rawls, John (1999): The Law of Peoples, Cambridge, MA: Harvard University Press.
Rawls, John (1999 [1971]): A Theory of Justice. Revised Edition, Cambridge, MA: Harvard University Press.
Rawls, John (1985): „Justice as Fairness: Political not Metaphysical," in: Philosophy and Public Affairs, 14, 223–251.
Rawls, John (1980): „Kantian Constructivism in Moral Theory", in: Journal of Philosophy, 77, 515–72.
Raz, Joseph (2007): „Human Rights Without Foundations", in: University of Oxford Faculty of Law Studies Research Paper Series 14, 1–20 (wiederabgedruckt in: Besson/Tasioulas (Hg.): The Philosophy of International Law, Oxford: Oxford University Press, 2010, 339–350.)
Reidy, David (2006): „Political Authority and Human Rights", in: Martin/Reidy (Hg.): Rawls's Law of Peoples: A Realistic Utopia, Oxford: Blackwell, 169–88.
Reidy, David (2004): „Rawls on International Justice: A Defense", in: Political Theory, 32, 291–319.
Rieth, Lothar (2009): Global Governance und Corporate Social Responsibility. Welchen Einfluss haben der UN Global Compact, die Global Reporting Initiative und die OECD-Leitsätze auf das CSR-Engagement deutscher Unternehmen?, Opladen.
Risse, Mathias (2012): On Global Justice, Princeton, NJ: Princeton University Press.
Risse, Mathias (2005): „Do We Owe the Global Poor Assistance or Rectification?", in: Ethics and International Affairs, 19, 47–55.
Robeyns, Ingrid (2008): „Ideal Theory in Theory and Practice", in: Social Theory and Practice, 34, 341–62.
Rodley, Nigel S. (1999): „United Nations Non-Treaty Procedures for Dealing with Human Rights Violations", in: Hannum (Hg.): Guide to International Human Rights Practice, New York: Transnational Publishers, 61–83.
Rosa, Hartmut (2005): Beschleunigung. Die Veränderung der Zeitstrukturen in der Moderne, Frankfurt/Main.
Rosen, Michael (2012): Dignity: Its History and Meaning, Harvard University Press.
Rossi, Enzo (2010): „Reality and Imagination in Political Theory and Practice. On Raymond Geuss' Realism", in: European Journal of Political Theory 9, 504–512.
Saar, Martin (2007): Genealogie als Kritik: Geschichte und Theorie des Subjekts nach Nietzsche und Foucault, Frankfurt/Main.
Sabl, Andrew (2001): „Looking forward to Justice. Rawlsian Civil Disobedience and its Non-Rawlsian Lessons", in: The Journal of Political Philosophy, 9, 307–330.
Sachs, Jeffrey D. (2005): The End of Poverty: Economic Possibilities for Our Time. New York: Penguin Press.
Safarty, Galit A. (2012): Values in Translation: Human Rights and the Culture of the World Bank, Stanford: Stanford University Press.
Saner, Hans (2011): „Die negativen Bedingungen des Friedens", in: Höffe (Hg.): Immanuel Kant, Zum Ewigen Frieden, Berlin, 29–46.
Sangiovanni, Andrea (2007): „Global Justice, Reciprocity, and the State", in: Philosophy and Public Affairs, 35, 4–39.
Schaber, Peter (2012): Menschenwürde, Stuttgart.

Schaber, Peter (2010): Instrumentalisierung und Würde, Paderborn.
Schaber, Peter (2007): „Globale Hilfspflichten“, in: Bleisch/Schaber (Hg.): Weltarmut und Ethik, Paderborn, 139–152.
Schachter, Oscar (1983): „Human Dignity as a Normative Concept,“ American Journal of International Law, 77, 848–854.
Schapper, Andrea (2014): From the Global to the Local: How International Rights Reach Bangladesh's Children, New York: Routledge.
Schaub, Jörg (2010): „Ideale und/oder nichtideale Theorie – oder weder noch? Ein Literaturbericht zum neuesten Methodenstreit in der politischen Philosophie“, in: Zeitschrift für philosophische Forschung, 4, 393–409.
Schaub, Jörg/Fabian Freyenhagen (2010): „Hat hier jemand gesagt, der Kaiser sei nackt? Eine Verteidigung der Geussschen Kritik an Rawls' idealtheoretischem Ansatz“, in: Deutsche Zeitschrift für Philosophie, 58, 457–477.
Schaub, Jörg (2009): Gerechtigkeit als Versöhnung. John Rawls' politischer Liberalismus, Frankfurt/Main.
Scheffler, Samuel (2001): „Individual Responsibility in a Global Age“, in: Ders.: Boundaries and Allegiances: Problems of Justice and Responsibility in Liberal Thought. Oxford: University Press, 32–47.
Scheffler, Samuel (1997): „Relationships and Responsibilities“, in: Philosophy and Public Affairs, 26, 189–209.
Schefller, Samuel (1992): Human Morality, Oxford: Oxford University Press.
Scheffler, Samuel (1982): The Rejection of Consequentialism: A Philosophical Investigation of the Considerations Underlying Rival Moral Conceptions, Oxford: Oxford University Press.
Schlothfeldt, Stephan (2009): Individuelle oder gemeinsame Verpflichtung? Das Problem der Zuständigkeit bei der Behebung gravierender Übel, Paderborn.
Schöpsdau, Klaus (1991): „Der Staatsentwurf der Nomoi zwischen Ideal und Wirklichkeit. Zu Plato leg. 739a1–e7 und 745e7–746d2“; in: Rheinisches Museum für Philologie, 134, 136–152.
Segal, Jerome M. (1998): „Consumer Expenditures and the Growth of Need Required Income“, in: Crocker/Linden (Hg.): Ethics of Consumption: The Good Life, Justice and Global Stewardship, Oxford: Rowman and Littlefield, 175–197.
Sen, Amartya (2003): „Ideas of Justice: A Reply“, in: Critical Review of International Social and Political Philosophy 16, 305–320.
Sen, Amartya (2009): The Idea of Justice, Cambridge, Mass.: Harvard University Press.
Sen, Amartya (2007): Die Identitätsfalle: Warum es keinen Krieg der Kulturen gibt, München.
Sen, Amartya (2006): „What do We Want from a Theory of Justice?“, in: The Journal of Philosophy 5, 215–238.
Sen Amartya (2004): „Elements of a Theory of Human Rights“, in: Philosophy and Public Affairs, 32, 315–356.
Sen, Amartya (1997): „Human Rights and Asian Values: What Kee Kuan Yew and Le Peng don't Understand About Asia“, in: The New Republic, 33.
Sen, Amartya (1981): Poverty and Famines: An Essay on Entitlement and Deprivation. New York: Oxford University Press.
Sennett, Richard (2000): Der flexible Mensch. Die Kultur des neuen Kapitalismus, Berlin.
Siep, Ludwig (2003): „Kant und Hegel über Krieg und Völkerrecht“, in: Janssen/Quante (Hg.), Gerechter Krieg, Ideengeschichtliche, rechtsphilosophische und ethische Beiträge, Paderborn.

Shue, Henry (1996): Basic Rights, Second Edition. Princeton: Princeton University Press.
Simmons, John A. (2010): Ideal and Nonideal Theory, in: Philosophy and Public Affairs, 38, 5–36.
Singer, Peter (2007): „Hunger, Wohlstand und Moral", in: Bleisch/Schaber (Hg.): Weltarmut und Ehtik, Paderborn, 27–52 (orig.: „Famine, Affluence and Morality", in: Philosophy and Public Affairs 1 (1972), 229–43).
Singer, Peter (2002): „Poverty, Facts, and Political Philosophies: Response to ‚More than Charity'", in: Ethics and International Affairs, 16, 121–124.
Singer, Peter (2002): One World: The Ethics of Globalization, New Haven: Yale University Press.
Singer, Peter (1997): „The Drowning Child and the Expanding Circle", in: New Internationalist, 289.
Smith, Angela M. (2007): „On Being Responsible and Holding Responsible", in: The Journal of Ethics, 11, 465–484.
Steinhoff, Uwe (2012): „Why ‚We' Are Not Harming the Global Poor: A Critique of Pogge's Leap From State to Individual Responsibility", in: Public Reason, 4, 119–138.
Stemplowska, Zofia (2008): „What is Ideal about Ideal Theory?", in: Social Theory and Practice, 34, 363–387.
Stiglitz, Joseph E. (2002): Globalization and Its Discontents, London: Norton Paperback.
Strawson, Peter (1962): „Freedom and Resentment", in: Proceedings of the British Academy, 48, 1–25.
Sussman, David (2005): „What's Wrong with Torture?", in: Political and Public Affairs, 33, 1–33.
Tan, Kok-Chor (2004): „Citizenship and Special Obligations", in: Ders.: Justice Without Borders: Cosmopolitanism, Nationalism and Patriotism. Cambridge: Cambridge University Press, 163–179.
Tasioulas, John (2007): „The Moral Reality of Human Rights", in: Pogge (Hg.): Freedom From Poverty as a Human Right: Who Owes What to the Very Poor?, Oxford: Oxford University Press, 75–102.
Tasioulas, John (2002): „From Utopia to Kazanistan: John Rawls and the Law of Peoples", in: Oxford Journal of Legal Studies, 22, 367–393.
Tasioulas, John (2009): „Are Human Rights Essentially Triggers for Intervention?", in: Philosophy Compass, 4, 938–950.
Tully, James (2002): „Political Philosophy as a Critical Activity", in: Political Theory. What Is Political Theory? Special Issue: Thirtieth Anniversary, 30, 533–555.
Thomson, Judith Jarvis (1990): The Realm of Rights, Cambridge, MA: Harvard University Press.
Tugendhat, Ernst (1993): Vorlesungen über Ethik, Frankfurt/Main.
Unger, Peter (1996): Living High and Letting Die: Our Illusions of Innocence, New York: Oxford University Press.
Valentini, Laura (2012): „Ideal vs. Non-ideal Theory: A Conceptual Map", in: Philosophy Compass, 7/9, 654–664.
Villiez, Carola v. (2005): Grenzen der Rechtfertigung? Internationale Gerechtigkeit durch transnationale Legitimation, Paderborn.
Waldron, Jeremy (2012): Dignity, Rank, and Rights, Tanner Lectures at the University of California, Berkeley, New York: Oxford University Press.
Waldron, Jeremy (2007): „Dignity and Rank", in: Archive Européenne de Sociologie, XLVIII, 201–237.
Waldron, Jeremy (1988): The Right to Private Property, Oxford: Clarendon Press.

Waldron, Jeremy (Hg.) (1987): Nonsense upon Stilts. Bentham, Burke and Marx on the Right of Man, London: Methuan.
Walzer, Michael (2002): „Arguing for Humanitarian Intervention", in: Brunner/Mills (Hg.): The New Killing Fields: Massacre and the Politics of Intervention, 19–36.
Walzer, Michael (2000): „Mut Mitleid und ein gutes Auge", in: Deutsche Zeitschrift für Philosophie, 5, 709–718.
Walzer, Michael (1996): Lokale Kritik, globale Standards, Berlin.
Walzer, Michael (1993): Kritik und Gemeinsinn. Drei Wege der Gesellschaftskritik, Frankfurt/Main.
Walzer, Michael (1985): „The Moral Standing of States. A Response to Four Critiques": in: Beitz/Cohen, Scanlon/Simmons (Hg.): International Ethics. A Philosophy and Public Affairs Reader, Princeton: Princeton University Press, 217–237.
Weber, Max (1980 [1919]): „Politik als Beruf", in: Ders.: Gesammelte Politische Schriften, Tübingen, 505–560.
Weithman, Paul (2010): Why Political Liberalism? On John Rawls's Political Turn, New York: Oxford University Press.
Wenar, Leif (2008): „Property Rights and the Resource Course", in: Philosophy and Public Affairs, 36, 2–32.
Wenar, Leif (2006): „Why Rawls is not a Cosmopolitan Egalitarian", in: Martin/Reidy (Hg.): Rawls's Law of Peoples, Oxford: Blackwell, 95–113.
Wetz, Franz Josef (2008): „Menschenwürde und Menschenrechte", in: Ders. (Hg.): Recht auf Rechte. Kolleg Praktische Philosophie, Bd. 4, Stuttgart, 52–88.
Williams, Bernard (2006): „Human Rights and Relativism", in: Ders.: In the Beginning was the Deed: Realism and Moralism in Political Thought, hg. von Geoffrey Hawthorn, Princeton NJ: Princeton University Press, 62–74.
Williams, Bernard (2002): Truth and Truthfulness: An Essay in Genealogy, Princeton: Princeton University Press.
Williams, Bernard (1997): „Moral Responsibility and Political Freedom," in: Cambridge Law Journal, 56, 96–102.
Williams, Bernard (1982): „Person, Character, and Morality", in: Moral Luck, Cambridge (UK): Cambridge University Press, 1–19.
Williams, Bernard (1979): Kritik des Utilitarismus, Frankfurt/Main.
Williams, Howard (1983): Kant's Political Philosophy, New York: St. Martin's Press.
Wolff, Jonathan (2011): Ethics and Public Policy: A Philosophical Inquiry, New York: Routledge.
Wood, Allen (1995): „Kant's Project for Perpetual Peace", in: Robinson (Hg.): Proceedings of the Eigth Kant Congress, Milwaukee: Marquette University Press, 3–18.
Young, Iris Marion (2013): Responsibility for Justice, New York: Oxford University Press.
Young, Iris Marion (2010): „Verantwortung und globale Gerechtigkeit. Ein Modell sozialer Verbundenheit", in: Broszies/Hahn (Hg.): Globale Gerechtigkeit, Berlin, 329–369 (orig.: „Responsibility and Global Justice: A Social Connection Model", in: Social Philosophy & Policy Foundation, 23 (2006), 102–130.)
Young, Iris Marion (2007): Global Challenges. War, Self-Determination and Responsibility for Justice, Cambridge: Polity.
Young, Iris Marion (2003): Political Responsibility and Structural Injustice, Lindley Lecture on Philosophy, Department of Philosophy. University of Kansas.
Yovel, Yirmiyahu (1980): Kant and the Philosophy of History, Princeton: Princeton University Press.

Ypi, Lea (2012): Global Justice and Avant-garde Political Agency. Oxford: Oxford University Press.
Ypi, Lea (2010): „On the Confusion between Ideal and Non-ideal in Recent Debates on Global Justice“, in: Political Studies, 58, 536–555.
Ypi, Lea (2010a): „Natura Daedala Rerum. On the Justification of Historical Progress in Kant's Guarantee of Perpetual Peace“, in: Kant Review, 14, 103–135.
Ypi, Lea (2008): „Statist Cosmopolitanism“, in: The Journal of Political Philosophy, 16, 48–71.
Zehnpfennig, Barbara (Hg.) (2007 [1787/8]): Die Federalist Papers von Alexander Hamilton, James Madison und John Jay, München.
Zurn, Christopher (2011): „Social Pathologies as Second-Order Disorders“, in: Danielle Petherbridge (Hg.): Axel Honneth: Critical Essays. Leiden: Grill Academic Publishers, 345–370.
Zürn, Michael (2011): „Vier Modelle einer globalen Ordnung in kosmopolitischer Absicht“, in: Politische Vierteljahreszeitschrift, 52, 78–118.

Sach- und Personenindex

Kolibri 360 GmbH
Ferdinand-Jühlke-Straße 7
99095 Erfurt, Deutschland
produktsicherheit@kolibri360.de